Michael Morris

LOCK DOWN

amadeus-verlag.com

zweite Auflage

Copyright © 2020 by
Amadeus Verlag GmbH & Co. KG
Birkenweg 4
74576 Fichtenau
Fax: 07962-710263
www.amadeus-verlag.com
Email: amadeus@amadeus-verlag.com

Druck:
CPI – Ebner & Spiegel, Ulm
Satz und Layout:
Jan Udo Holey
Umschlaggestaltung:
Amadeus Holey

ISBN 978-3-938656-19-8

INHALTSVERZEICHNIS

TEIL 3 – TAG DER ABRECHNUNG

Vorwort

Eigentlich war ich mir nach Erscheinen meines letzten Buches »FAKE NEWS« im Mai 2017 sicher, dass ich kein weiteres Buch mehr schreiben würde. Ich hatte bald danach auch keine Artikel mehr verfasst und mich voll und ganz anderen Tätigkeiten zugewandt, weil ich das Gefühl hatte, alles gesagt zu haben. Ich wollte mich nicht permanent wiederholen. Ich wollte weder mich selbst noch meine Leser langweilen. Doch nach den Ereignissen der letzten Wochen konnte ich nicht anders, als meinen Verleger anzurufen und ihm ein neues Buch vorzuschlagen, was er überrascht annahm. Und seien Sie versichert, ich werde Sie nicht langweilen!

Es ist Samstag, der 28. März 2020 kurz nach 15 Uhr. Ich sitze zuhause in meinem Büro, das mittlerweile „home office" genannt wird, und sehe mit Freude aus dem Fenster. Nach einer Woche ohne Flugzeuge und ohne Chemtrails ist der Himmel strahlend blau. Der gräuliche Schleier, der für Jahre konstant die Sonne verdeckt hatte, ist ebenso verschwunden wie der Lärm, den der Flugverkehr verursacht hatte. Kein Flugzeug, kein Hubschrauber, kein Autolärm stört mich dieser Tage. Eine wohlige Stille lässt mich das Gezwitscher der Vögel draußen in den Bäumen ungestört genießen. Es ist völlig friedlich hier an meinem Schreibtisch und ich finde es enorm, wie rasch ich mich an den auferlegten Hausarrest und die damit einhergehenden Vorzüge der Ruhe und der Verlangsamung des Alltags gewöhnt habe. Die Welt ist mit einem Schlag so, wie ich sie aus meiner Kindheit und Jugend in Erinnerung habe – zumindest solange ich nicht den Fehler begehe, mich der Propaganda auszusetzen, die man dieser Tage „Nachrichten" nennt. Doch ganz komme ich beim Schreiben dieses Buch natürlich nicht drum herum.

Kommende Nacht wird die Zeit von Winter- auf Sommerzeit umgestellt, die Uhren also um eine Stunde vorgedreht. In der Vergangenheit haben sich viele Menschen darüber tagelang in Internetforen beschwert. Journalisten schrieben Kolumnen darüber, wie sehr der vermeintliche Verlust einer Stunde äußerlicher Zeitrechnung die innere Uhr der Menschen durcheinanderbringen und wie sehr dies ihren Biorhythmus stören würde. Dieselben Menschen, die im Urlaub freiwillig zehn Stunden oder mehr im Flieger sitzen, und dort mit sechs oder sieben Stunden Zeitunterschied blendend zurechtkommen, flippten zuhause wegen einer Stunde Zeitunterschied zweimal jährlich aus.

Nun aber waren die meisten dieser Menschen quer über den nordamerikanischen und europäischen Kontinent zuhause eingesperrt und hielten still. Mit einem Mal war vieles nicht mehr von Bedeutung. In Supermärkten halten sonst aggressivste Drängler mit einem Mal übertrieben viel Abstand. Die mit der größten Klappe tragen nun einen Mundschutz und sind auf einmal kleinlaut. Ich muss gestehen, dass ich diesen Teil der neuartigen Lebenssituation sehr genieße. Ich finde es toll, dass ich an der Supermarktkasse nicht mehr den schlechten Atem eines gestressten, selbstverliebten Zeitgenossen hinter mir spüren muss, nur weil ich, seiner Meinung nach, meine Waren nicht schnell genug auf das Band lege und mich danach nicht unverzüglich in Luft auflöse. Ich finde es wirklich toll, dass mir manche meiner Mitmenschen nicht mehr zu nahe kommen und ich finde es gut, dass alles und alle zwei Gänge heruntergeschaltet haben. Ich empfinde diesen verlangsamten Rhythmus der Stadt als wohltuend. Gleichzeitig weiß ich jedoch, dass die Ruhe und der Frieden trügerisch sind. Mit jedem Tag, den wir länger eingesperrt bleiben, nehmen die Probleme zu. Das betrifft die ökonomischen Auswirkungen dieser mehr als fragwürdigen Vorgänge ebenso wie gesundheitliche, psychische und soziale Folgen.

Hier geschieht gerade etwas Großes, etwas, das nach allen Regeln des Gesetzes und des Verstandes nicht geschehen dürfte. Die Reaktionen auf eine vermeintliche Corona-Pandemie gehen weit über alles bisher Erlebte hinaus. Ich habe den Systemcrash vorausgesagt und ihn kommen sehen – sein Auslöser jedoch, der hat mich überrascht!

Der Himmel ist blau, alles wirkt friedlich, die Vögel zwitschern und im Hintergrund dieser Idylle vollzieht sich gerade der größte Crash aller Zeiten. Was wir gerade erleben, ist die absichtliche Zerstörung der Weltwirtschaft und des bisherigen Geldsystems. Es sind mehrere Kräfte am Werk, die darum kämpfen, unsere gesamte öko-soziale Struktur unter dem Deckmantel einer gesundheitlichen Bedrohung nach ihren Wünschen umzugestalten. Die alten Strukturen werden eingerissen, noch bevor klar ist, wie der Neubau aussehen und wer ihn ausführen wird. Die chinesische Regierung hat Fakten geschaffen. Die westlichen Gegenkräfte haben darauf unerwartet konsequent reagiert. Die nächsten Monate werden die Vorstellungskraft der meisten Menschen sprengen – und wir werden gute Nerven brauchen, gute Freunde und gute Informationen.

Gerade junge Menschen, die noch keinen Krieg und keine große Krise erlebt haben, die in Wohlstand und Überfluss aufwuchsen und Freiheits- und Bürgerrechte für selbstverständlich halten, werden staunen. Wen bislang die Ankündigung eines neuen iPhones oder einer neuen Handy-App emotional aufwühlte, der wird tatsächlich in der nahen Zukunft viel Toilettenpapier brauchen. Wer bislang glaubte, dass das größte Problem auf Erden CO_2 und ein zu langsamer Netzausbau waren, der wird mit seinen größten Ängsten und Dämonen konfrontiert werden. Eine Rückkehr zu einer Normalität à la 2019 wird es nicht geben, so viel steht fest. Was jedoch danach kommen wird, können wir möglicherweise noch mitbeeinflussen.

Jede Krise ist auch eine Chance, sowohl in persönlicher, in spiritueller als auch in wirtschaftlicher Hinsicht. Große Krisen bergen große Chancen in sich und unsere gegenwärtigen Herausforderungen sind nicht mit finanziellen, staatlichen Unterstützungen zu lösen. Das hat in der Vergangenheit noch nie funktioniert und das wird es auch in Zukunft nicht. Es wird mehr brauchen als Geld, um aus dem Teufelskreis der Abhängigkeit von einem kranken System auszubrechen. Es wird viel Information, Mut, Besonnenheit, Kreativität und Durchhaltevermögen brauchen.

Wir können als Menschheit nur gemeinsam wachsen oder wir werden gemeinsam untergehen. Doch um voranzukommen, muss man wissen, wo man steht. Deshalb werde ich im ersten Teil dieses Buches nicht darum herumkommen, mich teilweise doch zu wiederholen. Es ist unvermeidlich, um deutlich zu machen, wie wir an den jetzigen Punkt in unserer Entwicklung gekommen sind. Und es soll uns helfen, dieselben Fehler nicht immer zu wiederholen.

Wir alle werden gerade Zeugen eines außergewöhnlichen Ereignisses, das viele von uns ordentlich durchgeschüttelt hat. Dies ist eine Chance, unsere Komfort-Zone zu verlassen, bewusst einen neuen Weg einzuschlagen, unsere Opferhaltung aufzugeben und unser Leben in die eigenen Hände zu nehmen. SARS-CoV-2 ist nicht die Ursache für die Ereignisse des Jahres 2020, sondern nur der scheinbare Auslöser!

Danke, dass Sie sich die Zeit nehmen, meine Zeilen zu lesen, anstatt die hundertste Wiederholung irgend einer Fernsehserie zu gucken, die schon beim ersten Mal nicht besonders erleuchtend war. Das beweist, dass Sie den Mut und den Willen dazu haben, sich diesen epochalen Ereignissen zu stellen. Wir sitzen alle im gleichen Boot. Lassen Sie uns alles dafür tun, dass wir diese turbulente Überfahrt in eine neue Ära gemeinsam unbeschadet überstehen!

Michael Morris, 28. März 2020

TEIL 1 – DIE AUSGANGSLAGE

Las Vegas. Flamingo Road. Die Nacht liegt über der Wüstenstadt. Milliarden kleiner Lichter lassen alles taghell erscheinen. Drinnen im Caesars Palace Casino, einem der nobelsten der Stadt, riecht es süßlich, sinnlich, nach Leidenschaft und Gier. An einem der hinteren Poker-Tische sitzt einer, der eine Glückssträhne hat: schwarzer Anzug, weiße Stiefel, die Haare zurückgegelt. Vor ihm stapeln sich bündelweise Dollars und Tonnen von Chips. Er hat einen Lauf. Feist grinsend wird er immer übermütiger, riskiert immer mehr, tief dekolletierte Frauen scharen sich um ihn, Champagner fließt in Strömen, Adrenalin trübt den Verstand. Die Luft ist zum Schneiden. Er hat wieder ein gutes Blatt. Ein Raunen geht durch die Menge.

Das geht so lange gut, bis der Casino-Manager in einem dunklen Raum weit über dem Glückskind genug davon hat. Er gibt dem Croupier ein Zeichen. Dann kommen die gezinkten Karten ins Spiel, Plan B. Nun hängt es davon ab, ob der Zocker ein Profi ist oder nicht. Wenn nicht, wird er im Handumdrehen alles wieder verlieren. Wenn ja, wird er jetzt aufhören, seine Chips einlösen, und das Weite suchen. Dann aber tritt Plan C in Kraft, und die Schläger werden losgeschickt. Die fangen ihn samt dem Geld im Parkhaus oder auf dem Hotelzimmer ab und bringen alles wieder zurück. Das Spiel ist einfach. Am Ende gewinnt immer die Bank, sonst gäbe es keine Casinos. Alles andere ist die seltene Ausnahme oder Wunschdenken.

Das ist nämlich kein Hollywood-Gangsterfilm mit Happy End, sondern die Realität. Im Grunde gibt es keinen Unterschied zwischen Spielbanken, Privatbanken und Zentralbanken. Sie alle bescheren ihren Besitzern unvorstellbaren Reichtum. Und sie lassen alle anderen nur so weit von ihrem Spiel profitieren, wie sie es für richtig halten.

Las Vegas lebt von der Show, von den vielen blinkenden Lichtern, von langen Beinen und kurzen Röcken, von Adrenalin, harten Drinks, von Musik, von der Kulisse, vom Mythos, von falschen Behauptungen und von der Hoffnung auf schnellen Reichtum. Aber den gibt es nicht. Zumindest nicht lange. Denn am Ende gewinnt immer die Bank!

Sollten Ihnen diese Zeilen bekannt vorkommen, dann haben Sie mein erstes Buch »WAS SIE NICHT WISSEN SOLLEN« gelesen, das im April 2011 erschienen ist. Denn dies war der Anfang des ersten Kapitels dieses Buches, das ein unglaublicher Erfolg war, hunderttausende Leser fand und in mehrere Sprachen übersetzt wurde. Warum? Weil ich einer der ersten war, der in einfachen Worten und bunten Bildern für Laien erklärte, wie unsere Wirtschaft und unser Währungssystem funktionieren, wie Banken arbeiten und wem sie gehören.

Auch wenn ich beim Schreiben dieses jetzigen Buches nicht annähernd so viel Zeit haben werde, wie bei meinem ersten, so werde ich dennoch versuchen, meine Gedanken leicht verständlich und anschaulich darzulegen, damit jeder sie verstehen kann – auch wenn sie oder er sich bislang nicht oder nur kaum mit ökonomischen Zusammenhängen befasst haben. Also bleiben wir beim Bild von Las Vegas!

Samstag 20. März 2020 – Seit gestern sind alle Casinos in Las Vegas und in allen anderen Teilen der USA geschlossen. Die blinkenden Lichter sind erloschen, die Musik ist verstummt, die überlangen Limousinen stehen in den Garagen und die bis vor wenigen Tagen überfüllten Straßen sind menschenleer. Warum? Weil nach neuesten „offiziellen Zahlen" der Johns Hopkins Universität im Großraum Las Vegas angeblich 245 Menschen mit dem Corona-Virus COVID-19 infiziert und vier daran gestorben sind. Das sind genau zwei Personen weniger als hier üblicherweise in einer normalen Woche an den Folgen ihres Drogenkonsums sterben. Doch deshalb wurden bisher nie die Casinos geschlossen.[1] Da ist was faul im Staate Nevada und nicht nur da!

Die Stadt, die niemals schlief, ist von jetzt auf gleich in ein tiefes Koma gefallen und niemand weiß, ob sie daraus jemals wieder erwachen wird. Der Puls des kranken Patienten mit Namen „Spaßgesellschaft" ist kaum mehr wahrnehmbar. Doch nicht nur Las Vegas wurde über Nacht der Stecker gezogen, nahezu alle Casinos in den USA wurden in den letzten Tagen geschlossen. Allein in dieser Branche wurden innerhalb weniger Tage fast 650.000 Menschen arbeitslos![2]

Im Lauf der nächsten fünf Tage werden sich allein in den USA weitere knapp drei Millionen Menschen arbeitslos melden, womit die Arbeitslosigkeit im Land der unbegrenzten Möglichkeiten den bisherigen Höchststand von 695.000 aus dem Oktober 1982 um beinahe das Fünffache übertreffen wird. In der Woche darauf werden es weitere sechs Millionen sein, und nach zwei Wochen Lockdown nochmals zehn!

„Wir haben noch nie zuvor eine Woche wie diese gesehen und wir werden vielleicht auch nie wieder eine so schlimme Woche sehen. Natürlich werden in den kommenden Monaten weitere Millionen Arbeitsplätze verloren gehen, wenn sich diese Pandemie ausdehnt, aber es ist schwer vorstellbar, dass es einen weiteren Anstieg gibt, wie wir ihn gerade hatten... Ich habe... wiederholt darauf hingewiesen und viele Umfragen haben gezeigt, dass die meisten Amerikaner auch in den ‚guten Zeiten‘ von einem Gehaltsscheck zum nächsten lebten. Jetzt, da diese Gehaltsschecks für Millionen von Amerikanern nicht mehr eingehen, werden viele Rechnungen nicht mehr bezahlt. Wie wir 2008 gesehen haben, werden die Hypothekenausfälle in die Höhe schnellen, und die Wall Street bereitet sich auf das Schlimmste vor...“[3]
Michael Snyder (Autor und Analyst), 2. April 2020

Wir erleben hier also gerade einen wirtschaftlichen Einbruch, wie es ihn noch nie zuvor in der Geschichte gegeben hat. Und angeblich wurden alle Politiker und anderen Entscheidungsträger von den Ereignissen dieser bemerkenswerten Tage völlig überrascht – richtig?

Nun, da bin ich mir nicht so sicher. Ich denke, dass sich all das bereits lange angekündigt hat. Doch um Ihnen das genauer zu erklären, müssen wir kurz innehalten und zurückblicken. Ich bitte Sie, folgen Sie mir auf einen kurzen Streifzug durch die letzten Jahrzehnte. Dann werden Sie erkennen, dass das, was jetzt gerade passiert, vorgezeichnet war und all das gar nicht sehr viel anders kommen konnte. Der Crash, The Big One, dieses wirtschaftliche und monetäre schwarze Loch, das einen Großteil unseres bisherigen Wohlstands und unserer Freiheiten erbarmungslos verschlingen wird, ist nicht zufällig oder unerwartet aufgetaucht, sondern war genau so geplant und gewollt. Das, was wir für „selbstverständlich" und „normal" halten, wird in Kürze nicht mehr existieren.

„Jeder möchte, dass wir wieder zur ‚Normalität' zurückkehren, zu den Verhältnissen, die existierten, bevor irgendjemand das Wort ‚Coronavirus' COVID-19 gehört hatte. Aber wissen Sie was? Wir waren früher nicht normal. Die Wirtschaft war krank, bevor uns das Virus infizierte. Es war eine Blase. An dieser Blase war nichts normal. Und das Problem mit Blasen ist, dass sie dann, wenn sie einmal platzen, nicht erneut aufgeblasen werden können. Man braucht eine neue Blase. Man braucht eine noch größere Blase. Genau dafür sorgte die FED. Sie bliesen die NASDAQ-Blase auf. Die platzte. Sie bliesen eine noch größere Blase auf dem Häusermarkt auf. Sie platzte. Und dann bliesen sie überall Blasen auf. Alles befand sich also bereits in einer Blase. Nun gibt es nichts mehr, was man noch aufblasen könnte. Es ist vorbei."[4]
Peter Schiff (Ökonom und Bestseller-Autor) am 23.3.2020

Die 90er – Übermut tut selten gut!

Die „NASDAQ-Blase", auf die sich der Ökonom Peter Schiff in dem Zitat bezieht, wird auch oft als **„Dotcom-Blase"** bezeichnet. In der zweiten Hälfte der 1990er-Jahre war immer mehr Geld an die Börsen geflossen, vor allem in die Aktien der sog. „New Economy", also jener Firmen, die mit dem neu aufkommenden Internet, mit Laptops und Mobiltelefonen und deren Anwendungen zu tun hatten.

Mitte der 1990er war die Stimmung allerorts ausgelassen, denn der Kalte Krieg war vermeintlich vorüber, die Berliner Mauer gefallen und alle durften reisen, wohin sie wollten. Die Bewohner der ehemaligen Sowjetunion hatten einen großen Nachholbedarf an westlichen Gütern, also wurde konsumiert bis zum Abwinken. Die Jugend der 1990er-Jahre war die erste, die nicht mehr auf die Straßen ging und protestierte, sondern sich zurückzog, um in ausgedehnten Tanzveranstaltungen, sog. „Raves", mit künstlichen Drogen zugedröhnt, glücklich vor sich hinzugrinsen und sich zu monotoner Musik zu bewegen. Wogegen sollten die coolen jungen Wohlstandskinder mit den erweiterten Pupillen denn noch aufbegehren? Die armen Menschen im Ostblock waren befreit, es gab *MTV, VIVA* und all die neuen privaten Fernsehsender, die eine neue, selbstzufriedene Generation rund um die Uhr bespaßte. Das waren die Jahre von *Pulp Fiction*, von *Fargo, Matrix* und von *Titanic*. Das waren die Jahre, in denen scheinbar die meisten Bildungsbürger ihr Hirn an den Garderoben der „Clubs" abgegeben hatten und nie wieder abholten.

Doch während die Jungen sich vergnügten, schufen die Alten Fakten. Die 1990er waren das Zeitalter des Neoliberalismus und der Globalisierung – zweier Konzepte, die kaum ein Politiker in ihrer ganzen Tragweite wirklich begriffen hat. Unter **„Neoliberalismus"** verstand man das Prinzip des Rückzugs des Staates aus der Wirtschaft. Dadurch wurden die nationalen Grenzen aufgehoben und die Welt wurde den großen, supranationalen Konzernen überlassen. Die Idee dahinter lautet, dass die Wirtschaft sich selbst besser regeln kann, als Politiker das können. Dies führte zu Gesetzen, die von der Wirtschaft für die Wirtschaft gestaltet wurden und zum Nachteil des Staates und der Bürger ausfielen. All dies ging einher mit massiven Privatisierungen. Der Staat verkaufte seine Anteile an Firmen, selbst von solchen, die für das Allgemeinwohl von größter Bedeutung waren – wie öffentliche Verkehrsmittel oder die Trinkwasserversorgung. Satte Politiker verschleuderten alles, was zuvor ihre Eltern- und Großelterngeneration mühevoll aufgebaut hatte. Sie hatten keine Vorstellung davon, wie schwerwiegend die Folgen ihres leichtfertigen Handelns waren, und es war ihnen auch egal, weil sie ohnehin nie dafür zur Rechenschaft gezogen wurden.

Das Wort „**Privatisierung**" kommt übrigens vom lateinischen Wort „privare", was so viel wie „berauben" bedeutet. Bei Privatisierungen wird also die Allgemeinheit beraubt! Dazu sagte Hermann Scheer, deutscher Politiker und Träger des *Right Livelihood Awards*, des sog. „Alternativen Nobelpreises", im Dokumentarfilm *Let's Make Money* (2008): „*Im neoliberalen Zeitalter ist alles verkürzt. Alles. Alles ist verkürzt auf die aktuelle Erzielung einer höchstmöglichen Rendite, koste es, was es wolle!*"

Und es kostet viel! „**Globalisierung**" umschreibt im Grunde die Abschaffung von Ländergrenzen, um großen Konzernen ein vernetztes, internationales Agieren zu erleichtern. Es ermöglicht ihnen, dort zu produzieren, wo es am billigsten ist und dort ihren offiziellen Firmensitz zu errichten, wo sie keine Steuern bezahlen müssen. Es bedeutet im Grunde die Schaffung eines geheimen, undemokratischen Staates im Verborgenen. Es wird daher auch von einer verborgenen Regierung gelenkt, die ich als die „Geheime Weltregierung" bezeichne. Dieser „heimliche Staat" erschuf seine eigenen Gesetze, seine eigenen Umweltstandards und seine eigenen Sozialtarife. Die großen Konzerne in den USA und in Europa kauften dank staatlicher De-Regulierungen einen Konkurrenten nach dem nächsten auf und eliminierten somit ihre Konkurrenz. Ihr Ziel war es, Monopolstellungen zu erreichen, um Preise frei gestalten und um noch mehr Macht auf die Politik ausüben zu können.

Die Wirtschaft brummte in den späten 1990er-Jahren. Waren Aktienunternehmen bis dahin vorwiegend im produzierenden Segment angesiedelt und auf langfristiges, solides Wachstum ausgerichtet gewesen, so kamen nun von heute auf morgen zahlreiche neue Firmen dazu, die Computerprogramme oder Dienstleistungen rund um diese neuen Technologien anboten. Alles ging sehr schnell. Innerhalb weniger Jahre entwickelte sich ein gigantischer Wachstumsmarkt, der von einem neuen Zeitgeist und vom Konsumwahn, vor allem der jüngeren Generation, angetrieben wurde. Tausende kleine Firmen, die oft nichts anderes hatten, als vage Ideen für neue Entwicklungen, gingen an die Börse. Diese sog. „Start-Ups" entfachten einen Hype, der dazu führte, dass den Schaumschlägern ihre Aktien förmlich aus den Händen gerissen wurden. Banken vergaben billige Kredite ohne Sicherheiten, die zu noch mehr Firmengründungen und zu noch mehr Aktienkäufen genutzt wurden. Das zog weitere Spekulanten und noch mehr Schaumschläger an. Völlig wertlose Firmen, die außer Ideen nur einige Schreibtische, Computer und Telefone besaßen, wurden über Nacht zu millionenschweren Unternehmen – zumindest auf dem Papier. Neureiche „Dotcomer" warfen mit Geld nur so um sich und die Welt verfiel in den Wahn, dass alle über Nacht reich werden konnten, wenn sie es nur richtig anstellten. Das Computermagazin »WIRED« war so etwas wie die »Vogue« für all die *Nerds* und *Geeks,* die, während alle anderen zu Techno-Beats tanzten, zuhause auf ihren kleinen Maschinen Programme schrieben und damit die Welt veränderten. Unternehmen wie *Apple, Microsoft, Dell* oder *Yahoo* waren die Überflieger, an denen jeder mitpartizipieren wollte. Boris Becker warb im Jahr 1999 spektakulär mit dem Slogan *„Ja, bin ich da schon drin!",* mit dem er für *AOL* vorführte, dass der Zugang zum Internet, zum *World Wide Web,* einfacher war, als die meisten glaubten!

Viele Prominente warben auf einmal für große Konzerne, um den Durchschnittsbürger einzulullen und ihm die Aktien der meist überteuerten Firmen attraktiv zu machen – mit Erfolg! So warb etwa Manfred Krug für die *Deutsche Telekom* und die Gottschalk-Brüder für die *Deutsche Post.*

Die Anzahl der Internetnutzer wuchs rasant und verzwanzigfachte sich zwischen 1995 und 2000. Dementsprechend hoch waren die Erwartungen in Umsatz und Gewinn der neuen Firmen. Alles ging wahnsinnig schnell und alle waren wie von Sinnen und wollten über Nacht reich oder noch reicher werden. Dies war die Zeit des Aufstiegs des *Silicon Valley*, in dem peinliche Streber über Nacht zu Superhelden werden konnten und nun „Nerds" hießen. Auf einmal war alles möglich, und das ohne jegliche kaufmännische Erfahrung. *Lasst uns nach den Sternen greifen!* Doch wie das so ist mit solchen Erwartungen... sie werden meist enttäuscht!

Es kam der Jahreswechsel von 1999 zu 2000, den sich viele herbeigesehnt hatten, weil die Jahreszahl eine große Magie auf viele Menschen ausübte. Man hatte schließlich nicht oft die Gelegenheit, einen Jahrtausendwechsel mitzuerleben. Zwar wurde dieses Silvester ausschweifend gefeiert, doch gleichzeitig wurde der Countdown zu Mitternacht mit großer Sorge verfolgt. Wer 1999 alt genug war, um sich an diesen Jahreswechsel zu erinnern, dem ist sicher auch noch die Angst vor dem *Y2K-Bug* (*Millennium-Bug*) in Erinnerung. Was das war? Nun, mittlerweile waren immer mehr Firmen und öffentliche Institutionen von Computern abhängig, aber beim Erstellen all der Programme war man noch begrenzt und nun wusste niemand, ob sich das am 31. Dezember 1999 um Mitternacht rächen würde.

Das Problem bestand darin, dass in den Computern Jahreszahlen nicht komplett, sondern nur mit den letzten zwei Zahlen dargestellt wurden. 1999 wurde in Programmen nur als „99" angezeigt und nun wusste niemand, was passieren würde, wenn alle Computer um Mitternacht auf „00" umspringen würden. Programmierer hatten in den Wochen vor dem Jahreswechsel alles versucht, um möglichen Folgen vorzubeugen, doch niemand wusste, ob das ausreichen würde. Man fürchtete den Zusammenbruch der Computersysteme. Für die Computerunternehmen aber war dieses Jahr 1999 auf den ersten Blick ein gutes, weil Unternehmen weltweit zur Vermeidung von Y2K-Pannen und Computerabstürzen rund 600 Milliarden US-Dollar ausgaben[5] – was damals noch sehr viel Geld war!

Der Jahreswechsel klappte ohne große Probleme, die Lichter gingen am 1. Januar nicht aus. Aber viele Firmen hatten bereits in den letzten Monaten des Jahres 1999 aus Sorge vor dem Unbekannten ihre Investitionen heruntergefahren, Werbebudgets gestrichen und irgendwie wollte auch Anfang des Jahres keine rechte Euphorie mehr an den Märkten aufkommen. *Vielleicht war dieser Neue Markt doch mit etwas Vorsicht zu genießen?*

Jede Blase, die zum Bersten aufgeblasen ist, muss irgendwann platzen. Die „Dotcom-Blase" platzte im März des Jahres 2000. Die großen Investoren erkannten, dass die Party zu Ende war, also stießen sie ihre Aktien ab. Die Kurse sanken, was zu Panikverkäufen bei den Kleinanlegern führte, die ebenfalls verkauften. Also stürzten die Kurse weiter ab und den Letzten beißen die Hunde! Viele Firmen und mit ihnen viele Träume und Hoffnungen lösten sich quasi über Nacht in Luft auf.

Dies war die erste der drei großen Blasen, die in den letzten zwanzig Jahren zerplatzten! (siehe Abb. 1) Aber natürlich war sie nicht die erste in der Geschichte. Spekulation, übertriebene Erwartungshaltungen und

Abb. 1: Der *Dow Jones 30 Industrial Aktienindex* seit 1928 zeigt den langsamen Anstieg der Aktienpreise bis in die 1980er-Jahre hinein, der sich dann konstant beschleunigte und zu den drei massiven Einbrüchen nach starken Wachstumsphasen in den Jahren 2000, 2008 und 2020 führte.

Gier hatten schon davor nach genau demselben Muster zu Blasen und Crashs geführt, so als Beispiel die „*Tulpenblase*", die im Jahr 1637 zerplatzte oder der Crash von 1929, der die sog. „Große Depression" der 1930er-Jahre zur Folge hatte, inklusive Massenarbeitslosigkeit, sozialen Unruhen, politischen Krisen, Bankenkrisen und gewaltiger Deflation. Wir wiederholen immer und immer wieder dieselben Fehler, die immer wieder denselben reichen Familien zum Vorteil gereichen. Geld verschwindet nicht einfach. Wenn die einen es verlieren, landet es in den Taschen der anderen.

„Sie waren Helden für kurze Zeit. Internetpioniere. Menschen, denen Investoren das Geld nur so hinterherwarfen. Ein halbes Jahrzehnt lang hatte das ‚World Wide Web' Anleger und Gründer träumen lassen. Doch kurz nach Beginn des neuen Jahrtausends erfasste ein Massensterben die New Economy. Dotcom-Mania ging zu Ende. Die Folgen trafen Unternehmen und Beschäftigte auf der ganzen Welt: Börsencrashs, Pleiten, Entlassungen. Und verzweifelte Versuche, mit der Firma doch zu überleben. Im Rückblick waren sich alle schnell einig, selbst die, die vom Boom profitiert hatten: Das konnte ja nicht gut gehen. Wieder einmal waren Anleger in einen Taumel der Gier geraten, als hätte sie die Geschichte der Spekulationsblasen seit dem Tulpenfieber des 17. Jahrhunderts nicht eines Besseren belehren müssen. Wieder hatten Unternehmer die Kaufmannslehren zum eigenen Schaden ignoriert. Wieder hatten Kriminelle abgezockt; hatten Regierungen, Kontrolleure und Experten Augen und Ohren verschlossen. Eine Blase wie jede andere. Und doch ganz anders. Denn diesmal ließ sie nicht nur Zerstörung zurück. Die Exzesse der 1990er schufen die Grundlage für eine reale New Economy: die digitale Wirtschaft, die eine Dekade später jeden Winkel der Welt, jede Wohnung und jedes Unternehmen durchdrungen hat. Ihren atemberaubenden Fortschritt verdankt die Internettechnologie den Verrückten von damals, die das Unmögliche für selbstverständlich erreichbar hielten. Splienige Start-ups wie Google und Amazon wuchsen zu Konzernen heran, die heute die Welt dominieren. Ein neues Unternehmertum eroberte Deutschland."[(6)]

Ines Zöttl (Wirtschaftsjournalistin)

Dieses neue Unternehmertum treibt bis heute die Politik und den Rest der Wirtschaft wie verängstigte Schafe vor sich her. Mit Überschallgeschwindigkeit setzen Selfmade-Milliardäre wie Jeff Bezos oder Elon Musk ihre hochfliegenden Träume und ihre meist libertäre und völlig asoziale Geisteshaltung in die Tat um, während der Rest der Welt nur staunend daneben steht und nicht weiß, wie ihm geschieht.

Gerade die beiden hier angesprochenen sind die Chefs von Firmen, die lange defizitär waren, aber dank eines zuvor noch nie dagewesenen Hypes die Aktien ihrer Unternehmen zu den teuersten der Welt machten. Das erlaubt ihnen sogar, mit Russland und China um die Dominanz im Weltraum zu wetteifern, während die US-Raumfahrtbehörde NASA von der Seitenauslinie zusieht.

Die zweite große Blase – Wenn man Feuer mit Öl bekämpft

Auf das Platzen der Dotcom-Blase folgte eine dreijährige Talfahrt der Börsen. Es war viel Geld und viel Vertrauen vernichtet worden. Die Notenbanken senkten die Zinsen, um den Konsum anzuregen. Sie fluteten die Märkte mit neuem, frischem Geld. Aber die Maßnahmen verpufften rasch und dann kam sowieso alles anders als gedacht. Am 11. September 2001 verfiel die gesamte westliche Welt in eine Schockstarre. Jeder von uns kann sich an „9/11" erinnern, an das kollektive Feld der Angst und der Trauer, an das Entsetzen und die Hilflosigkeit, die für Wochen unser gesamtes Leben prägten und sich wie ein grauer Schleier über das legten, was wir bis dahin für unser Leben gehalten hatten. Danach fanden wir nie wieder zu diesem Leben zurück, was uns eine Lehre für die Ereignisse von 2020 sein sollte!

9/11 hat die Welt für immer verändert. Eine der direkten Folgen war die Schließung aller öffentlichen Gebäude wie Schulen, Ämter oder Flughäfen. Dann folgten Beschränkungen der Reisefreiheit, mehr Überwachung der Bürger unter der heuchlerischen Bezeichnung „Patriot Act" – also „patriotische Verordnung". Die Wirtschaft geriet ins Stocken, die Folge waren sinkende Preise. So entsteht „Deflation".

Aber niemand machte den bis dahin unbeliebteste US-Präsident aller Zeiten, George W. Bush, für diesen Einbruch verantwortlich, denn, hey, das war doch ein unvorhersehbares Ereignis, oder? Das war „Höhere Gewalt"! Das sind dann keine Zeiten für Schuldzuweisungen oder politische Streitigkeiten, da müssen alle zusammenstehen. Da wird Unmögliches möglich. Da wird von der Presse nichts hinterfragt, weil das unmoralisch wäre. Da wird kollektiv und medial groß aufbereitet getrauert und alle machen mit.

Wer wie ich im September 2001 in den USA war, wird bestimmt wissen, was ich damit meine. All die wehenden Fahnen, all die Heuchelei und all das patriotische Getue, das bis zur Lächerlichkeit zelebriert wurde...

Ob Sie nun das offizielle Märchen von den bösen, bärtigen Männern, die es mit der Hilfe Allahs schafften, alle Gesetze der Physik außer Kraft zu setzen, glauben oder nicht, die Folgen dieses Großereignisses bleiben dieselben. Egal, ob Sie dem Narrativ vom „Angriff von außen" den Vorzug vor der Darstellung tausender Experten geben, die sich in Organisationen wie *„Firefighters for 9/11 truth"* oder *„Architects & Engineers for 9/11 truth"* zusammengeschlossen haben und belegen, dass die Twintowers von innen gesprengt wurden: über die Folgen von 9/11 lässt sich schwer streiten.[7]

Was ich damit meine? Nun, im März 2003 zogen die US-Truppen gegen den Irak in den Krieg – legitimiert durch 9/11, dessen offizielle Darstellung in den Medien nie hinterfragt worden war. Für die nächsten dreizehn Jahre intervenierten die USA in einem Land nach dem nächsten, lösten künstlich Krisen aus und stürzten die Parlamente und Führer anderer Staaten. Ich erinnere nur etwa an die frei erfundenen „Massenvernichtungswaffen" Saddam Husseins, die es nie gegeben hat. Sie waren erstunken und erlogen – und **diese Lügen haben die Welt verändert!**

Uns allen verkauften sie diese durch nichts zu rechtfertigenden Kriege dann als „Befreiung" der jeweiligen Völker, die sie mit ihrer Vorstellung von „Demokratie" und Konsumwahn beglückten, nachdem sie ihnen zuvor alles genommen hatten. Und für sein heldenhaftes „Krisenmanagement" wurde der Clown George W. Bush im Jahr 2004 erneut zum Präsidenten gewählt und durfte weiter bis 2008 den Stuhl im Oval Office warmhalten und weiterhin so tun, als würde er die Anweisungen verstehen, die er aus dem Hintergrund bekam.

Die „vorübergehenden Maßnahmen", die von US-Politikern nach 9/11 im Zuge des ausgerufenen Notstands verhängt worden waren, wurden zum größten Teil nie mehr zurückgefahren! Ich hebe das deswegen hervor, weil es wichtig ist, sich im Jahr 2020 daran zu erinnern, dass Einschnitte in die Freiheitsrechte der Bürger **nie temporär** sind, wenn die Bürger sich nicht dagegen wehren. Behalten Sie das bitte im Hinterkopf.

Nach 9/11 rief die Heimatschutzbehörde *Homeland Security* lokale Polizeieinheiten (police, highway patrol) dazu auf, sie im „Krieg gegen den Terror" und im „Krieg gegen die Drogen" aktiv zu unterstützen. Die Polizisten wurden nach und nach heimlich von kleinen privaten Firmen darauf trainiert, die Bevölkerung verstärkt zu kontrollieren und zu bespitzeln. Es wurde ein Klima des Misstrauens geschaffen. Das machte die Polizei bei der Bevölkerung immer unbeliebter. Aber das doppelte Lottchen „Presse & Politik" hielt die potentielle Gefahr durch einen vermeintlichen Feind weiter aufrecht und spielte souverän auf der Klaviatur der Angst.

Seit 9/11 kann in den USA eine Beschlagnahme oder eine Inhaftierung, ja sogar die Tötung eines US-Bürgers durch die US-Exekutive auch ohne Anklage oder Gerichtsverfahren vorgenommen werden! Zwischen 2001 und 2014 haben Polizisten in den USA mehr als 2,5 Milliarden US-Dollar von US-Bürgern bei Fahrzeugkontrollen beschlagnahmt. Die meisten Opfer solcher Wegelagerei waren schwarz oder asiatischer Abstammung. Die meisten von ihnen haben ihr Geld oder ihre Wertgegenstände – selbst nach Gerichtsverfahren – nicht wieder gesehen. Sie sind Freiwild für die Polizei, die auch Häuser beschlagnahmen und weiterverkaufen darf. Seit 9/11 befinden wir uns in einem Wirtschafts-, Währungs-, Glaubens- und Informationskrieg, der nicht enden will und in dem die Schrauben immer weiter angezogen werden und die Überwachung der Bürger immer umfassender wird. Dieser Krieg gilt nicht nur einem äußeren Feind, er ist auch, und vor allem, gegen die eigene Bevölkerung gerichtet!

Da die USA während der Präsidentschaften von Goerge W. Bush und Barack Obama so gut wie nichts mehr selbst produzierten, war das Land komplett vom Ausland abhängig und die eigene Wirtschaft nur noch auf Dienstleistung und Konsum ausgerichtet, was sehr gefährlich ist. Es wurde enorm viel neues Geld geschaffen, denn Kriege sind teuer. Dieses Geld floss jedoch nicht nur in Rüstungsgüter, sondern auch zu den Banken, die es in Umlauf bringen sollten. Wenn mehr Geld in den Wirtschaftskreislauf gepumpt wird, muss es irgendwohin fließen. Das Sparbuch war wegen der niedrigen Zinsen out und mit dem Aktienmarkt standen einige Anleger nach dem letzten Crash auf Kriegsfuß. Die Leute konnten gar nicht genug konsumieren, um das viele Geld zu verbrauchen, das im Umlauf war, doch die Banken wussten einen Ausweg für das Dilemma: Sie hatten schon in den späten 90er-Jahren damit begonnen, Immobilienkredite immer attraktiver zu machen und bauten diesen Geschäftszweig nun aggressiv aus. Die großen Banken legten vor und die kleinen mussten nachziehen, um nicht ihre Kunden zu verlieren. Nach der New Economy war nun der Immobilienmarkt das neue Goldene Kalb.

Wie erzeugt man eine Blase auf dem Immobilienmarkt? Ganz einfach, man senkt die Anforderungen, die Kreditnehmer erfüllen müssen, um sich Geld leihen zu können. Musste man früher einen Eigenanteil von mindestens 30 Prozent haben, also eigene Ersparnisse vorweisen können, so finanzierten Banken mit einem Mal Immobilien sogar zu 100 Prozent, also ohne Eigenanteil und ohne jegliche Sicherheiten. Also nahmen immer mehr Menschen Kredite auf und investierten das billige Geld (*niedrige Zinsen!*) in Immobilien.

Die Banken vergaben Kredite für Immobilien nun selbst an Kreditnehmer, von denen klar war, dass sie ihre Schulden nie würden zurückzahlen können. Aber da es für die Banken ein gutes Geschäft war und sie davon ausgingen, dass sie im Schadensfall ohnehin wieder mit Staatsgeldern gerettet würden, drängten sie jedem, der nicht bei drei auf den Bäumen war, einen Immobilienkredit auf. Ein Schneeball kam ins rollen und wurde bald zu einer Lawine. Der Boom am Immobilienmarkt wurde – wie einige Jahre zuvor die „New Economy" – zu einem Sog. Jeder wollte dabei sein. Menschen mit kleinen Einkommen, die in den 1990er-Jahren nicht einmal von einem Eigenheim geträumt hätten, wurden nun ermutigt, Häuser zu kaufen. Sie witterten die Chance ihres Lebens und nahmen Immobilienkredite auf. Die steigende Nachfrage beflügelte den Häusermarkt und die Preise stiegen. Häuser wurden zu Spekulationsobjekten.

Abb. 2: Der Chart zeigt die Entwicklung der Bauzinsen in den letzten 20 Jahren (10jährige Laufzeit): Die Zinsen sanken konstant bis zum Jahr 2004 und als dann jeder auf den Zug aufspringen wollte, wurden sie wieder angehoben.

„Wenn ich heute ein Haus für eine Million kaufe, kann ich es in 5 Jahren für eineinhalb oder zwei Millionen wieder verkaufen... also, warum kauf ich dann nicht gleich fünf oder zehn Häuser, wenn die Bank ohnehin keine Sicherheiten verlangt?"

Wer einen guten Eindruck von der Stimmung jener Tage bekommen möchte, von der Gier und der Dummheit, die diese Märkte durchdrangen, dem sei an dieser Stelle der hervorragende Film *„The Big Short"* aus dem Jahr 2015 mit Ryan Gosling und Christian Bale empfohlen, weil er die Stimmung jener Tage hervorragend wiedergibt. Mit dem Überschwang wurde auch die allgemeine Kauflaune immer besser. Jeder kleine Angestellte sah sich schon als zukünftigen Multimillionär. Man konsumierte, als gäbe es kein Morgen, alles auf Pump: Autos, Elektronik, Einrichtungen, sogar Urlaube. Der Crash von 2000 war bereits im Jahr 2002 wieder vergessen oder wurde von einem neuen großen Ereignis nach dem nächsten aus den Köpfen der Menschen verdrängt.

Auf 9/11 folgte in Europa ein Ereignis, das von den einen mit großer Begeisterung, von der breiten Mehrheit aber zurecht mit großer Skepsis wahrgenommen wurde: Mit dem 1. Januar 2002 wurden in 13 europäischen Ländern die Landeswährungen durch den Euro ersetzt, was zu viel Verunsicherung und zu einer Welle von Teuerungen führte, weshalb die Währung auch oft spöttisch „Teuro" genannt wurde. Viele Geschäftsleute nutzten die Umrechnung dazu, ihre Preise anzuheben, was die Inflation vorantrieb. Doch anstatt das Kind beim Namen zu nennen, ersetzte man das Wort „Inflation" durch das Wort „Wirtschaftswachstum", was wesentlich zuversichtlicher klang und über die Fehlkonstruktion des Euro hinwegtäuschen sollte – doch dazu später mehr.

Dieses „Wirtschaftswachstum" schlug sich auch in rapide anziehenden Immobilienpreisen nieder. Innerhalb von zehn Jahren stiegen die Preise für Immobilien in den USA um das zehn- bis zwanzigfache. Den Anfang machten wie immer die Amis, doch England, Irland und Spanien folgten rasch, und etwas abgeschwächt erfasste das „Immobilienfieber" nach und nach die gesamte westliche Welt und schließlich auch China. Als Europa im Jahr 2004 von der Welle voll erfasst wurde, begann das Kartenhaus in den USA bereits zusammenzubrechen. Nach und nach kam es zu Kreditausfällen. Immer mehr Kreditnehmer konnten ihre Schulden nicht mehr zurückzahlen, doch das Geschäft lief so gut für die Banken, dass sie jetzt keine „schlechte Stimmung" verbreiten wollten. Stattdessen kaschierten sie die Probleme, indem sie faule Kredite weiterverkauften, gerne auch im Paket oder Bündel, einfach nur, um sie selbst aus der eigenen Bilanz herauszubekommen. Es setzte ein reger Handel mit solchen „toxischen" Krediten ein, die wie heiße Kartoffeln rasch weitergereicht und mit hohen Aufschlägen von einem Land ins andere verkauft wurden, da das Risiko sehr groß war.

Wenn zum Beispiel eine Familie aus Wyoming einen Kredit für ein Haus bei ihrer lokalen Filiale der *Bank of America* aufgenommen hatte, dann schuldete sie jetzt das Geld vielleicht der Deutschen Bank oder einer Bank in Island oder in Italien, vielleicht sogar ohne es zu wissen. Hatte die Familie in Wyoming bis dahin einen Ansprechpartner in ihrer Filiale der *Bank of America*, so konnte sie sich nun an niemanden mehr wenden, denn die Deutsche Bank hatte in Wyoming überhaupt keine Filialen. Viele Banken hatten längst den Überblick über ihre Kredite verloren, sie wussten auch nicht, ob die Kreditnehmer noch zahlten, ob sie dort überhaupt noch wohnten, ja ob das Haus überhaupt noch stand. Wie sollte die Deutsche Bank in Frankfurt auch feststellen, wie es um das Einfamilienhaus in Wyoming bestellt war. Das Ganze wurde immer absurder, doch solange sich Willige finden, die mitspielen, rollt die Lawine weiter.

Und während in den USA den ersten Insidern klar wurde, dass sich hier eine Blase gebildet hatte, die zu platzen drohte, wollten in Europa immer mehr Menschen das tote Pferd reiten. Wenn einer einmal vom Fieber gepackt ist, dann hört er keine Alarmglocken mehr. Selbst die Kämmerer von Kommunen, Städten oder Landkreisen ließen sich nun von Banken und Kreditvermittlern jeden Mist andrehen, Fonds jeglicher Art, Fremdwährungskredite, Leasinggeschäfte, Leergeschäfte, *Derivate* – kein Kreditnehmer verstand, worum es da ging. Keiner wusste mehr, was er tat. Es herrschte kollektive geistige Umnachtung. Doch wer cool sein wollte, musste dabei sein.

Doch es ist nicht möglich, dass die Preise und der Wert für bestimmte Waren endlos steigen, denn ein konstanter Preisanstieg ist nur dadurch möglich, dass immer mehr Geld in den Markt fließt – sonst gäbe es ja nicht genug Geld, um die immer höheren Preise zu bezahlen, und sie würden wieder sinken. Je mehr es aber von etwas gibt, desto weniger ist es wert. So ist das auch beim Geld. Immer größere Geldmengen, die durch verstärkte Kreditvergabe entstehen, haben Inflation zur Folge. Letztlich gleicht die Inflation die vermeintliche Wertsteigerung aus. Die Lebenshaltungskosten steigen, die Löhne und Gehälter jedoch nicht im selben Umfang. Die Euphorie weicht der Angst. Der Überlebenskampf beginnt.

Immer, wenn es in der Wirtschaft steil bergauf geht und mehr und mehr Geld in den Kreislauf fließt, die Preise jedoch und die Gehälter nicht im selben Ausmaß steigen, kommt zwangsläufig ein Punkt, an dem sich die Konsumenten immer mehr verschulden müssen, um den gewohnten Lebensstandard aufrecht zu halten. Dann beginnt man zu sparen und die Kauflaune verfliegt. Nun beginnt der Wirtschaftsmotor zu stottern, es kracht und knackt an allen Enden. Unsicherheit greift um sich. Die Medien und die Politik beschwichtigen. Sie ermuntern dazu, weiter zu konsumieren. Die Leute würden ja gerne, aber es geht nicht mehr, denn es fehlt das Geld. Und plötzlich stirbt der Motor ab. Jetzt können immer mehr Kreditnehmer ihren Kredit nicht mehr bedienen. Das ist der Punkt, an dem die Blase platzt. Diesen Punkt hatten wir dann nur sieben Jahre nach der „Dotcom-Blase" im Herbst 2007 auf dem Immobiliensektor erreicht.

Mit dem Platzen der Blase verloren Millionen Menschen in den USA ihr Haus durch Zwangsvollstreckung und durch Rauswurf aus den eigenen vier Wänden. Die Zahl stieg allein in 2008 um 53 Prozent. Millionen Amerikaner lebten danach wieder wie in den 1930er-Jahren auf der Straße oder in riesigen Zeltstädten irgendwo in der Wüste. Tausende nahmen sich das Leben. Auch in Europa verloren viele Übermütige ihre Immobilien. Ausgedehnte Neubausiedlungen entlang der spanischen Küstengebiete glichen Geisterstädten.

Nun fielen die Immobilienpreise rasant, und die Banken rund um den Globus waren mit gewaltigen Verlusten in ihren Büchern konfrontiert. Keine Bank traute mehr der anderen, keiner lieh dem anderen mehr Geld. Im Sommer 2008 rettete die amerikanische Regierung die drei große Banken *Bear Stearns, Fannie Mae* und *Freddie Mac* mit vielen, vielen Milliarden Dollar vor dem Absturz, während sie andere kleine Banken pleitegehen ließ. Die Begründung für die Rettung großer Banken und die rituelle Opferung der kleinen lautete: *„too big to fail"*, also zu groß, um scheitern zu dürfen. Es wurde argumentiert, dass eine Pleite großer Banken, sog. „systemrelevanter" Banken, die gesamte Weltwirtschaft in den Abgrund reißen könnte.

Dann aber, im Herbst 2008, strauchelte die vierte große US-Bank: *Lehmann Brothers*, eine Bank, die größer war als alle anderen bislang geretteten. Es wurde verhandelt und gepokert. Würde der Staat sie retten? Würden andere Banken einspringen? Am Ende half niemand. Am 15. September 2008 erklärte sich das Bankhaus *Lehman Brothers* für zahlungsunfähig und trat damit eine Lawine los. Private Kunden verloren Ersparnisse im Wert von mehr als 200 Milliarden Dollar. Ahnungslose Sparer rund um den Globus, darunter viele ältere Menschen, die dank der „fachkundigen" Beratung ihrer Hausbank ihr Erspartes in komplexe Anlageformen von *Lehmann Brothers* gesteckt hatten, standen vor dem Nichts. Weitere Banken stürzten in den Abgrund in den USA, in England, in Island, in Griechenland. Weltweit demonstrierten Menschen, die alles verloren hatten und die Welt nicht mehr verstanden. Wut, Fassungslosigkeit, Entsetzen waren die Folge. Die Banken wurden zum Feindbild und die „Occupy Wallstreet"-Aktivisten drohten der Finanzelite an die Gurgel zu gehen.

Die Börsen stürzten ab, der globale Handel brach deutlich ein und weltweit breitete sich eine dramatische Rezession aus. Was folgte, war die größte Weltwirtschaftskrise seit den 1930er-Jahren. Die Staaten senkten die Zinsen deutlich und pumpten wieder einmal Unmengen an neuem Geld in die Märkte, um sie zu stabilisieren, was wieder zur Inflation führte. Nach der Immobilienblase bildete sich eine noch größere Schuldenblase. Weltweit wurden von Regierungen Banken mit dem

Geld der Bürger gerettet, sprich deren Aktionären die Schulden abgekauft und somit auf die Bürger übertragen. Die Banken durften dafür sog. „Bad Banks" (schlechte Banken) gründen. Das waren riesige, virtuelle Müllhalden, auf die alle faulen Kredite gekippt werden durften. Die Banken waren ihre Verluste los und hatten mit einem Mal wieder saubere Bilanzen. Und die Bürger zahlten die Zeche – das ist wie Zauberei!

Der Tod vieler kleiner, meist lokal engagierter Banken führte zu zahlreichen Konkursen kleiner Unternehmen, wovon wiederum die großen Konzerne profitierten. **Es gab also klare Gewinner des Finanz- und Bankencrashs, nämlich die Besitzer der GROSSEN Unternehmen und der GROSSEN Banken!**

Damit sind wir wieder bei den Folgen der Globalisierung und des Neoliberalismus, denn wenn ein Unternehmen groß genug und international breitbeinig aufgestellt ist, dann kann man es nicht mehr pleite gehen lassen, ohne einen unberechenbaren Flächenbrand zu erzeugen. Ich hebe dies deswegen hervor, weil es wichtig ist und wir uns das unbedingt merken sollten in Bezug auf die Ereignisse des Jahres 2020!

Die Wirtschaftskrise, die im Jahr 2007 begann, hatte noch für Jahre schwerwiegende, negative Auswirkungen auf die Weltwirtschaft. Der ganz große Crash war längst fällig gewesen. Eigentlich hätte man das gesamte Wirtschafts- und Währungssystem im Jahr 2008 geordnet zusammenbrechen lassen sollen, um es komplett neu aufzubauen und um wieder bei Null zu beginnen. Man hätte den Euro auflösen und alle Schulden tilgen sollen, dann hätte man wieder einige Jahrzehnte Aufschwung und Frieden vor sich gehabt.

Stattdessen wurden die Probleme verschleppt und damit noch vergrößert. Offenbar brauchten die mächtigen Männer im Hintergrund, die ich die „Geheime Weltregierung" nenne, mehr Zeit für die Entwicklung eines neuen Systems. Das Volk, jedes Volk wurde von seinen Politikern in Bezug auf die Tragweite des Crashs von 2008 belogen! So garantierten Kanzlerin Angela Merkel und Finanzminister Peer Steinbrück den Deutschen, dass alle Spareinlagen bis 100.000 € sicher wären, und der Staat dafür bürgen würde. Das war natürlich gelogen, aber es galt zu verhindern, dass die Menschen alle gleichzeitig losrennen und ihre Ersparnisse von den Banken abheben wollen, denn dann würden sie entdecken, dass es dieses Geld überhaupt nicht gibt und die Banken würden zusammenbrechen. Zwei Jahre später, am 13. September 2010, gab Peer Steinbrück im Interview mit dem Magazin SPIEGEL diese „Notlüge" zu:

> *„Es gab eine spürbare Verunsicherung und die Leute begannen, ihr Geld von den Banken abzuheben. Dadurch sank die Liquidität der Kreditinstitute, was wiederum das Vertrauen in die Banken untergrub. Es drohte ein Teufelskreis, weswegen Kanzlerin Merkel und ich uns schließlich zu jener berühmten Erklärung entschlossen haben, alle Spareinlagen staatlich zu garantieren. Es hat funktioniert. Fragen Sie mich nicht, was passiert wäre, wenn es nicht funktioniert hätte."*[8]

Spiegel 37/2010

Die nicht genau definierten „Spareinlagen" der Deutschen betrugen im Jahr 2008 nach Schätzungen rund 570 Milliarden Euro, also mehr als das Doppelte des deutschen Jahreshaushalts. Es wäre also gar nicht möglich gewesen, die Spareinlagen zu sichern, zumindest nicht, ohne das Problem noch mehr zu verschlimmern.

Was lernen wir daraus? Traue nie den Versprechen oder Zusagen von Politikern, und vor allem: Immer wenn sie betonen, dass es ein bestimmtes Problem nicht gäbe, können wir sicher sein, dass uns das Wasser bereits bis zum Hals steht!

Die Krake

Ich möchte an dieser Stelle für diejenigen unter Ihnen, die meine bisherigen Bücher nicht gelesen haben, einen Begriff klären, den ich in meinem ersten Buch »Was Sie nicht wissen sollen« geprägt hatte und seitdem immer wieder verwende: die „Geheime Weltregierung". Ich beschreibe damit einen losen Zusammenschluss einiger weniger europäisch-stämmiger Familien, den man im weitesten Sinne auch als „Kartell" bezeichnen könnte. Diese Gruppe besteht seit mehr als 100 Jahren und setzt sich im innersten Kern aus den reichsten und mächtigsten westlichen Familien zusammen. Sie kontrollieren dort die meisten Notenbanken und Privatbanken und damit das Geldwesen aller westlichen Staaten. Sie halten, privat und mittels ihrer Banken, Mehrheiten an den großen Investmentfirmen wie *Blackrock*, *Blackstone* und *Vanguard*, die wiederum Aktienmehrheiten an den meisten großen und wichtigen Unternehmen in der westlichen Welt halten.[9] Es handelt sich um ein kompliziert gestricktes Netz von Beteiligungen, das nur sehr schwer zu entwirren ist, was ich aber dennoch in meinem ersten Buch ausführlich behandelt habe. Durch diese indirekt hohen Beteiligungen an allen Aktienkonzernen können sie Einfluss auf deren Geschäftsführung und den Aufsichtsrat ausüben und somit die Ausrichtung der Firmen steuern und Druck auf die Politik ausüben. Wer das für Hirngespinste hält, dem sei gesagt, dass all das bereits vor über hundertdreißig Jahren jedem in den USA bekannt war. Doch was nicht im Geschichtsunterricht gelehrt wird, gerät eben schnell in Vergessenheit.

Zur Erinnerung: Im Jahre 1892 erlässt der US-Kongress das „Anti-Trust-Gesetz" das die Familie Rockefeller, die damals reichste und mächtigste Familie in den Vereinigten Staaten, zwang, das komplizierte Geflecht ihres *Rockefeller-Trusts* aufzulösen. Sie sollten Teile ihres Imperiums, Banken, Ölkonzerne, Baugewerbe, Rohstoffunternehmen usw. wegen unerlaubter Monopolstellungen verkaufen. Die Rockefellers wurde in der Presse immer wieder als Krake dargestellt, die alle Bereiche des Lebens, vom privaten Heim über das Geschäftsleben bis hin zur Politik der USA, durchdrang und fest im Griff hielt. (siehe Abb. 3)

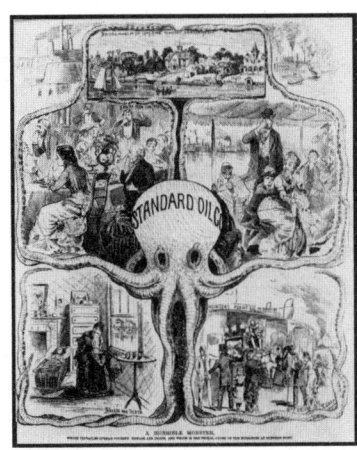

Abb. 3: Amerikanischer Cartoon aus den 1880er-Jahren, der die Standard Oil Company als Oktopus darstellt und zeigt, wie seine Arme alle Bereiche des privaten Lebens der Bürger durchdringen.

1897 stellten die Behörden dann fest, dass trotz Anordnung keine Auflösung des Trusts stattgefunden hatte. Von der Presse getrieben, musste sich Familienoberhaupt John D. Rockefeller „wegen Missachtung der Gesetze" verantworten. Es kam zu Untersuchungen. Also verkaufte Rockefeller offiziell Teile seines Imperiums. Dafür gründeten er und andere Familienmitglieder einfach neue Firmen und verkauften Teile des alten Konzerns untereinander an sich selbst, bis niemand mehr von außen einen Durchblick hatte. Dadurch umging er bestehende Gesetze, die Monopole verbieten sollten und konnte seine Macht und seinen Einfluss immer weiter ausbauen. Die Familie Rockefeller ist bis heute eine der reichsten Familien auf Erden, meinen Recherchen nach die zweitreichste, um genau zu sein, und sie ist Herz und Seele der Geheimen Weltregierung. Aus den Erfahrungen, die John D. Rockefeller vor mehr als 120 Jahren machte, haben die reichsten Familien-Clans gelernt, ihren Reichtum und ihre Macht zu verstecken, um nicht greifbar und somit nicht angreifbar zu sein.

Die Struktur der Geheimen Weltregierung ist aufgebaut wie eine Zwiebel. Um den innersten Kern – den kaum jemand kennt – befindet sich die nächste Schicht. Das sind einige hundert Familien, darunter der Hochadel Europas und der Geldadel zu beiden Seiten des großen Teichs. Laut Dr. John Coleman werden sie das „Komitee der 300" genannt und sind im frühen 18. Jahrhundert aus der *British East India Merchant Company* hervorgegangen.[10]

Um sie herum kommt die nächste Schicht und noch eine und noch eine... Wie bei Geheimlogen, etwa den Freimaurern, weiß jeder nur das, was er oder sie wissen muss und sorgt für die Umsetzung der Direktiven. Mittels politischer Organisationen wie dem *Council on Foreign Relations,* dem *Club of Rome; den Bilderbergern* oder der *Atlantikbrücke* üben sie meist sehr subtil Druck auf die Politik und die öffentliche Meinung aus. Mittels NGOs (privater Vereine) manipulieren sie die Presse und die öffentliche Meinung. Ein gutes Beispiel dafür ist die Rolle von George Soros' *Open Society Foundations,* die eine Schlüsselrolle sowohl im „Arabischen Frühling" als auch in der europäischen Flüchtlingskrise spielte.

Die *Atlantik-Brücke,* eine Unterabteilung des *Council on Foreign Relations* (CFR), speist sich aus dessen Mitgliedern und wird finanziert von der US-amerikanischen und deutschen Banken- und Wirtschaftselite. Seit 1988 vergibt die Atlantik-Brücke unter anderem den *„Eric-M.-Warburg-Preis"* zur Ehrung von Persönlichkeiten, die dazu beigetragen haben, *„Deutschlands Platz in der atlantischen Allianz zu sichern und zu festigen"* – eine wunderschöne Umschreibung für „Unterwerfung". Bisherige Träger dieses Preises waren unter anderem Angela Merkel, Helmut Kohl, Helmut Schmidt, Condoleezza Rice, George W. Bush und Henry Kissinger. Merken Sie sich den Namen „Warburg", denn er wird uns im Kapitel „Der Anfang vom Ende" noch begegnen!

Arend Oetker, Chef der Oetker-Holding, Ehrenpräsident des Bundesverband der Deutschen Industrie und CDU-Mitglied, beschrieb die Lobbytätigkeit dieses Vereins im Jahr 2002 folgendermaßen: *„Die USA wird von 200 Familien regiert und zu denen wollen wir gute Kontakte haben."*[11]

Mittels einiger (bereits erwähnter) Stiftungen werden sowohl die Forschung als auch die Wissenschaft und das Bildungswesen beeinflusst und so eine allgemeine Geisteshaltung in der Bildungselite geschaffen, die ausreicht, um die breite Masse der Menschen zu lenken. Etwa in der Wissenschaft: Da werden Gelder zweckgebunden für Forschungen vergeben, bei denen von vornherein offensichtlich ist, was hinten dabei rauskommen soll. Das ist jedem Wissenschaftler klar, aber wenn er forschen will und die Gelder braucht, muss er das Spiel notgedrungen mitspielen.

Nehmen wir als Beispiel das Thema „CO_2" das uns so vehement und aggressiv in der zweiten Hälfte der 2010er-Jahre begleitete. Ich habe hinlänglich dargelegt, dass CO_2, kein Problem, sondern im Gegenteil die Grundlage allen Lebens auf Erden ist. Jeder ernstzunehmende Naturwissenschaftler wusste das auch – zumindest noch bis zum Jahr 2010. Aber die Geheime Weltregierung brauchte im Jahr 2011 etwas, um eine neu entstandene Jugendbewegung um *Occupy Wallstreet* herum auszuschalten, also wurde der Fokus dieser zornigen, jungen Menschen, nachdem der Hype um den „Arabischen Frühling" zu Ende war, einfach in eine andere Richtung gelenkt. Mittels *Avaaz* oder lächerlicher Organisationen wie dem „*Weltklimarat*" wurde CO_2 zum lebensbedrohlichen Feind für die Menschheit aufgebauscht, und die Jugend gegen einen Feind eingeschworen und auf die Straße gebracht, der nicht sichtbar war, ja der überhaupt nicht existierte. Ganz ehrlich, das war ein Meisterstück aus der Rubrik „Propaganda".

> *„Der Antrieb der Rockefellers und ihrer Verbündeten liegt darin, eine Eine-Welt-Regierung zu bilden, welche sowohl den Superkapitalismus als auch den Kommunismus unter demselben Dach vereint, nämlich allesamt unter ihrer Kontrolle. Spreche ich von Verschwörung? Ja, das tue ich. Ich bin überzeugt, dass es einen solchen Plan gibt, auf internationaler Ebene, vor vielen Generationen schon geplant und unbeschreiblich böse in seiner Absicht."*
> US-Kongressabgeordneter Larry Patton McDonald im Jahr 1976
> (getötet beim Absturz des Korean Airline Jumbos,
> der 1983 angeblich von den Sowjets abgeschossen wurde)

Ich weiß, dass es vielen braven, anständigen Menschen schwer fällt, zu glauben, dass es eine solche „Verschwörung" geben kann, aber es besteht dennoch kein Zweifel daran, wie ich auch in den nächsten Kapiteln immer wieder an zahlreichen Beispielen belegen werde.

Diese unvorstellbar reichen Familien-Clans streben die Weltherrschaft an und planen, unter dem Namen **„Neue Weltordnung"** eine Weltregierung und eine einheitliche Weltwährung zu etablieren und dabei die Unabhängigkeit der einzelnen Staaten und Währungen aufzulösen. Die neue Weltregierung soll von dieser Elite gestellt werden. Die Geheime Weltregierung ist davon überzeugt, alleinig dazu berechtigt und befähigt zu sein, und sie hält sich auch genetisch für überlegen. Ich habe die Strukturen dieses „Kartells" und die Namen seiner wichtigsten Mitglieder in meinem ersten Buch detailliert aufgeführt und kann das hier nicht nochmals tun, doch wir werden auch in diesem Buch immer wieder darauf stoßen – etwa wenn ich im nächsten Kapitel vom „Bankenkartell" spreche, das der Kern dieser Geheimgesellschaft ist.

> *„Seitdem ich Politiker bin, haben mir Männer ihre Ansichten hauptsächlich in privatem Rahmen anvertraut. Einige der größten Männer der USA auf den Gebieten des Handels und der Industrie haben vor Jemandem und vor etwas Angst. Sie wissen, dass es irgendwo eine Macht gibt, die so gut organisiert ist, so geheimnisvoll, so wachsam, so ineinander verzahnt, so vollständig, so tiefgreifend, dass sie ihre Anschuldigungen besser nur im Flüsterton ausgesprochen hätten."*
> Woodrow Wilson (US-Präsident) in „The New Freedom"

Geprägt wurde der Begriff **„Neue Weltordnung"** (NWO) nach Ende des Ersten Weltkriegs durch den amerikanischen Präsidenten Woodrow Wilson bei seinem misslungenen Versuch, den Völkerbund, also die UNO, als Weltregierung zu etablieren. Die alte Weltordnung des 19. und des beginnenden 20. Jahrhunderts hatte sich als unsicher und kriegerisch herausgestellt. Wilson meinte, die Antwort auf territoriale Streitigkeiten wäre, Territorien einfach abzuschaffen und den USA die Führung der Welt zu überlassen. Da waren die Engländer dagegen. Also wurde die UNO als nichts Halbes und nichts Ganzes gegründet – eine Institution, die seitdem verzweifelt um Sinn und Anerkennung kämpft.

Wilson hatte, anscheinend ohne es zu merken, im Dezember 1913 mit seiner Unterschrift unter den *Federal Reserve Act* die Macht über die USA in die Hände der Geheimen Weltregierung gelegt, die nach und nach ihren Machtbereich ausdehnte.

„Wir werden eine Weltregierung haben, ob wir es wollen oder nicht. Die einzige Frage lautet: ‚wird sie erreicht durch Eroberung oder durch Zustimmung?‘[12]

James Paul Warburg (1896-1969), deutsch-amerikanischer Banker. Sohn von Paul M. Warburg und Finanzberater von US-Präsident Franklin D. Roosevelt

Die Bezeichnung „Neue Weltordnung" (NWO) wurde erneut in den 1990ern populär, als der damalige Präsident der USA, George Bush sen., nach dem Zusammenbruch der kommunistischen Diktaturen in Osteuropa von einem neuen Zeitalter unter amerikanischer Führung träumte. Immer und immer wieder strapazierte er die „New World Order" in seinen zahlreichen, endlosen Reden. Die berühmteste hielt er am 11. September 1990(!) vor dem US-Kongress aus Anlass des bevorstehenden Einmarsches der US-Truppen in den Irak:

„...Eine neue Partnerschaft von Staaten hat begonnen und wir befinden uns heute an einem einzigartigen und außergewöhnlichen Punkt. Die Krise im Persischen Golf – so gravierend sie auch ist – eröffnet uns die seltene Gelegenheit einer Entwicklung hin zu einem Zeitalter der Einheit. Aus dieser schwierigen Zeit heraus könnte unser... Ziel einer Neuen Weltordnung verwirklicht werden!"

Zu Beginn des 21. Jahrhunderts wurde dank des Internets und der neu entstandenen, alternativen Medien immer mehr über die „Geheime Weltregierung", ihre Pläne und Machenschaften bekannt. Daher regte sich immer mehr Widerstand gegen ihre „Neue Weltordnung". Der Begriff wurde deshalb in den letzten Jahren kaum mehr von Politikern benutzt – das ändert jedoch nichts am Ziel.

Wenn die Ordnung aus den Fugen gerät

Lassen Sie mich bitte einige Jahre zurückgehen und einen anderen Aspekt beleuchten, der zu begreifen helfen soll, wie wir dahin gekommen sind, wo wir heute stehen. Denn das, was wir bislang beleuchtet haben, bezog sich vorwiegend auf die westliche Welt, auf Europa und die USA. Doch um etwas besser verstehen zu können, muss man stets versuchen, unterschiedliche Standpunkte einzunehmen und unterschiedliche Interessen zu verstehen. Wer das heute tut, wird in der westlichen Welt schnell als russischer Spion oder „Troll" geächtet, doch ich kann Ihnen versichern, dass ich das nicht bin. Doch ich betrachte nun mal gerne alles von verschiedenen Seiten.

Als die Sowjetunion im Jahr 1989 zerbrach, endete offiziell der „Kalte Krieg". In Wahrheit wurde jedoch nur die Kriegstaktik verändert. Die USA beuteten Russland und seine ehemaligen Satelliten-Staaten nach dem Mauerfall aus, wo es nur ging. Sie zerstörten ganze Industrien oder kauften Betriebe und Konzerne auf, die in undurchsichtigen Prozessen über Nacht privatisiert wurden. Das Herzstück dieses Aderlasses, der den einst mächtigen Gegner Russland ausbluten ließ, war aber wie immer das sog. *„Production Sharing Agreement"* (PSA), das seit den 1970er-Jahren weltweit der Standard-Vertrag zwischen Öl-fördernden Ländern und den westlichen Konsortien war, die das Öl für sie förderten und vertrieben.

Wenn Sie nun berechtigterweise fragen, warum ein erdölreiches Land einem fremden US-Konzern erlauben sollte, auf seinem Boden Öl zu fördern, dann kann ich es sehr verkürzt nur so ausdrücken: Die US-Konzerne haben das nötige Knowhow, das nötige Geld, die nötige Erfahrung und dank der weltweit stärksten Armee eine sehr starke Überredungskunst. Wer gerne tiefer in diese Materie einsteigen möchte, dem kann ich dahingehend mein Buch »Was Sie nicht wissen sollen 2 – Terror, Revolutionen und Kriege« ans Herz legen.

Beim PSA trägt also der Förderer (Explorer) – ein US-Konzern oder multinationaler Konzern – die Kosten für die Exploration, also die

Entwicklungs- und Förderkosten, die als erstes wieder von den Einnahmen aus dem Ölverkauf getilgt werden müssen. Erst nach Erreichen dieses „*break even*"-Punktes teilt der Explorer den Erlös aus dem Verkauf des Erdöls mit dem Gastland. Und *wann* dieser *break even*-Punkt erreicht ist, hängt von der Kreativität des Buchhalters des fördernden, multinationalen Konzerns ab. Die vorab geschätzten Kosten müssen natürlich oft einer Realität angepasst werden, die bemerkenswerter Weise nie das Gastland bevorzugt. Immer treten irgendwelche unvorhersehbaren Ereignisse ein, die das Erreichen des *break even* verzögern können. Haben Sie noch Fragen?[13]

Also, einen solchen Knebelvertrag hatte das Personal, das den Zusammenbruch Russlands in den frühen 1990er-Jahren betreute, mit den Amerikanern geschlossen – aus Gründen, über die ich nur mutmaßen kann, aber ich bin mir sicher, dass viel Alkohol und viel Geld dabei eine bedeutende Rolle spielten. Die Besitzer der angelsächsischen Ölkonzerne rieben sich die Hände und lebten in Saus und Braus, während die Russen Mitte der 1990er-Jahre in bitterer Armut lebten. Bis zu 12 Millionen Menschen kamen Schätzungen zufolge zwischen 1991 und 1994 in Russland ums Leben weil sie verhungerten, erfroren oder starben, da sie sich keine Medizin leisten konnten![14]

Für die USA hingegen lief es Anfang der 1990er-Jahre ziemlich gut, denn sie hatten auf der Weltbühne nun keinen ernstzunehmenden Konkurrenten mehr. Die gesamte Welt musste seit dem Vertrag von *Bretton Woods* im Jahr 1944 für den Handel den US-Dollar verwenden, was den US-Dollar zur wichtigsten Währung auf Erden machte und ihr sehr viel Kaufkraft verlieh. Deshalb konnten es sich die Amerikaner auch leisten, immer mehr ihrer eigenen Produktion in Billiglohnländer abwandern zu lassen. Solange die Welt in US-Dollar handelte, würden sie niemals arm werden. Die USA dominierten mit ihrem Dollar und mit ihren Großkonzernen die gesamte Welt und erklärten allen, was sie zu tun und was sie zu lassen hatten.

Doch dann übernahm zu ihrer Überraschung in Russland ein neuer starker Mann das Ruder. Im Jahr 2000 wurde Wladimir Wladimirowitsch Putin zum neuen Präsidenten der Russischen Föderation gewählt und er zeigte den USA ganz klare Grenzen auf. Der Westen hatte gegenüber Russland in den 1990er-Jahren alle Zusagen gebrochen. **So hatten Deutschland und die USA versprochen, dass die NATO sich nicht weiter in Richtung Russland ausdehnen würde, wenn die Russen der deutschen Wiedervereinigung zustimmen würden**, was sie daraufhin taten. Doch 1999 traten Polen, Tschechien und Ungarn der NATO bei und kurz darauf folgten Bulgarien, Rumänien, Slowakei, Slowenien, Estland, Lettland und Litauen. Die Russen wussten also, dass das Wort eines westlichen Politikers keinen Pfifferling wert war.

Zwar waren die PSA-Verträge nach internationalem Recht bindend, aber Putin fand einen Trick, wie er die ausländischen Ausbeuter aus seinem Land werfen konnte: Er ließ die US-Ölkonzerne wegen Umweltvergehen verklagen und verurteilen und sie mussten das Land verlassen. Sie hatten den kleinen Mann und seine große Entschlossenheit unterschätzt.

„Als Wladimir Putin das Kommando über Russland übernahm, gab es kein Anzeichen dafür, dass er es besser machen würde als der Betrunkene, den er ersetzt hatte. Ein ehemaliger KGB-Offizier schien eine Entscheidung zu sein, die eher von Nostalgie als von Ideologie getrieben wurde, aber in Putin steckte weit mehr, als man ihm auf den ersten Blick ansah: Patriotismus, Humanismus, Gerechtigkeitssinn, List, ein genialer Wirtschaftsberater namens Sergey Glazyev, der die Neue Weltordnung offen verachtete. Aber allen voran verkörperte er die Reinkarnation der längst verlorenen russischen Ideologie der totalen politischen und wirtschaftlichen Unabhängigkeit. Nachdem Vlad einige Jahre damit verbracht hatte, den russischen Sumpf von den Oligarchen und den Mafiosi zu befreien, die sein torkelnder Vorgänger ihm zusammen mit einer Reihe leerer Flaschen hinterlassen hatte, krempelte er die Ärmel hoch und machte sich an die Arbeit.“[15]

Sylvain Laforest, französischer Autor und Filmregisseur

Fortan stiegen die Einnahmen Russlands beträchtlich und innerhalb weniger Jahre stieg das größte Land der Welt auch wieder zu einem der stärksten und mächtigsten auf. In der Zwischenzeit waren aber einige pfiffige Russen mit tatkräftiger, finanzieller und logistischer Unterstützung aus dem Westen sehr reich und mächtig geworden – wir nennen sie heute „Oligarchen". Der erfolgreichste unter ihnen war Michail Chodorkowski, der enge Kontakte zu den Rotschilds und Rockefellers pflegte, den zwei reichsten und mächtigsten Familien der westlichen Welt. Chodorkowski wollte die Rothschild-Bank *JNR UK Ltd.* und Rockefellers Ölkonzerne *ExxonMobil* und *Chevron* an seinen russischen Ölkonzernen YUKOS beteiligen, einem der größten privaten Unternehmen weltweit. Chodorkowski hatte sein Imperium nach dem Zerfall der Sowjetunion mit Hilfe aus dem Westen zum Nachteil des russischen Staates aufgebaut und er war ein erklärter Gegner Putins. Der wiederum wollte verhindern, dass die Amerikaner und Engländer, nachdem er sie gerade aus dem Land geworfen hatte, zur Hintertür wieder hereinkamen.[16] Also wurde gegen Chodorkowski ein Haftbefehl erlassen, weil er dem russischen Staat durch Unterschlagung und Steuerhinterziehung einen Milliarden-Schaden verursacht haben sollte.[17] Er wurde verurteilt und musste im Jahr 2003 ins Gefängnis, wo er bis zu seiner Begnadigung im Jahr 2013 saß. Yukos wurde 2006 von einem Gericht für bankrott erklärt und zerschlagen. Zahlreiche andere Oligarchen flohen aus Angst vor Putin ins Ausland.

„Nach dem Yukos-Fall wuchsen die Steuereinnahmen aus Erdöl um das 80-fache, weil Erdölkonzerne auf einmal regulär Steuern zahlen mussten... Chodorkovsky und die anderen hatten keine Steuern bezahlt. Chodorkovsky hat in seinem Brief aus dem Totenhaus ganz klar gesagt: Russland ist ein Jagdgebiet! Auf Chodorkovskys Konto sollen mehr als 70 Morde gehen..."

Dr. Yuri Borisow (Historiker)[18]

In den Jahren 2007 und 2008 strauchelten die westlichen Banken und mit ihnen mehrere europäische Staaten, allen voran Griechenland. Der Crash schwächte Europa und die USA. Russland hingegen hatte deutlichen Aufwind und Putin sah nicht ohne Schadenfreude zu, wie der Westen, der sein Land so lange gegängelt hatte, sich selbst zerstörte.

Die USA waren es seit ihrem ersten großen Coup, der militärischen Übernahme Panamas von Kolumbien im Jahr 1903 und dem dann gebauten Panamakanal gewohnt gewesen, überall auf der Welt dank ihres starken Dollars und ihrer starken Armee schalten und walten zu können, wie sie wollten. Doch nun zeigten die westlichen Staaten Schwäche und das wird auf dem internationalen Parkett eiskalt ausgenutzt. Die USA und Europa waren wie ein Boxer, der taumelte. Jetzt war selbst für schwächere Gegner der richtige Zeitpunkt, um vielleicht einen „lucky punch" zu landen, einen alles entscheidenden Glückstreffer. Das beflügelte mehrere Staaten, die lange auf diesen Moment gewartet hatten. Mit einem Mal war da nicht nur Russland, das den Amerikanern ihre Grenzen aufzeigte. Auch China wurde immer stärker und dominanter. Selbst afrikanische Diktatoren, wie Baschar al-Assad im Syrien oder Muammar al-Gaddafi in Libyen, tanzten ihnen mittlerweile auf der Nase herum. Sie wollten ihr Öl nicht mehr in US-Dollar, sondern in Dinar handeln. Dann kam auch der Iran dazu, der sein Öl in Euro handeln wollte. Das ging den Amerikanern, genauer gesagt, den Mächtigen im Hintergrund, eindeutig zu weit. Mit Barack Obama hatten sie nach außen hin eine neue, schicke Fassade aufgebaut, aber der Putz bröckelte an allen Ecken und Enden und die Verzweiflung war dem wankenden Boxer, der bis dahin alle eingeschüchtert hatte, deutlich ins Gesicht geschrieben. Nun war nicht mehr die Zeit, um mit fairen Mitteln zu kämpfen. Wer angeschlagen ist und zu verlieren droht, versucht auch Tiefschläge, er kratzt und beißt, und tut alles, um nicht zu Boden zu gehen. Am Wichtigsten ist es dabei, sich selbst die eigene Schwäche nicht einzugestehen, sich selbst hoch zu pushen und anzufeuern.

Während also Barack Obama den Friedensnobelpreis erhielt und beim linken Bildungsbürgertum in Europa und den USA als der neue Messias gefeiert wurde, führte der Militärisch-Industrielle-Komplex der USA mit Obamas Genehmigung und Unterstützung Krieg im Irak, in Afghanistan und in Pakistan. Zum Einsatz kamen neben der US-Armee auch private Söldnertruppen, die den Vorteil hatten, dass sie keinem Parlament und keinem Oberkommando Rechenschaft ablegen mussten. Die Obama-Regierung konnte sie in den Tod schicken, ohne dass es irgendwelche Konsequenzen für sie hatte. Die Kriege waren teuer, langwierig und sinnlos und sie waren militärisch letztlich nicht zu gewinnen. Aber das spielte keine Rolle, denn die Zeche zahlten die amerikanischen Bürger. Das Leid der überfallenen Nationen und seiner Bevölkerungen schien im Westen niemand zu stören.

Die üblichen Verdächtigen, amerikanische Großkonzerne wie *Bechtel, Halliburton*, die *Parsons Corporation, Chicago Bridge & Iron Company* oder KBR, verdienten sich am gezielten Zerstören anderer Kulturen und Existenzen goldene Nasen. Denn alles, was die US-Armee zerstörte, durften amerikanische Firmen wieder aufbauen.[19]

> *„Das Ganze wurde noch durch ein perfides Prämiensystem auf die Spitze getrieben. Zwischen dem Pentagon und Halliburton gab es eine Vereinbarung namens ‚Cost-Plus‘. Dieses Programm garantierte dem Unternehmen die Erstattung der Ausgaben für etwaige Aufträge plus einen garantierten Profit, wenn das ausgegebene Ziel erreicht wurde. Eine Lizenz zum Geld drucken, denn die ‚Erfolge‘ wurden, wie bei den Wasseranlagen, kaum kontrolliert. Die Offiziere der US-Armee waren mit Prämien am Umsatz der Aufträge beteiligt. Je mehr Umsatz im Rahmen eines Auftrages produziert wurde, desto höher die Beteiligung. Systematische Anreize zur Verschwendung von Steuergeldern also.“*[20]
>
> *Der Tagesspiegel*, 15.7.2007

Im Jahr 2008 war Barack Obama neuer US-Präsident geworden und im Dezember 2010 folgte prompt der sog. „Arabische Frühling". Er hatte mit Massenprotesten gegen den tunesischen Staatschef Ben Ali

41

begonnen. Aus Demonstrationen wurden im Handumdrehen gewaltsame Ausschreitungen, die vom Ausland gesteuert auf mehrere Staaten in Nordafrika und im Nahen Osten übergriffen. Drahtzieher dieser Umstürze waren federführend die US-Geheim-dienste, das US-Außenministerium unter Obamas Außenministerin Hillary Clinton und private Organisationen, allen voran George Soros' „Open Society Institute", sowie die von ihm finanzierten Revolutionsprofis von CANVAS (früher OTPOR). In einem Interview für das »Weltjournal« im österreichischen TV-Sender ORF 2 erklärte CANVAS-Chef Srdja Popovic am 11. Mai 2011 nicht ohne Stolz, dass CANVAS (eine private Organisation, die auf politische Umstürze spezialisiert war) den Arabischen Frühling „mitgestalte", und allein nur im Nahen Osten in acht oder neun Staaten aktiv war.[21]

„Wir können erfolgreiche Revolutionen vorweisen, in Georgien, der Ukraine, in Libanon, in Moldavien und nun in Ägypten und Tunesien!"

Srdja Popovic[22]

Mehrere nordafrikanische Länder hatten bis zum Sturz ihrer Diktatoren in Frieden und in relativer Freiheit gelebt. Religion spielte eine untergeordnete Rolle, Frauen durften studieren und es herrschte Sicherheit in den Straßen auf Grund eines starken Polizei- und Militärapparates. Als dann diverse Kräfte aus den USA die gemäßigten Diktatoren in Tunesien, Ägypten und Libyen samt ihren Entouragen stürzten, entstand in diesen Ländern ein Machtvakuum, da es keine organisierte Opposition gab. Diese Lücke füllten religiöse Kräfte, die vorwiegend von Saudi-Arabien, dem wichtigsten Partner der USA im arabischen Raum, finanziert und unterstützt wurden

Die Kriege der USA und ihrer Partner Frankreich und Großbritannien und die daraus resultierende Destabilisierung der gesamten Region waren der Grund für die Massenflucht, die dann im Jahr 2015 auch Europa überrollte. Diese grundlose Zerstörung von Ländern, Kulturen, Traditionen und Privateigentum wurden aus Sicht vieler Betroffener durch eine scheinbar geschlossene westliche Allianz verübt. Sie schuf den Westen ganz allgemein als Hassobjekt und war so Nährboden für einen aufblühenden und wachsenden islamischen Fundalismus. Damit hatte der „Militärisch-Industrielle-Komplex" als einer der vielen Arme der Krake die Völker aufeinandergehetzt und somit von der Geheimen Weltregierung und ihrer Agenda abgelenkt.

Neue Machtverhältnisse

Das Ziel der Hauptorganisatoren der vermeintlichen „Revolutionen" in Nordafrika, Hillary Clinton und George Soros, war es, die Machthaber in Syrien und im Iran zu stürzen, weil sie sich weigerten, sich dem westlichen Diktat zu unterwerfen. Doch China stellte sich hinter den Iran und Russland hinter den syrischen Diktator Baschar al-Assad, um zu verhindern, dass die USA die gesamte Region unter ihre Kontrolle bekommen würden.[23][24]

Der Krieg in Syrien war nie ein Bürgerkrieg, auch wenn westliche Medien das immer wieder behaupteten. Er war ein Stellvertreterkrieg zwischen mehreren Parteien, darunter staatliche und private Armeen und Geheimdienste der USA, Saudi-Arabiens, Israels, Englands, Frankreichs, Deutschlands, der Türkei und Russlands. Zudem mischten viele private Vereine mit, die ein finanzielles Interesse an der Destabilisierung Nordafrikas hatten. Anfang der 2010er-Jahre war die Weltlage so verworren, dass kaum noch jemand einen Überblick hatte. Es tobte neben all den militärischen Auseinandersetzungen auch ein internationaler Wirtschafts- und Währungskrieg, in dem es um die wirtschaftliche und monetäre Macht in der Welt ging und immer noch geht. Auf der einen Seite stehen die BRICS-Staaten (Brasilien, Russland, Indien, China und Südafrika) unter Federführung der Chinesen und fordern die USA immer offensiver heraus. Auf der anderen Seite gibt es auch noch mehrere Fronten wie etwa die in Europa.

Die EU führte Verhandlungen mit den USA über ein Freihandelsabkommen mit dem Namen *Trans-Atlantic Trade and Investment Partnership* (TTIP). Da die USA aber bereits ein solches Abkommen mit Kanada und Mexiko hatten (North American Union, NAU), wäre das

TTIP letztlich indirekt die *„Vereinigten Staaten von Europa und Nord-amerika"* (NAEU) geworden. Eine gemeinsame Währung wäre dann nur noch der nächste, logische Schritt gewesen. Doch in Europa regte sich dagegen massiver Widerstand, was die Vereinigung verzögerte. Die Geheime Weltregierung war sauer. Stattdessen schloss die EU im Oktober 2013 einen Vertrag mit China, der festschrieb, dass die beiden Währungs- und Wirtschaftsräume künftig zum Handel untereinander nicht mehr (wie zuvor üblich) US-Dollar verwenden wollten, sondern lieber Yuan und Euro. In einem sog. „Währungsswap-Abkommen" tauschten sie die beiden Währungen und attackierten so den Dollar der privaten US-Notenbank FED. Europa spielte also ein doppeltes Spiel, indem es versuchte, sich alle Türen nach allen Richtungen offenzuhalten. Im gleichen Jahr ließ China mehrfach verlauten, dass es den Dollar nicht mehr als Weltleitwährung sieht und es Zeit für eine neue, durch Gold gedeckte Währung ist. Damit erklärte es den USA indirekt den Krieg.

Die Chinesen gingen fortan auf eine beispiellose Shopping-Tour rund um den Globus. Sie kauften Firmen und Immobilien in Europa, Afrika und den USA auf. Sie kauften Ackerland, Bergbauunternehmen und zahlreiche mittelständische Betriebe, vor allem im Bereich der Elektroindustrie, des Maschinenbaus und der Fahrzeugindustrie auf. Und sie kauften alles Gold auf, das am Weltmarkt zu kriegen war, um zum richtigen Zeitpunkt eine neue, goldgedeckte Weltwährung als Alternative zum US-Dollar einzuführen.

Seit 2013 treibt China unter dem Begriff der **„Neuen Seidenstraße"** (*One Belt One Road*-Initiative) ganz offensiv und in einem Affentempo den Auf- und Ausbau seiner Verkehrsverbindungen, also Eisenbahn- und Straßennetzen, aber auch Seewegen zu mehr als 60 Ländern in Afrika, Asien und Europa voran. Sie kauften fremde Häfen und Flughäfen und ganze Landstriche und Stadtteile.

Die Initiative **„Made in China 2025"** zielt darauf ab, bis zum Jahr 2025 Weltmarktführer in der Hightech- und Pharmaindustrie zu sein und damit die bisherige Vormachtstellung westlicher Großkonzerne, allen voran der Hightech-Industrie im Silicon Valley, zu zerstören. Dabei geht es auch um den umstrittenen Ausbau unseres Telekommunikationsnetzes auf den **5G-Standard**, der aus dem militärischen Bereich kommt.[25] Die Nebeneffekte der 5G-Strahlung, die ein wesentliches dichteres Netz benötigt, sind bislang überhaupt nicht erforscht und bereiten vielen Menschen große Sorge. Da aber 5G für die Nutzung von Künstlicher Intelligenz (KI) wichtig ist, also etwa für *Smart Cities* oder selbstfahrende Autos, wird die Technologie von den führenden High-Tech-Produzenten mit Hochdruck vorangetrieben. Die Chinesen sind auf diesem Gebiet Weltmarktführer, stehen aber in Verdacht, die neue Technologie auch für die Spionage zu nutzen und die Daten von Nutzern der chinesischen Führung zur Verfügung zu stellen. Daher rief US-Präsident Donald Trump im Mai 2019 einen „nationalen Notstand in der Telekommunikation" aus. Damit ist es amerikanischen Firmen und Behörden verboten, mit Huawei zusammenzuarbeiten.[26][27]

Im Jahr 2011 dachte Barack Obama, oder genauer der Militärisch-Industrielle-Komplex hinter ihm, laut über einen Angriff auf den Iran nach. Im November waren sie gemeinsam mit Großbritannien zu einem Militärschlag bereit. Auch Israel bereitete eigene militärische Schläge gegen den Iran vor. Doch dann schalteten sich China und Russland ein und machten klar, dass sie das nicht zulassen würden. China warnte die USA davor, einen Dritten Weltkrieg zu entfachen. Die US-Streitkräfte waren nach den Jahren der Irak- und Afghanistan-Kriege ausgezehrt und geschwächt, und das US-Militär zierte sich. Sicherlich war auch die politische Führung der USA von der Deutlichkeit und Entschlossenheit der sonst verbal so vorsichtigen Chinesen überrascht.

Russland wollte näher an Europa heranrücken und bot der EU einen Zusammenschluss zu einer *Eurasischen Wirtschaftsunion* an, was die USA unbedingt verhindern mussten. Wenn China, Russland und Europa enger zusammengewachsen wären, hätten die USA nichts mehr zu melden gehabt. China konnte man nicht in einen militärischen Konflikt verstricken, doch Russland und Europa boten sich dafür an.

Ende 2013 kam es dann in der ukrainischen Hauptstadt Kiew zu Protesten gegen die Regierung Janukowitsch. Natürlich waren auch diese Proteste wieder von den USA aus gesteuert, organisiert und finanziert worden. Wieder wurde eine demokratisch gewählte Regierung gestützt, wieder war George Soros mit seinen zahlreichen Putsch-Organisationen mit von der Partie, was er auch ganz offen zugab. In einem Interview mit CNN am 25. Mai 2014 sagte Soros: *„Ich habe in der Ukraine schon vor deren Unabhängigkeit eine Stiftung gegründet. Sie hat seither funktioniert und spielte eine große Rolle bei den jetzigen Ereignissen."*[28]

Aus den Protesten in der Ukraine wurde im Handumdrehen ein Bürgerkrieg, den westliche Medien und Politiker ganz nach Plan den Russen in die Schuhe schoben. Vom Westen bezahlte Arbeitslose demonstrierten auf dem Maidan-Platz und die westlichen Medien feierten sie als Helden im Kampf für „Freiheit und Demokratie".[29] Die EU, die USA und Russland, die *CIA*, der *MI6*, der *BND*, der russische *SWR* und der israelische *Mossad* kämpften indes im Hintergrund mit den Oligarchen um die ukrainischen Filetstücke und um die Machtverteilung. Es wurde über die neue Regierung gestritten und die EU, die Personen wie Boxweltmeister Vitali Klitschko in der Regierung haben wollte, erwies sich als der klare Verlierer. Die USA setzten in der Ukraine ihre eigene Regierung ein und Hunter Biden, Sohn von US-Vize-Präsident Joe Biden, durfte mehrere große Firmen übernehmen. Zbigniew Brzezinski, einer der außenpolitisch mächtigsten Männer in den USA über Jahrzehnte hinweg, hatte bereits vierzehn Jahre zuvor, im Jahr 1999, Folgendes geschrieben:

„Die Ukraine, ein neuer und wichtiger Raum auf dem eurasischen Schachbrett, ist ein geopolitischer Dreh- und Angelpunkt, weil ihre bloße Existenz als unabhängiger Staat zur Umwandlung Russlands beiträgt. Ohne die Ukraine ist Russland kein eurasisches Reich mehr. Es kann trotzdem nach einem imperialen Status streben, würde aber dann ein vorwiegend asiatisches Reich werden, das aller Wahrscheinlichkeit nach in lähmende Konflikte mit aufbegehrenden Zentralasia-

ten hineingezogen werden würde... Wenn Moskau allerdings die Herr-
schaft über die Ukraine mit ihren 52 Millionen Menschen, bedeuten-
den Bodenschätzen und dem Zugang zum Schwarzen Meer wiederge-
winnen sollte, erlangte Russland automatisch die Mittel, ein mächtiges,
Europa und Asien umspannendes Reich zu werden. ..."[30]

Nichts was in der Politik passiert, ist zufällig oder überraschend. Es ist im Gegenteil genau geplant und von langer Hand vorbereitet! Aber dennoch läuft nicht immer alles so, wie man es gerne hätte. Es kann in einem Fußballspiel auch nicht zwei Sieger geben, auch wenn beide Mannschaften gewinnen wollen.

Die Ukraine versank binnen kürzester Zeit im Chaos. Aber für die Amerikaner war sie nur ein Spielball gewesen, um Europa und Russland zu entzweien. Da dies die Russen aber nicht so schwächte, wie die Amerikaner gehofft hatten, zwangen diese die Europäer im Jahr 2014 zu massiven Wirtschaftssanktionen gegen Russland. Da man Wladimir Putin weder stürzen noch anderweitig in die Knie zwingen konnte, versuchte man, das Land vom internationalen Handel auszuschließen. Diese Taktik zeigte Ende 2014 Wirkung. Viele reiche Russen und internationale Investoren tauschten ihre Rubel gegen Euro oder Dollar ein und parkten sie auf ausländischen Konten oder investierten sie im Ausland. Sie kauften Ende des Jahres 2014 alle europäischen Luxusimmobilien auf, die sie kriegen konnten, von den teuersten Wohnungen und Palais in London bis hin zu Schlössern in Italien. Der Ausverkauf Europas ging weiter.

Doch Europa bereute diesen Schritt sehr rasch, da es unter den Sanktionen mindestens genauso litt wie die Russen. Das österreichische Wirtschaftsforschungsinstitut (WIFO) kam zu dem Schluss, dass **die Russlandsanktionen der EU im Jahr 2015 im gesamten EU-Raum rund 400.000 Arbeitsplätze vernichtet hatten!** Allein in Österreich sollen geschätzte 7.000 Arbeitsplätze verlorengegangen sein, 10.000 in der Slowakei, 29.000 in Tschechien und 97.000 in Deutschland.[31] Die Arbeitslosigkeit in Europa stieg, und mit ihr die sozialen Spannungen. Griechenland war seit Jahren ein Fass ohne Boden und dachte laut über einen Austritt aus dem Euro nach. Belgien, das Zentrum der EU, schaffte das Kunststück, fast eineinhalb Jahre lang keine Regierung zustande zu bekommen.

Die Europäer verloren zusehends das Vertrauen in die politischen Parteien. Die Werte, die das Euro-Barometer im Herbst 2013 ermittelt hatte, waren alarmierend. In Deutschland sagten 73 Prozent der Befragten, dass sie eher kein Vertrauen in die etablierten politischen Parteien mehr hatten. In Frankreich waren es 89 Prozent, in Slowenien 92 Prozent, in Spanien 93 Prozent und in Griechenland gar 94 Prozent. Immer mehr Länder wollten aus dem Euro raus und immer mehr Regionen wollten sich abspalten. Doch die Politiker in Europa machten unbeirrt weiter, schließlich hatten die Gurken-Krümmungs-Experten aus Brüssel ja im Jahr 2012 von den Schweden den Friedensnobelpreis erhalten. All das führte zu einem erstarken rechter, nationalistischer Kräfte und Parteien in Europa, und die Flüchtlingskrise, die im Jahr 2015 über Europa hereinbrach, war Wasser auf den Mühlen dieser neuen politischen Kräfte. Die Flüchtlingswelle spaltete den Kontinent tief. Sie war – wieder einmal – die Folge amerikanischer Verantwortungslosigkeit und Selbstüberschätzung. Aber sie war auch deutlicher Ausdruck europäischer Schwäche, denn wieder haben die Europäer – mehr oder weniger freiwillig – die Zeche für die Amerikaner bezahlt – und werden das noch für Generationen tun. Als am 27. August 2015 an einer Autobahn in Österreich ein abgestellter Lastwagen mit 71 toten Flüchtlingen im Laderaum gefunden wurde, schlugen die Wellen der Empörung hoch und Österreich begann, Deutschland und die EU gemeinsam mit seinen östlichen Nachbarn unter Druck zu setzen. Man wollte dem Zustrom ein Ende bereiten, doch Deutschland sperrte sich gegen eine gemeinsame Lösung. Vier Tage später sagte Angela Merkel jene drei Worte, die in die Geschichtsbücher eingingen: *„Wir schaffen das!"*

Nun, wie diese Worte und alles, was sie auslösten, zu bewerten sind, muss jeder für sich selbst entscheiden. Die Fakten aber sprechen für sich. Die EU war nach 2015 gespalten wie noch nie und die Altparteien erlebten ein Wahldebakel nach dem nächsten. Die Briten entschieden sich am 23. Juni 2016 in einem Referendum, aus der EU auszutreten. Nun brach der Laden endgültig auseinander. Der türkische Diktator Recep Tayyip Erdogan witterte Morgenluft und wollte sein Land zu neuer Größe und Stärke führen. Er nutzte nur drei Wochen später einen vermeintlichen Putsch aus, um den Notstand über sein Land zu verhängen und fortan totalitär und rigoros gegen seine Gegner und Kritiker im eigenen Land vorzugehen. An allen Ecken und Ende brannte es in Europa, doch anstatt die Brände zu löschen, gossen die langen Arme der Geheimen Weltregierung Öl ins Feuer. Politiker hetzten die beiden in der Flüchtlingsfrage tiefgespaltenen Lager unentwegt gegeneinander auf und sorgten dafür, dass die Gräben immer tiefer wurden. Damit lenkten sie vom eigenen Versagen ihrer desaströsen Politik ab – die vielleicht in Wahrheit gar nicht so schlecht, sondern ganz genau so gewollt war. Jedenfalls agierten sie augenscheinlich nach dem Prinzip: *Besser die Menschen bekämpfen sich untereinander, als sie gehen geschlossen auf uns los!*

In den USA glaubte Hillary Clinton im Herbst 2016 bereits das Rennen um die Präsidentschaft gegen Donald Trump gewonnen zu haben, doch Hochmut kommt bekanntlich vor dem Fall. Ich hatte den Sieg Trumps klar vorausgesagt, weil ich wusste, wie viele Menschen in den USA die Nase von dem alten System voll hatten, von den alten Seilschaften und von all den sinnlosen und teuren Kriegen. Und Hillary Clinton stand für genau das: für das alte System und für den Militärisch-Industriellen-Komplex. Die Hybris und Selbsttäuschung westlicher Politiker und Medien erlebte ihren vorläufigen Höhepunkt, als Donald Trump am 20. Januar 2017 als 45. US-Präsident vereidigt wurde. Donald Trump wird uns später noch ein wenig mehr beschäftigen, aber Sie erinnern sich bestimmt selbst noch gut daran, wie Trump diese Tage polarisierte und für Bestürzung sorgte, beschimpft wurde, und wie mancherorts schon der Untergang der westlichen Zivilisation an ihm festgemacht wurde.

Der damalige deutsche Außenminister und heutige Bundespräsident Frank-Walter Steinmeier (SPD) hatte den Kandidaten Donald Trump noch drei Monate vor seinem Wahlsieg als *„Hassprediger"* beschimpft. Der deutsche Vizekanzler und SPD-Vorsitzende Sigmar Gabriel kommentierte die Wahl gar mit den Worten: *„Trump ist auch eine Warnung an uns... Trump ist der Vorreiter einer neuen, autoritären und chauvinistischen Internationalen"*, zu der Gabriel auch Russlands Präsidenten Wladimir Putin, den türkischen Präsidenten Recep Tayyip Erdogan und die Vorsitzende der deutschen Partei *Alternative für Deutschland* (AfD), Frauke Petry zählte: *„Es geht ihnen um ein echtes Rollback in die alten schlechten Zeiten, in denen Frauen an den Herd oder ins Bett gehörten, Schwule in den Knast und Gewerkschaften höchstens an den Katzentisch...* **Wer das Maul nicht hält, wird öffentlich niedergemacht.** "[32]

Diese Aussage Gabriels ist für mich bemerkenswert! Sie ist symptomatisch für die zweite Hälfte der 2010er-Jahre, in der wir als Gesellschaft scheinbar kollektiv den Verstand und mit ihm Werte und Anstand verloren hatten. Denn gerade Gabriels linke Gefolgschaft war es, die Andersdenkenden am aggressivsten ihre Meinung verbieten wollte. Sie warfen allen, die nicht ihr Narrativ unterstützten, vor, rückwärtsgewandt und intolerant zu sein. Sie warfen „den anderen" vor, die freie Meinungsäußerung unterdrücken zu wollen und wollten ihnen daher den Mund und das Wort verbieten!

In seinem prophetischen Roman „1984" nannte George Orwell diese Vorgehensweise **„Doppeldenk"**, also die bewusste Verdrehung der Tatsachen ins Gegenteil, um die Menschen gänzlich zu verwirren, bis sie es einfach aufgaben, nach „Wahrheit" zu suchen.

Doppeldenk

Die Mittel- und die Westeuropäischen Länder waren seit der Nachkriegszeit brav den Anweisungen aus Washington gefolgt. Doch nach und nach bekam diese Partnerschaft Sprünge, erst durch Russlandsanktionen, die den Europäern von den Amerikanern aufgezwungen wurden. Und dann natürlich durch die Wahl Donald Trumps zum 45. US-Präsidenten. Die Flüchtlingskrise spaltete Europa und mit einem Mal war es vorbei mit der Meinungsfreiheit. Links und rechts wollten einander die Meinung verbieten. Pro und Contra begegneten sich mit abgrundtiefem Hass und mit bitterer Verachtung. Die Politiker heuchelten, die Medien hetzten und man hatte manchmal das Gefühl, dass Europa am Rande eines Bürgerkriegs stand. Und weil niemand für die Lage verantwortlich sein wollte, wurde alles verdreht und verbogen, und jeder suchte die Schuld beim Anderen. Bald wusste niemand mehr, wo oben und unten war, was links und rechts eigentlich noch bedeuteten.

Die Welt war offenbar verrückt geworden. Das Recht auf freie Meinungsäußerung wurde sukzessive abgeschafft. Mit einem Mal war CO_2, die Grundlage allen Lebens auf Erden, gefährlich – und wer das Gegenteil behauptete, verbreitete „Fake News"! Wer den anthropogen verursachten Klimawandel widerlegte, war „Klimaleugner" und „Nazi" und überhaupt... er musste mundtot gemacht werden! Gerade die größtenteils links verortete Mainstream-Presse schlug wild um sich, wenn jemand es im Internet wagte, ihnen zu widersprechen. *Fake News, Fake News, alles Fake News!*

Seit Ende 2016 geisterte von den USA ausgehend der schwammige und irreführende Begriff „**Fake News**", also „**Falschmeldungen**" oder „gefälschte Nachrichten" durch die westliche Presse. Doch wie war es zu dieser „Fake News"-Hysterie gekommen? Woher kam eigentlich dieser Ausdruck? Die Assistenzprofessorin für Kommunikation und Medien am *Merrimack-College* im US-Bundesstaat Massachusetts, Melissa Zimdars, veröffentlichte im November 2016, parallel zur US-Präsidentenwahl, eine Liste mit knapp einhundert Internetseiten, die ihrer Meinung nach fragwürdige oder falsche Nachrichten verbreiteten.

Sie markierte diese Seiten mit Attributen wie „falsch", „voreingenommen" oder „verschwörerisch". Zusammengenommen hatten diese Webseiten vermutlich mehrere Dutzend Millionen regelmäßiger Leser. Ein Großteil dieser Nachrichtenportale stand dem Kandidaten der Republikaner, Donald Trump nahe. Damit hatte Zimdars mit einem Schlag sehr viele Menschen aus dem rechten politischen Lager verärgert, weil sie ihnen unterstellte, nicht zwischen Wahrheit und Lüge unterscheiden zu können.[33]

Mehrere große US-Zeitungen griffen das Thema dankbar auf und innerhalb weniger Tage war ein Skandal geboren, den Frau Zimdars angeblich nie verursachen wollte. Sie behauptete nämlich, diese Liste nur für ihre Studenten erstellt zu haben, da sich die sehr schwer damit taten, einzuordnen, was guter und was schlechter Journalismus war. Angeblich wollte sie ihre Studenten dazu animieren, die Inhalte dieser Seiten mit anderen Nachrichten-Quellen zu vergleichen, die sie persönlich für „gute Nachrichten" hielt. Dann hatte sie die Liste ins Netz gestellt, um ihnen den Zugang zu erleichtern.[34] Auch wenn wir beiseite lassen, dass Frau Zimdars im politisch linken Lager beheimatet ist, so würde ich diese Unterrichtsmethode doch zumindest in Frage stellen, weil man sie vielleicht als Beeinflussung der Studenten verstehen könnte. Wenn ich Studierende auffordere, verschiedene Seiten zu vergleichen, ihnen aber von vornherein sage, wie sie diese zu bewerten haben, dann schärfe ich damit nicht unbedingt deren kritischen Blick. Und gerade der ist bei jungen Menschen heute ohnehin nicht mehr besonders gut ausgeprägt, weil sie immer seltener dazu in der Lage sind, komplexe Zusammenhänge zu begreifen – was mich nicht verwundert, wenn sie so unterrichtet werden.

Linke wie rechte Lager zu beiden Seiten des Atlantiks bezichtigten einander der Lüge und der Agitation und man konnte den Eindruck gewinnen, als würde man Zeuge des Untergangs einer Zivilisation, die ihren Höhepunkt überschritten hatte. Nie zuvor in der Geschichte war es dem Gros der Menschen besser gegangen, und genau deshalb ahnten wohl alle, dass das nicht mehr lange gutgehen würde. Es war diese

Angst vor dem drohenden Verlust, der sie aggressiv und bösartig machte, und blind für das eigentlich Wichtige.

All das erinnerte mich an die 1910er-Jahre, an jene Zeit, als das Ende der alten Weltordnung in der Luft lag. Der Hochadel wusste, dass seine große Zeit vorüber war, und dass die alten Großreiche wie Österreich-Ungarn nicht mehr zusammenzuhalten waren. Immer mehr Menschen begehrten gegen die Obrigkeit auf und der dekadente Adel duellierte sich und feierte den eigenen, nahenden Untergang in ausschweifenden Liebschaften und Sexorgien. Nicht so viel anders war es von der Stimmung her genau hundert Jahre später. Es war jedermann klar, dass die EU und die Euro-Zone auf Dauer nicht zu halten waren, aber irgendwie wollte es sich niemand eingestehen. In diesen Tagen wurde auch immer deutlicher, was westliche Politiker und Medienvertreter von freien Wahlen und von der Demokratie ganz allgemein hielten, nämlich nichts. Anstatt ein Wahlergebnis zu analysieren und sich offen und ehrlich zu fragen, was die Wahlverlierer falsch gemacht hatten oder wo sie ihr Programm in der Zukunft an die Realität anpassen müssten, beschimpften sie die Wähler und die Wahlsieger.

Die Vertreter der dahinsiechenden, ehemaligen Volksparteien Europas warfen „den anderen" vor, intolerant zu sein und wollten ihnen gleichzeitig ihre Meinung verbieten. Oder sie versuchten, die Massen mittels Psychoterror und Propaganda zu beeinflussen und umzustimmen – wie etwa beim **Brexit**, dem Austritt Großbritanniens aus der EU. Drei Jahr lang wurden medial Horrorszenarien im Falle eines Austritts der Briten aus der Union ausgemalt, die von drohenden Hungersnöten in England bis hin zum Bürgerkrieg reichten und die einfach nur zeigten, dass die Verantwortlichen in Brüssel nichts, aber auch gar nichts verstanden hatten und dass ihre Zeit abgelaufen war.

Aber auch die englische Politik hat sich dabei nicht gerade mit Ruhm bekleckert, denn sie zeigte ebenso klar auf, dass die Vertreter der Altparteien und all ihre Seilschaften und Vernetzungen nur an ihrer Macht und an ihren Privilegien festhalten wollten und dass es ihnen weder um die Interessen der Bürger noch denen des Landes ging. Sie stritten sich, beleidigten einander und legten das eigene Parlament lahm, nur um keinen Zentimeter nachgeben zu müssen. Die ganze Situation war für alle Beteiligten nur noch peinlich und für alle Außenstehenden bekam der Ausdruck „Fremdschämen" eine neue Dimension.

Die englische Premierministerin Theresa May wurde zu einer tragischen Figur, die einem nur noch leid tun konnte. Monatelang musste sie sich in dem lächerlich kleinen Sitzungssaal des britischen Parlaments anschreien und vorführen lassen. Auch all die unzähligen Besprechungen, in kleinen Runden, bei Earl Grey und Gurken-Sandwiches, blieben erfolglos. Die Engländer waren nicht nur im Cricket unschlagbar, sondern auch „Beamten-Mikado" spielten sie auf höchstem Niveau: *Wer sich zuerst bewegt, hat verloren*!

Und dann kam **Boris Johnson**, den viele Außenstehende erst für den kleinen Bruder von Donald Trump hielten und folglich nicht ernst nahmen. Genau das machte er sich auch zunutze. Brüssel ist für Europa nämlich das, was einst Australien für die Engländer war. Dort schickt man alle diejenigen hin, die man nicht mehr im eigenen Land haben möchte. Die Gurkenkrümmungs-Experten im europäischen Outback wurden von Boris Johnson schlichtweg überrollt – denn sie waren ein ganz anderes Tempo gewohnt.

Im Juli 2019 zeigten die Koalas im europäischen „Downunder" den EU-Bürgern recht deutlich, was sie von ihnen und von der „Demokratie" ganz im Allgemeinen hielten. Nach einem wochenlangen, lähmenden Wahlkampf wurden mehr als 400 Millionen EU-Bürger dazu aufgerufen, zahlreiche Vertreter in Brüssel neu zu wählen und etwa die Hälfte versuchte, ihr vermeintliches Wahlrecht wahrzunehmen. Sie waren hoch motiviert, das heiße Duell um den neuen EU-Kommissionspräsidenten zwischen den beiden „charismatischen Kandidaten" Manfred Weber oder Frans Timmermans mit zu entscheiden. *Mann, war das spannend!* Zwei Langeweiler, wie sie im Buche stehen, traten im Rennen um die Vertretung von immerhin knapp einer halben Milliarde Menschen gegeneinander an – das Ganze war so hypnotisierend wie ein Rennschnecken-Marathon.

Doch dann, als die Lethargie die Europäer fast um den Verstand brachte, war es endlich so weit... die Schlacht der Titanen war geschlagen und der Sieger lautete... Ja, richtig: **Ursula von der Leyen!** Sie wurde neue EU-Kommissionspräsidentin, obwohl sie überhaupt nicht zur Wahl gestanden war. Aber Putin ist ein Diktator und Donald Trump seine Marionette – zumindest ist es das, was uns die lupenreinen Demokraten in Brüssel und ihre Freunde mit den gespitzten Bleistiften immer weismachen wollen! Immerhin ein Pressevertreter fand es dann doch nicht ganz in Ordnung:

„Wie Ursula von der Leyen binnen weniger Tage von der Chefposition beim deutschen Verteidigungsressort in das mächtigste Amt der EU kam, ist deshalb ein Skandal. Ganz unabhängig von ihrer Person: Ihre Kür zur EU-Kommissionspräsidentin hat das erst 2014 eingeführte Spitzenkandidatenprinzip, das die EU näher an ihre Bürger rücken und demokratischer machen sollte, ad absurdum geführt. ,Die EU', wie die drei Institutionen – der Rat, die Kommission und das Parlament – vielerorts in Europa bezeichnet werden, hat ihre Bürger getäuscht. Wochenlang waren Weber und Timmermanns als Spitzenkandidaten der beiden größten europäischen Parteifamilien durch den Kontinent getourt und hatten sich in TV-Duellen gestritten. Doch am Ende bekommt den Job eine Person, die Anfang Juni die wenigsten der 500 Millionen Bürger überhaupt kannten."[35]

Steffen Dobbert, ZEITonline

Dank Boris Johnson schieden die Briten im Februar 2020 aus der EU aus. Bis zum Schreiben dieser Zeilen war allen Horrorszenarien zum Trotz auch mehr als zwei Monate später noch kein Engländer deshalb verhungert. Und sollte es in der nächsten Zeit zu Ausschreitungen kommen, dann vermutlich eher, weil die Pubs seit einer Woche geschlossen hatten und das Toilettenpapier knapp war – wie überall anders auch. Genau zu dem Zeitpunkt, als die vorhergesagte Apokalypse über Großbritannien hereinbrechen sollte, weil sie sich von der EU abspalteten und ihre Grenzen wieder dichtmachten, schlossen auf einmal alle europäischen Länder ihre Grenzen. Die britische Apokalypse war von einen Moment auf den nächsten vergessen und es wurde eine neue Sau durchs Dorf getrieben. Diesmal war es ein Virus. Wen wundert es, dass niemand in der Bevölkerung die neuen Horrorszenarien ernst nahm?

Boris Johnson beendete die scheinbar nicht enden wollende, längst zerrüttete Zwangsheirat zwischen dem britischen Empire und der EU mit einem Fingerschnipsen. Damit hielt er den europäischen Aussies einen Spiegel vor. Sie erschraken vor ihrem eigenen Antlitz und verfielen kurz in Schockstarre, weil sie gezwungen wurden, der harten Realität ins Auge zu sehen. Doch dann fingen sie sich wieder und taten das Einzige, das ihnen vertraut war: Sie schalteten wieder in den Panikmodus.

Die Welt war in den späten 2010er-Jahren im Grunde ein Irrenhaus und jeder wusste, dass es so nicht mehr lange weitergehen konnte, aber auch nicht durfte. Viele sagten schon seit geraumer Zeit den Kollaps, den ganz großen Crash und eine totale Neuordnung der Welt voraus – was tatsächlich überfällig war. Die Menschen in europäischen und amerikanischen Großstädten waren angespannt, hektisch, gestresst und aggressiv.

Zeitdruck, finanzielle Not, der vermeintliche Umweltkollaps, Bienensterben, zu viel CO_2, das schlechte Gewissen, weil man noch kein E-Auto fuhr, neue Flüchtlingswellen, politischer Stillstand, der Wirtschaftskrieg zwischen den USA und China, den USA und dem Iran, Fake News, russische Trolle, Donald Trump, Boris Johnson, Börsen, die von einem Hoch zum nächsten kletterten und die schwelende Angst vor einem neuen, großen Krieg – die Nerven der meisten Menschen waren angespannt wie ein überdehntes Gummiband, das jeden Moment zu reißen drohte. Manchmal hatte es fast den Anschein, als würden viele Menschen sich ein Ende all dessen, was unsere westliche „Normalität" war, in einer Art kollektiven Todessehnsucht herbeisehnen. *Das Ganze muss ein Ende haben, egal wie!*

Mittlerweile waren die vermeintlichen Demokraten in den USA mit ihrem Versuch, Donald Trump des Amtes zu entheben, kläglich gescheitert. Alle Versuche zu beweisen, dass er ein trojanisches Pferd der Russen sei, gerieten zur Farce. Anstatt die vier Jahre der ersten Amtszeit von Donald Trump zu nutzen, um sich besser aufzustellen, um dem ungewöhnlich flapsigen Stil Trumps etwas Seriöses und Substanzielles entgegenzustellen, zogen die US-Liberalen nur wieder dieselben alten Kaninchen aus ihrem Schlapphut. Am Ende sollte es *Joe Biden* richten und im November 2020 gegen Donald Trump um das Präsidentenamt antreten. Doch die glänzende Fassade des ehemaligen US-Vizepräsidenten hatte im Vorwahlkampf zahlreiche tiefe Kratzer abbekommen. Der mittlerweile 82-Jährige war bereits so senil, dass er kaum mehr einen Satz zu Ende sprechen konnte. Man konnte also nur hoffen, dass seine Partei ihm am Ende die Schmach der Niederlage ersparen würde. Das könnten sie jedoch nur, wenn er seine Kandidatur im letzten Moment freiwillig zurückziehen würde. Dann würde vielleicht doch wieder *Hillary Clinton*, oder vielleicht sogar *Michelle Obama*, gegen Trump ins Rennen gehen, obwohl sie im Vorwahlkampf gar nicht angetreten war. Es war alles nur noch traurig.

„Sie wissen, dass das Bank- und Finanzwesen lange vor dem großen Auftritt des Corona-Virus dem Untergang geweiht war... Die Geschichte hatte unsere Fahrkarten gestempelt und uns auf eine Reise geschickt, ob wir nun bereit waren oder nicht. Ist es ein Trost zu wissen, dass Joe Biden geduldig am Spielfeldrand wartet, um seine Sonnenbrille zu schwenken und alles wieder zurück zur Normalität zu führen? Ich glaube nicht. Herr Trump, bei aller Ehrfurcht für seine Amtszeit, ist aber auch nicht viel besser positioniert, um das Ruder des Schiffes noch herumzureißen. Raue See voraus, in unbekannten Gewässern, während wir darauf hoffen, in der nächsten neuen Welt irgendwo anzulanden.“[36]

James Howard Kunstler (Autor und Blogger)

Der Anfang vom Ende

Unser gesamtes System, politisch wie monetär, war mittlerweile nur noch absurd. Niemand konnte das, was rund um uns vor sich ging, mehr so recht ernst nehmen. Wo man sich früher noch echauffierte, konnte man nur noch mit dem Kopf schütteln. Und manche Menschen, die noch genug Energie dafür hatten, fragten sich, wie es überhaupt so weit kommen konnte. Doch um diese Frage wenigstens ansatzweise zu beantworten, müssen wir über das Offensichtliche hinausblicken. Was könnte die Wurzel des Übels sein?

Solange es unterschiedliche Länder gab, gab es auch unterschiedliche Währungen. Jede Nation oder Region hatte ihr eigenes Tauschmittel. Das reichte von Salz bis hin zu Muscheln – wichtig war nur, dass es von allen Beteiligten als wertvoll angesehen und als Zahlungsmittel akzeptiert wurde. Im Lauf der Jahrhunderte setzten sich dann Silber und Gold als das beliebteste „Geld" durch. Der Begriff „Geld" leitet sich vom Wort „Gold" ab. Doch da Münzen schwer und auch schwer teilbar waren, ging man dazu über, das Geld im Tresor zu lassen und stattdessen untereinander nur die Lagerscheine für das Gold zu tauschen, weil das praktischer war. Wer wollte, konnte seinen Geldschein/Lagerschein, der eigentlich „Banknote" hieß, jederzeit wieder bei der Bank gegen echtes Geld, also Gold oder Silber, eintauschen. Das ist es, was man meint, wenn man von einer „goldgedeckten" Währung spricht.

Mit der Zeit wurde die Ausgabe der Lagerscheine für Geld immer mehr zu einer staatlichen Aufgabe. Dafür gab es dann Notenbanken, auch „Zentralbanken" genannt, die das Geld, also das Gold des Staates, in ihren Tresoren verwahrten und den Umlauf der Banknoten im Land kontrollierten. Ihre Aufgabe war es, das Geld (Gold) des Volkes zu verwalten und dafür zu sorgen, dass die Währung stabil war und ihre Kaufkraft behielt. Sie waren die Verwalter jenes Reichtums, den das Volk erwirtschaftete – eine sehr verantwortungsvolle Aufgabe also!

Abb. 4: Auf dem deutschen 20-Mark-Schein von 1914 heißt es: „20 Mark zahlt die Reichsbankhauptkasse in Berlin ohne Legitimationsprüfung dem Einlieferer dieser Banknote." Eine Banknote war und ist also nie Geld, sondern lediglich ein Schuldschein.

Je mehr Gold ein Land besaß, desto mehr Banknoten konnte es in Umlauf bringen, desto mehr konnte es von anderen dafür kaufen und desto wertvoller war die Währung. Je mehr Gold man besaß, desto mehr Wohlstand war möglich. Der Goldbestand vergrößerte sich entweder durch die Produktion von Waren und dem Handel damit oder durch das Schürfen neuen Goldes aus der Erde oder dem Gestein, was sehr aufwendig und teuer war. Deshalb hatte Gold, neben seiner Energie und Ausstrahlung, seinen hohen Wert.

Es kam immer wieder zu Kriegen, und Kriege sind teuer, also schlich sich die Unart ein, zumindest vorübergehend mehr Banknoten aus-

Abb. 5: Diese 10-Dollar-Note aus dem Jahr 1907 war noch ein echter Lagerschein für Gold. Jeder Inhaber dieses Scheins bekam dafür Gold im Wert von zehn US-Dollar.

zugeben, als tatsächlich Gold im Gegenwert vorhanden war. Man warf die sprichwörtliche „Druckerpresse" an. Man gab also schrittweise die „Volldeckung" des Geldes auf und begnügte sich zusehends mit einer teilweisen Deckung, das heißt, dass jeder Banknote fortan nur noch weniger Gold gegenüberstand – was natürlich so nicht gegenüber den „Bürgen" des Staates kommuniziert wurde. Das Geld wurde schleichend immer weniger wert und die Kaufkraft sank. Das war der Anfang des großen Betruges der Geldaufbewahrer, die man „Banken" nannte.

Ach ja, und neben Handeln und Schürfen gab es natürlich noch eine dritte Möglichkeit, an Gold zu kommen: Man konnte es rauben. Im Kriegsfall nannte man das dann „beschlagnahmen". Die Sieger eines Krieges konnten ihre Währung danach aufwerten, und die Unterlegenen mussten lange hart schuften, um wieder an Gold zu kommen. Über Jahrhunderte hinweg waren die Verhältnisse verschiedener Währungen untereinander einigermaßen stabil – zumindest in Friedenszeiten. Der Wert jeder Währung hing davon ab, wie viel Gold und Silber die Notenbank des jeweiligen Landes zur Deckung ihrer Währung in den Tresoren hatte, also wie hoch der Grad der Deckung war.

> *„Während den 250 Jahren, die England unter dem Goldstandard verbrachte, von 1664 bis 1914, waren die Preise stabil, sogar 10 Prozent tiefer als vor 250 Jahren. Es gab einige Turbulenzen während der Napoleonischen Kriege, aber die Welt war vor ernsthafter Inflation oder Deflation verschont geblieben; auch der französische Franc war bis 1914 hundert Jahre lang stabil geblieben. Der Goldstandard wurde anfangs des Ersten Weltkriegs fallengelassen, weil die Regierungen durch Besteuerung nicht genügend Mittel zur Finanzierung des Krieges eintreiben konnten. Sie liquidierten den Goldstandard und führten ihn nie wieder ein."*
>
> Ferdinand Lips, Schweizer Banker und Autor[37]

Also, wir erinnern uns: Die Aufgabe einer Notenbank ist es, die Währung stabil zu halten und die Privatbanken mit Liquidität, also mit ausreichend Geld, zu versorgen. Das sollte jemand tun, der von den untergeordneten, privaten Banken unabhängig ist, jemand Neutrales, am besten eine staatliche Stelle, die offen und transparent arbeitet. Denn würde man im Gegenteil erlauben, dass Bankiers, die Besitzer von privaten Banken, die Kontrolle über das Geld haben, dann wäre das, als würde man den Fuchs zum Aufpasser im Hühnerstall machen. Doch genau das ist im Jahr 1913 passiert und wir alle zahlen bis heute die Zeche dafür, ob wir uns dessen bewusst sind oder nicht.

> *„Gebt mir die Kontrolle über die Währung einer Nation, dann ist es für mich gleichgültig, wer die Gesetze macht."*
> Mayer Amschel Rothschild (Privatbanker, 1744-1812)

Ich habe die Geschichte des Geldes und der US-Notenbank FED in meinen Büchern »Was Sie nicht wissen sollen« (2011) und »Der Goldkrieg« (2014) sehr ausführlich beschrieben, doch ich möchte sie hier nochmals kurz zusammenfassen, weil sie fundamental wichtig ist, um zahlreiche Vorgänge in der Welt besser zu verstehen.

Im Jahr 1910 beschlossen einige der mächtigsten und reichsten Männer der westlichen Welt in einem zehntägigen, geheimen Treffen auf der Insel *Jekyll Island,* die staatliche Währung der aufstrebenden Wirtschaftsnation USA zu übernehmen. Da war zum einen der Senator und Vorsitzende des US-Finanzausschusses **Nelson Aldrich**, der als dessen Vertrauter und Geschäftspartner die Interessen des mächtigen Bankiers **J. P. Morgan** vertrat. Dann war da **Abraham Piatt Andrew**, Ministerialdirektor des US-Schatzamtes, welches das amerikanische Gold verwaltete. **Frank A. Vanderlip** war nicht nur der Präsident der *National City Bank of New York,* sondern vertrat in dem Treffen auch die *Investmentbank Kuhn-Loeb* und die Interessen von **William Rockefeller**, der das gesamte Erdöl-Geschäft der USA kontrollierte.[38] **Henry P. Davison** war Mitinhaber der *J.P. Morgan Company* und **Charles D. Norton,** der Präsident von *J.P. Morgans First National Bank of New York.* Und mit dabei war auch der Hamburger Banker **Paul M. Warburg** als Vertreter der deutschen *Warburg-Banken,* als Teilhaber der New Yorker Bank *Kuhn-Loeb* und als Abgesandter der europäischen **Rothschild-Familie,** des reichsten und mächtigsten Familienclans auf

Erden. Zu guter Letzt war da noch **Benjamin Strong** von *J.P. Morgans Bankers Trust Company* – er wurde später (1914 bis 1928) der erste Vorsitzende der New Yorker FED.

Diese Vertreter der Rothschild-, Rockefeller-, Morgan- und Warburg-Clans repräsentierten in den 1910er-Jahren zusammen etwa ein Drittel des damaligen Reichtums der gesamten Welt! Sie hatten mehr Gold und mehr Macht als irgendein Fürst, König oder Kaiser. Sie waren reicher, als irgendjemand sich in seinen kühnsten Träumen vorstellen kann! Und daran hat sich dank ihrer Konsequenz und Skrupellosigkeit bis heute nichts geändert. Wenn das »Forbes-Magazin« jedes Jahr seine neueste Liste der angeblich reichsten Menschen auf Erden veröffentlicht, werden sie keinen dieser Familiennamen darauf finden, weil man sich mit Geld nahezu alles kaufen kann – Anonymität und Verschwiegenheit auf jeden Fall![39]

> *„Die Elite der Finanzwelt hatte sich auf eine 800 Meilen lange Reise begeben, die sie nach Atlanta führte, dann nach Savannah und schließlich in die kleine Stadt Brunswick in Georgia. Dieses Brunswick erschien eigentlich als ein eher unbedeutendes Reiseziel. An der Atlantik-Küste gelegen, war es vor allem ein Fischerstädtchen mit einem kleinen, aber lebhaften Hafen, in dem Baumwolle und Nutzholz umgeschlagen wurden. Nur einige tausend Menschen lebten hier. Doch zu jener Zeit waren die Sea Islands, die die Küste von South Carolina bis Florida schützten, bereits bei den wirklich Reichen als beliebte Winterquartiere geschätzt. Eine dieser Inseln, gleich vor der Küste des Städtchens Brunswick gelegen, war erst kürzlich von J. P. Morgan und einigen seiner Geschäftspartnern erworben worden; hierhin kamen sie im Herbst und im Winter, um Enten oder Rotwild zu jagen und der Strenge des kalten Winters im Norden zu entfliehen. Diese Insel hieß Jekyll Island.“*[40]

G. Edward Griffin (»Die Kreatur von Jekyll Island«)

Es hat einen Grund, warum ich auf diesen vermeintlich „Ollen Kamellen" so herumreite! Warburg, Kuhn und Loeb waren Deutsche, der Rothschild-Clan erstreckte sich über Deutschland, Frankreich und

England und der Rest der Bande waren zwar Amerikaner, aber allesamt europäischer Abstammung. Ich möchte klar betonen, dass ich nicht an eine „jüdische Weltverschwörung" im Bankenmilieu glaube! Ganz im Gegenteil, denn abgesehen davon, dass zumindest die Rockefellers und Andrews Christen waren, geht es diesen Menschen nicht um solche Banalitäten wie Religion oder Staatszugehörigkeit – doch sie nutzen sie, wenn es zu ihrem Vorteil ist. Sie definieren sich über ihre Macht und ihren Reichtum. Sie sind nicht einem bestimmten Land oder Volk gegenüber loyal – also auch keiner Regierung –, weil sie alle mehrere Pässe und Nationalitäten besitzen und Wohnsitze und Ländereien in zahlreichen Regionen der Erde ihr Eigen nennen. Das ist es, was sie verbindet, antreibt und zusammenschweißt. Für sie sind Landesgrenzen nur ein lästiges Übel, das es zu beseitigen gilt. Sie sind die Ur-Väter der Globalisierung und des Neoliberalismus, weil ihr Ziel immer ganz klar und eindeutig die Weltherrschaft war, und sie sind ihrem Ziel sehr rasch sehr nahe gekommen.

Und diese reichsten Männer der westlichen Welt hatten sich auf Jekyll Island darauf geeinigt, gemeinsam die Kontrolle über den US-Dollar zu übernehmen. Dabei mussten sie aber so vorgehen, dass man nicht merken würde, dass sie ihnen ihr Geld, also ihr Gold wegnahmen. Es dauerte nur drei Jahre, bis das Geldkartell, von dessen Existenz niemand wusste, seinen Plan umsetzen konnte. Im Dezember 1913 verabschiedete der neue US-Präsident Woodrow Wilson in einer Nacht- und Nebelaktion den *Federal Reserve Act*, ein Gesetz, das die Macht über den US-Dollar in die Hände der mächtigsten Privatbankiers legte und weitreichende Folgen für die amerikanischen Bürger und letztlich für die gesamte Welt hatte!

Dadurch kam es im Januar 1914 zur Gründung einer neuen, privaten(!) Zentralbank der USA, der *Federal Reserve Bank*, kurz FED genannt. Das Wort „federal" suggerierte, dass diese Notenbank bundesstaatlich war, also dem Volk gehörte – das war jedoch nicht der Fall. Mittels dieser privaten Notenbank hat das Bankenkartell seitdem diese Welt regiert, über Krieg und Frieden entschieden und letztlich auch über Leben und Tod. Doch diese Machtstrukturen sind seit langem vielen anderen Nationen ein Dorn im Auge, und der Währungskrieg, der seit einigen Jahren tobt und sich immer weiter zuspitzt, hat das Ziel, die Dominanz dieses europäisch-amerikanischen Bankenkartells und seines privaten FED-Dollars zu zerstören. Doch dazu später mehr.

Thomas Jefferson, US-Präsident und Verfasser der amerikanischen Unabhängigkeitserklärung, hatte bereits im 18. Jahrhundert vorausschauend, eindringlich gewarnt:

„Wenn das amerikanische Volk jemals Privatbanken erlaubt, die Ausgabe ihrer Währung zu kontrollieren, zuerst mit Inflation und dann Deflation, dann werden die Banken und Unternehmen in ihrem Umfeld die Menschen all ihres Besitzes berauben, bis eines Tages ihre Kinder obdachlos auf dem Kontinent erwachen, den ihre Väter erobert haben."[(41)]

Und Präsident Woodrow Wilson gab einige Jahre, nachdem er den *Federal Reserve Act* unterschrieben und damit die USA dem Bankenkartell unterworfen hatte, zu:

„Ich bin ein zutiefst unglücklicher Mann. Ich habe unwissentlich mein Land ruiniert. Eine große industrielle Nation wird von ihrem Kreditwesen kontrolliert. Unser Kreditwesen ist vereinigt. Daher sind das Wachstum unserer Nation und alle unsere Tätigkeiten in den Händen einiger weniger. Wir sind eine der am schlechtesten regierten, meistkontrollierten und -beherrschten Regierungen der zivilisierten Welt. Nicht länger eine Regierung der freien Meinung, nicht länger eine Regierung der Überzeugung oder des Mehrheitsentscheides, sondern eine Regierung der Ansichten und Nötigungen einer kleinen Gruppe herrschender Männer."[(42)]

Eine Handvoll Männer hatte, ohne dass es für jedermann offensichtlich war, das Geldwesen der USA privatisiert – doch zur Deckung dieser privaten Währung nicht etwa ihre eigenen, üppigen Goldreserven verwendet, sondern die der US-Bürger, die vom Schatzamt verwaltet wurden! Das nenne ich einen Geniestreich. Und um den Bezug zu den vorigen Kapiteln über die Crashs von 2000 und 2008 herzustellen, möchte ich erwähnen, dass eine der ersten Maßnahmen der privaten FED die hemmungslose Vergabe ungesicherter Kleinkredite war.

„Durch den Federal Reserve Act kann eine Panik künstlich erzeugt werden. Die aktuelle Panik ist die erste künstlich herbeigeführte, und zwar nach Berechnung einer mathematischen Gleichung."[43]

Charles August Lindbergh (US-Politiker 1859-1924)

Von 1914 bis 1919 verdoppelte die FED die Geldmenge, was natürlich zur Inflation führte. 1919 wurde die Geldmenge dann massiv reduziert, indem massenhaft Kredite gekündigt wurden. Dieses plötzliche Fälligstellen von Krediten nennt man einen „Margin Call". Als Folge stürmten die Menschen die Banken (Bankruns), um ihr Erspartes zu retten. Es folgten Pleiten, der Kollaps der Wirtschaft, Rassenunruhen, Anarchie und der Börsencrash von 1920. Und damit die Menschen sich in ihrem Frust nicht die Kanten geben und aufbegehren würden, verbot man in den USA für die nächsten 13 Jahre den Alkohol. Doch nie wurde mehr getrunken als zu Zeiten der „Prohibition", denn alles was verboten ist, schmeckt bekanntlich besonders gut.

„Die Folge dieser Privatisierung einer der größten Notenbanken der Welt war nicht nur das rasche Sterben zahlreicher kleiner und mittlerer Banken in den USA, mit all ihren Folgen für deren Kunden und Kreditnehmer. Letztlich kontrollierte dieses Bankenkartell mittels ihrer Kreditvergabe und Hoheit über die wichtigste Währung der Welt auch die Wirtschaft und die Börsen, und entschied nicht nur, wann es zu einem Crash kam und in welchem Umfang, sondern auch, wer wie davon betroffen war."[44]

Charles August Lindbergh (US-Politiker 1859-1924)

Nach dem Ersten Weltkrieg lag Europa in Schutt und Asche und die Goldreserven der Verliererstaaten waren zu den Siegern abgewandert, damit konnten die Verlierer Österreich, Deutschland und Italien ihre neuen Währungen nicht mehr mit Gold decken. 1920 hatte das Bankenkartell den Crash in den USA ausgelöst und daran bombig verdient. Überall im Westen war die Wirtschaft am Boden und die Währungen instabil. 1922 beschlossen die führenden Nationen der Welt dann auf Geheiß der Banker auf der Konferenz in Genua, als Kompromiss einen halben Goldstandard einzuführen, den man *Gold-Devisen-Standard* nannte. Dieser besagte, dass England und die USA ihre Währungen mit Gold decken würden – wie günstig für das Bankenkartell, das neben der FED auch die *Bank of England* kontrollierte. Dank der reichen Kriegsbeute hatte sich der Goldbestand des US-Schatzamtes und der Bank of England erhöht. Also konnten sie jetzt nach Belieben noch mehr von ihrem privaten Geld auf den Markt werfen.

Wir Menschen neigen dazu, nichts aus unseren Fehlern zu lernen, wir fallen offenbar immer wieder auf die Versprechen der Politiker und der Banker herein! Deshalb drehen wir uns unaufhaltsam so lange im Kreis, bis wir genug davon haben werden und uns anders entscheiden.

Der Nixon-Schock

Also, was kam als nächstes? Richtig: Die FED warf wieder die Druckerpresse an und vergab massenhaft Kredite, die Wirtschaft zog an und in den USA zog es die jungen Menschen vom Land in die Stadt, was einen Bauboom auslöste. In New York City und anderen Metropolen schossen die Wolkenkratzer als Symbole der Macht und Stärke nur so in den Himmel. Die Börsen zogen an und die Jazzclubs lieferten dazu den Soundtrack dieser „Goldenen Zwanziger". Kurz darauf schwappte die Welle auch auf Europa über, das sich langsam vom Ersten Weltkrieg erholte. Nach der Währungsreform von 1924 setzte auch in Deutschland der Aufschwung ein, doch die Freude hielt nur kurz, denn im Jahr 1929 platzte die Kreditblase, die eine Börsenblase ausgelöst hatte. Das Bankenkartell verknappte wieder schlagartig die Geldmenge, der nächste „Margin Call". Es folgte der Börsencrash an der Wall Street.

Der Traum vom Wohlstand, den hunderttausende Anleger geträumt hatten, war nach 1929 wie eine Seifenblase zerplatzt. Eben erst gebaute Wolkenkratzer in New York und Chicago ragten als leerstehende

Mahnmale in den Himmel, denn keine Firma konnte sich nun noch die teuren Mieten leisten. Es gab Massenentlassungen, endlose Reihen leerer LKWs, die vergebens auf Ladung warteten. Hunderttausende Menschen lebten nach der Delogierung auf der Straße, Millionen Menschen hungerten. Am schlimmsten aber traf es die Bauern. Ihre Produkte konnte niemand mehr kaufen. Um ein weiteres Sinken der Preise zu verhindern, kippten sie die Milch in Flüsse, töteten Vieh und steckten Felder in Brand. Der US-Politiker Louis McFadden, ein Kämpfer gegen das Machtmonopol der Banken, sagte 1936 dazu:

*„Der Crash von 1929 passierte nicht einfach so. Er war **ein sorgsam geplantes Ereignis**... die internationalen Banker erschufen furchtbare Umstände und wurden dadurch die Herrscher über uns."*

Wenn allgemein davon gesprochen wird, dass der Präsident der Vereinigten Staaten der mächtigste Mann auf Erden sei, dann ist das tatsächlich ein Witz. Die wahre Macht hat immer, wer das Geld hat. Nirgendwo gilt diese Weisheit mehr als in den USA, da ein Präsidentschaftswahlkampf dort unfassbar teuer ist und aus privaten Mitteln bestritten werden muss. Es gibt Unterlagen, die belegen, dass die großen Bankiers seit vielen Generationen immer die Spitzenkandidaten beider Parteien finanzieren, um am Ende immer einen Präsidenten zu haben, der in ihrer Schuld steht – und dadurch in ihrem Sinne handelt. Das bedeutet auch, dass sie mitentscheiden, wer der Spitzenkandidat der jeweiligen Partei ist, was gerade in Bezug auf die US-Präsidentenwahl von 2016 sehr spannend ist. Da wollte die überwiegende Mehrheit der demokratischen Parteimitglieder Bernie Sanders als ihren Kandidaten, aber die Kandidatin hieß am Ende, sehr zum Ärger der Partei, „Hillary Clinton" – und sie verlor!

Nun kommt ein Zeitsprung: Im Juni 1944 erfolgte die Invasion der Alliierten in der Normandie unter dem Decknamen *Operation Overlord*. Da war den USA offenbar schon klar, dass sie den Krieg gewonnen hatten, denn nur drei Wochen später trafen sie sich mit den Finanzministern und Notenbankchefs weiterer 43 Staaten in dem kleinen Küstenstädtchen *Bretton Woods* im wunderschönen US-Bundesstaat

New Hampshire. In einer dreiwöchigen Konferenz, in der die Neuordnung der Welt in wirtschaftlicher und monetärer Hinsicht beschlossen werden sollte, gelang es dem Bankenkartell, ihren FED-Dollar der ganzen Welt aufzuzwingen. Wie sie das schafften, ist bis heute umstritten, aber am Ende war es so, dass fortan die gesamte Welt ihren Außenhandel in US-Dollar abwickeln würde, also alle Länder – unabhängig von ihrer eigenen Währung – alle Geschäfte mit anderen Ländern nur in FED-Dollar durchführen mussten! Damit waren alle anderen Währungen nur noch im jeweiligen Binnenmarkt in Gebrauch. Der FED-Dollar war die neue „Weltleitwährung", die viele Kritiker der FED als Vorstufe zu einer echten, alleinigen Weltwährung sehen.

> *„Aus Bretton Woods gingen die Weltbank, der Internationale Währungsfonds und vor allem eine neue Rolle für den US-Dollar hervor: ‚Internationale Reservewährung'. Es wurde die Hauptwährung, mit der die Welt handelt und spart. Die Vereinigten Staaten, die damals den größten Teil des Goldes der Welt kontrollierten, verpflichteten sich bei Bretton Woods, den Wert des Dollars auf 35 Dollar pro Unze auf Gold festzusetzen. Andere Länder legten dann ihren Wechselkurs zum Dollar fest und machten ihn so zum tragenden Pfeiler des Systems. Als die USA in den 1960er-Jahren anfingen, große Defizite aufzubauen und ihre Goldreserven aufgebraucht hatten, fand es die Regierung zu teuer, das Versprechen einzuhalten."*[45]

Greg Rosalsky, Wirtschaftsjournalist »NPRnews«

Als Gegenleistung für die globale Unterwerfung versprachen die USA den Schatzmeistern der Welt, dass der US-Dollar immer durch Gold gedeckt sein würde, und jeder seine Dollarüberschüsse (die aus dem Handel entstanden) jederzeit bei der US-Notenbank FED wieder gegen Gold eintauschen konnte. Damit lag die Macht über den gesamten Welthandel in den Händen einiger weniger Bankiersfamilien. Die USA hatten die letzte verbliebene und gedeckte Währung der Welt. Alles andere war nichts als wertloses Papier. Der Wert aller anderen Währungen wurde in einem festen Wechselkurs zum Dollar festgelegt und über die Jahre nur graduell korrigiert.

In dem Zusammenhang ist es vielleicht spannend zu erwähnen, dass nach dem Crash von 1929 viele Amerikaner dem Papiergeld misstrauten und ihre Banknoten wieder gegen ihr eigenes Gold eintauschen wollten, so wie es ihnen rechtlich auf den Banknoten zugesichert wurde. Doch auf Druck der Banken hin erließ Präsident Franklin D. Roosevelt ein Gesetz, das den privaten Besitz von Gold untersagte. Nicht nur, dass die Menschen für ihre Lagerscheine nun kein Gold mehr von den Banken bekamen, sie mussten auch alles Gold abliefern, das sie zuhause hatten. Das mussten sie ebenso gegen weitere wertlose Zettel des Bankenkartells eintauschen. Das **Goldverbot** in den USA galt von 1933 bis 1973, doch auch in mehreren europäischen Staaten wurde in turbulenten Zeiten immer wieder der Besitz von Gold, also echtem Geld, verboten.

Es ist mir bis heute unverständlich, wie alle Vertreter der beteiligten Staaten so dumm sein konnten, den Vertrag von *Bretton Woods* zu unterschreiben, aber sie taten es! Einige Beteiligte sprachen später von Betrug und davon, dass die Papiere, die sie am Ende unterschrieben, nicht diejenigen waren, auf die man sich zuvor geeinigt hatte – doch selbst wenn das zutrifft, dann hätte man den Vertrag später wieder brechen oder anfechten können. Das hätte der Welt viel Leid erspart. Doch vermutlich waren die großen und mächtigen Nationen nach dem Zweiten Weltkrieg für einige Jahre mit vermeintlich Wichtigerem beschäftigt und die Kleinen trauten sich nicht, sich zu widersetzen.

„...Weder haben sich die Länder auf den US-Dollar als Weltleitwährung geeinigt, noch wurde dieser Punkt in Bretton Woods überhaupt verhandelt! Es lief ganz anders: Während der Konferenz – in der Nacht vom 13. auf den 14. Juli 1944 – haben die USA die Dokumente heimlich umgeschrieben. Als die aus 44 Nationen stammenden Konferenzteilnehmer den Vertrag schließlich unterzeichneten, ahnten sie nicht, dass die USA in dem Dokument das Wort ‚Gold‘ jeweils um den Zusatz ‚oder US-Dollar‘ erweitert hatten. Auf diese, später von Großbritannien als Betrug bezeichnete Weise, wurde der US-Dollar zur Weltleitwährung und die USA zur Supermacht.“[(46)]

Georg Zoche (Autor)

Der FED-Dollar war nun die einzige goldgedeckte Währung der Welt mit einem festgelegten Deckungsgrad von 25 Prozent. Die USA, genauer die Besitzer der FED, hatten also den Vorteil, dass ihre eigene Währung – unabhängig von der eigenen Wirtschaftsleistung – gar nicht wertlos werden konnte, weil alle Welt sie „einkaufen" musste, und ihr Wert daher auf dem internationalen Markt gesichert war. Jedes Land tat alles, um den Dollar zu stärken, weil es sich damit selbst stärkte. Schließlich häufte jedes Land durch den Verkauf von Gütern Dollar an, mit denen es wiederum andere Güter einkaufen konnte. Wäre der Wert des Dollars gesunken, dann hätten alle Länder den Wert ihrer eigenen Reserven geschmälert, also sorgten alle dafür, dass der Wert des Dollars hoch blieb. Anders die Sowjetunion, deren Währung im Verhältnis dazu wertlos war, weil niemand im Westen sie wollte. Dieser Umstand führte auf Dauer zu einer Schwächung der Sowjetunion und zu Mangelwirtschaft. Hätte die Weltgemeinschaft sich 1944 (rein hypothetisch) auf den Rubel als Weltleitwährung geeinigt, so hätte die Situation für die UDSSR ganz anders ausgesehen. Doch die Russen hatten außenpolitisch nie die Aggressivität und Weitsicht der USA.

Die Wirtschaft der USA wurde mehr und mehr auf Wachstum und Expansion ausgelegt und auf die Eroberung oder Unterwerfung immer neuer Märkte. Das Ziel der Sowjetwirtschaft war hingegen, den *Status Quo* zu halten und soziale Ausgewogenheit zu schaffen. Dies jedoch nur am Rande, da man in Europa so gerne davon sprach, dass die USA der „beste Freund" und der „wichtigste Verbündete" seien, während Russland immer als Gefahr und Bedrohung verteufelt wurde.

Apocalypse Now! Charlie don't surf! Es war kam die Zeit der Studentenproteste und die Hippiebewegung. Der Vietnam-Krieg der USA verschlang Unsummen und wollte nicht enden. Dafür mussten die USA unvorstellbar hohe Kredite bei der FED aufnehmen. Dennoch zweifelte offenbar weiterhin kaum jemand das Versprechen der Golddeckung des US-Dollar an, schließlich hatten die USA am Ende des Zweiten Weltkriegs das Gold Deutschlands und Österreichs einkassiert und zehn Jahre zuvor das Gold der eigenen Bürger. Alle Welt vertraute scheinbar dem Versprechen von Bretton Woods. Doch halt, regte sich da vielleicht doch Widerstand?

„Wir befinden uns im Jahre 50 v.Chr. Ganz Gallien ist von den Römern besetzt... Ganz Gallien? Nein! Ein von unbeugsamen Galliern bevölkertes Dorf hört nicht auf, dem Eindringling Widerstand zu leisten..."

Alle vertrauten der US-Notenbank, außer den Galliern! Der französische Präsident **Charles De Gaulle**, der erklärterweise kein Freund der FED war, ließ nach und nach die französischen Dollarreserven gegen Gold eintauschen. Das ging noch für eine kurze Zeit gut, doch als immer mehr Staaten vom US-Versprechen Gebrauch machen wollten, zog US-Präsident Richard Nixon die Reißleine. Im Jahr 1971 betrug der Wert der Goldreserven des US-Schatzamtes angeblich 9,7 Milliarden US-Dollar, gleichzeitig hatten aber die ausländischen Staaten Dollar-Reserven in Höhe von 60 Milliarden US-Dollar angehäuft. Das heißt, dass nur noch 16 Prozent der FED-Dollar, die außerhalb der USA existierten, durch US-Gold gedeckt waren, was ein klarer Bruch des Golddeckungs-Versprechens von *Bretton Woods* war, das mindestens 25 Prozent zugesagt hatte.

Am 15. August 1971 löste US-Präsident Richard Nixon dann einfach die Verpflichtung auf, weiterhin, wie vertraglich vereinbart, US-Dollar gegen Gold zurückzutauschen. Dafür wird oftmals ein sehr märchenhafter Ausdruck benutzt: *„Er schloss das Goldfenster!"* Wir neigen offenbar dazu, das Unfassbare zu verharmlosen, um nicht darüber den Verstand zu verlieren – zumindest das bisschen, das noch übrig ist. Nixons Worte waren: *„Euer Dollar wird morgen noch genauso viel wert sein wie heute, diese Aktion wird den Dollar stabilisieren!"* Bemerkenswert finde ich dabei, dass Nixon nicht von „unserem" Dollar, also dem Dollar der USA sprach, sondern vom „eurem" Dollar! Vielleicht war er doch nicht ganz so ahnungslos, wie er wirkte!

So oder so, diese Aussage Nixons war absurd, denn im Grunde war sie eine Kriegserklärung an die gesamte Welt! Er sagte frei übersetzt:

„Okay, ihr habt uns erwischt! Wir haben euch betrogen und belogen und euch Geld aus der Kasse geklaut, aber da wir die stärksten sind, gehe ich jetzt einfach davon aus, dass wir es darauf beruhen lassen! Oder wagt es jemand von euch, vorzutreten?"

Nein, für die nächsten 40 Jahre wagte es niemand. Doch der Bruch des Bretton-Woods-Versprechens war nicht die einzige, schändliche Tat Richard Nixons. Am 9. August 1974 musste er wegen der Watergate-Affäre von seinem Amt zurücktreten.

Von 1971 bis 2012 haben sich die Staatsschulden der USA beim Bankenkartell mehr als vervierzigfacht. Die Abkehr der Einlösbarkeit in Gold machte den Dollar wertlos und zerstörte das Weltwirtschaftssystem, das seit *Bretton Woods* auf einem starken, zuverlässigen, durch Gold gedeckten Dollar beruhte, auf den alle mehr oder weniger vertraut hatten. Der 15. August 1971 wird daher oft als der **„Nullpunkt des modernen Währungssystems"** bezeichnet oder als der Anfang allen Übels. Was folgte, wird in der Wirtschaftsgeschichte auch als „Nixon-Schock" bezeichnet. Denn kurz darauf sank die Kaufkraft des Dollars enorm. Erhielt man in 1971 für einen US-Dollar noch 0,75 Gramm Gold, waren es Mitte 2013 nur noch 0,015 Gramm. Anders ausgedrückt, ist Gold das wesentlich stabilere Geld als der Dollar. Viele Mitgliedsländer verkauften daraufhin ihre Dollarbestände auf dem Devisenmarkt. Da sie aber kaum jemand haben wollte, kam es zu einer Abwertung und einem enormen Absinken des Dollarkurses. Im Jahre 1973 wurde das Bretton-Woods-Abkommen dann auch offiziell aufgelöst. Nun waren die Wechselkurse für Währungen wieder frei und die Amerikaner durften sich nun für ihre entwerten Dollarscheine das eigene Gold wieder teuer zurückkaufen. So oder so, am Ende gewinnt immer die Bank!

Der Euro

Während der US-Dollar seit seiner Einführung im Jahr 1913 rund hundert Jahre brauchte, um dank fortschreitender Inflation etwa 95 Prozent seiner Kaufkraft zu verlieren, gelang es dem Euro von 2002 bis 2011, also in nur einem Zehntel der Zeit, satte 65 Prozent seines Wertes zu verlieren. Das macht ihn in meinen Augen zur schlechtesten westlichen Währung der Nachkriegsgeschichte!

Der Euro wurde am 1. Januar 1999 zusätzlich zu den europäischen Landeswährungen als Buchgeld (also Parallelwährung auf dem Papier) eingeführt, drei Jahre später am 1. Januar 2002 dann auch physisch als Bargeld. Die Politik und die dafür neugeschaffene Europäische Zentralbank (EZB) versprachen den Europäern das Blaue vom Himmel: Sie würden sich künftig Wechselgebühren im Urlaub ersparen, Preisvergleiche zwischen den einzelnen Ländern wären transparenter, der Wegfall von Währungsschwankungen sollte vorteilhaft für die Industrie sein, der Wohlstand in Europa würde wachsen und überhaupt würde der Euro stabiler sein als die einzelnen nationalen Währungen. Er würde dem Dollar leicht die Stirn bieten können! Es gab also angeblich nur Vorteile! Nun, wir alle wissen, dass das Gegenteil davon eingetreten ist.

Bereits in den Tagen nach der Euro-Einführung stellten die Europäer fest, dass man sie belogen hatte, denn es wurde alles schlagartig teurer. Zahlreiche Fachleute hatten bereits zuvor gewarnt, dass der Wegfall nationaler, regionaler Währungen eine Schwächung für die meisten der betroffenen Länder bedeuten würde und damit für den gesamten Standort Europa. Natürlich hatten sie Recht, denn weder die EU noch der Euro waren eine Entwicklung der Europäer. Die EU ist das Gegenteil eines Erfolgsmodells, weil sie nie als solches geplant war.

Verstehen Sie mich bitte an dieser Stelle nicht falsch, die Idee eines vereinten, offenen Europas ohne Grenzkontrollen ist wunderbar, aber dafür hätte es keine einheitliche Währung gebraucht. Doch warum kam sie dann? Weil die Engländer der deutschen Wiedervereinigung nach dem Mauerfall im November 1989 nur zustimmen wollten, wenn Deutschland sich verpflichtete, seine extrem stabile D-Mark gegen den Euro einzutauschen. Als sich Helmut Kohls Finanzberater, Deutsche

Bank-Chef Alfred Herrhausen, klar dagegen aussprach, wurde er wenig später, am 30. November 1989, getötet. Ich habe all das in meinem ersten Buch »Was Sie nicht wissen sollen« (2011) im Kapitel „Wer zwang uns den EURO auf?" (Seite 144 ff) ausführlich beschrieben und will hier nicht weiter ins Detail gehen. Ich finde es aber wichtig, an dieser Stelle daran zu erinnern!

Die Idee einer vereinten europäischen Nation wurde in den späten 1940er-Jahren vom US-Geheimdienst CIA erdacht und finanziert. Diese CIA – das nur am Rande – war gerade kurz zuvor von jenen Nazis gegründet worden, die im Rahmen von *Project Paperclip* in die USA eingeschleust und eingebürgert worden waren. Zynisch könnte man sagen, dass sie nun genau dort weitermachten, wo sie kurz zuvor aufhören mussten. Die EU ist jedenfalls – ohne jeden Zynismus – ein Konstrukt der USA, um Europa besser kontrollieren und steuern zu können. Das *Committee for a United Europe* wurde 1948 gegründet. Geleitet wurde es von US-General William J. Donovan. Sein Stellvertreter war der spätere CIA-Direktor Allen Dulles.[47] Auf deren Betreiben entstanden die *Europäische Föderalistische Bewegung* und ab 1955 das *Aktionskommitee für die Vereinigten Staaten von Europa*, dessen Vorsitzender der Franzose **Jean Monnet** war. (siehe Abb. 6) Auch dies erwähne ich nur zur Erinnerung – ich habe all das in meinem Buch »FAKE NEWS« im Kapitel „Europa im Krieg" (Seite 154 ff) ausgeführt.

Abb. 6: Jean Monnet, der Gründer der EU vorne links, zusammen mit US-Außenminister *John Foster Dulles, Kirk Spieremburg,* US-Präsidernt *Dwight D. Eisenhower, David Bruce,* dem deutschen Finanzminister *Franz Etzel* und *William Rand* in Washington im Jahr 1953.

Tatsächlich sank der Konsum mit der Einführung des Euro im Jahr 2002 in der gesamten Euro-Zone, da sich durch die Umstellung auf die neue Währung alles verteuert hatte. Niemand mochte den „Teuro". Keine zwei Jahre nach dem Platzen der *Dotcom-Blase* und dem darauf folgenden *crash* kam der nächste schwere Einschnitt. Die Bürger waren verunsichert und die Wirtschaft stagnierte. Die Antwort darauf war dieselbe wie immer: Die Banken und Zentralbanken lockerten ihre Zinspolitik. Die Leitzinsen wurden gesenkt und es wurden leichtfertig an jedermann Kredite vergeben, um den Konsum anzukurbeln. Das führte kurzzeitig zu einem Boom in den unterentwickelten EU-Staaten, die sich heillos verschuldeten. Nach dem Platzen der Immobilienblase im Jahr 2007 und der daraus resultierenden Rezession drohte die Euro-Zone auseinanderzubrechen. Europa hatte aus unterschiedlich starken Wirtschaftsräumen bestanden und solange jedes Land seine eigene Währung hatte, wurden diese Unterschiede durch die Wechselkurse der Währungen abgefangen. Wer schwach war, wurde dadurch bestraft, dass seine Währung international weniger wert war und geringe Kaufkraft hatte. Starke Länder wie Deutschland und Österreich hingegen hatten auch starke Währungen. Dadurch waren für diese beiden Länder Produkte im Ausland günstiger. Mit anderen Worten: Leistung zahlte sich aus. Wer fleißiger war, wurde dafür belohnt.

Mit dem Euro aber wurde all diesen Ländern eine einzige Währung verpasst, die aber nicht zu ihnen passte. Man spricht in der Wirtschaft auch von einem „Geldmantel". Dieser Mantel war nun aber dem einen zu weit und dem anderen zu eng – *egal, was nicht passt, wird einfach passend gemacht!*

Die Eurozone geriet durch die Turbulenzen von 2008 in so große Schwierigkeiten, dass man zusehen konnte, wie der Euro Tag für Tag mehr an Wert verlor. Von Januar 2009 bis Juli 2011 verlor der Euro zum Schweizer Franken (eine der stabilsten Währungen der Welt) fast 25 Prozent – das waren 10 Prozent Wertverlust pro Jahr! (siehe Abb. 7)

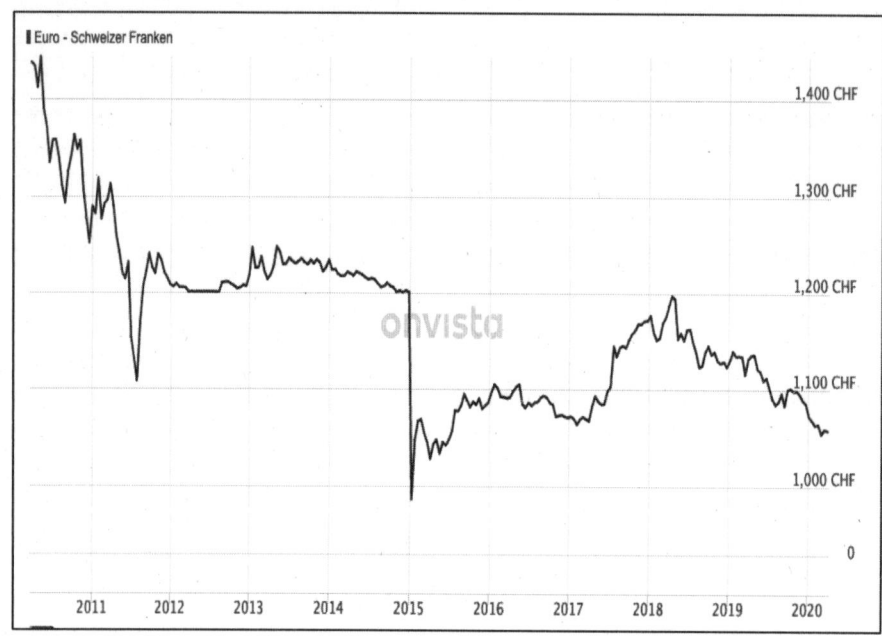

Abb. 7: Bis zum Sommer 2011 verlor der Euro dramatisch an Wert, dann stützten ihn die Schweizer im September 2011, wodurch er sich stabilisierte. Im Januar 2015 gaben sie den starren Wechselkurs wieder auf und der Euro stürzte erneut ab.

Aber noch extremer war der Vergleich des Euro zu Gold. Der Preis des gelben Edelmetalls stieg auffallend seit der physischen Einführung des Euro im Jahr 2002. Nach dem Crash im Jahr 2008 stieg der Goldpreis immer deutlicher, sowohl in Euro als auch in Dollar, was den Wertverlust der beiden Währung im Vergleich zu Gold, dem ältesten und einzig echten Geld, für jedermann sichtbar machte. Plötzlich berichteten sogar die Mainstream-Medien täglich über den Goldpreis, was den Notenbankern und der Politik sehr missfiel.

Der Euro verlor zum Gold allein von Anfang Juni bis Anfang September 2011 mehr als 20 Prozent! In der zweiten Septemberwoche 2011 verkündeten die Schweizer dann überraschend, ihre Währung an den Euro zu binden, ihn also zu stützen, weil die Europäische Zentralbank EZB dazu allein nicht mehr im Stande war.

Offiziell taten die Eidgenossen das, weil bei einem weiteren Verfall des Euro ihre eigene Währung zu stark aufgewertet hätte, was ihre eigenen Exporte zu teuer gemacht hätte. Sei es wie es sei, sie kauften fortan kontinuierlich so viele Euro auf den Währungsmärkten auf, wie es brauchte, um den Kurs des Euro bei etwa 1,20 Schweizer Franken zu stabilisieren. Mit dieser Aktion haben die Schweizer in der zweiten Septemberwoche 2011 den freien Fall des Euro beendet und der Euro-Zone vorerst Zeit erkauft. (siehe Abb. 7)

Letztlich war die vermeintliche „Rettung" des Euro aber nichts anderes als Insolvenzverschleppung, da die Währung eigentlich nicht mehr zu retten war. Vor allem die Briten, die Europa den Euro aufgezwungen, selbst aber schlauerweise ihr Pfund behalten hatten, rechneten längst mit einem Kollaps der Euro-Zone und trafen daher Vorkehrungen gegen eine Ansteckung ihres eigenen, wichtigen Bankensektors. So gab Andrew Bailey von der Britischen Bankenaufsicht FSA zu, dass die britischen Banken die Anweisung bekommen hätten, sich auf das mögliche Szenario eines Zerfalls der EU vorzubereiten:

„Gutes Risikomanagement bedeutet die Vorbereitung auf unwahrscheinliche, aber folgenschwere Szenarien, und dies bedeutet, dass wir die Aussicht auf einen ungeordneten Abschied einiger Länder aus der Eurozone nicht ignorieren dürfen. Ich bringe damit keine Meinung zum Ausdruck, ob dies geschehen wird, aber es muss zu den Notfallplänen gehören."[48]

Im Grunde haben die Briten bereits damals, zwischen 2011 und 2012, ihren Austritt aus der EU vorbereitet, der dann letztlich am 1. März 2020 vollzogen wurde. Als die Schweizer im Jahr 2011 den Euro und damit den Bürokraten in Brüssel deren Allerwertesten retteten, hatten sie vermutlich nicht vor, das für ewige Zeiten zu tun, denn für ihre noble Tat zahlten sie einen hohen Preis. Sie kauften unentwegt Unmengen an Euro ein und mussten zusehen, wie sie dann in den Depots konstant an Wert verloren. Es muss für sie sehr schmerzhaft gewesen sein. Auf jeden Fall hatten sie im Januar 2015 genug davon und ließen den Euro erneut fallen. (siehe Abb. 7) Der konnte daraufhin durch die EZB nur mit Müh und Not durch das Fluten der Märkte mit noch mehr wertlosen Zahlen auf der Computerbildschirm stabilisiert werden. Aber eine Dauerlösung war das nicht.

Doch ein Auseinanderbrechen der Euro-Zone und das damit verbundene große Leid wollte kein Politiker, Notenbanker oder Bankenmanager verantworten müssen. Ein Zerfall des Euro-Raumes würde mit hoher Wahrscheinlichkeit zum Zerfall der gesamten EU führen und keiner der zehntausenden EU-Beamten und -Abgeordneten wollte dafür gerne zur Rechenschaft gezogen werden. Niemand wollte für ein Platzen des großen europäischen Traumes, dieser rosaroten, zuckersüßen Illusion, die Verantwortung übernehmen.

Also tat man das, was man am besten konnte: Nichts! Man wartete ab und tat alles, um weiter Zeit zu gewinnen und auf eine glückliche Fügung zu hoffen. Man hoffte auf eine Lösung des Problems, mit der es keinen Schuldigen gab, und niemand wusste genau, wie die aussehen könnte. Doch dann bot sich zu Beginn des Jahres 2020 eine einmalige Gelegenheit, deren Potential die Hoffnungen aller Beteiligter übertraf.

Lassen Sie mich dieses Kapitel mit einem Auszug aus einem Artikel beenden, den ich im April 2016 unter dem Titel »Panama und der weltweite Wirtschafts- und Informationskrieg« geschrieben hatte:

„George Soros schrieb im Januar 2015 in einem Artikel für Live Mint: ‚Die EU-Mitglieder befinden sich im Krieg – und sie müssen sich endlich dementsprechend verhalten‘. Der Ukraine-Konflikt hatte nicht den gewünschten Effekt, also musste nachjustiert werden. Dafür wird das Personal gewechselt und die Glut erneut angefacht. Die Strippenzieher wollen Krieg und sie bekommen ihn. Der moderne Krieg wird nicht nur mit Waffen geführt, sondern auch wirtschaftlich, psychologisch, mittels Manipulation der Rohstoffpreise, mittels Datenkontrolle, Datenklau, Bargeldeinschränkung oder mittels Migrationsströmen. Nichts ist mehr, wie es scheint. Leitmedien und Politik decken sich gegenseitig, um die Agenda derer durchzuboxen, die beide bezahlen. Doch irgendwann stürzt jedes Lügengebäude ein, wenn man es nur deutlich beim Namen nennt. Vielleicht haben Sie ja auch das Gefühl,

langsam zu alt zu sein für das Kasperltheater. Die Tür befindet sich direkt unter dem Notausgang-Schild. Sie müssen nur hindurchgehen. Wenn Sie auf die Straße treten, wird das gleißende Licht der Realität Ihnen erst schmerzhaft erscheinen, aber mit der Zeit werden Ihre Augen sich daran gewöhnen, und irgendwann werden Sie es nicht mehr missen wollen. Es ist Zeit für Veränderung, denn sie ist möglich!"

Wirtschaftszyklen – BOOM and BUST

Wir spielen also seit Generationen immer wieder dasselbe Spiel, das gerne als *„Boom & Bust-Zyklus"* bezeichnet wird: Die Banken vergeben massenhaft Kredite und Schaffen einen „Boom", also eine oder mehrere Blasen. Sie vergeben billiges Geld und verführen die Menschen zum Konsum. Sie warten so lange, bis niemand dem Braten mehr misstraut und alle an dem Aufschwung teilhaben wollen. Die ahnungslosen „Bürgen" nehmen Kredite und kaufen und spekulieren an der Börse und halten sich für unglaublich schlau und geschäftstüchtig, weil ihre Anlagestrategie tatsächlich einige Jahre hintereinander satte Gewinne abwirft. Doch die meisten haben das Kleingedruckte in ihren Kreditverträgen nicht gelesen. Das besagt nämlich, dass die Banken unter besonderen Umständen den Kredit auch früher als vereinbart fälligstellen dürfen. Das ist der bereits erwähnte „Margin Call"!

Wenn also die Party so richtig in Fahrt gekommen ist und alle trunken sind von ihrer eigenen, vermeintlichen Genialität und der Übermut überhand nimmt, dann kommt es immer zu Kreditausfällen. Die tollen Hechte übernehmen sich und müssen weitere Kredite aufnehmen, sich immer weiter verschulden. Sie lassen anschreiben, um weiter an der Party teilnehmen zu dürfen. Damit geht es an den Börsen so richtig zur Sache und die Indizes brechen einen Rekord nach dem nächsten. *Champagner für alle! Was kostet die Welt?*

Das ist der Moment, wo es gefährlich wird, denn nun steigen die Profis aus. Sobald es zu den ersten massiven Kreditausfällen kommt, ziehen die Banken den Stecker und stellen alle Kredite fällig: *Margin Call!*

Jetzt ist die Party vorbei und das Erwachen ist bitter. Da jetzt alle ihr gesamtes Kreditvolumen auf einmal zurückzahlen müssen, muss alles rasch zu Geld gemacht werden, vom Golddepot bis hin zum Oldtimer, die Ferienvilla, die gerahmten bunten Kleckse über dem Büffelledersofa oder der Schmuck der Frau und der Geliebten. Jetzt kippen wir von der Inflation (steigende Preise) in die Deflation, denn wenn alle verkaufen wollen und keiner das Geld hat, um zu kaufen, dann sinken die Preise. Das ist der „Bust", der Zusammenbruch. Der wilden und ausufernden Party folgt immer der Kater, so wie 1920, 1929, 1987, 2000, 2008 und zuletzt im Jahr 2020.

Nun gibt es an der Stelle immer wieder Menschen, die aus einem nichtvorhandenen Verständnis von Geld heraus die durchaus charmante, aber leider sehr naive Frage stellen:
„Aber warum lassen die Banker denn den Leuten nicht ihren Wohlstand, wenn sie selbst doch ohnehin schon genügend von allem haben? Warum bringen sie das System immer zum Einsturz?"

Des Pudels Kern ist unser modernes Schuldgeldsystem in Kombination mit dem Recht von Banken, Geld schöpfen zu dürfen. Ohne einen Edelmetallstandard kann es kein werthältiges Geld geben und somit auch keinen Frieden, denn wertloses Geld führt in Zyklen immer wieder zum Zusammenbruch der Wirtschaft, und damit einhergehend oft auch zu Krieg.

Lassen Sie es mich anders erklären: Nur gedecktes Geld kann langfristig Stabilität und Sicherheit bringen! Nichtgedecktes Geld, das beliebig vermehrbar ist, MUSS immer zu einem regelmäßigen Zusammenbruch des Systems führen, weil das gar nicht anders möglich ist! Zur Veranschaulichung machen wir es hier noch einfacher: Ich stelle hiermit die gewagte These auf, dass jeder Kredit zu einer Entwertung des Geldes führt und unweigerlich zu einem Crash, einem Bust, führen muss, denn es ist gar nicht möglich, dass alle Kreditnehmer ihre Kredite zurückzahlen, wie sehr sie sich auch immer bemühen mögen! Also, los geht's, warum das so ist: Wenn Banken Kredite vergeben, um in der Wirtschaft und im privaten Sektor Wachstum zu generieren (neue Häuser, Fabriken, Maschinen, Autos usw.), dann verlangen sie die Rückzahlung des geliehenen Geldes durch den Schuldner. Die Bank besaß das verborgte Geld vor der Kreditvergabe aber gar nicht oder nur zu einem kleinen Teil. Sie muss in unserem heutigen, monetären Geldsystem ohne Golddeckung tatsächlich nur einen ganz kleinen Teil des verborgten Geldes besitzen – das ist das sog. „Eigenkapital". Den Rest darf sie frei erfinden, weil die Politik ihr das Recht dazu eingeräumt hat.

Das funktioniert insofern ganz gut, als heute ja kaum jemand mehr wirkliches, physisches Geld will, sondern sich mit bloßen Zahlen auf dem Papier zufrieden gibt. Also schreibt die Bank irgendeinen x-beliebigen Betrag auf einen Zettel, den der Kunde dann unterschreibt. Das nennt man dann „Kredit", der automatisch zu einer Inflation führt. Durch den Kredit entsteht neues Geld, das vorher nicht existierte, das nennt sich dann „Geldschöpfung". Durch mehr Investition generiert man mehr Wachstum.

Doch jetzt kommt's: Zusätzlich zu der Rückzahlung der Kreditsumme verlangt die Bank vom Schuldner aber auch noch die Rückzahlung von Zinsen, welche die Bank aber nicht mitgeschöpft hat – sie stehen nicht auf dem Zettel. Der Kunde muss sie sich irgendwoher besorgen, denn dieses Geld existiert de facto ja nicht – dennoch soll es bezahlt werden! Die einzige Chance für den Schuldner ist es nun, den zusätzlichen Betrag für die Zinsen irgendwie zu erwirtschaften. Doch wie, wenn er nicht existiert? Ganz einfach: Er muss es einem anderen wegnehmen, denn selbst darf er kein Geld erfinden. Das darf nur eine Bank. Warum? Weil die von den mächtigen Bankern beeinflusste Politik das so bestimmt. Sie könnte das per Gesetz von heute auf morgen ändern, aber das tut sie nicht. Warum wohl?

Wenn also eine Bank – vereinfacht gesagt – 10 Personen jeweils 1.000 € leiht, dann sind 10.000 € zusätzlich in den Kreislauf gekommen. Dank Zinsen (und Zinseszinsen) muss aber jeder Kreditnehmer beispielsweise jeweils 2.000 € zurückzahlen, was insgesamt 20.000 € macht. Somit kann schon rein rechnerisch nur jeder zweite Kreditnehmer seine Schulden tilgen. Die anderen müssen pleite gehen, weil ihnen von den braven Rückzahlern das Geld weggenommen wurde. Am Ende haben also 5 Personen einen Mehrwert von je 1.000 €, sie haben dafür aber jeweils 2.000 € an die Bank zurückgezahlt. De facto haben sie also einen Verlust von 1.000 € gemacht. Die anderen 5 Personen sind pleite. Und die Bank hat jetzt 10.000 €, die sie zuvor nicht hatte. Dazu noch das, was als Sicherheiten für den Kredit hinterlegt war, wie etwa Immobilien! Die 5 Personen, die noch liquide sind, haben zwar ihr Haus behalten, müssen nun aber die anderen 5 verarmten Personen mittels Transferzahlungen (Sozialleistungen) mitfinanzieren – damit werden sie zu „Nettozahlern". Auf Dauer können sie das aber gar nicht, weil durch das viele neue Geld (das bei der Bank landet) das bisherige Geld an Wert verloren hat (Inflation).

Am Ende hassen die 5 Nettozahler die anderen 5 „Schmarotzer" und die hassen sie wieder zurück. Letztlich gehen sie sich an die Gurgel und hauen alles kurz und klein. Dann fangen alle wieder bei Null an, weil sie nun wieder Wachstum generieren dürfen und von der Bank wieder neuen Kredit bekommen, um wieder alles aufzubauen.

Spätestens jetzt müsste klar sein, dass die Wirtschaft nach ganz einfachen Mechanismen funktioniert und sich immer wieder das gleiche Spiel wiederholt. Die Geldmenge wird erweitert und es entsteht eine Blase. Die Geldmenge wird verknappt und die Blase platzt. Die einfache Bevölkerung und die Kleinbanken verlieren. Die großen Banken streichen alles das ein, was die anderen Beteiligten verloren haben, und festigen ihre Machtstrukturen. Das wird sich immer weiter so wiederholen, bis wir etwas Grundlegendes an unserem Finanzsystem ändern – und privaten Banken die Macht über das Geld entziehen! Doch dafür bräuchte es wohl ein einschneidendes Erlebnis, das die Menschen wachrüttelt und zum Denken und Handeln anregt.

Jede Wirtschaft, die auf permanentes Wachstum aufgebaut ist, läuft unweigerlich immer zyklisch ab und kann nicht ohne wiederkehrende Zusammenbrüche auskommen. Es kann auf einem endlichen Planeten kein unendliches Wachstum geben!

Wir haben also die Wahl zwischen Kontinuität wie unter einem *Goldstandard*, was aber viele Zeitgenossen als „Stagnation" bezeichnen würden. Oder aber wir entscheiden uns für den *Boom & Bust-Zyklus*, dessen Zykluslänge davon abhängt, wer über das Geld wacht. Letztlich ist diese Frage sowohl eine philosophische als auch eine ethische. Doch um diese Frage zu beantworten, würde es das Wissen um das Wesen des Geldes voraussetzen, das heute einem Geheimwissen gleicht, weil wir darüber nicht aufgeklärt werden. Wenn man sich überlegt, was man im Lauf seiner schulischen Karriere alles mit anhören und auswendig lernen musste, dann ist es doch unglaublich, dass wir alle in der Schule nichts über Geld gelernt haben! Woran das wohl liegt?

Die einfachste Möglichkeit, sich der Macht der Banken zu entziehen, war für Normalsterbliche lange der Tauschhandel. Dabei verdienen weder die Banken noch der Staat mit. Nach der Euro-Einführung erlebte der Tauschhandel in Europa wieder eine Renaissance und erst recht nach dem Crash von 2008. Tauschbörsen schossen wie Pilze aus dem Boden und wurden bald darauf auf Grund des Drucks durch Banken und Steuerbehörden eingeschränkt und wieder ganz geschlossen. Aber die nächste Krise kommt bestimmt und mit ihr auch wieder der Tauschhandel.

Fest steht jedenfalls, dass sich mit Beginn des 21. Jahrhunderts zahlreiche kluge Köpfe in mehreren Staaten diese Frage nach dem richtigen Geldsystem stellten und sie konnten sich zumindest alle auf einen gemeinsamen Nenner einigen: *Der US-Dollar der privaten FED ist nicht das Geld, das wir noch länger zum Zahlungsverkehr nutzen wollen!*

„Der US-Dollar ist seit Jahrzehnten die wichtigste Reservewährung der Welt, aber dieser Status könnte bedroht sein, da ,sehr mächtige Länder' versuchen, seine Bedeutung zu untergraben, warnte Anne Korin vom ,Institute for the Analysis of Global Security'. ,Hauptakteure' wie China, Russland und die Europäische Union haben eine starke ,Motivation zur Entdollarisierung', sagte Korin, Co-Direktor des Think Tanks für Energie und Sicherheit am Mittwoch. ,Wir wissen nicht, was als nächstes kommt, aber wir wissen, dass die aktuelle Situation nicht nachhaltig ist.'"[49]

Währungskriege

Im Jahr 2008, als die Finanzwelt sich aufgrund der Bankenkrise im Ausnahmezustand befand, und die Notenbanken mit Unsummen an wertlosem Geld um sich warfen, veröffentlichte jemand von der Öffentlichkeit unbemerkt unter dem Pseudonym Satoshi Nakamoto seine Idee einer neuen „Verrechnungseinheit". Dieses neue „Geld" war nicht wie bisher von Banken und staatlichen Institutionen abhängig, sondern wurde dezentral digital geschöpft. Diese neue „Währung" nannte der große Unbekannte **„Bitcoin"**.

Private Währungen, sog. „Regional- oder Komplementärwährungen", die parallel zur offiziellen Währung genutzt wurden, waren seit Anfang des 21. Jahrhunderts viele entstanden und sie waren ein Symbol für das Bedürfnis der Menschen nach Unabhängigkeit von den Banken. Sie waren aber aus Sicht der Banker keine ernstzunehmende Bedrohung ihres Machtmonopols, denn diese Währungen waren lokal begrenzt und leicht kontrollierbar. Der Bitcoin jedoch beruhte auf einem gutverschlüsselten Computerprogramm, der „KRYPTOgraphie", einer sog. „Blockchain". Das war nichts anderes als ein sehr komplexes Programm, eine riesige Datenbank, die nicht auf einem einzigen Server lag, sondern auf viele private Computer verteilt war. Das war genial, weil die Banken und die Staaten darauf keinen Zugriff hatten. Und das Beste: Alle echten Krypto-Währungen sind in ihrer Menge von vornherein begrenzt, was einer Art Deckung gleichkommt, weil, wenn erst einmal alle möglichen Bitcoins geschöpft sind, dann keine neuen mehr dazukommen. Sie können nicht wie das wertlose Geld des Bankenkartells beliebig vermehrt werden und es könnte in einem reinen Bitcoin-Währungsraum keine Inflation geben!

Alle neugeschaffenen „Coins" und deren Bewegungen wurden mittels eines Programms erfasst, das niemandem gehörte und auf das alle dezentral über ihre eigenen Computer die gleichen Zugriffsrechte hatten. Wer sich an diesem Programm beteiligte und seinen Rechner zur Verfügung stellte, konnte selbst neue, virtuelle Geldeinheiten erschaffen, was man „mining" (schürfen) nannte. Dieser Begriff erinnerte nicht zufällig an das Schürfen von Gold. Der Auftritt des Bitcoin, direkt nach Ausbruch der weltweiten Banken-, Immobilien- und Finanzkrise war ein großes Ereignis, was nach und nach immer mehr Menschen begriffen. Der Rest ist Geschichte. Neue Krypto-Währungen entstanden und es wurden immer mehr. Im Jahr 2018 gab es bereits mehr als 1.300 Krypto-Währungen, alles privat geschöpftes Geld und unabhängig von den Banken. Es entstand wieder ein Hype wie zu Zeiten der *Dotcom-Blase*. Unmengen an Geld flossen in Bitcoin & Co. und der Wert oder zumindest der Preis dieser digitalen Währungen stieg rasant.

In den Medien war immer öfter zu lesen, dass Bitcoin vorwiegend von Verbrechern genutzt wurden, um ihre Zahlungsflüsse zu verschleiern, aber all die Negativkampagnen halfen nur wenig. Kryptowährungen hatten längst Einzug in das normale Geschäftsleben gehalten. Das offenbarte das Misstrauen der Menschen in den FED-Dollar und den Euro. Es war die exakt gleiche Grundvoraussetzung wie beim Gold im Jahr 2011 und es passierte folgerichtig auch exakt dasselbe. Man musste das Vertrauen der Anleger in die Währung erschüttern.

Dafür stiegen die Banken unbemerkt im großen Stil in das Geschäft ein. Nach außen hin verteufelten sie die Coins, aber in Wahrheit kauften sie auf, was sie konnten. Als sie genug beisammen hatten, um den Markt manipulieren zu können, stürzten die Preise für die Kryptowährungen regelmäßig medial begleitet ab. Zwar erholten sie sich schnell, aber dann begann das Spiel wieder von vorne. All das wurde medial brav begleitet. Politiker überschlugen sich mit Warnungen vor diesem Teufelszeug und viele brave Menschen verloren viel Geld, weil die Geheime Weltregierung nicht zulassen wollte, dass ihre Währungen noch mehr an Wert verloren. Fortan ließen alle die Finger davon. Alle? Nein, natürlich nicht.

Der Bitcoin war zwar die bekannteste Krypto-Währung, aber es gab mittlerweile wesentlich interessantere Coins, wie *Etherium*, *OmiseGo* oder *MIOTA*, der bereits von Konzernen wie *Cisco*, *VW*, *Microsoft* oder *Samsung* genutzt wurde. Natürlich hatte die Geheime Weltregierung das Geniale an Krypto-Coins und der Blockchain verstanden und sie hielt in Windeseile Einzug in der Wirtschaftswelt, denn abgesehen davon, dass Kryptos privat und anonym sind, sind sie vor allem schnell! Sobald ich jemandem den Code eines bestimmten Coins übermittle, ist derjenige in dem Moment (spätestens innerhalb weniger Minuten) der neue Besitzer, der Code wird automatisch verändert und ich habe, wie der Rest der Welt, keinen Zugriff mehr darauf. Außerdem muss man nicht wie bei Banküberweisungen tagelang auf sein Geld warten. Deshalb sind Krypto-Währungen der Geheimen Weltregierung und ihren Handlangern ein Dorn im Auge! Die grauen Eminenzen mussten mit ansehen, wie innerhalb eines Jahres ihren Banken (und damit ihrer Kontrolle) hunderte Milliarden Dollar entzogen wurden. Eine nicht beliebig vermehrbare Währung, die in privaten Händen lag, musste natürlich verhindert werden. Aber die Technik hinter all dem begeisterte die Nachfahren der *Jekyll Island-Gang*, denn plötzlich rückte ihr Traum von einer bargeldlosen Weltwährung wieder in greifbare Nähe.

Es wurde sehr viel Unsinn über Krypto-Währungen kolportiert. Wieder wurden von vielen Seiten Falschmeldungen gestreut und Verschwörungs-Szenarien durchdiskutiert. So galt manchen das FBI als einer der größten Bitcoin-Besitzer und es wurde behauptet, dass der US-Geheimdienst auch der wahre Erfinder der Krypto-Währung sei und sich nur hinter dem Pseudonym Satoshi Nakamoto versteckte. Aus derselben Ecke kam aber auch die Behauptung, dass „die Russen" für den Wahlsieg Donald Trumps verantwortlich waren, was vier Jahre später noch immer nicht bewiesen war.

Zahlreiche große Konzerne und Banken sprangen in den letzten Jahren auf den Krypto-Zug auf und entwickelten ihren eigenen Coin, denn der Währungskrieg zwischen der FED und den BRICS-Staaten ist längst in der heißen Phase angelangt und alle wollen für den Tag X gerüstet sein. Das ist der Tag, an dem nicht nur die Karten neu gemischt werden, sondern an dem mit einem komplett neuen Satz Karten gespielt wird. Doch wer wird bestimmen, wessen Karten zum Einsatz kommen?

Wir befinden uns spätestens seit 2009 inmitten eines gewaltigen Währungskrieges, der auch ein Goldkrieg ist. Von den Massenmedien weitgehend totgeschwiegen, stehen sich das westliche Bankenkartell um die FED und die aufstrebenden Nationen um die BRICS-Staaten gegenüber und kämpfen um jeden einzelnen Barren Gold[50], denn China und Russland fordern offen ein Ende der Dollar-Herrschaft, und **die Einführung einer neuen, durch Gold gedeckten Weltleitwährung.**

Das Bankenkartell hat indes in den letzten Jahren versucht, seinen sterbenden FED-Dollar mit allen Mitteln lange genug am Leben zu erhalten, um zwischenzeitlich eine eigene neue Weltwährung etablieren zu können. Doch dafür braucht die heimliche Weltregierung Gold – Gold, das sie nicht hat, weil es jahrelang im ganz großen Stil von West nach Ost abgeflossen ist.[51] Also hat das Bankenkartell von der Wall Street aus über Jahre hinweg den Gold- und Silberpreis manipuliert, um möglichst günstig wieder an physisches Gold zu kommen. Ich habe darüber ausführlich in meinem Buch »Der Goldkrieg« (2014) berichtet, muss aber hier zumindest am Rande nochmals die Fakten zusammenfassen, weil sie für das große, ganze Bild von Bedeutung sind.

Wir haben bereits über die Bedeutung von Gold als Geld gesprochen. Doch weil es nicht beliebig vermehrbar ist und das Bankenkartell den Hals nie vollbekommen kann, hat es den Preis von Gold nachweislich seit Mitte des 19. Jahrhunderts von London aus manipuliert. Sie hatten lange mehr Scheingeld ausgegeben, als sie Gold zur Deckung hatten, also mussten sie immer wieder heimlich Gold nachkaufen. Das war jedoch nie genug im Vergleich zu den Versprechen, das ist spätestens 1971 mit dem „Schließen des Goldfensters" durch Richard Nixon aufgeflogen. Seitdem war der Goldpreis (der in US-Dollar angegeben wird) kontinuierlich gestiegen. Der Dollar verlor also gegenüber echtem Geld konstant an Wert. Alles, was die Banker machen konnten, war Zeit zu gewinnen, indem sie den Goldpreisanstieg in Grenzen hielten. Seit Beginn des 21. Jahrhunderts allerdings eskalierte dieser Goldkrieg zusehends. Vor allem nach dem Crash im Jahre 2008 schoss der Goldpreis dank massiver Nachfrage und medialer Unterstützung durch die

Decke. Immer mehr Menschen wurde klar, dass wertloses Papier oder Ziffern auf einem Kontoauszug nicht Geld sind. Sie wollten wieder echtes Geld in Händen halten. Also stieg der Goldpreis. Doch kurz vor dem Knacken der magischen Marke von $ 2.000 pro Feinunze (31,1 Gramm) im Jahr 2011 gelang es dem Bankenkartell, die Reißleine zu ziehen und den Preis wieder abstürzen zu lassen. Das verschaffte ihnen eine kurze Atempause.

Beim Manipulieren des Goldpreises kam ihnen zugute, dass sich das Zentrum des Goldhandels von London nach New York City verlagert hatte. Dort wird – anders als in London – Gold aber nicht physisch gehandelt, sondern als sog. „Futures", also als Versprechen in die Zukunft oder auch als Wetten auf fallende oder sinkende Preise. Der offizielle Goldpreis, den Händler üblicherweise ihrer Preisgestaltung zugrunde legen, wird von fünf Banken zweimal täglich in London festgelegt, aber von den Warenbörsen und deren ganztägigem Handel beeinflusst. Die wichtigste dieser Edelmetallbörsen ist die COMEX in New York City.

Ich möchte Sie damit wirklich nicht langweilen, aber ich möchte ganz kurz das Prinzip umreißen, wie heute die Preise existenziell wichtiger Güter, nicht nur von Gold, manipuliert werden. Man kann ein Problem nur lösen, wenn man weiß, dass es existiert und zu verstehen versucht, was die Ursachen dafür sind. Wir leben in einer Welt, die sich seit der Einführung des Computers zusehends beschleunigt hat und auch weiter beschleunigt. Diese Computerisierung hat in den letzten zwanzig Jahren so ziemlich alles verändert. Pornohefte gibt es nicht mehr zum Umblättern, sondern nur noch zum Scrollen und jeder kann heute mittels eines eBook-Readers eine ganze Bibliothek in seiner Jackentasche mitführen. Niemand muss mehr einen Koffer mit CDs mit sich herumschleppen, um Musik zu machen, er steckt einfach irgendwo sein Mobiltelefon an.

Die Digitalisierung unserer Welt hat manche Vorteile gebracht, im Rohstoff- und Aktienhandel jedoch war sie aus meiner Sicht für die Menschheit sehr nachteilig, weil sie Spekulanten und Zockern Tür und Tor öffnete und weil der Handel mittlerweile so schnell und unübersichtlich ist, dass selbst die Marktaufsicht nicht mehr hinterherkommt – oder auch nicht mehr hinterherkommen will.

„Dass es Absprachen zwischen den Zentralbanken und den Bullionbanken gab, lag seit Jahren auf der Hand. Dass die fünf am Goldfixing beteiligten Banken noch während dieses Vorgangs bereits Informationen an Dritte weitergaben, hatte man längst wissenschaftlich nachgewiesen. Aber die enormen Mengen gehandelten Papiergoldes an der COMEX waren neu, ebenfalls die zeitlichen Anomalien. Drei Tage stachen im Jahr 2013 speziell heraus, nämlich je einer im April, einer im Juni und einer im Dezember. An diesen Tagen wurde auf einmal – in Bruchteilen von Sekunden – mehr Gold leer verkauft als je zuvor in der Geschichte. Der gesamte Goldpreisverlust von 28% ging auf diese drei Sekundenbruchteile zurück. Allein im zweiten Quartal (April bis Juni) war der Goldkurs um erschreckende 22,8% eingebrochen. Damit handelte es sich um das schlimmste Kalenderquartal seit 93 Jahren. Jahrelang waren bereits Gerüchte kursiert, wonach das Bankhaus JP Morgan Chase, gemeinsam mit HSBC und Goldman Sachs, mittels Leerverkäufen und Highspeedtrading an der COMEX den Goldpreis manipulieren würde, aber alle Anzeigen bei der Marktaufsichtsbehörde CFTC verliefen im Sand."[52]

Michael Morris »Der Goldkrieg« (Seite 180f)

Durch das computergestützte „Highspeed-Trading", zu Deutsch „Hochfrequenzhandel", ist es heute möglich, dass einige wenige oder sogar auch nur ein einziger Marktteilnehmer Preise ganz allein innerhalb von Sekundenbruchteilen manipuliert. Dafür muss er nur digital sehr viele Order, also Kauf- oder Verkaufsangebote, gleichzeitig rausschicken. Und die müssen noch nicht einmal real sein, er muss also nicht wirklich zu diesem Zeitpunkt etwas kaufen oder verkaufen wollen. Er kann einfach nur so tun und damit Einfluss auf den Marktpreis ausüben.

Ein „Gold-Future" etwa ist ein Vertrag über die Lieferung einer bestimmten Menge Gold zu einem bestimmten Zeitpunkt (sagen wir in einem Jahr) und zu einem bestimmten Preis, also ein Gold-Versprechen. Was ursprünglich zur Absicherung gegen große Preisschwankungen erdacht wurde, ist nach dem Einzug des elektronischen Hochfrequenzhandels rasch zu einem reinen Wett-Geschäft pervertiert. Heute werden die meisten Gold-Future-Kontrakte nicht abgeschlossen, um Ware auf Termin zu kaufen, sondern um von Preisänderungen am Markt zu partizipieren – sog. „Arbitrage-Geschäfte". Davon profitieren diejenigen am meisten, die diese Preisänderungen vorhersehen können – also diejenigen, die den Preis manipulieren. Bevor die vertraglich vereinbarte Menge Gold am Stichtag zu einem bestimmten Preis ausgeliefert werden müsste, wird dieser Vertrag, der eine Wette auf einen bestimmten Preis ist, unzählige Male hin und her verkauft, ähnlich wie wir das bereits von den Immobilienkrediten kennen, die sich Banken vor dem Crash von 2008 untereinander hin- und her verkauften.

Doch damit nicht genug. An der New Yorker COMEX, der weltgrößten Warenterminbörse, wurde seit Jahren Gold „leer" verkauft. Das bedeutet, dass mit Gold gehandelt wurde, das es überhaupt nicht gab. Wie hoch die Deckung dieser Papiergold-Kontrakte genau war, wusste niemand. Insider schätzen sie auf einen Anteil irgendwo zwischen 0,2 und 5 Prozent. Das bedeutet, dass nur maximal 5 Prozent aller gehandelten Waren überhaupt existierten.

Ein Beispiel dazu: Ich verspreche Ihnen jetzt, Ihnen in einem Jahr eine Unze Feingold zum Preis von $ 2.000 zu verkaufen. Sie willigen ein, weil Sie glauben, dass es dann viel mehr wert sein wird und Sie dann ein gutes Geschäft machen. Ich habe das Gold gar nicht, aber das macht nichts, denn ich bin überzeugt, dass der Goldpreis innerhalb des nächsten Jahres sinken wird. Sollten Sie am Stichtag dann tatsächlich darauf bestehen, dass ich Ihnen eine Unze Gold aushändige, dann kaufe ich sie beispielsweise kurzerhand irgendwo für $ 1.800 und habe somit $ 200 Gewinn gemacht. Das geht solange gut, solange niemand das Gold wirklich haben will.

Das war nun ein sehr einfaches Beispiel. Es geht aber auch viel komplizierter, und wenn man das Ganze dann in Bruchteilen von Sekunden und mit tausenden von Barren gleichzeitig an mehreren Börsen macht, dann kann man den Preis von Gold damit gewaltig verzerren, weil der

Preis dieses Hochfrequenzhandels leider in den offiziellen Goldpreis mit einfließt. Die Händler schlossen also untereinander Verträge ab, mit denen sie auf fallende oder steigende Kurse spekulierten, um auf diese Weise Gewinne zu erzielen. Solche Verträge werden anonym abgeschlossen, das bedeutet, dass Käufer und Verkäufer die jeweilige Identität des anderen nicht kennen müssen. Diesen Umstand machten sich einige offenbar sehr potente Marktteilnehmer zunutze, indem sie große Mengen an Kontrakten kauften und verkauften, was Einfluss auf den Goldpreis hatte. So konnten sie eben im Sommer 2011 den Ausbruch des Goldpreises stoppen, was sie knapp über der Marke von $ 1.900 taten. Hätte er die 2.000er-Marke geknackt, so wäre der psychologische Effekt für die Märkte und für die Weltöffentlichkeit immens gewesen, und die Gegner des Dollars hätten noch mehr Rückenwind bekommen. Stattdessen wurde der Goldpreis über die nächsten Jahre konstant hinunter gedrückt und fiel bis zum Jahr 2015, wo er bei knapp unter $ 1.050 sein vorläufiges Tief erreichte. Das stabilisierte zwar zwischenzeitlich den Wert des US-Dollars (der zum Handel von Gold verwendet werden muss), dadurch wurden aber nicht nur viele institutionelle, sondern auch sehr viele Kleinanleger, die in der Krise aus Angst Gold gekauft hatten, eines Großteils ihrer Ersparnisse beraubt.

Damit wollte das Bankenkartell auch den Mythos vom „Gold als sicheren Hafen" zerstören, was ihnen auch teilweise, zumindest für einige Jahre, gelang.

Leerverkäufe können nicht nur anderen Personen wirtschaftlichen Schaden verursachen, sie können sogar ganze Volkswirtschaften negativ beeinflussen und somit über das Schicksal vieler Menschen entscheiden. Sie können einen Crash auslösen oder beschleunigen, daher **gehören Leerverkäufe aus meiner Sicht dringend verboten!** Was noch mehr verboten gehört, weil es feige und hinterhältig ist, sind **anonyme Leerverkäufe!** Wenn man schon skrupellos mit dem Wohl anderer Menschen spielt, dann sollte man wenigstens den Anstand und Cojones (Mut) haben, dazu zu stehen!

Früher standen Händler, für jedermann sichtbar, auf dem Börsenparkett und trugen ein Namensschild. Sie kannten sich untereinander und konnten kontrolliert werden. Sie waren für ihre Kunden greifbar und mussten sich für Fehler verantworten, deshalb konnten sie sich asoziales Handeln kaum leisten.

Doch genau dies ist das Prinzip des Bankenkartells und der Geheimen Weltregierung: Sie agieren im Dunkeln, sie tarnen, lügen und verschleiern. Sie kennen keine Loyalität gegenüber einem Volk, einer Religion oder einer Kultur. Das ist das Prinzip ihres **Neoliberalismus** und ihrer **Globalisierung**: Schaffe ein undurchsichtiges, länderübergreifendes Netz von Firmengeflechten, die so kompliziert sind, dass von außen keiner mehr Durchblick hat und letztlich niemand für irgendetwas belangt werden kann, weil es keine erkennbaren Verantwortlichen mehr gibt. Diese feige und erbärmliche Geisteshaltung hat heute alles durchzogen, die Wirtschaft, die Politik und unsere gesamte Gesellschaft. Alle größeren Firmen agieren heute nach diesem Prinzip, in dem niemand für irgendetwas Verantwortung übernimmt. Wenn man als Kunde nicht zufrieden ist, dann kann man nur noch irgendwelche Hotlines anrufen und hängt ewig in Warteschleifen – wenn man überhaupt jemals durchkommt. Und dann trifft man auf irgendeine arme Haut, die womöglich in Irland oder in Indien sitzt und kaum die gleiche Sprache spricht und die einem im besten Fall verspricht, dass sie das Anliegen weiterleitet.

Damit lässt man Menschen so lange ins Leere laufen, bis sie entmutigt aufgeben, abstumpfen und zu Phlegmatikern werden, die keinen Widerstand mehr leisten, und sich nur noch mittels toter Nahrung und Unterhaltungselektronik betäuben.

„Der traurige Allgemeinzustand hat genauso viel mit unzureichender Bildung in den Bereichen Ökonomie, Finanzen und Wissenschaft zu tun wie mit Apathie, täglichem Druck und mannigfaltigen Ablenkungen. Es ist immer schwierig, die Zustimmung der breiten Masse zu bekommen, wenn man in den alternativen Medien veröffentlicht, wo Rebellen unterwegs sind und verrückte Randgestalten toleriert werden.

Ich erinnere meine Kunden häufig daran, dass 80% der Veröffentlichungen in den Massen-Medien Lügen sind oder in die Irre führen sollen, um die herrschende Machtstruktur zu unterstützen, während 80% dessen, was alternative Medien veröffentlichen, der Wahrheit entsprechen, wenngleich sie auch oft übertrieben und von mangelnder, journalistischer Qualität sind. «(53)

Jim Willie, Statistiker und Analyst

Und während ich und meinesgleichen in den letzten zehn Jahren versuchten, mittels Büchern und Artikeln eine alternative Sichtweise zum Narrativ der blutleeren Mainstream-Presse zu liefern und dafür von einer kleinen, aber sehr aggressiven Schar von professionellen Systemerhaltern beschimpft und drangsaliert wurden, eskalierte der Währungs- und Wirtschaftskrieg zwischen den USA auf der einen und China und Russland auf der anderen Seite immer weiter.

Natürlich sind dies nur die offiziellen Fronten, denn in Wahrheit handelt es sich um einen Stellvertreterkrieg zwischen dem angelsächsischen Bankenkartell auf der einen und dem Rest der Welt auf der anderen Seite. Das ist jedoch etwas grob zugespitzt, weil die Fronten nicht sauber verlaufen. Gerade Europa gibt da ein recht uneinheitliches Bild ab und ist in sich extrem zerrissen und zerstritten.

Einige süd- und osteuropäische Staaten zeigen stark nationalistische Züge, einige tendieren gen Westen, andere gen Russland und wieder andere wollen sich niemandem anschließen oder unterwerfen. Die Länder Mittel- und Westeuropas stehen eindeutig unter dem Einfluss des Bankenkartells, also äußerlich betrachtet auf der Seite der USA. Deutschland, England, Frankreich und Österreich sind Speerspitzen des Bankenkartells, unterworfen von und kontrolliert durch die Geheime Weltregierung. Das war während der Amtszeit Barack Obamas ganz deutlich zu erkennen. Diese Länder erhielten ihre Anweisungen aus den USA und wenn sie gelegentlich – wie in der Ukraine-Krise – meinten, einen eigenen Handlungsspielraum zu haben, dann wurden sie rasch eines Besseren belehrt.

Zur Verdeutlichung möchte ich in dem Zusammenhang nur exemplarisch an die klaren Worte von Victoria Nuland, Sprecherin des US-Außenministeriums und engste Vertraute von US-Außenministerin Hillary Clinton, vom 4. Februar 2014 erinnern: *„Fuck the EU!"* Die USA hatten gerade die Regierung in der Ukraine gestürzt und stellten sie nach eigenem Ermessen mit ihren eigenen Leuten neu zusammen. Die deutsche Kanzlerin Angela Merkel hatte offenbar kurzzeitig vergessen, was ihre eigentliche Rolle ist und wollte Boxweltmeister Vitali Klitschko als neuen ukrainischen Ministerpräsident durchboxen. Doch Nulands Worte waren klar wie selten und könnten auf Deutsch am besten mit *„die EU kann scheißen gehen"* übersetzt werden![54]

Falls Sie sich nun fragen, was das mit einem Währungskrieg zu tun hat, so werde ich nun versuchen, den Bogen dahingehend zu schlagen.

„Die Spannungen zwischen den USA und China erreichen eine neue Dimension: Nach allerhand gegenseitigen Drohungen und bereits eingeführten Strafzöllen im großen Stil rückt nun der Wechselkurs zwischen chinesischem Yuan und US-Dollar in den Fokus. Am Montag rutschte der Yuan unter die markante Marke von sieben Yuan pro Dollar und damit auf den niedrigsten Stand seit zehn Jahren... Vorwürfe der US-Regierung von Präsident Donald Trump, die chinesische Seite halte ihre Währung bewusst zu niedrig, um die eigene Wirtschaft zu begünstigen, gibt es seit Jahren. Ähnliche Kritik übt Trump immer wieder auch an anderen Währungshütern, zuletzt beispielsweise gegenüber den Verantwortlichen in der Euro-Zone in Bezug auf die Gemeinschaftswährung. Diesmal scheint jedoch sowohl die chinesische als auch die amerikanische Seite einen Schritt weiter zu gehen."[55]

Christoph Rottwilm (USA und China im Streit –
Wie ein Währungskrieg funktioniert, 7.8.2019)

Als Donald Trump im Jahr 2016 neuer US-Präsident wurde, waren die Europäer sehr verwirrt, denn Trump hielt sich nicht an die bisherigen Spielregeln. Doch dazu habe ich in Kürze noch mehr.

China hat sich den größten Teil allen verfügbaren Goldes gesichert. Daher tobt nun der Krieg um den kargen Rest, um das Gold der Zukunft und um die Goldminen, die zum größten Teil den Besitzern der westlichen Großbanken gehören. Das Kartell manipuliert auch hier die Preise, um ehrliche Käufer zu verschrecken. Doch die Chinesen kaufen mit ihren Dollarüberschüssen einfach alles auf.

Wir befinden uns spätestens seit dem großen Crash von 2008 in einem offenen Währungskrieg, der auch ein Wirtschafts- und Informationskrieg ist und hoffentlich nicht in einem neuen Weltkrieg enden wird. In den letzten zehn Jahren standen wir zwar mehrmals kurz davor, doch bislang haben sie noch immer im letzten Moment die Kurve gekriegt. Hoffen wir, dass es so bleibt, und dass der Währungskrieg endlich entschieden wird – so oder so.

> *„Seit dem Ende des Goldstandards entstand deshalb, wie ich dies nenne, die sog. ‚Theorie des größeren Narren‘. Die Leute kaufen heute vorwiegend Aktien, um sie später zu einem höheren Preis an einen noch größeren Narren zu verkaufen. Das kennzeichnet so ungefähr die heutige Aktienkultur, und diese Situation ist meiner Ansicht nach völlig verfehlt. Dies ist auch der Grund, wieso ich immer die Meinung vertreten habe, dass nur unter einem Goldstandard mit solidem Geld und null Inflation ein perfektes Funktionieren der Finanzmärkte gewährleistet ist.“*[56]
>
> Ferdinand Lips, Schweizer Banker und Autor

Gold ist der Schlüssel zur Neuordnung der Welt! Das Bankenkartell hat seinen Kreuzzug gegen das Gold verloren, denn es hatte die Rechnung ohne die Asiaten gemacht. Nun führt es einen Krieg um Gold, der noch weitreichende Folgen haben könnte.

Die durchschnittliche Verschuldung der Staaten in der Eurozone lag im Jahr 2019 bei knapp 100 Prozent des Bruttoinlandsproduktes. Die heute aufgehäuften Schulden bei den Banken können nicht beglichen werden, weil dafür nicht genügend Geld vorhanden ist und neues Geld nur durch weitere Kredite bei denselben Banken geschöpft werden kann. Die Katze beißt sich in den Schwanz. Das zu verstehen, wäre wichtig, vor allem, wenn Politiker wie im Jahr 2020 mit Geld um sich werfen, als gäbs kein Morgen. Doch es kommt immer ein Morgen und irgendwann muss die Zeche bezahlt werden.

America First!

Nichts hat seit dem Jahr 2016 im Westen mehr polarisiert als die Wahl Donald Trumps zum 45. US-Präsidenten. Was haben sich am 9. und 10. November 2016, am Tag nach dem Wahlsieg Donald Trumps, für dramatische Szenen rund um den Globus abgespielt. Junge fassungslose Frauen schluchzten verzweifelt, weil ihr Idol, Hillary Clinton, in der Wahl um das US-Präsidentenamt dem „Chauvinisten" und „Rüpel" Donald Trump unterlegen war – und das, obwohl alle westlichen Meinungsforscher und Meinungsmacher dem politischen Quereinsteiger Trump keine Chancen auf einen Sieg gegeben hatten. Enttäuschte Hillary-Anhängerinnen zu beiden Seiten des Atlantiks pressten zitternd unter Tränen Worte wie „Horror" oder „Albtraum" hervor. Dabei war nichts anderes passiert, als dass eine Kandidatin einem anderen Kandidaten bei einer angeblich demokratischen Wahl unterlegen war, wie das schon tausende Male zuvor rund um den Erdball passiert war. Aber irgendetwas war hier anders. Das hier schien alles komplett über den Haufen zu werfen.

Im März 2017 erlebten wir in den USA eine Anti-Trump-Hysterie, die sich in Europa niemand vorstellen kann. Die Menschen drehten völlig durch. Die Stimmung war extrem depressiv und angespannt. Aus nahezu allen Nachrichtenkanälen hagelte es völlig unqualifizierte Angriffe gegen Trump und seine Regierungsmitglieder, und immer wieder wurden die Russen als versteckte Wahlhelfer ins Spiel gebracht, obwohl es keinerlei Beweis für eine ungesetzliche Beziehung zwischen Donald Trump und der russischen Regierung gab.

Trumps Gegnerin im Wahlkampf, Hillary Clinton, wurde von ihren Gegnern wegen ihrer engen Verbindung zum Militärisch-Industriellen-Komplex „KIllary" genannt. Sie war als Außenministerin die Drahtzieherin hinter den Umstürzen in Nordafrika und in der Ukraine gewesen. Ex-Vizepräsident Joe Biden wurde mehrfach sexuelle Belästigung vorgeworfen und er hatte seinem skandalumwitterten Sohn, Hunter Biden, in der Ukraine einige sehr lukrative Geschäfte zugeschanzt. All das war den honorigen Vertretern der Mainstream-Medien, die geschlossen auf Trump einprügelten, aber keine Erwähnung wert gewesen. [57][58]

„So etwas wie eine freie Presse gibt es nicht. Sie wissen es und ich weiß es. Nicht einer unter Ihnen würde sich trauen, seine ehrliche Meinung zu schreiben, und selbst wenn er es täte, dann würde sie nicht gedruckt. Ich werde jede Woche dafür bezahlt, meine eigene Meinung aus der Zeitung herauszuhalten. Das gilt für Sie alle genauso, und wer sich nicht daran hält, steht auf der Straße und kann sich einen neuen Job suchen. Die eigentliche Aufgabe des Journalisten besteht darin, die Wahrheit zu zerstören, Lügen zu erzählen, die Dinge zu verdrehen und sich selbst, sein Land und seine Rasse für sein tägliches Brot zu verkaufen. Sie wissen es und ich weiß es, also was soll der Blödsinn, auf eine freie Presse anzustoßen? Wir sind Werkzeuge und Marionetten der Reichen, die hinter den Kulissen die Fäden ziehen. Sie spielen die Melodie, nach der wir tanzen. Unsere Talente, unsere Möglichkeiten und unser Leben sind Eigentum fremder Männer. Wir sind nichts weiter als intellektuelle Prostituierte."
John Swinton, Herausgeber der »New York Times« in seiner Abschiedsrede vor dem New York Press Club, 1953

Wir alle wussten schon lange, dass die Medien nicht ansatzweise neutral und objektiv waren, aber das, was zur Zeit von Donald Trumps Amtseinführung stattfand, war eine Hasskampagne in ihrer schäbigsten Form. All das erinnerte mich an die Hetze und Propaganda, die wir auch vor den beiden Weltkriegen erlebt hatten – und der eine oder andere kann sich vielleicht noch daran erinnern, wozu das führte. Aus meiner Sicht war Donald Trump aber nicht das Problem, sondern eher das Symptom. Der gesamte Westen hatte jahrelang die Augen vor der Realität und deren wahren Problemen verschlossen, alle hatten das Spiel weitergespielt und nun bekamen sie dafür die Rechnung durch einen Mann präsentiert, der alles, was bislang als die Normalität galt, *ad absurdum* führte.

Doch was genau war es, das Trump zum ultimativen Hassobjekt des linken westlichen Establishments machte? Waren es seine zweifelsohne chauvinistischen, schlechten Sprüche über Frauen oder Mexikaner? Wohl kaum. Klar, der Mann sah schräg aus, ganz so als wäre er im Solarium eingeschlafen und erst Tage später wieder aufgewacht, um festzustellen, dass sein Friseur sich für seine schlechten Witze bitter an ihm gerächt hatte. Ja, er war Chauvi und Macho, Junkfood-Afficionado und ein alternder Multi-Milliardär, der mit einem viel jüngeren, ehemaligen Model verheiratet ist, das illegal ins Land gekommen war. Aber das allein war es nicht. Vielmehr waren es jene Sätze, die er im Wahlkampf immer wieder mantra-artig wiederholt hatte und mit denen er klar aussprach, dass das politische System im Land und die Finanzmärkte ein abgekartetes Spiel der Geheimen Weltregierung war, ohne die Männer direkt beim Namen zu nennen: *„This system is rigged!"* Damit sprach er sehr vielen Amerikanern, vor allem denen, die nicht von der Globalisierung und dem Silicon Valley profitiert hatten, aus dem Herzen. *„This system is rigged!"* bedeutete mit Fingerzeig auf Washington so viel wie: *„Das ist alles ein abgekartetes Spiel!"*

Außerdem war es sein Slogan, *„America first!"*, der ihm vor allem in Europa ständig vorgeworfen wurde, entweder aus Unkenntnis oder aber er war absichtlich falsch verstanden oder interpretiert worden. Denn das, was Trump damit meinte und nach Amtsantritt auch bewies, war, dass die USA sich fortan mehr auf sich selbst konzentrieren und weniger Weltpolizei spielen sollten. Er prangerte die Politik der Regime-Stürze seines Vorgängers an und wollte, dass Amerika sich wieder auf sich selbst besinnt. Er stellte den gesamten Status Quo der bisherigen Weltordnung in Frage, inklusive des Militärisch-Industriellen-Komplexes sowie der NATO. Er hatte immer wieder erklärt, dass er die

Beziehung der USA zu Russland verbessern und den neuen Kalten Krieg beenden wolle, den die Obama-Regierung mit ihren Wirtschaftssanktion gegen Russland vom Zaun gebrochen hatte. Dafür warfen ihm seine politischen Gegner vor, von den Russen gekauft zu sein!

Trump prangerte zudem die Abhängigkeit der USA von China an und er hielt seine Wahlversprechen, China unter Druck zu setzen, aber nicht mit militärischen, sondern mit wirtschaftlichen Mitteln. Damit machte er sich nicht nur die Linken zum Feind, sondern auch den Militärisch-Industriellen-Komplex und es gab zu Beginn seiner Amtszeit mehrere Anzeichen dafür, dass Teile des Militärs und der Geheimdienste versuchen könnten, ihn zu stürzen. Denn Trump versprach nichts weniger, als das komplette bisherige System zu stürzen und er begann damit gleich am Tag seiner Amtseinführung.

> *„Die Gefahr des Weltkrieges und eines Militärputsches trat erneut während der kurzlebigen Regierung von John F. Kennedy auf, der sich in einem Kampf um Leben oder Tod befand, jedoch nicht mit Russland, sondern mit dem Militärisch-Industriellen-Komplex, der von den vielen Dr. Strangeloves des gemeinsamen Stabschefs und der CIA, die fanatisch davon überzeugt waren, dass Amerika einen Atomkrieg mit Russland gewinnen könnte. Kennedys tapfere Bemühungen, einen Dialog mit seinen sowjetischen Kollegen zu erreichen, sich für den Frieden in Vietnam einzusetzen... die Erforschung des Weltraums zu fördern und einen Vertrag über das Verbot von Nuklearversuchen abzuschließen, machten ihn zum Ziel des damaligen Deep State... Ein weiterer Präsident, der gegen Regimewechsel und nukleare Konfrontation mit Russland und China resistent ist, befindet sich heute in Form von Donald Trump im Weißen Haus."*[59]

Matthew Ehret (Journalist)

Die erste Schlacht Donald Trumps galt dem *Deep State* – zu Deutsch dem *„Staat im Staate"*. Dieser Ausdruck beschreibt Machtstrukturen innerhalb eines jeden Staates, die aus dem verborgenen heraus agieren und gewissermaßen „regieren", obwohl sie dazu nicht demokratisch legitimiert sind. Der Grund, warum die meisten Pressevertreter oft sehr aggressiv die Existenz eines solchen *Deep State* bestreiten, liegt vor allem darin begründet, dass sie selbst ein bedeutender Teil dieses undurchsichtigen Netzes oder zumindest von ihm abhängig sind. Manchmal sind sie sich dessen nicht so recht bewusst oder sie wollen sich dessen nicht bewusst sein. Niemand darf die Hand beißen, die ihn füttert.

Bevor Sie jetzt also die Augen verdrehen, weil ich Ihnen da eine krude Verschwörungstheorie auftischen möchte, lassen Sie mich kurz erklären, was ich mit der Existenz eines „Deep State" meine. In jedem demokratischen Land finden alle paar Jahre Wahlen statt, durch die sowohl die Parlamente als auch die Regierung sich mehr oder weniger stark verändern. Was aber bestehen bleibt, sind die Strukturen in Hintergrund – und das ist prinzipiell auch gut und wichtig, um wegen der permanenten Fluktuation des politischen Personals im Vordergrund Stabilität zu garantieren. Man kann das Rad nicht alle vier Jahre neu erfinden.

Anders ausgedrückt: Alle paar Jahre zieht ein neuer Präsident ins Weiße Haus ein, der andere Ideen und Vorstellungen von Dingen hat. Aber die grundlegende Organisation im Haus, von den Sicherheitsprotokollen bis hin zu den Abläufen bei Pressekonferenzen und der Einladung der ausgewählten Journalisten, bleibt gleich. Das Weiße Haus muss, wie jedes beliebige Ministerium auch, unabhängig davon, wer gerade Präsident und wer gerade Minister ist, funktionieren. Politiker kommen und gehen, aber diejenigen, die den Laden im Hintergrund am Laufen halten, die bleiben. Sie haben sich über Jahre ihre Kontakte zu anderen Stützen des Systems aufgebaut und die überdauern Wahlperioden und Politiker. All das ist logisch und im Grunde auch wichtig.

Doch wir sprechen hier nicht von den Hausmeistern und Gärtnern, sondern von Spitzenbeamten in den Ministerien – da sind die Richter und Staatsanwälte, die Diplomaten, die Geheimdienste, die Militärs, die Lobbyisten und die Notenbanker. Sie haben über die Jahre und Jahrzehnte hinweg unsichtbare Bande geknüpft, die jede Regierung überdauern und sie ziehen „ihr Ding durch" – unabhängig davon, wer gerade vom Volk für vier oder fünf Jahre offiziell gewählt wurde. Deshalb ist es für jeden Präsidenten oder Minister schwierig, rasch Veränderungen durchzusetzen, weil er oder sie bei bestimmten Themen gegen unsichtbare Gummiwände läuft, die viele Prozesse extrem in die Länge ziehen.

Wen wir in dieser Aufzählung nicht vergessen sollten, sind die Journalisten der Mainstream-Medien, denn sie sind ein wichtiger Bestandteil dieses *Deep State*!

Es sind immer wieder dieselben Medienvertreter, die zu Pressekonferenzen eingeladen werden und die bestimmte Interviews führen dürfen. Sie sind mit Politikern meist auf „Du und Du", doch viel wichtiger sind für sie diejenigen, die all die Pressekonferenzen und Interviews koordinieren und die Einladungen aussprechen, die starken Frauen und Männer in der zweiten Reihe. Auch für Journalisten sind diese Macher im Hintergrund wichtiger als die ständig wechselnden Gesichter in der ersten Reihe.

> *„Wir sind dankbar gegenüber der Washington Post, New York Times, Time Magazine und anderen großen Publikationen, deren Vorsitzende unseren Treffen beigewohnt und ihre Versprechen der Diskretion für beinahe 40 Jahre gehalten haben. Es wäre unmöglich gewesen, unseren Plan für die Welt zu entwickeln, wären wir in diesen Jahren dem Rampenlicht der Öffentlichkeit ausgesetzt gewesen. Doch die Welt ist nun fortgeschrittener und bereit, in Richtung einer Weltregierung zu marschieren. Die übernationale Herrschaft einer intellektuellen Elite und der Weltbankiers ist sicherlich vorzuziehen gegenüber der in früheren Jahrhunderten praktizierten nationalen Selbstbestimmung."*
> David Rockefeller (Bilderberger-Treffen 1992 in Baden-Baden)[60]

Ich denke, es ist klar, was ich mit dem „Staat im Staate" meine und ich halte es für überflüssig, noch weiter darauf einzugehen, denn wer nicht daran glauben will, dass eine solche unsichtbare Macht im Hintergrund existiert, den kann ich ohnehin nicht davon überzeugen. Für alle anderen aber sei gesagt, dass ein solcher Deep State bis zu einem gewissen Punkt logisch begründet ist und seine Daseinsberechtigung hat. Wenn er aber anfängt, sich zu verselbstständigen und seine Macht immer unkontrollierter und immer schamloser ausnutzt, sich also über die Demokratie hinwegsetzt, dann ist der Punkt gekommen, an dem der Apparat zerschlagen werden sollte. Genau das war das Erste, was Donald Trump als neuer US-Präsident tat. Er machte *Tabula rasa.* Er schlug der Krake in Washington einen Arm nach dem nächsten ab und die brüllte laut vor Schmerzen und schlug wild um sich.

Er legte sich nicht nur mit jenen Pressevertretern an, die ihm gegenüber bereits im Wahlkampf völlig unverschämt gewesen waren, sondern er umging das gesamte, eingespielte Ritual der regelmäßigen Pressekonferenzen weitgehend dadurch, dass er das, was er zu sagen hatte, einfach schon vorab via Twitter verbreitete. Mit seinen Tweets hebelte er mit einem Schlag das gesamte Presse-Netzwerk aus, das natürlich daraufhin Amok lief und ihn als Volltrottel darstellte, weil das alles war, was sie tun konnten. Sie waren mit einem Mal all ihrer Macht beraubt.

Worüber sie natürlich nicht schrieben, war, dass Hillary Clinton durch ihre Hybris den Wahlsieg Trumps erst ermöglicht hatte. Von allen republikanischen Kandidaten hatte sie sich von Anfang an auf den Außenseiter Donald Trump eingeschossen, weil er von allen die extremsten Positionen vertrat. Clinton dachte sich, dass er am leichtesten zu attackieren sei, und wenn sie ihm alle Aufmerksamkeit schenkte, müssten selbst die moderaten Republikaner sich mit Trumps Thesen und Ansichten auseinandersetzen. Sie würden so weiter nach rechts abdriften und Clinton würde alle Wähler in der Mitte für sich gewinnen können. Für alle, die keine rosarote Brille trugen, war jedoch sehr bald zu erkennen, dass dieser Schuss nach hinten losgehen würde.

„Das war bei weitem der schrecklichste Wahlkampf aller Zeiten, und er war absichtlich komplett von Hillary so arrangiert, um zu polarisieren, damit sie die Wahlen um jeden Preis gewinnen würde. Sie hat unsere Verfassung und unser Land zerstört. Kein Wunder, dass Hillary (nach ihrer Niederlage A.d.V.) nicht auf die Bühne kam, um ihren

Unterstützern zu danken. Sie hat sich nie auf sie verlassen, sondern betrachtete die Leute als Narren. Ihre ganze Strategie zielte darauf ab, das Weiße Haus durch Manipulation des gesamten Wahlvorganges zu übernehmen. Einfach unglaublich. Jeder Demokrat, den das nicht wütend macht, ist ohne Zweifel ein befangener Narr. Wacht auf und legt die rosarote Brille ab. Ihr habt nur bekommen, was ihr verdient."[61]

Martin Armstrong (US-Finanzanalyst) am 12. November 2016

Trump verlor keine Zeit, denn er wusste, dass genau die für ihn knapp werden könnte. Er hatte nicht nur Teile der Geheimdienste und des Militärs gegen sich. Die US-Demokraten unter der Fuchtel der unterlegenen Hillary Clinton versuchten Trump mittels eines Amtsenthebungsverfahrens aus dem Amt zu kicken. Die Presse tat alles, um ihn als russischen Troll darzustellen. Sie versuchten, einen Skandal nach dem nächsten herbeizuschreiben, konnten aber für nichts Beweise vorlegen. Das Personal um Trump herum stolperte und fiel oder wurde aus der Schusslinie genommen, aber ihr Mannschaftskapitän wurde von ihnen beschützt und er räumte weiter in Windeseile in Washington auf.

Trump bot US-Firmen Anreize an, um ihre Produktionsstätten, die in den vergangenen Jahrzehnten fast ausnahmslos in Billiglohnländer ausgelagert worden waren, wieder in die USA zurückzuholen. Auf Firmen, die sich nicht kooperativ zeigten, übte er großen öffentlichen Druck aus und es gelang ihm tatsächlich, etwa in der Autoindustrie, wieder Produktionsstätten ins eigene Land zurückzuholen und neue Arbeitsplätze zu schaffen. Das gelang trotz eines Gegenwindes, den in der Form zuvor noch nie ein Präsident ertragen musste.

Er legte sich mit dem *Silicon Valley* an, mit den kalifornischen Multimilliardären, die unter Obama politisch extrem einflussreich geworden waren und ihre eigene Form der Globalisierung und einer Neuen Weltordnung inklusive „Künstlicher Intelligenz" und lückenloser Überwachung ihrer Kunden mit Siebenmeilenstiefeln vorantrieben. Besonders Amazon-Gründer Jeff Bezos nahm Trump ins Visier. Bezos hatte für 250 Millionen Dollar die »Washington Post«, eine der einflussreichsten Zeitungen des Landes, gekauft und sie seitdem aggressiv dazu benutzt, die öffentliche Meinung zu beeinflussen und die US-Politik zu seinem Vorteil mitzugestalten. Bezos, der seinen mehr als 90.000 Amazon-Mitarbeitern in den USA verbot, sich gewerkschaftlich zu organisieren, machte sich für eine Lockerung der Regelungen für Einwanderer stark, um uneingeschränkt ewigen Nachschub an billigen, nicht gewerkschaftlich organisierten Arbeitskräften zu haben.[62] Dabei stellte er sich als links und als liberal dar.

> *„Ich respektiere Jeff Bezos, aber er kaufte die Washington Post, um politischen Einfluss zu haben, und ich muss euch sagen, dass unser Land nicht mehr das ist, was es war. Er will politischen Einfluss, damit Amazon davon profitiert. Das ist nicht in Ordnung. Und glaubt mir, wenn ich Präsident werde, Mann, dann werde ich dafür sorgen, dass die Probleme bekommen. Sie werden echte Probleme bekommen.“*[63]
> Donald Trump bei einer Wahlkampfrede in Texas am 26. Februar 2016

Trump legte sich mit dem FBI und der FED genauso an, wie mit dem Militärisch-Industriellen-Komplex, mit der EU und mit China. Und er tat, was er im Wahlkampf versprochen hatte: Er legte seinen Fokus auf die USA und nicht auf den Rest der Welt. *America first!*

Er war in seiner ersten Amtszeit **der erste US-Präsident seit langem, der keinen neuen militärischen Krieg begann** – ein Umstand, den die gesamte westliche Presse komplett unter den Tisch fallen ließ, so als wäre es bedeutungslos. Vermissten sie etwa einen neuen Krieg?

Ich nicht! Ich bin Donald Trump dafür dankbar, dass er (zumindest bis zur Fertigstellung dieses Buches) alles in seiner Macht Stehende getan hatte, um einen neuen Krieg zu vermeiden! Falls Sie nun glauben, dass ich jetzt für Donald Trump schwärme und mich daher für einen Anhänger der Republikaner halten, muss ich Sie enttäuschen. Ich hatte mich selbst eigentlich – wie Donald Trump auch – immer als politisch links verstanden. Ich musste aber in den letzten Jahren zu meinem Bedauern feststellen, dass der Großteil derer, die sich heute in den USA und in Europa als „links" bezeichnen, alles andere als links sind. Viele von ihnen lassen überraschend deutlich faschistische Einstellungen erkennen. Donald Trump war lange Unterstützer der Demokraten. Doch als er sich dazu überreden ließ, in den US-Präsidentschafts-Wahlkampf einzusteigen, blieb ihm nichts anderes übrig, als für die Republikaner anzutreten, weil für einen Patrioten, der keinen Krieg wollte, im linken politischen Lager kein Platz war. Genau das musste auch Bernie Sanders letztlich zweimal schmerzlich zur Kenntnis nehmen.

Trump machte den NATO-Bündnispartnern klar, dass die USA künftig weniger für das Militärbündnis ausgeben würden und sie sich selbst mehr engagieren müssten, wenn sie das Bündnis weitererhalten wollten. Er war oft emotional und nicht überlegt und angepasst, wie die meisten anderen Spitzenbeamten großer Staaten. Er brach mit allen Etiketten und Gepflogenheiten und brüskierte damit sehr viele Menschen. Aber er hielt seine Versprechen, soweit das möglich war.

Zur Klarstellung sollte man auch erwähnen, dass Donald Trump die USA von seinem Vorgänger in einem katastrophalen Zustand übernahm. Barack Obama hatte die USA nicht nur in mehrere endlose Kriege verwickelt, sondern (auch dadurch) in seiner achtjährigen Amtszeit für die US-Bürger mehr neue Schulden angehäuft als alle seine 43 Vorgänger in den letzten 232 Jahren zusammen![64]

Als Donald Trump im Jahr 2017 den Stab von Barack Obama übernahm, importierten die USA fast vier Mal so viel aus China (Güter im Wert von 505,6 Milliarden) wie sie im Gegenzug US-Waren nach China verkauften (130,4 Milliarden Dollar).[65] Also tat Trump das aus meiner Sicht einzig Richtige: Er setzte China massiv unter Druck, um dieses Handelsbilanz-Defizit zu verringern. Er wusste, dass die USA sonst nicht überleben würden, wenn sie eines Tages den Schutz des FED-Dollars verlieren würden. Trump warf den Chinesen auch offen „Währungsmanipulation" vor, weil sie ihre eigene Währung über Jahre hinweg abgewertet hatten, also künstlich niedrighielten, um ihre Produkte auf dem Weltmarkt billiger anbieten zu können als die Konkurrenz. Damit hatten die Chinesen im Lauf der letzten Jahre ganze Industriezweige in Europa und den USA zerstört, wie etwa die Solar-Industrie, um nur ein Beispiel zu nennen. Zudem warf er ihnen „Diebstahl geistigen Eigentums" vor, oft auch als „Technologietransfer" verharmlost. Er zog konstant die Daumenschrauben an und verhängte Strafzölle auf chinesische Importe, woraufhin die Chinesen konterten; und es ging hin und her. Der Handelsstreit eskalierte zu einem Wirtschaftskrieg, der auch Auswirkungen auf den Rest der Welt hatte. Am Ende gaben die Chinesen zumindest teilweise nach und unterzeichneten Verträge über höhere US-Importe und den leichteren Zugang von US-Firmen zum chinesischen Markt.

Beim Schreiben dieses Kapitels, im April 2020, war nicht abzusehen, wie dieser Konflikt wirklich ausgegangen ist oder ausgegangen wäre, wenn nicht die COVID-19-Hysterie alles zum Stillstand gebracht hätte. Die unvorstellbaren Mengen an neuen Schulden, die gegenwärtig alle westliche Staaten aufnehmen, um den Schock des kompletten Stillstands ihrer Wirtschaft abzufedern, werden alle bisherigen Zahlen und Statistiken irrelevant machen, weil durch den weltweiten „Lockdown" die Weltwirtschaft vermutlich ebenso in die Knie gehen wird wie der US-Dollar und der Euro. Meine heutige Einschätzung der Lage ist, dass China womöglich der einzige Staat ist, der von dieser Situation profitieren könnte. Doch vielleicht sehe ich das morgen schon wieder anders. Derzeit scheint nichts von längerer Dauer zu sein, da wir uns in komplett unbekannten Gewässern befinden.

Um zurückzukommen auf Trumps Handels- und Währungskrieg mit China: Ich hatte mich seit meiner frühesten Jugend gefragt, wieso der gesamte Westen zuließ, dass eine Industrie nach der nächsten nach China abwanderte, von der Stoff- und Modeindustrie, der Pharmaindustrie und Agrarprodukten bis hin zur Solar- und Hightech-Industrie. Von Autoersatzteilen bis hin zum Kinderspielzeug kam im frühen 21. Jahrhundert so ziemlich alles aus China und dabei war das Land der Morgenröte mit der *Neuen Seidenstraße* und seiner Initiative *Made in China 2025* noch lange nicht am Ziel angekommen.

Die Chinesen machten dem westlichen Bankenkartell offen die Weltherrschaft streitig. Sie hatten gegenüber dem Westen einen entscheidenden Vorteil: Sie hatten keine Wahlen und mussten sich daher auch nicht beim Volk beliebt machen. Für sie zählten Menschenleben und Menschenwürde nicht. Auf Einzelschicksale wurde keine Rücksicht genommen. Wer nicht spurte, kam ins Arbeitslager oder verschwand für immer. Um mit den Chinesen weiterhin mithalten zu können, würde der westlichen Achse daher langfristig vielleicht gar nichts anderes übrigbleiben, als langsam demokratische Prozesse abzuschaffen und das Wohl des Kollektivs über das Wohl des Einzelnen zu stellen. Zumindest könnte das eine gefällige, intellektuelle Begründung sein, um Freiheitsrechte im Westen abzubauen. Oder etwa nicht?

Wieso hatte man so lange zugelassen, dass die Chinesen kein Copyright, keine Form geistigen Eigentums westlicher Personen oder Firmen akzeptierten und alles, was im Westen entwickelt worden war, schamlos kopierten und dank manipulierter Währung billig auf den Markt brachten? Nicht nur das Knowhow und die Arbeitsplätze, sondern auch unser gesamtes Geld wanderten nach Osten ab.

Wieso machte sich der Westen freiwillig komplett von China abhängig? Es war doch klar, dass das auf Dauer zu einer äußerst gefährlichen Situation führen würde. Doch außer mich und nun auch Donald Trump schien das in den vergangenen Jahrzehnten niemanden beunruhigt zu haben. Es fällt mir tatsächlich schwer, angesichts dessen nicht an eine Verschwörung zu glauben, sondern alles nur auf den mangelnden Weitblick und das mangelnde wirtschaftliche Verständnis der politischen Entscheidungsträger zu schieben. Die Wirtschaftspresse jedenfalls schien damit weniger Probleme zu haben, denn sie pries weiterhin die Globalisierung und attackierte Trump für sein „rüpelhaftes Vorgehen" und seine „Rückwärtsgewandtheit".

Ich strapaziere an dieser Stelle nur sehr ungern das Unwort des Jahres 2014 „Lügenpresse". Aber es wundert mich wenig, dass die meisten Menschen, mit denen ich ins Gespräch komme – und viele davon sind äußerst gebildet und beruflich erfolgreich – eine zunehmend schlechte Meinung von den Mainstream-Medien und ihren Vertretern haben.

„Trumps Betonung des Schutzes der Unabhängigkeit der USA brachte eine schwelende, nationale Debatte über die übersehenen Kosten der Globalisierung zum Kochen. Das blinde Festhalten an dem, was der Ökonom Dani Rodrik als ‚Hyperglobalisierung'" bezeichnet hat – die Idee, dass die Interessen großer Unternehmen und das Prinzip der Marktintegration Vorrang vor weit verbreitetem Wohlstand und wirtschaftlicher Sicherheit haben – war auf Kosten der heimischen Industrie gegangen. Menschen, die sich über diese Konsequenzen beklagten, wurden jahrelang als Isolationisten abgetan oder standen vermeintlich ‚auf der falschen Seite der Geschichte'.[66]

Nadia Schadlow (politische Beraterin und Mitglied im *CFR*)

Man kann jetzt über Donald Trump sagen, was man will. Man kann jetzt Wirtschaftszahlen entweder für Donald Trump interpretieren oder gegen ihn. Für jeden „Beweis", den ich Ihnen für Trumps Erfolg liefern könnte, würden Sie mit einigen wenigen Minuten Recherche im Internet den Gegenbeweis finden. Daher lasse ich es, an dieser Stelle mit Zahlen zu jonglieren. Worum es mir geht, ist eines: Donald Trump hatte offenbar verstanden, dass die USA als reines Dienstleistungsland nicht überleben konnten – vor allem nicht angesichts der Tatsache, dass das Verfallsdatum des US-Dollar, der den Bankern gehörte, längst überschritten war. Trump hatte zudem begriffen, dass er (und sein Volk) sich nicht darauf verlassen konnten, dass die Geheime Weltregierung sich am Tag X beim Umsetzen einer Neuen Weltordnung für die USA als Zentrum ihrer Macht entscheiden würden.

Wenn der US-Dollar von einer neuen, möglicherweise gedeckten Weltwährung abgelöst würde, dann wäre es einerseits möglich, dass die Geheime Weltregierung sich notgedrungen mit China einigt und die neue Machtzentrale in China ansiedelt. Es wäre aber auch möglich, dass das Bankenkartell seinen Krieg gegen Russland, China und den Rest der Welt verliert und komplett ausgeschaltet wird. Ohne den FED-Dollar als Weltleitwährung und den Schutz des Bankenkartells wären die USA ein Land, das selbst so gut wie gar nichts mehr produziert – außer einigen Agrarprodukten. Trump hatte verstanden, dass die USA Gefahr liefen, über kurz oder lang zu einem Dritte-Welt-Land zu werden, und er tat alles, um sich dagegenzustemmen.

Doch das war ein richtiger Kraftakt, denn neben allem, was ich bislang aufgezählt habe, haben die USA vor allem ein ganz großes Problem und das ist der fallende Ölpreis.

Alles Super!

Was Donald Trump ebenfalls von seinen Vorgängern Barack Obama und George W. Bush geerbt hatte, war eine florierende, heimische Erdöl-Industrie, was auf den ersten Blick eine tolle Sache war – allerdings nur, so lange der Preis des Öls auf dem Weltmarkt stimmte. Anfang April 2020, während ich diese Zeilen schreibe, ist der Rohölmarkt hingegen ein Schlachtfeld, auf dem es vermeintlich nur Verlierer geben kann. Die großen westlichen Ölkonzerne – eines der wichtigsten Standbeine der Geheimen Weltregierung – machen derzeit bei jedem Barrel Öl, das sie verkaufen, Verlust und niemand kann vorhersagen, welcher dieser milliardenschweren Konzerne die nächsten Jahre überhaupt überleben wird. Durch den weltweiten Lockdown stehen Autos, LKW, Flugzeuge, Schiffe und Fabriken rund um den Globus still. Demzufolge ist in den letzten Wochen die Nachfrage nach Erdöl drastisch eingebrochen, und mit ihr auch der Preis fürs Öl. Unzählige vollbeladene Öltanker treiben auf den Meeren ziellos umher, weil ihnen keiner ihre Ware abnehmen will. Mittlerweile zahlen Ölkonzerne sogar dafür, wenn Großkunden ihnen Erdöl abnehmen, denn täglich werden weltweit weiterhin rund 100 Millionen Fass Öl aus dem Boden geholt, die irgendwo gelagert werden müssen. Das führte erstmals in der Geschichte zu einem negativen Ölpreis. (siehe Abb. 8)

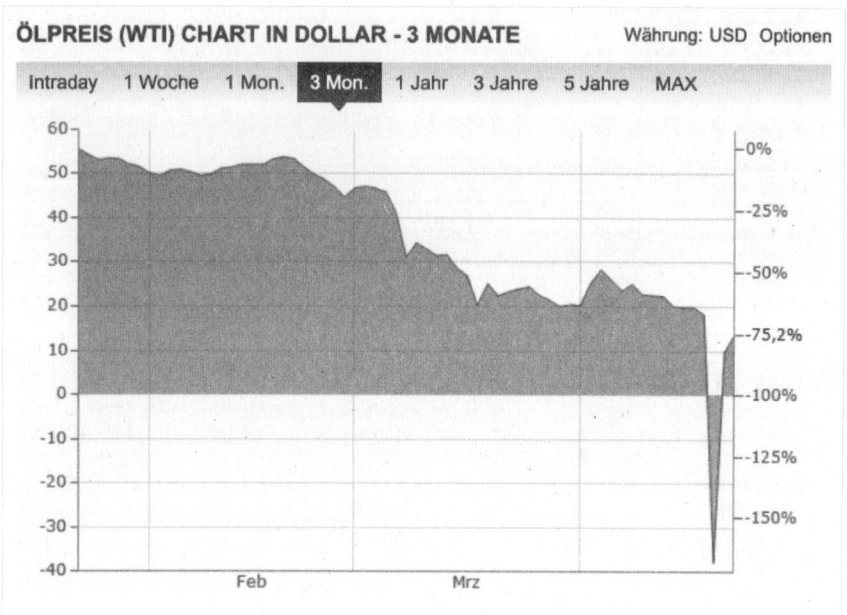

Abb. 8: Der Ölpreis ist seit Beginn des Jahres 2020 durch den weltweiten Lockdown und die daraus resultierende geringe Nachfrage dramatisch eingebrochen und Mitte April sogar ins Minus gerutscht, was erstmals in der Geschichte einen „negativen Ölpreis" zur Folge hatte.

Der Ölpreis-Krieg zwischen Saudi-Arabien, Russland, den USA und dem Iran ist vollends eskaliert. Doch lassen Sie uns erst kurz zurückblicken, um aufzuarbeiten, wie es überhaupt zu dieser einschneidenden Situation kommen konnte. Bevor wir das tun, hat das weitere Verständnis vielleicht den Sinn, zu wissen, wer zurzeit die größten Erdölförderer auf Erden sind, nämlich *Saudi-Arabien, Russland, USA, China* und der *Iran.*

Die arabischen Erdölförderer hatten sich 1973 unter der Führung Saudi-Arabiens zur OPEC zusammengeschlossen, einem Kartell, mit dem sie mittels Absprache bei der Fördermenge den Weltmarktpreis von Rohöl bestimmten. Wenn nötig, stimmte sich das Öl-Kartell auch noch mit anderen großen Produzenten wie Russland ab, was dann oft als „OPEC+" bezeichnet wurde.

Das größte Erdöl-Förderland Saudi Arabien stand seit Mitte der 1970er-Jahren dank der *Joint Economic Commission* (JECOR) de facto unter der Kontrolle der USA, welche der weltweit größte Verbraucher von Erdöl sind, knapp vor China. Deshalb taten die Saudis auch immer alles, um den Ölpreis niedrig zu halten, ganz nach dem Gusto der USA. Die JECOR war eine Organisation, die geschaffen worden war, um den Fluss und die Verwendung der Ölgelder, die aus dem neu verhandelten *Production Sharing Agreement* mit Saudi-Arabien sprudelten, zu verschleiern und jeglicher Kontrolle durch den US-Kongress zu entziehen. US-amerikanische Firmen erhielten die größten je dagewesenen Bauaufträge. Sie bauten Straßen, Flughäfen, Ölraffinerien, Ministerien, Schulen, Einkaufszentren, Müllverbrennungsanlagen und vieles mehr. Ganz Saudi-Arabien wurde von den bekannten US-Konzernen umgebaut, und zwar nach westlichem Vorbild, so wie die US-Berater es wollten. Finanziert wurde das Ganze von saudischem Geld über den saudischen Ölkonzern *Saudi Aramco,* wodurch der US-Kongress keine Kontrollmöglichkeit hatte. Die Saudis kauften von ihren Öleinnahmen US-Staatsanleihen. Die Zinsen, die diese Anleihen abwarfen, wurden zur Finanzierung der Projekte verwendet. Anders ausgedrückt: Die Saudis wurden gezwungen, den USA einen Kredit über mehrere Milliarden Dollar zu gewähren, mit dem die US-Firmen dann Saudi-Arabien nach eigenem Gusto umgestalteten. Das war die eierlegende Woll-Milch-Sau der Amerikaner.

In den Verträgen wurde auch geregelt, dass jedes gebaute Werk, jede aufgestellte Maschine von westlichen Spezialisten gewartet und repariert werden musste. Dadurch verdienen US-Firmen bis heute Unsummen. Aber auch zahlreiche US-Politiker, Werbeagenturen, Anwaltskanzleien und Vereine füllten sich durch das JECOR-Geldwäscheprojekt über Jahre hinweg die Taschen.[67] Zwar lebten die Saudis trotz dieses Knebelvertrages dank des immer sprudelnden Öls in Saus und Braus, aber es war abzusehen, dass sie eines Tages versuchen würden, sich von den USA zu emanzipieren. Sie mussten nur auf den richtigen Moment warten.

In der weltweiten Boom-Phase zwischen 2004 und 2008 stieg der Ölpreis stetig, da die Wirtschaft florierte und die Nachfrage groß war. Im Juni 2008, kurz vor dem Crash, erreichte er den Rekordwert von 145 Dollar pro Barrel (Fass), danach sank der Ölpreis deutlich, hielt sich jedoch auf einem Niveau, das selbst bis dahin unrentable Fördertechniken und Vorkommen rentabel machte. Von 2011 bis 2014 lag der Preis bei durchschnittlich 90 Dollar pro Barrel. Gleichzeitig vergaben die Banken in der Bust-Phase wieder unglaublich günstige Kredite, um die Wirtschaft anzukurbeln. Dadurch wurden die großen *Schieferöl- und Schiefergasvorkommen*, die einige Jahre zuvor an der Grenze zwischen den USA und Kanada entdeckt worden waren, auf einmal interessant und in den nächsten Jahren entstand daraus eine florierende Fracking-Industrie, die Amerika weitgehend unabhängig von ausländischem Öl machte. Beim „*Fracking*" wird ein Gemisch aus Wasser, Sand und Chemikalien unter hohem Druck in tiefe, öl- und gashaltige Erdschichten gepumpt, wodurch feine Risse im porösen Gestein entstehen. Danach steigt das Wasser wieder an die Oberfläche. Chemikalien und Sand bleiben zurück, damit sich die Risse nicht wieder verschließen und das Gas oder das Öl an die Oberfläche gepumpt werden kann. Der Druck beim Einpumpen ist so hoch, dass es regelmäßig zu teils starken Erdbeben kommt. Darüber hinaus gelangen die Chemikalien ins Grund- und somit ins Trinkwasser. Fracking gilt daher außerhalb der Öl-Industrie auch als extrem umwelt- und gesundheitsschädlich.

Fracking hat in den USA, genauer in einem riesigen Gebiet an der amerikanisch-kanadischen Grenze (Montana, North Dakota, Saskatchewan), einen wirtschaftlichen Boom ausgelöst und den Energiemarkt zu Beginn des neuen Jahrtausends verändert. In den Fracking-Gebieten wurden Zehntausende neue Jobs geschaffen, welche Menschen aus den gesamten USA anlockten. Aber der Shale-Boom stand immer auf wackeligen Beinen. Die Produktionskosten für das Schieferöl sind sehr hoch im Vergleich zu den Förderkosten in Saudi-Arabien oder Russland, und durch den Shale-Boom entstand zunehmend ein Erdöl-Überangebot auf dem Markt, das dann noch von den Saudis massiv ausgebaut wurde. Dadurch brach der Ölpreis dann im Jahr 2014 ein.

Die Obama-Administration hatte im Jahr 2013 den Putsch in der Ukraine organisiert. In dessen Folge besetzten die Russen die Halbinsel Krim, weil sie für sie strategisch unverzichtbar war. Sie konnten nicht zulassen, dass die USA ihnen noch näher rückten, als sie das ohnehin schon all die Jahre über – gegen alle Zusagen – getan hatten. Ich habe darüber ausführlich in meinem Buch »Was Sie nicht wissen sollen 2« geschrieben. Eine Folge dieser angeblichen „Annexion der Krim", wie westliche Medien sie immer wieder nannten, war unter anderem die Verhängung umfangreicher wirtschaftlicher Sanktionen des Obama-Kabinetts gegen Russland. Auch die Europäer wurden von ihnen dazu gezwungen, dasselbe zu tun, wie wir vorhin bereits gesehen haben. Doch um Russland, das sehr stark von den Einnahmen aus dem Erdöl-Geschäft abhängig ist, noch härter zu treffen, drückte Saudi-Arabien den Rohölpreis auf Geheiß der USA noch weiter. Der deutliche Verlust von Einnahmen übte großen Druck auf die russische Regierung aus. Das Ziel der Obama-Regierung war es, Wladimir Putin genauso zu stürzen, wie sie es parallel dazu bereits seit 2011 mit Baschar al-Assad in Syrien versuchten. Beide Kriege verlor Obama, der beileibe weder ein großer Stratege noch ein Friedensengel war. Er schadete dadurch im Gegenteil sogar ganz massiv der US-Wirtschaft. Außerdem sind seit Obamas militärischen und wirtschaftlichen Kriegen alle bis dahin für die USA halbwegs gut funktionierenden Allianzen auseinandergebrochen.

„Im Dezember 2015 begann die FED, die Zinssätze anzuheben. Kreditgeber zierten sich, Kredite zu verlängern. Infolgedessen pumpten viele Schieferunternehmen verzweifelt immer mehr Öl, um ihre monatlichen Schuldenzahlungen zu leisten. Sie taten dies, egal wie niedrig die Preise wurden, und opferten dafür sogar ihre Rentabilität. Kleinere Unternehmen... mussten in 2015 vierzig Prozent ihres Umsatzes für monatliche Zinszahlungen aufwenden. Schließlich holten niedrige Preise die Branche ein. Viele hörten auf, zu bohren. Im Oktober 2015 stellte etwa die Hälfte ihre Arbeit ein. Dutzende meldeten Insolvenz an und 55.000 Arbeiter wurden entlassen..."[68]
Kimberly Amadeo (Wirtschaftsanalystin)

Anfang 2017 übernahm Donald Trump sein nicht ganz leichtes Amt von Barack Obama. Da war der Krieg in Syrien voll eskaliert. Die Lage war unübersichtlich. Die USA und Saudi-Arabien taten, als hätten sie damit nichts zu tun. In Wahrheit aber unterstützten und finanzierten sie die Rebellen, die gegen Assad kämpften. Der wiederum wurde von Russland unterstützt. Und dann war da noch die Türkei, die zum einen massiv unter der Flüchtlingswelle litt, die Obamas Kriege ausgelöst hatten, und die zum anderen verhindern wollte, dass die Kurden direkt an der türkischen Grenze ihr eigenes Land gründen würden. Im Juni desselben Jahres übernahm Prinz **Mohammed bin Salman al-Saud** in Saudi-Arabien die Macht von seinem Vater und begann, das Land rigoros zu modernisieren, wobei er auch nicht vor drakonischen Maßnahmen inklusiver zahlreicher Hinrichtungen zurückschreckte. Nun war der Punkt gekommen, den die USA seit Mitte der 1970er-Jahre zu fürchten hatten, denn wenn Saudi-Arabien sich gegen die USA wandte, dann wären die Amerikaner deutlich geschwächt. Weder der Krieg in Syrien ist beim Schreiben dieser Zeilen gänzlich zu Ende, noch ist die Beziehung zwischen Saudi-Arabien und den USA bis jetzt restlich geklärt. Es sieht so aus, als würde Russland zusammen mit Baschar al-Assad den Krieg in Syrien gewinnen. Fest steht gegenwärtig, dass die Saudis in den vergangenen Wochen den Ölpreis massiv nach unten gedrückt haben und dies die USA wesentlich härter trifft als Russland. Wie sich die alten Allianzen hier entwickeln, wird uns die Zukunft weisen.

Innerhalb der ersten drei Monate des Jahres 2020 ist der Erdölpreis um 70 Prozent eingebrochen und in der dritten Aprilwoche fiel der Preis für die US-Erdöl-Sorte WTI sogar, wie bereits erwähnt, auf unter null. Heute ist der 23. April 2020 und der Ölpreis hat sich wieder ein wenig gefangen. Im Moment kostet ein Barrel des amerikanischen Erdöls $ 15, die europäische Sorte Brent geht für $ 22 über den Ladentisch. Das ist beides besser als Null, aber deutlich zu wenig für die erdölfördernden Länder mit hohen Explorationskosten wie die USA oder Norwegen. Da derzeit nicht absehbar ist, wie lange der weltweite Lockdown anhalten und wie massiv die Wirtschaft dadurch einbrechen wird, ist es schwer zu sagen, wie dieser Ölpreis-Krieg ausgehen wird. Ich denke aber, dass die Bevölkerungen aller Ölförderstaaten sehr darunter leiden werden. Da Russland aber nach den Saudis, Iran und Irak die niedrigsten Produktionskosten hat, werden sie auch einen längeren Ölpreis-Krieg eher überstehen als die USA, Kanada, Norwegen, Venezuela oder Brasilien, die alle deutlich höhere Förderkosten haben. Zudem sind die Russen Leid gewohnt – die Amerikaner aber sind ebenso wie die Europäer tendenziell verweichlicht und Entbehrungen kaum noch gewohnt.

Die Geheime Weltregierung führt einen erbitterten Krieg gegen eine breite Allianz aus China, Russland, Brasilien, Indien und einigen südamerikanischen und afrikanischen Staaten. Dabei versteckt sie sich hinter den USA und der EU, die als ihre Stellvertreter einen Ölpreiskrieg, einen Wirtschafts- und Währungskrieg und einen Propagandakrieg gegen diese breite Allianz führen. Gleichzeitig muss sie aber zunehmend auch immer mehr Deserteure in den eigenen Reihen bekämpfen und die Frage ist, ob nicht eines Tages alle ihre Soldaten ihre Waffen und Bleistifte niederlegen und ihrem Gewissen folgen werden – so sie denn eines haben. Beide Allianzen kämpfen nicht nur um Ressourcen und Geld, sondern auch um das Narrativ, also um die offizielle Darstellung dessen, wie die Dinge angeblich sind oder zu sein haben. Sie lassen neben ihrem Narrativ keine andere Meinung mehr gelten. Diese Schlacht ist noch nicht zu Ende, sie hat gerade erst so richtig begonnen. Die dunkelste Stunde ist immer kurz vor Sonnenaufgang.

„Die Entmachteten wollen einen Wandel. Jene an der Macht wollen Vorhersehbarkeit und Beständigkeit. Je mehr einer den Mächtigen Vorhersehbarkeit und Beständigkeit garantieren kann, desto mehr werden einen die Mächtigen belohnen. Jene sind von speziellem Interesse, die die Nachrichten bringen und das öffentliche Narrativ formen. Für die US-Oligarchen, die vor langer Zeit die alten Medien aufgekauft haben und alles in ihrer Macht stehende tun, um ihren Einfluss auch auf die neuen Medien zu sichern. Experten wie (die extrem umstrittene MSNBC-Moderatorin) Joy Reid gehören zu ihrem wertvollsten Besitz, und diesen Besitz schützen sie dementsprechend. Denn wer das Narrativ kontrolliert, der kontrolliert die Welt."[69]

Caitlin Johnstone, australische Journalistin

Wir stehen zu Beginn der 2020er-Jahre an Deck eines wackeligen Schiffes, das sich leise ächzend seinen Weg durch dichten Nebel und unbekannte Gewässer bahnt. Wir wissen, was hinter uns liegt, aber wir haben keine Ahnung, was uns erwarten wird, wenn Ole oben im Ausguck endlich seinen Schrei „*Land in Sicht!*" ausstoßen wird. Viele von uns wissen noch nicht einmal, was hinter uns liegt, da die Geschichte verzerrt wird, und darüber hinaus ohnehin wenig Beachtung findet.

> *„Du fragst, wieso, weshalb, warum,*
> *ich sag, wer sowas fragt, ist dumm.*
> *Denn Du scheinst wohl nicht zu wissen, was ich tu.*
> *Ne ganz besondere Mission*
> *lass mich Dich mit Details verschonen.*
> *Genug gesagt, genug Information.*
> *Muss nur noch kurz die Welt retten,*
> *danach flieg ich zu Dir.*
> *Noch hundertachtundvierzig Mails checken,*
> *wer weiß, was mir dann noch passiert,*
> *denn es passiert so viel..."*
>
> Tim Bendzko, „Nur noch kurz die Welt retten" (Songtext)

Die letzten Jahre waren für viele Menschen im Westen ein schleichender Kampf. Es war ein Kampf gegen die Zeit, die sich scheinbar beschleunigte, immer knapper und kostbarer wurde. Technisierung und Globalisierung hatten dazu geführt, dass die meisten von uns immer und überall erreichbar waren, und letztlich nie wirklich zur Ruhe kamen. Wir waren ständig unterwegs und nirgendwo richtig zuhause. Wir führten ein Leben auf der überfüllten Überholspur, auf der man niemand mehr überholen konnte, weil alle links fuhren. Wir wussten, dass wir von allem zuviel hatten und zuviel verbrauchten. Wir wussten, dass es so auf Dauer nicht weitergehen konnte und auch nicht weitergehen durfte. Das Karussell drehte sich immer schneller und niemand schien zu wissen, wie man es anhalten konnte. Es wurde wild herumgefuchtelt und durcheinander geschrien und niemand hatte einen Plan. Dann hat einfach irgendjemand völlig überraschend den Stecker gezogen. Und plötzlich war es still…

TEIL 2 – Das Experiment

Heute ist Freitag, der 10. April 2020, Karfreitag, der Tag, an dem angeblich *Jesus von Nazareth* vor knapp 2.000 Jahren wegen seiner aufrührerischen Gedanken und Aussagen ans Kreuz genagelt worden war. Ja, das macht mich ein wenig nachdenklich, wenn ich diese Zeilen und dieses Buch schreibe. Einer der Gründe dafür, dass ich in den letzten drei Jahren kein Buch und keinen Artikel mehr geschrieben habe, war schließlich, dass ich mich nicht mehr mit den Anfeindungen, der Wut und der Aggression all jener befassen wollte, die das alte System und seine Protagonisten mit aller Kraft stützen – teilweise auch, ohne sich dessen bewusst zu sein. Ich habe erlebt, wie anständige Menschen, die nichts anderes getan hatten, als aufzuklären und eine eigenständige Meinung zu vertreten, nicht nur rhetorisch in der Presse und im Internet attackiert wurden, sondern auch physisch im Parkhaus oder auf der Straße. Insofern werde ich durch Ostern daran erinnert, dass es schmerzhaft enden kann, wenn man die eigene Meinung zu vehement vertritt. Doch sei's drum, wer nichts wagt, der nichts gewinnt!

Ich bin heute Morgen kurz vor sechs Uhr aufgewacht und obwohl der Himmel schon hell wurde, war der volle Mond noch groß und deutlich im Westen zu sehen. Es war noch so ruhig und friedlich, wie ich es selten zuvor erlebt habe. Der Irrsinn der letzten Wochen hat mir sehr deutlich vor Augen geführt, wie sehr sich die Welt seit meiner Kindheit verändert hat. Das mag komisch klingen, natürlich tut sie das, aber an normalen Tagen merkt man das nicht, weil die Veränderung schleichend passiert und man sich daran gewöhnt. Aber diese letzten drei Wochen haben mich wieder daran erinnert, um wie viel ruhiger es generell war, als noch nicht von jedem Flugplatz der Welt die Maschinen im 2-Minuten-Takt gestartet sind und als noch nicht jeder ein eigenes Auto besaß. Sie haben mich auch wieder daran erinnert, wie ein blauer Himmel ohne Chemtrails aussieht und sie haben auch bewiesen, dass Chemtrails für eine Erwärmung der Luft sorgen. Der klare Himmel der letzten Wochen hatte nämlich kalte Nächte zur Folge, wie wir sie im März seit Jahren nicht mehr gehabt haben.

Ich bin daher gespannt, ob sie uns in den nächsten Wochen wieder erzählen werden, dass der März 2020 der wärmste Monat seit Menschengedenken war, so wie es seit Jahren bei jedem Monat behauptet wird. Egal, was sie sagen werden, er war es nicht. Aber ich denke, das wird die Erderwärmungs-Alarmisten nicht davon abhalten, weiter ihre Trommeln zu rühren und den Menschen ein schlechtes Gewissen einzutrichtern, dafür, dass sie CO_2 ausstoßen – übrigens mit jedem Atemzug!

Nach meiner morgendlichen Tasse Kaffee setze ich mich an den Schreibtisch, um den Anfang dieses zweiten Teils meines Buches zu überarbeiten. Es ist so viel passiert in den letzten drei Wochen, in denen die Welt nahezu stillstand. Soll ich versuchen, Hoffnung zu verbreiten? Ist es nicht das, was Menschen in schwierigen Zeiten am meisten brauchen, einen Hoffnungsschimmer? Oder soll ich die Dinge lieber drastischer formulieren, um wachzurütteln und um die Leser aus ihrer Lethargie zu reißen? Ich bin unschlüssig und versuche einen Mittelweg zu gehen, klar und deutlich zu sein, ohne zu verharmlosen, aber gleichzeitig auch nicht zu negativ zu stimmen. Ich möchte versuchen, nicht in den Politiker-Jargon zu verfallen und von „alternativlos" oder ähnlichem Quatsch zu sprechen, denn man hat immer eine Wahl – in jeder Sekunde unseres Lebens haben wir die Wahl und treffen sie auch. „Alternativlosigkeit" ist nur ein anderes Wort für „Feigheit".

Also, wo fange ich an? Am besten beim Status Quo. Es gibt derzeit keine Kunst- und Kulturveranstaltungen, alle Theater, Konzerthäuser, Clubs und Kinos sind geschlossen. Das betrifft nicht nur die Zuschauer, die um ihren Kunstgenuss gebracht werden, sondern auch und vor allem die Künstler, deren Manager und Agenten, deren Roadies und Fahrer. Es betrifft auch die Millionen von Menschen, die direkt an diesen Veranstaltungsorten arbeiten, und weitere viele Millionen, die mit diesen Orten üblicherweise zusammenarbeiten, etwa Caterer, Reinigungskräfte, Handwerker oder Taxifahrer, um nur einige zu nennen. Es betrifft aber auch diejenigen, die am verletzlichsten sind in unserer Gesellschaft, nämlich jene, die ohnehin schon immer am oder unter dem Existenzminimum gelebt haben, etwa Zeitungsverkäufer oder Bettler.

Ja, die Menschen, deren tatsächliches tägliches Überleben an normalen Tagen von unserem Wohlwollen abhängt, davon, dass wir ihnen ein paar Münzen oder kleine Scheine schenken, werden jetzt während des weltweiten Lockdown am Härtesten getroffen. Sie können keine Hilfszahlungen beantragen, die meisten Menschen meiden sie nun aus Angst vor Ansteckung, und alle üblichen Anlaufstellen und Essensausgaben für Obdachlose und Menschen in Not sind seit Wochen geschlossen. Sie irren da draußen einsam, gemieden und hungrig umher. Sie sind die schwächsten Mitglieder in unserer Gesellschaft und wir sollten uns dringend daran erinnern, dass jede Gruppe immer nur so stark ist wie ihre schwächsten Mitglieder – jeder von Ihnen, der einmal Mannschaftssport betrieben hat, egal auf welchem Niveau, versteht, was ich meine. Nur weil wir diese Mitglieder unserer Gesellschaft in diesen Tagen nicht sehen, heißt das nicht, dass sie nicht mehr da sind – obwohl vermutlich am Ende dieses grausamen Experimentes viele von ihnen tatsächlich nicht mehr da sein werden.

Was wir aber sehen, ist, dass Restaurants, Bars, Cafés, Fitnesscenter, Einkaufszentren, Möbelläden, Modeläden, Friseure, Kosmetiksalons und viele mehr seit Wochen geschlossen sind, ebenso wie Schulen, Universitäten, Kindertagesstätten und Bordelle. Ja, Bordelle! Tatsächlich habe ich da bis vor wenigen Minuten auch nicht dran gedacht, aber dann habe ich gelesen, dass die Anbieter von Pornos im Internet gerade Rekordumsätze einfahren.[70]

Und dann erleben wir Ostern einmal anders. Es wird diesmal keine Familienzusammenkünfte geben, keine ausgedehnten Spaziergänge mit Freunden, keine ausgelassenen Gelage und kaum fröhliche Stimmung. Die Welt stand drei Wochen lang weitgehend still und die Folgen sind jetzt schon gravierend. Zudem wissen wir, dass uns noch mehrere Wochen Lockdown bevorstehen, was rasch zu einem Lagerkoller führen und die bislang allgemein recht ruhige Stimmung kippen lassen könnte.

Eine öffentliche Institution nach der nächsten hat in den letzten Tagen davor gewarnt, dass wir mit massiven Einbrüchen in der Wirtschaft rechnen müssen und es zu einem deutlichen Abschwung kommen wird. *Denen kann man einfach nichts vormachen!*

Ja, darin stimme ich mit den warnenden Stimmen prinzipiell überein – mit dem Ausmaß und dessen Folgen aber nicht, denn die werden aus meiner Sicht deutlich gravierender sein, als es derzeit dargestellt wird. Die wirtschaftlichen Konsequenzen dieser „Pandemie" werden epochal sein, ohne jede Übertreibung! Die psychologischen Folgen sind noch schwieriger abzuschätzen, aber ich bin sicher, dass dieser Feldtest ein ganzes Heer von Wissenschaftlern, Militärs und Analytikern geradezu in Verzückung versetzt, denn ein so großes Experiment an der Menschheit durfte zuvor in der Geschichte noch keiner ihrer Kollegen begleiten und auswerten.

Natürlich, offiziell müssen die vermeintlichen Entscheidungsträger und ihre Sprachorgane beschwichtigen und die Leute ruhig halten. Deswegen werden wir seit Wochen mit der Salamitaktik eingelullt und in ein emotionales Koma versetzt. Jeden Tag hören wir, dass wir auf einem guten Weg sind, aber dennoch vom Ziel noch weit entfernt. Wir sollen weiter brav die verordneten Maßnahmen umsetzen, denn ansonsten würden wir alle bisherigen gemeinsam erzielten Erfolge gefährden. Das ist, als wenn man einem Kind droht: *„Wenn Du nicht brav bist und machst, was ich Dir sage, dann kommt das Christkind dieses Jahr nicht!"* Und auf die Nachfrage, wann es denn genau kommen würde, bekommt man als Antwort: *„Das hängt davon ab, wie brav du bist!"* Nun, bislang waren die meisten von uns sehr brav und hoffen auf die reiche Bescherung, die folgen wird, wie etwa einen baldigen 30-minütigen Freigang im Hinterhof oder – falls wir ganz brav sind – irgendwann in der fernen Zukunft auch mal wieder einen Besuch beim Friseur. *Mann, wird das ein Fest!*

Klar, man muss dem Volk alles psychologisch geschickt aufbereiten, man muss sie „da abholen", wo sie geistig und emotional gerade stehen, und sie „mitnehmen", wie das heute im Politiker-Sprech heißt. Und das alles, damit die kleinen und großen Kinder da draußen oder momentan eher da drinnen nicht den Mut verlieren und am Ende vielleicht sogar noch aggressiv werden und aufbegehren. In den meisten westlichen Ländern hat man die Bevölkerung daher sehr geschickt mit großzügigen Geldgeschenken bestochen, wobei das Wort „Geschenk" in dem Zusammenhang ein wenig heimtückisch ist. Ich finde es bemerkenswert, dass Parlamente, die sich sonst auf absolut nichts einigen können, auf einmal über alle Parteigrenzen hinweg wie Synchronschwimmer im Gleichklang leise und breit lächelnd widerspruchslos Milliarden-Rettungspakete absegnen. Und viele Beschenkte freut es – das wird dann als „hervorragendes Krisenmanagement" bezeichnet. Ist es nicht schön zu sehen, dass wir in der Not doch eine einzige, große Familie sind und zusammenhalten?

Viele Spitzenpolitiker haben derzeit famose Umfragewerte, weil sie nun mit ihrer großen Ruhe und Umsicht punkten können. Dabei ist das gar nicht so schwer, wenn ich im Namen der Menschen Kredite aufnehme, die sie später selbst zurückzahlen müssen. Aber das haben die meisten von uns offenbar noch nicht ganz verstanden. Sei's drum, lassen Sie uns die Welt doch positiv betrachten. Diese ganzen Miesmacher bringen uns schließlich auch nicht voran, oder?

Wenn man aber die Zahlen und Statistiken betrachtet, mit denen wir seit drei, vier Wochen unablässig bombardiert werden, dann fällt einigen Menschen auf, dass sie in keinerlei Verhältnismäßigkeit zu den außergewöhnlichen Maßnahmen stehen. Die meisten Menschen, mit denen ich in den letzten Wochen sprach, im Supermarkt, beim Zahnarzt oder am Telefon, äußern ihre Zweifel an der Gefährlichkeit dieser Grippewelle, die zu einer Pandemie und zu einer Gefahr für die Menschheit an sich hochstilisiert wird. Man kann schon fast von einer Hysterie-Industrie sprechen, die da in den letzten Wochen aktiv wurde. Wenn man genau hinsieht, und das werden wir in den nächsten Kapiteln, dann sind diese Hysterie-Organe schon viel länger aktiv gewesen und waren auf diesen Ausnahmezustand anscheinend bestens vorbereitet – anders als die meisten Politiker, die offenbar eiskalt erwischt wurden und oft ziemlich überfordert wirken.

Ich finde, dass weite Teile der Bevölkerungen bei der auferlegten Selbstisolation beeindruckend brav mitgemacht haben. Viele Künstler und Promis haben auch, wie so oft, in vorauseilendem Gehorsam einen „Post" (Veröffentlichung) nach dem nächsten unter dem Hashtag

#staythefuckhome ein „Selbst-Quarantäne-Manifest" abgelassen. Also, abgesehen davon, dass es richtig „staythefuck *at* home" heißen müsste, befremdet mich dieses Anbiedern an die Politik und die Sucht, alles zu nutzen, womit man Aufmerksamkeit erzielen kann. Ihnen waren noch nicht einmal die zahlreichen Videos peinlich, in denen sie zeigen, wie man sich aus Kaffeefiltern oder Staubsaugerbeuteln seine eigene Mund-Nase-Maske basteln kann. Aber sie haben sich damit bei weiten Teilen der Bevölkerung ohnehin selbst ins Knie geschossen, weil deren Rückhalt für das größte Wirtschafts- und Sozialexperiment in der Geschichte der Menschheit bröckelt.

Das haben einige Vertreter der Wirtschaft und mancher Oppositionsparteien in den letzten Tagen auch erkannt und genutzt, um ein Ende dieses Experimentes zu fordern, dessen Folgen so horrend sein werden, dass alle Staythefuckhome-Poster schon sehr bald aus ihrem Botox-getränkten Traum erwachen werden. Spätestens dann, wenn die Vorräte des lokalen Dealers erschöpft sind, werden auch sie ein wenig fahriger und renitenter werden.

Haben bis vor wenigen Tagen alle führenden Politiker der westlichen Welt noch ihre Entscheidungen über eine Lockerung des Stubenarrests auf nach Ostern verschoben, so lese ich plötzlich, heute am Karfreitag, dass die ersten Länder bereits ankündigen, den Lockdown schrittweise aufheben zu wollen – offenbar ist ihnen klar geworden, dass sich die drastischen Maßnahmen angesichts zu geringer Sterberaten nicht länger gut verkaufen lassen. Nicht, dass sich das am Ende doch negativ auf die Umfragewerte auswirkt!

So will **Dänemark** Krippen, Kindergärten und Schulen teilweise direkt nach Ostern wieder öffnen, ebenso Baumärkte und kleinere Geschäfte. Dasselbe soll für Bau- und Gartenmärkte in **Österreich** gelten. Ab dem 1. Mai sollen alle Geschäfte, Einkaufszentren und Friseure folgen dürfen – und man höre und staune: Edelmetallhändler!!! Ja, die wurden extra erwähnt und das, obwohl Österreich nicht gerade für seinen Edelmetallhandel berühmt ist. Was genau will uns Bundeskanzler Kurz damit signalisieren, vor allem angesichts der Tatsache, dass es auf dem Markt kaum verfügbares Gold und Silber gibt?[71]

Für Hotels und Gastronomie peilt man in der Alpenrepublik angeblich eine Wiederaufnahme des Betriebs ab Mitte oder Ende Mai an. In **Tschechien** darf man ab sofort wieder Tennis oder Golf spielen – es ist doch interessant, wo manche Regierungen ihre Prioritäten setzen. Da fragt man sich, in welchem Elfenbeinturm oder auf welchem 18-Loch-Platz diese Politiker eigentlich leben?

> „'Italien bleibt bis zum 3. Mai geschlossen', titelte die Zeitung 'Corriere della Sera'. Den 4. Mai sollten sich die Italiener 'rot im Kalender ankreuzen'. Ab diesem Tag werde die Ausgangssperre, ***wenn alles gutgeht***', für Millionen von Menschen gelockert. Alte Leute und andere Risikogruppen müssten sich aber noch länger auf Einschränkungen einstellen.“

ORF, 10. April 2020[72]

Wann, frage nicht nur ich mich, ist in letzter Zeit alles gutgegangen? Dann muss ich noch gerade an jene alten Menschen denken, die nicht in einem Haus mit Garten leben und noch einen Partner haben, mit dem sie sich austauschen können, und an all jene alten Mitbürger, die allein in einem Zimmer in einem Altersheim sitzen und nun seit Wochen keinen Besuch mehr bekommen haben, weil das von oben untersagt wurde. Alles, was sie dreimal am Tag sehen, ist eine Gestalt, die ihnen, bis zur Unkenntlichkeit vermummt, einen Teller hereinschiebt und danach rasch wieder die Tür hinter sich zuzieht. Das ist wie im Knast. Alles, was ihnen bleibt, ist, die Einsamkeit und die Stille in ihren Zimmern und Herzen durch die Propaganda im Fernsehen zu übertönen. Was für ein trauriges und würdeloses Dasein!

#nosocialdistancinghere   (no social distancing here)

Als kleinen Vorgeschmack auf Teil 3 dieses Buches möchte ich Ihnen noch diese Meldung mitgeben: In den USA vernichten Bauern derzeit in großen Mengen Obst und Gemüse, weil sie für ihre Ernte nach nur drei Wochen Lockdown keine Abnehmer mehr finden. Die Nachfrage ist gering, da Restaurants geschlossen haben. Viele Bauern haben zudem Export-Verträge mit anderen Ländern. Doch wegen der geschlossenen Grenzen sind die Lieferketten unterbrochen und den Bauern bleibt nichts anders übrig, als ihre Ernten einzuackern oder verrotten zu lassen.[73] Ja, macht nur so weiter mit *#staythefuckhome*!

Das Robert-Koch-Institut hat seine Schätzungen der letzten Wochen über die Corona-Genesenen heute überraschend „angepasst" und geht nun von einer wesentlich höheren Zahl von Menschen aus, die nach einer Infektion mit dem Virus bereits wieder gesundet ist.[74] *Na, wenn das nicht mal eine gute Nachricht ist!* Zufällig genau zu Ostern, um die Moral der Truppe zu heben. *Wegtreten!*

Genau eine Woche zuvor hatte **Professor Klaus Püschel**, Chef der Hamburger Rechtsmedizin, bereits klargestellt, dass er den Hype um COVID-19 für völlig übertrieben hält[75] [76]:

„Dieses Virus beeinflusst in einer völlig überzogenen Weise unser Leben. Das steht in keinem Verhältnis zu der Gefahr, die vom Virus ausgeht. Und der astronomische wirtschaftliche Schaden, der jetzt entsteht, ist der Gefahr, die von dem Virus ausgeht, nicht angemessen. Ich bin überzeugt, dass sich die Corona-Sterblichkeit nicht mal als Peak in der Jahressterblichkeit bemerkbar machen wird. So sei bisher in Hamburg ‚kein einziger, nicht vorerkrankter Mensch' an dem Virus verstorben: Alle, die wir bisher untersucht haben, hatten Krebs, eine chronische Lungenerkrankung, waren starke Raucher oder schwer fettleibig, litten an Diabetes oder hatten eine Herz-Kreislauf-Erkrankung... COVID-19 ist nur im Ausnahmefall eine tödliche Krankheit, in den meisten Fällen jedoch eine überwiegend harmlos verlaufende Virusinfektion."

Doch wenn es stimmt, dass SARS-CoV-2 gar nicht so gefährlich ist, dann stellt sich doch die dringende Frage: Wieso werden 2,6 Milliarden Menschen zuhause eingesperrt? Wie konnte das passieren?

Doch was genau ist „SARS"? Es ist die Abkürzung für das *Schwere akute respiratorische Syndrom* – eine Atemwegserkrankung, die erstmals im Jahr 2002 in China auftauchte und deren Verursacher ein Corona-Virus sein soll. Die Symptome ähneln der einer atypischen Lungenentzündung, die oft mit schnell steigendem, hohem Fieber, Husten, Atemnot, sowie Muskel- und Kopfschmerzen einhergeht.

Event 201 – Das Orakel

„Es begann in gesundaussehenden Schweinen! Vor Monaten, vielleicht schon vor Jahren. Ein neues Corona-Virus verbreitete sich lautlos innerhalb der Herden. Nach und nach erkrankten die Bauern. Die infizierten Menschen litten unter Atemwegserkrankungen, die von leichten grippeähnlichen Symptomen bis hin zu schwerer Lungenentzündung reichten. Wer schwer erkrankte, benötigte Intensivpflege, viele starben...“[77]

Dies ist der Anfang eines dramatisch aufbereiteten Videos, das am 4. November 2019 auf der Videoplattform Youtube veröffentlicht und bis zum Schreiben dieser Zeilen, also fünf Monate später, allein auf diesem Kanal knapp 2,2 Millionen Mal aufgerufen wurde. Diese ersten beiden Sätze werden bedeutungsschwer vorgetragen und mit dramatischer Musik unterlegt. Sie sind als Rückblick gesprochen. Dann springt das Video abrupt in die Gegenwart:

„Experten sind sich einig, wenn es nicht schnell kontrolliert wird, könnte es zu einer schweren Pandemie kommen, sich über die gesamte Welt ausbreiten und Menschen rund um den Globus befallen...“[78]

Dies ist der Anfang des Demo-Videos von **Event 201**. Die Geschichte, die ich Ihnen nun erzählen werde, ist eine voller merkwürdiger mysteriöser „Zufälle" und zeitlicher Synchronizitäten, eine Geschichte, die ein wenig an die Fernsehserie „Akte X" erinnert – nur dass sie nicht erfunden ist! Doch andererseits gibt es viele Menschen, die davon überzeugt sind, dass auch die Inhalte von „Akte X" nicht völlig frei erfunden waren. Sei's drum, ich will Ihnen diese ungewöhnliche Geschichte so wiedergeben, dass die zeitlichen Auffälligkeiten besser zu verstehen sind. Ich weiß, es gibt Sachen, die kann es eigentlich nicht geben...

*„Die Aufgabe des **Pandemie-Notfallausschusses** besteht darin, Empfehlungen zur Bewältigung der großen, globalen Herausforderungen einer sich entwickelnden Pandemie abzugeben...“[79]*

125

Der „*Pandemie-Notfallausschuss*", das klingt nun fast nach einem klassischen Seuchen-B-Movie, wie man es spät nachts auf irgendwelchen privaten TV-Kanälen sehen kann. Tatsächlich ist das besagte Video wirklich ziemlich schlecht gemacht und wenn es nicht so ernst und tragisch und folgenreich wäre, könnte man fast darüber schmunzeln. Doch das, was hier als Fiktion daherkommt, wurde kurz darauf unser aller Leben! Das, was ich jetzt beschreibe, hat Ihr Leben ebenso nachhaltig verändert wie meines. So heißt es im Video weiter:

„Die nächste schwere Pandemie wird nicht nur schwere Krankheiten und Todesfälle verursachen, sondern auch schwerwiegende wirtschaftliche und gesellschaftliche Folgen haben, die diese globalen Auswirkungen und das Leiden noch erheblich verstärken können..."[80]

Dies ist die Geschichte von „Event 201" und einer globalen Corona-Virus-Pandemie. Dies ist eine wahre Geschichte. Halten Sie sich gut fest!

Am **17. Oktober 2019** wurde im Namen des *Johns Hopkins Center for Health Security*, dem *Weltwirtschaftsforum* und der *Bill & Melinda Gates Foundation* angekündigt, dass eben jene am nächsten Tag eine virtuelle Übung mit der Bezeichnung „Event 201" durchführen würden. Damit wollten sie aufzeigen, dass wir gegenwärtig nicht gut genug auf eine mögliche Pandemie vorbereitet sind. In der Presseerklärung von „Event 201" ist Folgendes in Großbuchstaben und fett gedruckt hervorgehoben:

ZUR SOFORTIGEN VERÖFFENTLICHUNG:

DIE PANDEMISCHE ÜBUNG EVENT 201 UNTERSTREICHT DIE NOTWENDIGKEIT EINER UNVERZÜGLICHEN GLOBALEN ZUSAMMENARBEIT DES ÖFFENTLICHEN UND PRIVATEN SEKTORS, UM SCHWERE WIRTSCHAFTLICHE UND SOZIALE AUSWIRKUNGEN VON PANDEMIEN ABZUMILDERN.[81]

Am **18. Oktober 2019** trafen sich dann wie angekündigt 15 selbsternannte „Führer" in New York City – solche aus der Geschäftswelt, dem
Gesundheitswesen, einflussreichen privaten Vereinen und aus diversen
staatlichen Behörden, um zu besprechen, was **ein möglicher Corona-
Virus-Ausbruch** und eine daraus resultierende Pandemie für die Welt
bedeuten würde und wie darauf zu reagieren sei. Laut dieser als „Simulation" bezeichneten Veranstaltung würde der (fiktive) Corona-Virus-
Ausbruch **in Brasilien starten.**

Am **17. November 2019** – genau einen Monat später! – wurde tatsächlich ein neuartiger **Corona-Virus** an einem Patienten in Wuhan
(China) diagnostiziert, wie staatliche chinesische Unterlagen laut der
Zeitung »South China Morning« später belegten. In den folgenden Tagen kamen demnach täglich neue Fälle hinzu, doch zu diesem Zeitpunkt hatte der neue Erreger noch keinen Namen.

Am **15. Dezember 2019** soll die Gesamtzahl der Infizierten in Wuhan bei 27 und am 20. Dezember bereits bei 60 gelegen haben, berichtet
die Zeitung »South China Morning« später.[82]

Am **30. Dezember 2019** sprach der chinesische Augenarzt Dr. Li
Wenliang erstmals in einer WeChat-Gruppe über das Auftreten eines
aggressiven neuen Virus im örtlichen Krankenhaus in **Wuhan** und bezeichnete es als einen neuen SARS-ähnlichen Erreger.

Am **31. Dezember 2019** informierten chinesische Behörden erstmals offiziell die sog. „Weltgesundheitsorganisation" (WHO), dass seit
Anfang Dezember 2019 mehrere Fälle von schwerer Lungenentzündung in der Stadt Wuhan aufgetreten waren, deren Erreger bisher nicht
identifiziert werden konnte. Die Meldung wurde noch am selben Tag
von der Weltgesundheitsorganisation (WHO) über die Nachrichtenagenturen in die ganze Welt verbreitet.

Am **9. Januar 2020** wird bekannt, dass chinesische Experten den Erreger als ein neuartiges Corona-Virus identifizierten und nannten es
SARS-CoV-2.

Am **11. Januar 2020** meldet die Gesundheitskommission der zentralchinesischen Metropole Wuhan einen ersten Todesfall, sieben Patienten seien in kritischem Zustand. Das Gremium teilt aber auch mit, dass seit einer Woche angeblich keine neuen Infektionen mehr entdeckt worden sind.

Am **14. Januar 2020** wird das Coronavirus laut WHO in Thailand nachgewiesen. Dies ist die **erste Infektion außerhalb Chinas!**

Am **20. Januar 2020** hören wir erstmals, dass das Virus von Mensch zu Mensch übertragbar sein soll, was die lokale Epidemie plötzlich zu einer weltweiten Gefahr macht!

Am **21. Januar 2020** bestätigt die US-Gesundheitsbehörde CDC, dass bei einem US-Bürger, der von einer Reise aus Zentralchina heimgekehrt ist, eine COVID-19-Infektion nachgewiesen wurde.

Am **23. Januar 2020** wird über die Stadt Wuhan eine Ausgangssperre verhängt.

Am **2. Februar 2020** tritt auf den Philippinen der erste Todesfall außerhalb Chinas auf – dabei handelte es sich um einen Chinesen aus Wuhan.

Am **9. Februar 2020** übersteigt die Zahl der registrierten Todesfälle 800 und damit die Gesamtzahl der Todesfälle der vermeintlichen SARS-Pandemie der Jahre 2002/2003.

Am **15. Februar 2020** meldet Frankreich den ersten angeblichen COVID-19-Todesfall außerhalb Asiens – eine aus China eingereiste Person.

Am **23. Februar 2020** vermeldet Italien die ersten beiden Europäer, die angeblich an COVID-19 verstorben sein sollen.[83]

Ich unterbreche die Aufzählung hier, da ich denke, dass es an der Zeit ist, für einen Moment an den Ausgangspunkt zurückzukehren.

Am 18. Oktober 2019 trafen sich in New York City 15 selbsternannte „Führer" aus der Geschäftswelt, dem Gesundheitswesen, einflussreichen privaten Vereinen und aus staatlichen Behörden, um zu besprechen, was ein *möglicher* Corona-Virus-Ausbruch und eine daraus
resultierende Pandemie für die Welt bedeuten würde. Sie führten eine
„Simulation" durch, der zufolge sich ein Corona-Virus von Brasilien
aus um die ganze Welt ausbreiten und diese lahmlegen würde. Einen
Monat vor dem tatsächlichen Ausbruch sagte dieses Gremium alles
ganz exakt voraus, bis hin zu der Tatsache, dass es – von den hunderten
unterschiedlichen Virenarten – ausgerechnet ein Corona-Virus sein
würde, das die Pandemie auslöst!

Ich liste Ihnen jetzt in der Folge die Teilnehmer an dieser Pandemie-
Simulation auf und habe neben jede Person ihre Funktion und ihr Her-
kunftsland vermerkt.

- **Latoya Abbott**, *Marriott International* – Pflege & Gesundheit
  (USA)
- **Sofia Borges**, *UN Foundation* – Diplomatin (Osttimor)
- **Brad Connett**, *Henry Schein* – Medizinprodukte und Gesund-
  heitswesen (USA)
- **Christopher Elias**, kümmert sich bei der *Bill & Melinda Gates
  Foundation* darum, den Armen und Benachteiligten auf dieser
  Welt medizinische Hilfe angedeihen zu lassen (USA)
- **Tim Evans**, *Medizinprofessor an der McGill University*, davor bei
  der WHO, Weltbank und Rockefeller-Foundation (Kanada)
- **Professor Dr. George Gao**, *Generaldirektor des chinesischen Zent-
  rums für Seuchenkontrolle und Seuchenprävention* (China)
- **Avril Haines**, *Nationale Kommission für Militär, Nationalen und
  Öffentlichen Dienst* (Militärlobby), ehemalige juristische Beraterin
  von US-Präsident Barack Obama, ehem. CIA-Vizedirektorin,
  ehemalige stellvertretende Nationale Sicherheitsberaterin (USA)
- **Jane Halton**, Vorstandsmitglied der *Australia and New Zealand
  Banking Group*, ehemalige australische Gesundheits- und Fi-
  nanzministerin (Australien)

- **Matthew Harrington**, *Experte für globale Strukturen und Krisenmanagement* bei der Kommunikationsagentur Edelman (USA)
- **Martin Knuchel**, *Krisenmanager* bei der Lufthansa (Schweiz)
- **Dr. Eduardo Martinez**, *UPS Foundation*, ehemals Weltwirtschaftsforum (USA)
- **Stephen Redd**, *Vize-Direktor der CDC*, der US Seuchenkontrolle und Seuchenprävention (USA)
- **Hasti Taghi**, *Vize-Präsidentin von NBC-Universal Media*, Weltwirtschaftsforum (USA)
- **Adrian Thomas**, *Vizepräsident für das Weltgesundheitswesen* bei dem Pharmariesen Johnson & Johnson (USA)
- **Lavan Thiru**, *Repräsentant der Zentralbank Singapurs* in den USA (Singapur)[84]

So, lassen wir das nochmals kurz Revue passieren: Die Annahme dieses erlauchten Kreises von Führern bestand darin, dass es irgendwann in der Zukunft in BRASILIEN zu einem Corona-Virus-Ausbruch käme, der dann pandemisch wäre und die gesamte Welt heimsuchen würde. Die Teilnehmer an dieser hochrangig besetzten, privaten Konferenz kamen aus den USA, Kanada, Australien, Schweiz, Singapur, Osttimor und CHINA. Aber **es war niemand aus Brasilien anwesend!** Und nur einen Monat später kam es in China – nicht in Brasilien – zu exakt dem vorhergesagten Ausbruch, und zwar in Wuhan, in der Provinz Hubei. Und wer war an Stelle eines brasilianischen Experten bei der Simulation anwesend? Richtig, ein Chinese, aber nicht irgendeiner! Nein, denn **Professor Dr. George Gao** ist einer der anerkanntesten Virologen der Welt, ein Superstar unter den Virologen, und er ist der **Generaldirektor** des *Chinesischen Zentrums für Seuchenkontrolle* und Seuchenprävention, also so etwas wie oberste Chef über die gesamte Viren-Forschung in China. Doch das ist noch nicht alles! Professor Dr. George Gao ist nämlich, neben vielen anderen Titeln und Mitgliedschaften natürlich auch führendes Mitglied in der *Chinesischen Akademie der Wissenschaften*, und die betreibt in Wuhan eines von nur zwei in China vorhandenen Laboren mit der biologischen Schutzstufe 4 *(biosafety level 4)*. In solchen Hochsicherheitslaboren werden unter anderem Viren erforscht und wird mit ihnen experimentiert. Aus solchen veränderten, manipulierten Virenstämmen können sowohl **biologische Kampfstoffe** hergestellt werden als auch Gegenmittel zur Abwehr eines Angriffs mit biologischen Waffen.

In genau diesem *Biosafety Level 4-Labor* in Wuhan wurde bereits seit Jahren an Corona-Viren geforscht und **die Teilnehmer am Event 201 wussten anscheinend ganz genau, dass das Virus SARS-CoV-2 in Wuhan ausbrechen würde und nicht in Brasilien.** Warum? Das werden wir im nächsten Kapitel ausführlich beleuchten.

Die seltsame Zeitachse zwischen der Event-201-Veranstaltung am 18. Oktober 2019 und dem kurz darauf erfolgten Ausbruch von SARS-CoV-2 in Wuhan fiel mehreren hellen Köpfen auf und so wurden auf alternativen Medien-Plattformen im Internet ab Februar 2020 immer häufiger die Frage gestellt, ob Microsoft-Gründer Bill Gates mittels seiner Stiftung tatsächlich an dem Ausbruch des neuen *Virus Sars-CoV-2* beteiligt war. Natürlich standen Gates die etablierten Medien bei und taten alles, um diese Gerüchte zu widerlegen und um diejenigen, die solche Fragen stellten, zu diskreditieren. Doch als dann selbst das als seriös geltende »Handelsblatt« am 19. März 2020 einen Beitrag mit der Überschrift *„Bill Gates: Der Mann, der die Corona-Pandemie voraussagte"* brachte, gerieten die Event-201-Beteiligten dann doch ein wenig in Erklärungsnot. Daraufhin ließ einer der Event-201-Mitveranstalter, das *Johns Hopkins Center for Health Security*, via Pressemitteilung lapidar verlautbaren: *„Für das Szenario haben wir eine fiktive Coronavirus-Pandemie modelliert, aber wir haben ausdrücklich erklärt, dass dies keine Vorhersage ist."*

Ich weiß, es gibt Menschen, die glauben an die Chaos-Theorie und an Zufälle. Für mich ist das aber in etwa so, als würde ich laut fragen, wer eigentlich das letzte Stück Kuchen gegessen hat, das für die Mama reserviert war, und Hänschen, mit Schokolade um den Mund und an den Händen, kommt mit unschuldigem Blick um die Ecke gebogen und sagt: *„Also ich war's nicht!"*

Auf jeden Fall reichte diese Reaktion nicht, um alle Bedenken zu zerstreuen, zumal Bill Gates einschlägig als jemand bekannt ist, dessen erklärtes Ziel es ist, die Weltbevölkerung drastisch zu reduzieren. Die Tatsache, dass Event 201 von 65 Millionen Toten weltweit in Folge der Pandemie ausgegangen war, tat ihr Übriges dazu, dass Gates nicht mehr aus dem Rampenlicht verschwinden konnte. Wobei eine Reduktion der Weltbevölkerung um 65 Millionen Menschen für Gates eine viel zu kleine Nummer ist. Doch dazu später mehr.

Dr. Li Wenliang, der Augenarzt aus Wuhan, der am 30. Dezember 2019 ohne es zu wollen, die Welt über den SARS-CoV-2-Ausbruch in seinem Spital informiert hatte, wurde vier Tage später in das Sicherheitsbüro der Stadt Wuhan einbestellt, wo man ihm klar machte, dass er seinem Land geschadet hätte, weil er es in den Augen der Weltöffentlichkeit schlecht dargestellt habe. In China ist negative Berichterstattung über die Führungsriege nicht gerne gesehen. Dr. Li musste unterschreiben, „unwahre Behauptungen gemacht" zu haben, welche die „gesellschaftliche Ordnung ernsthaft gestört" hätten. Am 6.2.2020 verstarb er angeblich an den Folgen seiner SARS-CoV-2-Infektion.

Die Pandemie

Wie komme ich zu der gewagten Behauptung, dass die Teilnehmer am Event 201 wussten, dass das Virus SARS-CoV-2 nicht in Brasilien, sondern in Wuhan ausbrechen würde? Nun, dafür muss ich ein wenig ausholen...

Im November 2002 breitete sich von Südchina ausgehend ein neues, bis dahin unbekanntes Grippevirus aus, das zusätzlich zu all den anderen, jährlich wiederkehrenden Grippeviren- und Erkältungsviren-Stämmen schwere Atemwegserkrankungen verursachte. Das Virus wurde der Familie der Corona-Viren zugeordnet und die gesundheitlichen Folgen, die es verursachte, bezeichnete man als *Schweres Akutes Atemwegssyndrom"* (SARS). Das Virus erhielt den Namen „SARS-CoV". Es breitete sich binnen weniger Wochen über nahezu alle Kontinente aus und forderte innerhalb eines halben Jahres angeblich 774 Menschenleben.

Wenn man bedenkt, dass jedes Jahr weltweit zwischen 290.000 und 650.000 Menschen an Influenza-Viren, also an einer schweren Grippe sterben, dann sollte man meinen, dass dieses Corona-Virus keine große Sache war.[85] Aber die sog. „Weltgesundheitsorganisation" (WHO) bauschte es dazu auf und erklärte es zur Pandemie. Darunter versteht man die Ausbreitung einer Infektionskrankheit über Kontinente hinweg. Damit löste es mit Hilfe der Presse die erste große Hysterie des neuen Jahrtausends im Bereich des Gesundheitswesens aus. Als Folge forderte die WHO vehement mehr Investitionen der Staaten in „Gesundheits- und Seuchenvorsorge". Weitere vermeintliche Pandemien folgten und viel Geld sprudelte daraufhin zu privaten Organisationen und Pharmakonzernen. Im Mittelpunkt all dessen stand immer der brave Onkel Bill Gates. Doch dazu später mehr.

Bleiben wir erst einmal beim Corona-Virus und den von ihm verursachten SARS-Symptom. Chinesische Forscher entdeckten, dass dieses Corona-Virus von Hufeisennasen-Fledermäusen stammte und irgendwie auf den Menschen übergesprungen war. Das war natürlich für Forscher ein sehr spannendes Feld. Was könnte da nicht noch alles Tolles möglich sein? Vielleicht könnte man noch andere Viren von Fledermäusen entnehmen und daraus neue Viren züchten, die auch Menschen befallen – vielleicht ja auch nur ganz bestimmte Menschen?

Gesagt, getan. Im Jahr 2015 arbeiteten amerikanische und chinesische Wissenschaftler in China gemeinsam daran, ein NEUES VIRUS durch eine Kombination von den bereits bekannten Corona-Viren mit anderen Viren zu erzeugen, die dann tatsächlich bei Versuchen an Mäusen ähnliche Atemwegserkrankungen (SARS) auslösten, wie sie damals 2002/2003 beim Menschen aufgetreten waren. Im März 2016 veröffentlichten diese Wissenschaftler dann im »Journal of Virology« mit großer Begeisterung ein Papier, in dem sie ihre wunderbaren Ergebnisse darlegten.[86]
Doch nicht alle Virologen rund um den Globus teilten diese Begeisterung mit ihnen. Simon Wain-Hobson am *Pasteur Institute* in Paris

brachte seine Besorgnis über diese Studie mit folgenden Worten zum Ausdruck: *„Falls dieses Virus ENTWEICHT, sieht sich niemand dazu in der Lage, dessen Tragweite zu prognostizieren."* Auch Richard Ebright, Molekularbiologe an der *Rutgers University*, teilte seine Besorgnis und fügte hinzu: *„Die einzige Errungenschaft, die sich aus dieser Studie ableitet, ist die Fähigkeit zur Erzeugung eines neuen, nicht natürlichen Risiken unterliegenden Virus, das in einem Labor kreiert wurde."*[87]

Vielleicht ahnen Sie es schon: Die Befürchtungen der Wissenschaftler waren durchaus berechtigt!

Ich bin kein Virologe oder Immunologe, ich trage hier nur zusammen, was meine durchaus komplizierten Recherchen zu dem Thema ergaben, und versuche, es in einfache Worte zu übersetzen. Ich kann auch nicht mit hundertprozentiger Sicherheit sagen, dass meine Angaben vollständig und richtig sind, denn es gibt im April 2020 viele unterschiedliche Aussagen zu dem Thema. Vielleicht wird es später einmal möglich sein, den exakten Ablauf der Ereignisse zu klären, auch wenn ich daran Zweifel hege. Was ich Ihnen hier schildere, ist das, was ich für am wahrscheinlichsten halte und was aus all der Flut unterschiedlicher Puzzleteile für mich ein schlüssiges Bild ergibt.

Also, die chinesischen Wissenschaftler forschten weiter eifrig an den Fledermäusen, die mehrere hundert Kilometer von Wuhan entfernt in abgelegenen Höhlen leben. Mit Schutzanzügen bekleidet, entnahmen sie ihnen nach und nach Spuren noch unbekannter Krankheitserreger. Analysiert wurden diese dann in zwei Laboren in Wuhan, einem mit geringerer Sicherheitsstufe und in dem *Biosafety Level 4-Labor*, in dem auch 600 gefangene Hufeisennasen-Fledermäuse gehalten wurden. Die Faszination der Forscher für die Flugkünstler rührt daher, dass Fledermäuse ein einzigartiges Immunsystem haben, das auf Viren sehr schnell und wirkungsvoll anspricht. Sie bilden also rasch Resistenzen und zwingen die Viren so zur Mutation, und diese reproduzieren sich schnell und sind leicht übertragbar. In diesen Fledermäusen finden sich beispielsweise die Erreger von Tollwut, SARS oder Ebola. Für Virologen ist das wie Ostern und Weihnachten zusammen.[88]

Einer der eifrigsten Fledermaus-Forscher war Tian Junhua, der in fünf Jahren rund 1.500 neue Viren entdeckte. Mehrfach hat sich der Forscher nach Hautkontakt mit Fledermaus-Blut, Urin und Kot aus Vorsicht selbst in Quarantäne eingewiesen, berichteten chinesische Zeitungen.[89] Das klingt ganz danach, als wären die Forscher extrem leichtsinnig gewesen. Im März 2019 veröffentlichte eine Forschergruppe aus den Laboren in Wuhan dann einen Bericht, in dem sie **vor dem möglichen Auftauchen eines neuen Fledermaus-Coronavirus in naher Zukunft warnten.** Demzufolge bezeichneten sie es als „höchst wahrscheinlich", dass der Erreger von Fledermäusen ausgehen würde, wie sie in ihrem Beitrag im Fachmagazin »Viruses« schrieben, und **dass es in China passieren würde.** Deshalb sei die Untersuchung von Fledermaus-Coronaviren ein „dringendes Thema" für die Erkennung von Frühwarnsignalen, um die Auswirkungen zu minimieren.[90] Und da die Autoren dieser Studie in dem *Biosafety Level 4-Labor* in Wuhan arbeiten, ist Professor Dr. George Gao, einer der Teilnehmer beim *Event 201*, ihr Chef gewesen und als solcher kannte er natürlich ihre Arbeit.

Acht Monate später, im November 2019, brach das neuartige Corona-Virus, das später den Namen „*SARS-CoV-2*" bekam, angeblich auf einem Fischgroßmarkt in Wuhan aus, der nur einige hundert Meter entfernt von jenem Labor war, in dem über Jahre hinweg mit den Viren aus Fledermäusen experimentiert worden war. Auf diesem Markt wurden jedoch nicht nur Fische, sondern auch andere Tiere verkauft und ich erspare uns allen jetzt die Beschreibung der Hygienebedingung auf chinesischen Märkten, doch wer einmal einen solchen Markt vor Ort gesehen hat, weiß, was ich meine.

Es ist erwiesen, dass das ursprüngliche SARS-CoV-2 ein Virus ist, das von Hufeisen-Fledermäusen stammt. In einem Hochsicherheitslabor in Wuhan wurden genau solche Fledermäuse gehalten, ihnen wurden Corona-Viren entnommen und weiter genetisch so verändert, dass es ohne Zwischenwirt Menschen infizieren kann. Alles (inklusive Geheimdienstunterlagen) spricht dafür, dass sie aus diesem Labor (wie auch immer) entkamen und dann die Menschen infizierten. Nun gibt es aber zahlreiche westliche Journalisten und Wissenschaftler, die vehement darauf bestehen, SARS-CoV-2 wäre auf natürlichem Wege entstanden und dann, nur 600 Meter von genau jenem Labor entfernt, mittels eines Zwischenwirts (ein Hund) auf einen Menschen übergesprungen. Ich bin kein Mathematiker, aber der Erdumfang beträgt mehr als 40.000 km. Wie hoch ist die Wahrscheinlichkeit, dass das Virus auf natürlichem Wege 600 Meter neben dem Ort ausbrach an dem daran gebastelt wurde? Ich habe keine Ahnung was in solchen Köpfen vorgeht.

Die Tatsache, dass die ersten beiden Hotspots der Ausbreitung des neuen *SARS-CoV-2* zu Beginn des Jahres 2020 ausgerechnet die beiden größten Feinde der USA, nämlich China und der Iran waren, gab natürlich Anlass zu zahlreichen Spekulationen. Es ist für mich müßig, mich daran zu beteiligen, aber ich möchte Ihnen der Vollständigkeit halber die möglichen Szenarien aufzählen, die zum Ausbruch der vermeintlichen COVID-19-Pandemie geführt haben könnten:

1. Das Virus war auf natürlichem Wege in der Gegend um Wuhan entstanden und dort von Tieren auf den Menschen übertragen worden.

2. Das Virus war in einem der Labore in Wuhan entstanden und dann irrtümlich oder aus Leichtsinnigkeit freigesetzt worden. Die Tatsache, dass die Event 201-Simulation ausgerechnet einen Monat vorher stattfand, war reiner Zufall.

3. Das Virus war in einem der Labore in Wuhan entstanden und dann absichtlich einen Monat nach der Event 201-Simulation ausgesetzt worden.

4. Das Virus stammte aus einem anderen *Biosafety Level 4-Labor*, etwa in Kanada oder der USA, und war von Dr. George Gao nach China gebracht und dort freigesetzt worden.

Im Grunde ist es aus meiner Sicht belanglos, welches der vier oben skizzierten Szenarien die „Wahrheit" ist, denn die Folgen bleiben für uns alle immer dieselben. Ich persönlich tendiere zu Variante 3, weil sie für mich von allen am meisten Sinn ergibt. Warum? Weil nicht von der Hand zu weisen ist, dass einige reiche und einflussreiche Personen aus dem Dunstkreis von Event 201 von dieser Corona-Pandemie im Jahr

2020 profitieren. Wie genau, das werde ich versuchen, in den folgenden Kapiteln genauer auszuführen, wenn wir uns mit den Hauptakteuren dieser Krise befassen.

„Die Leute verstehen noch immer nicht, dass die Wirtschaft und der Aktienmarkt bereits Blasen waren, bevor die Coronavirus-Nadel zustach. Selbst nachdem das Virus geheilt ist, gibt es kein Zurück mehr zu dem, wie es einmal war. Wir können die Wirtschaft nicht einfach neu starten, weil es unmöglich ist, die Blasen wieder aufzublasen.[91]

Peter Schiff (Ökonom und Bestseller-Autor)

Als Ende Februar 2020 absehbar war, dass die Hysterie um eine vermeintliche COVID-19-Pandemie auch Europa und Nordamerika überrollen würde, war meine erste Reaktion: *Das ist genial! Das ist einfach genial! Ich ziehe meinen Hut davor!*

Was meine ich damit? Nun, wie wir im ersten Teil des Buches gesehen haben, standen wir Anfang 2020 in nahezu jeder Beziehung bereits am Abgrund – genauer gesagt, hingen wir bereits mit dem ganzen Körper darüber und hielten uns nur noch an einem dürren Ast fest, der bereits gefährlich knackte. Die Weltwirtschaft war am Ende, der Erdöl-Krieg artete völlig aus, eine neue Weltwährung war zum Greifen nahe, die Aktienmärkte waren völlig überhitzt, die weltweite Schuldenblase zum Bersten aufgebläht und ein „Reset", ein kompletter Neustart, dringend nötig. Doch die Folgen des Crashs von 2008 und die weltweiten Demonstrationen gegen die Banker steckten dem Establishment noch ebenso in den Knochen wie die massiven Verluste der traditionsreichen Volksparteien in Europa. In den USA schien zudem einer Wiederwahl Donald Trumps nicht mehr viel im Wege zu stehen. Für einen Neustart musste man aber das alte System herunterfahren. Man brauchte also einen neuen großen Crash, der alles Alte hinwegfegen würde. Doch dafür wollte niemand die Verantwortung übernehmen.

Was es brauchte, um einen Neuanfang ohne Gefahr von Aufständen oder Bürgerkriegen wagen zu können, war etwas vermeintlich Unvorhersehbares, etwas Großes, etwas, das es **möglich machte, alle Schuld von den Schuldigen wegzuschieben.** Die Geheime Weltregierung brauchte *ein Großereignis,* das alle Welt in Angst erstarren lassen würde, eine *False Flag* a la *Pearl Harbour* oder *9/11* – nur größer! **Es bräuchte einen Feind, der einen Krieg rechtfertigen würde.** Denn der komplette Umbau der alten Weltordnung würde vermutlich tiefe Einschnitte für die Bürger in nahezu allen Ländern in allen Bereichen bedeuten. Er könnte tiefklaffende Wunden in den sozialen Systemen und in den Staatskassen hinterlassen – harte Jahre der Entbehrung.

Wie konnte die Geheime Weltregierung es also anstellen, dass sie und ihre Mitglieder nicht für die Folgen dieses Umbaus verantwortlich gemacht wurden, dass es keinen Schuldigen gibt? Sie hatten es bereits einige Jahre mit dem unsichtbaren Feind CO_2 versucht, der am drohenden Untergang der Welt schuld sein sollte und für den alle Menschen, vor allem die Bürger der westlichen Welt, die Verantwortung tragen würden. Das war schon ein ganz guter Ansatz, um die Schuld an den kritischen Zuständen auf Erden auf den Unschuldigen abzuladen, aber irgendwie funktionierte das nicht so ganz. Das kleine schwedische Mädchen war für die Mehrheit der Weltbevölkerung nicht überzeugend genug. Sie grübelten und diskutierten in zahlreichen Runden und dann hatte einer *DIE* Idee! Und das war's!

Ja, ein Virus, der die gesamte Welt lahmlegt, hätte das Potential, ein solches unvorhersehbares Großereignis zu sein, und er hätte den großen Vorteil, dass kein Politiker, kein Manager und kein Banker dafür verantwortlich gemacht werden konnte. Alle Voraussetzungen dafür waren glücklicherweise von einem wertvollen Mitglied der Geheimen Weltregierung bereits über Jahre hinweg geschaffen worden. Ja, ich spreche von Bill Gates, einem Mann, der aus meiner persönlichen Sicht weit unterschätzt wird.

„Woher kommt das große Interesse eines ehemaligen Computer-Nerds und -Moguls an Impfungen und Krankheiten? Vielleicht daher, dass sein Vermögen von mehr als 100 Milliarden US-Dollar ihn Glauben macht, ihm gehöre die Welt. Auch er möchte Bedeutendes für die Menschheit leisten, genauer gesagt, einen Großteil der überschüssigen Menschheit loswerden. Bills Vater war einst der Leiter von ‚Planned

Parenthood' (ein US-weiter Verein für „Familienplanung", AdV).
Er kommt von der Eugenik. Gates ist beunruhigt über den Anstieg der
Weltbevölkerung. Verwundert es da, dass er Monsantos GVO-Lebens-
mittel ebenso fördert wie schädliche Impfstoffe? Anscheinend entdeck-
ten Bills Computersimulationen, dass Menschen unter dem Druck der
Regierung kombiniert mit einem unsichtbaren Feind leicht zusam-
menbrechen würden. Milliarden von Menschen sind derzeit einge-
sperrt. Die halbe Welt steht still. Gates wundert sich wahrscheinlich,
wie einfach das alles war. Die Dinge laufen nach Plan. Physisch kön-
nen sie uns nicht kontrollieren, aber er kann uns mental kontrollieren,
indem die Massenmedien uns rund um die Uhr Angst ins Hirn prü-
geln. "[92]

Ben Garrison, Cartoonist

Bill Gates denkt

Die meisten von Ihnen werden mit dem Namen „Bill Gates" etwas as-
soziieren, viele etwas Positives. Bill wurde am 28. Oktober 1955 in Seattle, im US-Bundesstaat Washington geboren und gründete dort im zar-
ten Alter von zwanzig Jahren mit seinem Kumpel Paul Allen die Software-Firma *Microsoft*, die mit ihrem Betriebsprogramm „Windows"
heute die mit Abstand größte der Branche ist – doch das wussten Sie
wahrscheinlich schon. Mister Gates' Privatvermögen wird auf mehr als
110 Milliarden US-Dollar geschätzt, das sind 110.000 Millionen, was
ihn offiziell zu einem der reichsten Menschen auf Erden macht – aber
vermutlich wussten Sie auch das schon. Manch einer wird ihn auch als
„Philanthropen" kennen, also als „Menschenfreund", ein Selbstbild, in
dem sich die meisten Mitglieder der Geheimen Weltregierung sehr gefallen. Und ja, Bill und seine Frau haben tatsächlich sehr viel Geld in ihre *Bill & Melinda Gates Foundation* (Stiftung) gesteckt und damit sehr
viele augenscheinlich humanitäre Programme in allen drei Welten finanziert. Zusammen mit Mark Zuckerberg und Warren Buffet gründete
Gates die ansprechende Initiative *„The Giving Pledge"*. Dieses „Versprechen zu geben" hatten bis August 2015 bereits 137 Milliardärs-
Familien gemacht und sie haben sehr viel Geld für „humanitäre Projek-

te" gespendet. Ja, zugegeben, das klingt toll und vielleicht ist es auch aus tiefstem Herzen gut gemeint, aber wenn ich vieles, was die Herrschaften damit tun, im Detail betrachte, dann bin ich mir nicht mehr sicher, ob sie so etwas wie ein „Herz" überhaupt haben.

William Henry Gates III., kurz „Bill Gates", wird von denen, die ihn kennen, als typischer Computer-Nerd beschrieben, als jemand, der sehr intelligent ist, aber große Probleme mit Körperlichkeit oder Nähe hat. Er wuchs in sehr wohlhabenden Verhältnissen auf. Bill entstammt dem amerikanischen Geldadel, sein Ur-Großvater, **James Willard Maxwell**, war Präsident der *National City Bank in Seattle* und einer der Direktoren der *Federal Reserve Bank*. Bills Vater war Anwalt, seine Mutter **Mary Maxwell Gates** war eine erfolgreiche Geschäftsfrau und Society-Lady. Bill verbrachte die meiste Zeit seiner Kindheit in seinem Zimmer und als ihn seine Mutter Mary einmal über das Haustelefon fragte, was er gerade tat, rief er: *„Ich denke ... hast du jemals versucht zu denken?"*

Bill war für sein Alter immer recht klein und wurde von anderen Kindern gemobbt, und seine Eltern wussten nicht so recht, was sie mit dem verschrobenen, introvertierten Kind anfangen sollten. Bill hat aber dennoch einen Freund. Steve Ballmer ist nicht nur Bills Freund seit Kindertagen, er ist so etwas wie Bills Alter-Ego, und sein Geschäftspartner bei Microsoft. Von Insidern werden die beiden immer wieder als Außenseiter beschrieben, als Sonderlinge, die sich schwer damit tun, soziale Kontakte zu knüpfen. Das hat beide fürs Leben geprägt und zusammengeschweißt.

> *„(Gates und Ballmer] sind wie zwei Teenager, denen nicht bewusst ist, wie groß sie geworden sind, und die einfach alles umrempeln."*
>
> Bob Metcalfe, Erfinder des Internets[83]

Später, als Erwachsene und Leiter eines der mächtigsten Konzerne der Welt, werden beide von Insidern als loyal, jedoch ungeduldig, hartnäckig, rücksichtslos und unsicher beschrieben.[94]

Bill Gates werden wie Mark Zuckerberg oder Greta Thunberg auch autistische Züge nachgesagt. Experten berichten, dass das **Asperger-Syndrom**, eine leichte Form des Autismus, bei stark Internet-affinen Menschen auffällig häufig auftritt. Gerade Menschen, die bereits in sehr jungen Jahren mehr Zeit mit dem Computer verbrachten, scheinen oft unter dem Syndrom zu leiden, das sich vor allem durch geringe soziale Kompetenz, viel Egoismus und geringes Mitgefühl mit anderen auszeichnet, manchmal auch durch ungelenke Motorik und Schwierigkeiten bei der Kommunikation. Obwohl Bill Gates beruflich Großes erreicht hat und für viele Nerds eine Ikone ist, ist er mit seiner nasalen Stimme und der käsigen Gesichtsfarbe immer der unsichere, distanzierte und gereizte Nerd geblieben. Wenn man ihn in Interviews sieht, fragt man sich manchmal, ob er überhaupt anwesend ist.

Bei Wikipedia findet man in Bezug auf Asperger-Patienten auch Folgendes: Im Alltag ist ein mangelndes Einfühlungsvermögen und Unverständnis für zwischenmenschliche Gefühle auffällig. Kinder mit Asperger-Syndrom sind oft sozial isoliert und ecken aufgrund ihrer Besonderheiten leicht an. Im Klassenverband werden sie häufig gehänselt, ausgegrenzt und gemobbt. Im englischen Sprachraum bezeichnen viele Menschen mit Asperger ihr Anderssein scherzhaft als „**Wrong Planet Syndrome**" (deutsch: *Falscher-Planet-Syndrom*) und drücken damit ihr Gefühl aus, irrtümlich auf einem fremden Planeten gestrandet zu sein, dessen Regeln und Bewohner sie nicht verstehen![95] Warum ich das für wichtig halte, wird sich Ihnen auf den kommenden Seiten bald erschließen!

Seit Jahrzehnten wird gegen Microsoft wegen Kartellverstößen ermittelt und Bill Gates wird den Makel nicht los, in jungen Jahren Computerprogramme von anderen gestohlen und selbst weiterentwickelt zu haben, ohne sie dafür zu entschädigen. Man muss im Geschäftsleben sicherlich auch skrupellos sein können, um voranzukommen. Dennoch sollte die Frage erlaubt sein, wie weit Bill Gates gehen würde, um seine Ziele zu erreichen und die Welt nach seinen Vorstellungen umzugestalten, ohne Rücksicht auf andere zu nehmen.

Wie Greta Thunberg und ihre Hintermänner vom *Club of Rome*[96], ist auch William Henry Gates III. davon überzeugt, dass wir auf eine ganz große Katastrophe zusteuern und die Menschheit ausgelöscht wird, wenn er sie nicht rettet. Auf *Svalbard* im ewigen Eis hat die *Bill & Melinda Gates Foundation* deshalb zusammen mit dem norwegischen Staat im Jahr 2008 eine Samenbank angelegt, in der mehr als 450.000 unterschiedliche Pflanzensamen aus aller Welt gelagert werden, um nach einem möglichen *kataklysmischen Ereignis*, das einen Großteil der Menschheit und der Natur auslöscht, die Erde wieder neu besiedeln zu können. Wie Greta Thunberg ist auch Bill Gates davon überzeugt, dass wir Menschen der größte Feind unseres Planeten sind. Damit gebe ich beiden sogar Recht und stimme auch mit ihnen darin überein, dass wir dringend unser Verhalten ändern sollten. Bei der Frage, „wie" wir unser Verhalten ändern sollten und was die besten Lösungen für das Problem der Umweltzerstörung sind, könnten wir aber nicht weiter auseinander liegen. Für Bill Gates ist die Antwort einfach: Wir müssen die Zahl der Menschen auf Erden drastisch reduzieren und wir müssen die Politik entmachten, weil deren Entscheidungsprozesse zu langsam und unzulänglich sind. Gut, auch an dem zweiten Punkt kann ich ihm nicht ganz widersprechen, aber seine Alternative gefällt mir auch nicht besser!

Wie viele andere selbsternannte „Philanthropen" auch, ist Gates regelrecht davon besessen, die Weltbevölkerung deutlich zu reduzieren und die Demokratie abzuschaffen – natürlich zum Schutz der Menschheit und des Planeten. Ich weiß, dass sich nun bei manchen Lesern die Nackenhaare aufstellen, weil sie das von mir als „polemisch" oder übertrieben erachten und als „Verschwörungstheorie". Aber lassen Sie mich Ihnen einfach ein paar plakative Beispiele geben, um meine Behauptung zu untermauern.

Beim *State of the World Forum* der *Gorbachov Society* in San Francisco im Jahr 1996 wurden von politischen und religiösen Führern aus aller Welt die angeblich „dringlichsten Probleme der Welt" diskutiert. Zwar ist die Welt seitdem aus meiner persönlichen Sicht nicht sehr viel besser geworden, aber sei's drum. Ich möchte Ihnen dennoch nicht die Quintessenz des Abschlusspapiers dieses Forums vorenthalten, das von

Sam Keen, einem bekannten US-amerikanischen Philosophen und Autor, vorgetragen wurde:

> *„Es gab starke Übereinstimmung darüber, dass **religiöse Institutionen die Hauptverantwortung für die Bevölkerungsexplosion übernehmen müssen.** Wir müssen viel klarer über Sexualität, Verhütung und Abtreibung sprechen, über jene Werte, die die Bevölkerung kontrollieren, denn die ökologische Krise ist kurz gesagt die Bevölkerungskrise. **Reduziere die Bevölkerung um 90 Prozent und es bleiben nicht genügend Leute übrig, um großen ökologischen Schaden anzurichten!**"* [97] [98]

Vielleicht erkennen Sie hier ja eine gewisse Verbindung zu der CO_2-Hysterie der letzten Jahre und zu der *Fridays For Future*-Bewegung, die Bill ebenfalls sehr am Herzen liegt. Zwei Personen, die beim *State of the World Forum 1996* mit dabei waren, sind Medienmogul Ted Turner und Bill Gates. Bill beschrieb Ted zwanzig Jahre später, im Juni 2016, als er ihm den Preis für sein philanthropisches Lebenswerk bei der UNO verlieh, mit den Worten: *„Mutig. Unkonventionell. Großzügig!"* [99] Tatsächlich nimmt Turner, Ex-Mann von Schauspielerin Jane Fonda und guter Freund von David Rockefeller, kein Blatt vor den Mund, wenn er sagt: *„Eine Bevölkerungszahl von weltweit 250 bis 300 Millionen Menschen, also **eine Reduktion um 95 Prozent** vom derzeitigen Stand, wäre ideal."* [100]

Also, ich weiß nicht, ob ich es als „großzügig" bezeichnen würde, dass Turner nur 5 Prozent der Menschheit am Leben lassen möchte, doch mutig ist die Aussage allemal! Die Tatsache, dass Bill Gates hingegen schon mit einer Reduktion der Weltbevölkerung von rund 15 Prozent zufrieden wäre, lässt ihn dann neben seinen Spielkameraden fast menschlich erscheinen – fast! Falls Sie sich jetzt fragen, wie ich auf diese Zahl komme, dann sage ich es Ihnen sehr gerne! Am 18. Februar 2010 hatte Bill Gates bei der kalifornischen TED-Konferenz einen Vortrag unter dem Titel *„Innovating to Zero!"* – also *„Erneuerung gegen null"* gehalten. Dabei wetterte er gegen CO_2 und die Überbevölkerung und sagte:

„Gegenwärtig leben 6,8 Milliarden Menschen auf dieser Welt, bald könnten es 9 Milliarden sein. Nun, wenn wir bei den neuen Impfstoffen, bei der Gesundheitsversorgung, der Fortpflanzungsmedizin ganze Arbeit leisten, dann können wir diese Zahl vielleicht um 10 bis 15 Prozent verringern!"[(101)]

Und Bill und Melinda leisten ganze Arbeit. Einen Monat vor dieser Aussage hatte Bill übrigens 10 Millionen Dollar an die WHO gespendet und dazu gefordert: *„Dies muss das Jahrzehnt der Impfungen werden!"*[(102)] Und das wurde es auch.

Man kann Bill Gates vermutlich ohne Übertreibung den weltweit mächtigsten Mann in der Gesundheits-, Impf- und Pharmaindustrie nennen. Er ist davon überzeugt, dass Gesundheitsvorsorge und das Gesundheitswesen ganz allgemein nicht Sache einzelner Staaten, sondern in den Händen privater Konzerne liegen sollten. Er ist davon überzeugt, dass er und seine Weggefährten bessere Entscheidungen für und über uns treffen können als die von uns (angeblich) demokratisch gewählten Vertreter. Vielleicht war es das, was der Bestseller-Autor und Comedian Dennis Miller meinte, als er schrieb: *Was Bill Gates von einem Bösewicht in einem James-Bond-Film trennt, ist nicht mehr als ein Monokel und eine Perserkatze.*"[(103)]

Ein wenig beleuchteter Aspekt des Themas „Bevölkerungskontrolle" ist der Fakt, dass die moderne Computerisierung und die Globalisierung dazu führen, dass immer mehr Arbeitsplätze eingespart werden, und der Lockdown im Zuge der vermeintlichen Corona-Pandemie im Jahr 2020 wird diese Entwicklung enorm beschleunigen. Wir sind also insofern zu viele, als man immer mehr von uns aus wirtschaftlicher Sicht einfach nicht mehr braucht. Solange man Menschen als Arbeitssklaven brauchte, waren sie geduldet. Nun, da sie durch Computer und durch Künstliche Intelligenz ersetzt werden können, braucht man sie nicht mehr. Wir sind zunehmend überflüssig! Ich verstehe das schon, doch ich habe mich dennoch nicht damit abgefunden. Und ich hoffe, Sie auch nicht! Falls doch, beantworten Sie sich doch selbst die Frage, wie wahrscheinlich es wäre, dass Sie zu den 5% gehören, die Ted Turner am Leben lassen würde?

Die *Bill & Melinda Gates Foundation* ist die **größte und mächtigste Lobby-Organisation im Gesundheits- und Impfwesen weltweit.** Sie ließ im Namen von Bill Gates massenhaft Sterilisationen von Afrikanerinnen durchführen, indem den Frauen Impfcocktails oder Pharmazeutika verabreicht werden, deren Inhalt nicht klar deklariert wird. Im Jahr 2010 finanzierte die *Bill und Melinda Gates Stiftung* auch ein Programm, das afrikanische Männer mittels Ultraschall-Wellen gegen den Hodensack temporär sterilisiert.[(104)] Gates hat seine Stiftung nach vermeintlich „ethischen" Kriterien ausgerichtet, so darf sie etwa nicht in die Aktivitäten von Tabakkonzernen investieren. Die *Bill & Melinda Gates Stiftung* finanziert aber gleichzeitig Tests von Impfstoffen an lebenden Menschen, die oft tödlich ausgehen. Damit biegt sich Bill Gates die Realität auf sehr zynische Weise zurecht.

> *„Streit gab es auch um eine andere, von der Gates-Stiftung maßgeblich mitgesponserte Initiative. Dabei ging es um eine Anwendungsstudie zur HPV-Impfung, die vor Gebärmutterhalskrebs schützen soll. In 2009 wurden mehreren Tausend Schülerinnen in Indien das Merck-Produkt Gardasil sowie Cervarix von GlaxoSmithKline verabreicht. Zahlreiche Mädchen wurden später krank, sieben starben. Die Studie war von der Organisation Path durchgeführt worden, die ihrer eigenen Webseite zufolge ,Innovation vorantreibt, um Leben zu retten'. Path nennt die Bill & Melinda Gates-Stiftung einen ihrer wichtigsten Partner seit 1998."*[(105)]
>
> ZEIT online

Gates ist nicht nur privat, sondern auch mittels seiner Stiftung an zahlreichen Pharmafirmen beteiligt, und die gehören bekanntlich zu den umsatzstärksten Firmen weltweit. *Merck & Co* und *GlaxoSmith-Kline* haben sich für die oben genannten Mittel gegenseitig Kreuzlizenzen erteilt, die beiden Firmen die Nutzung der Patentrechte zur Impfstoffherstellung erlaubt und Mitkonkurrenten ausschließt. Das *Deut-*

sche Krebsforschungszentrum ist Co-Patentinhaber und hat damit Teil an den Gewinnen aus dem Impfstoffverkauf. Die Einnahmen der beiden Unternehmen wurden allein nur für das Jahr 2015 auf über 7 Milliarden geschätzt![106] Bill Gates hat daher sowohl Interesse an deren finanziellem Erfolg als auch Einfluss auf deren Ausrichtung – über seine Aktienpakete ebenso wie über seine unzähligen Lobby-Organisationen. Gates macht auf dem Gesundheits- oder Krankheitssektor nichts anderes als das, was Rockefeller bereits hundert Jahre zuvor auf dem Energie- und Verkehrssektor gemacht hat.[107]

Man könnte Bill Gates ohne Übertreibung als neuen John D. Rockefeller (1839-1937) bezeichnen, als jemand, der mittels Geschick und Glück auf dem größten Wachstumsmarkt seiner Zeit (damals Öl, heute Computer) ein Monopol erschafft, das ihn innerhalb weniger Jahre zu einem der reichsten und mächtigsten Männer Amerikas macht. John D.s Nachfahren haben aus der langen Familienerfahrung gelernt, dass man sich besser im Hintergrund hält und andere ins Rampenlicht schickt, wie heute eben einen Bill Gates und einen George Soros, die dann im Zweifelsfall für mögliche, unpopuläre Aussagen und Aktivitäten die Prügel beziehen, während die grauen Eminenzen unbehelligt bleiben.

Zusammen mit der Weltbank, UNICEF und der WHO finanziert die Gates-Stiftung die sog. **„Impfallianz – Gavi"** (*Globale Allianz für Impfstoffe und Immunisierung*) mit Sitz in Genf. Ihr Ziel ist es nach eigenen Angaben, den Zugang zu Impfungen gegen vermeidbare, lebensbedrohliche Krankheiten in Entwicklungsländern zu verbessern.

„... Kritiker verweisen auf potenzielle Interessenskonflikte bei Gavi. Im Verwaltungsrat sitzen nicht nur Regierungsvertreter verschiedener Länder, sondern auch ein Entsandter der Gates-Stiftung, eine Hedgefonds-Managerin, jemand von der Investmentbank Goldman Sachs sowie ein Partner des Consulting-Konzerns BDO, zu dessen Kunden auch Pharmakonzerne gehören. Auch die Rolle von Adar Poonawalla in dem Gremium ist umstritten. Er ist Spross eines indischen Milliardärsclans, zu dessen Imperium das Serum Institute gehört, einer der

führenden Impfstoffhersteller und Anbieter von Pentavalent. Ebenfalls im Verwaltungsrat sitzt Olivier Charmeil, Chef von Sanofi Pasteur, der Impfsparte von Sanofi. Dem Pharmakonzern gehört unter anderem der indische Hersteller Shanta Biotechnics, zu dessen wichtigsten Produkten ebenfalls Pentavalent zählt."(108)

Heike Buchter, Journalistin (ZeitOnline)

Pentavalente sind Impfstoff-Cocktails, die fünf einzelne Impfstoffe kombinieren und von verschiedenen Herstellern unter verschiedenen Namen angeboten werden. Solche „Impfstoff-Bomben" sind oft nicht hinreichend getestet und stehen im Verdacht, durch ihre Kombination unvorhersehbare Nebenwirkungen hervorrufen zu können.(109) Es gibt zahlreiche Hinweise darauf, dass in Indien Babys an den Folgen solcher Impfstoff-Cocktails starben.(110) Aber das ist noch nicht alles.

„Während der MenAfriVac-Kampagne von Bill Gates im Jahr 2002 in Afrika südlich der Sahara haben die Mitarbeiter von Gates Tausende afrikanische Kinder gewaltsam gegen Meningitis geimpft. Ungefähr 50 der 500 geimpften Kinder entwickelten daraufhin eine Lähmung. Südafrikanische Zeitungen beklagten sich: ,Wir sind Versuchskaninchen für die Pharmakonzerne.' Nelson Mandelas ehemaliger Wirtschaftsberater, Professor Patrick Bond, beschreibt Gates' philanthropische Praktiken als ,rücksichtslos und unmoralisch".(111)

Und weil die *Bill & Melinda Gates Stiftung* das alles so toll macht, ist Bill natürlich auch der logische Ansprechpartner für die EU in Sachen Pandemieprävention! Im Jahr 2016 gründete er zusammen mit dem Weltwirtschaftsforum, dem **Deutschen Bundesministerium für Bildung und Forschung**, dem norwegischen Gesundheitsministerium, der **Abteilung Forschung und Innovation der EU** und weiteren Organisationen den Verein **Coalition for Epidemic Preparedness Innovations** (**CEPI**), was man als „*Koalition für Innovationen in der Epidemievorbeugung*" übersetzen könnte. Das bringt mich angesichts der Ereignisse des Jahres 2020 ins Grübeln.(112)

Es ist nicht ganz klar, ob dieses CEPI eine private oder staatliche Initiative ist, da hier alle Grenzen verschwimmen, was vermutlich auch Sinn der Sache ist, denn ein solcher Verein muss gegenüber niemand Rechenschaft ablegen und muss sich vor keinem Parlament rechtfertigen. Das Ziel von CEPI soll es sein, sichere und effektive Impfstoffe zu entwickeln und „die Reaktionszeit zu verkürzen", sagte Gates dem »Handelsblatt«. Wir werden ja noch im Jahr 2020 sehen, ob die CEPI ihr Versprechen hält.[113]

Gates hat Milliarden in vielversprechende Biotech-Firmen investiert, unter anderem auch in das Tübinger Unternehmen *Curevac*, ursprünglich *„um die Entwicklung von Impfstoffen gegen Malaria zu unterstützen"*, doch im Jahr 2020 liefert sich die Firma nun ein Rennen mit anderen auf der Suche nach einem Impfstoff gegen das neue Corona-Virus. Sollten die Tübinger erfolgreich sein, werden sie ihren Impfstoff für astronomische Summen an alle Regierungen rund um den Globus verkaufen – dafür wird Bill Gates sorgen.[114] Gates ist regelrecht besessen von Impfungen und er fordert regelmäßig die Regierungen der Welt dazu auf, mehr Geld in die Seuchenprävention zu investieren – und damit in seine Firmen. Deshalb unterstützt er auch die sog. „WHO", eine mächtige, private Lobbyorganisation der Pharma-Industrie, die den Anschein erweckt, so etwas wie eine unabhängige und übernationale Weltgesundheitspolizei zu sein – doch darauf werden wir im Anschluss noch genauer eingehen.

Lassen Sie mich aber an der Stelle kurz **Robert F. Kennedy, Jr.**, den Neffen von JFK, des 35. US-Präsidenten, zitieren – übrigens einer der wenigen Kennedys, die noch nicht um die Ecke gebracht wurden:
> *„Impfstoffe sind für Bill Gates eine ‚strategische Philanthropie', die seine zahlreichen Impfstoffgeschäfte versorgt und ihm die **diktatorische Kontrolle über die globale Gesundheitspolitik** gibt."*[115]

Die Gates-Stiftung hat über Jahre hinweg den Einsatz von Nano-Technologie in der Impfung erforschen und weiterentwickeln lassen.

Dabei werden Impfstoffe an Nanopartikel gekoppelt, die klein genug sind, um durch die Haarwurzeln in den Körper zu gelangen. Diese mikroskopisch kleinen Teilchen können aufgesprüht werden und der Impfstoff wird aktiviert, sobald der Betroffene schwitzt – ob er weiß, dass er auf diese Weise geimpft wird, ist ein anderes Thema. Oder vielleicht ja auch nicht. Vielleicht sind wir ja gerade jetzt beim Thema angekommen. Denn Mister Gates, der die Corona-Pandemie auf mysteriöse Weise hat kommen sehen und sie von seinen Begleitern am 18. Oktober 2019 durchexerzieren ließ, hat auf diese Krise seit Jahren hingearbeitet – zumindest könnte man den Eindruck gewinnen. Er hat immer und immer wieder vor der Gefahr einer Pandemie gewarnt, aber niemand nahm ihn so richtig ernst. Er hat für uns unvorstellbare Summen ausgegeben, um die Welt nach seinen Vorstellungen, nach den Vorstellungen eines Mannes umzugestalten, der am *Falscher-Planet-Syndrom* leidet und dem die Regeln und die Bewohner dieses Planeten fremd und unverständlich sind.

„Bill Gates bedauert das Treffen mit Jeffrey Epstein und die Spende von 2 Millionen US-Dollar an das Massachusetts Institute of Technology (MIT), nachdem der Finanzier bereits wegen Sexualstraftaten verurteilt worden war. Herr Gates… traf sich 2013 mit Epstein, fünf Jahre, nachdem er sich in zwei Anklagen schuldig bekannt hatte, eine Minderjährige zur Prostitution angestiftet zu haben, und später eine anonyme Spende an das MIT Media Lab geleistet hatte. Herr Gates sagte, Epstein sei ihm ‚als jemand vorgestellt worden, der mehr Menschen in die Philanthropie bringen könnte'. Er fügte hinzu: ‚Es gab Treffen zu diesem Thema. Aber es kam nichts dabei heraus, und dann hörte ich auf, mich mit ihm zu treffen …'"[116]

Rozina Sabur, US-Korrespondentin der
britischen Tageszeitung »The Daily Telegraph«

Ja, besagter Jeffrey Epstein ist jener mehrfach verurteilte Kinderschänder, der sich im Jahr 2019 – angeblich – in seiner Zelle in einem New Yorker Gefängnis erhängte. Bill Gates, der Saubermann und Menschenfreund, gibt zu, sich mehrfach mit Epstein getroffen zu haben, obwohl er wusste, dass dieser wegen Pädophilie verurteilt war. Und als der ihm dann angeblich nicht dabei helfen wollte, seine Großspende an das MIT weiterzuleiten, hörte Gates auf, sich mit ihm zu treffen! Im Ernst? Warum hat Bill Gates seine Spende über mehrere Millionen Dollar nicht einfach von vornherein direkt an das MIT geschickt? Es ist bewiesen, dass Epstein dem MIT eine Spende von 2 Millionen Dollar übergeben hat. Epstein hat dem MIT anonym Spenden mehrerer Wohltäter übergeben und im Büro des MIT bezeichnete man ihn als *„Voldemort"* oder *„Er, dessen Name nicht genannt werden darf"*, in Anlehnung an das Böse in den *Harry-Potter*-Filmen.[117] Warum war es Bill Gates so wichtig, dass niemand seine Verbindung zum MIT kennt? Oder hat er Jeffrey Epstein vielleicht gar nicht deswegen getroffen? Vielleicht, weil Forscher des besagten ***Massachusetts Institute of Technology*** (**MIT**) ein High-Tech-Tattoo entwickelt haben, das Daten in unsichtbaren Farbstoffen unter der Haut speichert. Die „Marke" würde zusammen mit einem Impfstoff geliefert, der von ***Gavi***, der globalen Impfstoffagentur von Gates, verabreicht werden soll.

„Die Forscher zeigten, dass ihr neuer Farbstoff, der aus Nanokristallen besteht, die als ‚Quantenpunkte' bezeichnet werden, nahes Infrarotlicht emittiert, das von einem speziell ausgestatteten Smartphone erfasst werden kann."[118]

MIT News

Bill Gates warnte im März 2020, dass das Corona-Virus auch nach einem Abflachen der Infektionskurve immer wieder ausbrechen könnte und es daher dauerhaft, für Monate, vielleicht sogar für Jahre immer wieder zu weltweiten Lockdowns kommen könnte. Ausnahmen könnte es nur für jene Menschen geben, die immun seien, und das auch nachweisen können. Da wäre es doch das Einfachste, die Menschen mit Infrarot-ID-Tätowierung auszustatten. Solche unsichtbaren Tattoos könnten vermutlich auch Bargeld ersetzen, weil mit ihrer Hilfe jederzeit online alles vom Konto abgebucht werden könnte.

Da fällt mir ein: Habe ich eigentlich schon erwähnt, dass Bill Gates ein ausgesprochener Gegner von Bargeld ist und der Hauptunterstützer der weltweiten *Better Than Cash Alliance* (BTCA)? Nein?

*„Der geopolitische Analyst Pepe Escobar beschrieb Anfang dieses Monats... wie das Coronavirus, das die Welt in Richtung einer neuen Weltwirtschaftskrise treibt, als Deckmantel für das Aufkommen eines neuen, digitalen Finanzsystems verwendet werden könnte. **Ein Zwangsimpfstoff mit Nanochip, der eine vollständige, individuelle, digitale Identität schafft.** Ein mögliches Zukunftsszenario stellte sich Escobar so vor: ,Cluster von intelligenten Städten, die durch KI verbunden sind, wobei die Menschen vollzeitüberwacht werden und mit einer einheitlichen digitalen Währung das tun, was sie brauchen...' Diese Befürchtungen gewannen an Bedeutung, als Bill Gates sich am Wochenende zu einem atemberaubenden Interview mit ,CBS This Morning' zusammensetzte. Gates sagte dem Gastgeber Anthony Mason, dass Massenversammlungen im Zeitalter des Coronavirus möglicherweise verboten werden müssen, zumindest bis ein umfassendes Impfprogramm verabschiedet wird.“*[(119)]

Robert Bridge (Journalist und Buchautor)

Schlau ist er, der William, das muss man ihm lassen! Wie war er noch mal von anderen beschrieben worden: intelligent, ungeduldig, hartnäckig, rücksichtslos, egoistisch und wenig empathisch.

*„Laut Gates würde **ohne** Impfstoff alles, was als ,Massenversammlung' definiert werden könnte – von Zuschauern, für ein Sportereignis in ein Stadion gezwängt, bis zu Demonstrationen auf der Straße – als ,Akt des zivilen Ungehorsams' angesehen werden. Wenig überraschend, dass Gates das Konzept der ,Massenversammlung' gewählt hat, um uns alle zu schnappen. Was ist eine moderne, demokratische Gesellschaft, wenn nicht ein großes Massenereignis nach dem anderen? In der Tat, da niemand das nächste große Ereignis... verpassen möchte, wäre zu erwarten, dass Millionen von Menschen sich kilometerweit anstellen, um*

ihre von Microsoft unterstützte Impfung zu erhalten, selbst wenn sie Überwachungs-Technologie enthält. «(120)

Robert Bridge (Journalist und Buchautor)

Ich denke, Bills Idee mit dem High-Tech-Tattoo hat großes Potential. Wir wurden in der jüngsten Vergangenheit umfangreich medial darauf vorbereitet, dass Tattoos ein „must have" sind. Waren Tätowierungen einst Erkennungsmerkmal von Rockern, Ex-Häftlingen oder Seeleuten, so kommt seit einigen Jahren kaum ein Promi ohne sie aus. Tattoo-Studios sind weltweit wie Pilze an einem feuchten Sommertag aus dem Boden geschossen. Millionen verweichlichter Großstädter, die keinen Nagel gerade in die Wand schlagen können, geben viel Geld dafür aus, endlich auch wie ein Ex-Knacki oder ein Bandido auszusehen. Und wenn man für 10 Euro mehr die Variante mit dem Überwachungs-Chip bekommen und dafür künftig wieder Orte mit Massenansammlungen wie Konzerte, Kinos, Schulen, Baumärkte, Einkaufszentren, Biergärten oder Schwimmbäder besuchen darf, ja, dann nichts wie her damit, oder?

„Und es bewirkt, dass allen, den Kleinen und den Großen, den Reichen und den Armen, den Freien und den Knechten, ein Malzeichen gegeben wird auf ihre rechte Hand oder auf ihre Stirn, und dass niemand kaufen oder verkaufen kann als nur der, welcher das Malzeichen hat oder den Namen des Tieres oder die Zahl seines Namens."

Offenbarung des Johannes, 13,16–17

Bill Gates hat die SARS-CoV-2-Pandemie des Jahres 2020 nicht nur vorhergesehen, er war auch auffallend gut darauf vorbereitet. Denn neben der Tattoo-Variante als Träger für einen Impfstoff gegen das Corona-Virus glaubt die Firma *Inovio*, bereits gegen Ende 2020 einen Anti-Corona-Impfstoff auf den Markt bringen zu können. Das neue *INO-4800-DNA-Vakzin* wurde bereits in einer klinischen Studie an zunächst 40 Menschen getestet und ist von der US-amerikanischen Behörde für Lebens- und Arzneimittel (FDA) zugelassen.

*„Der Impfstoff funktioniert durch Einschleusen eines sog. Plasmids, eines **künstlichen DNA-Abschnitts**, in einen Patienten. An diesem bildet das körpereigene Abwehrsystem Antikörper aus, die eine künftige Infektion mit SARS-CoV-2 bekämpfen werden. Solche DNA-Vakzine sind bislang nicht für eine Anwendung am Menschen zugelassen, in der Tiermedizin dagegen befinden sie sich schon länger im Einsatz. Das Unternehmen Inovio, das hinter dem Impfstoff steht, hat bereits mehrere tausend Impfstoffdosen für die Phasen 1 und 2 der klinischen Studie herstellen können. Möglich gemacht hat das auch eine Förderung der Bill-und-Melinda-Gates-Stiftung in Höhe von fünf Millionen US-Dollar. Bei erfolgreichen Tests könnte das Unternehmen eigenen Angaben zufolge bis Ende des Jahres eine Million Impfungen herstellen.“*[(121)]*

Sputnik Deutschland, 8. April 2020

Also, Bill Gates unterstützt jene zwei Firmen (*Curevac* und *Inovio*), die anscheinend im Rennen um einen *COVID-19-Impfstoff* im Jahr 2020 führend sind. Er kontrolliert die Nanotechnologie in Verbindung mit Impfungen ebenso wie die Technik des unsichtbaren Tattoos und schreckt auch vor der Manipulation des menschlichen Erbgutes nicht zurück, wenn es darum geht, uns alle zwangs-zu-beglücken. Er hat also alles zur Hand, um den Impfstoff an den Mann zu bringen – selbst wenn der ihn nicht haben will. Und Gates hat gute Beziehungen zu allen westlichen Stellen, die solche Impfungen zulassen müssen oder sogar anordnen können. Ich schätze also, wenn wir jemals wieder zu irgendeiner Form von „Normalität" zurückkehren wollen, werden wir an Mister Gates nicht vorbeikommen. Auf der anderen Seite bin ich mir aber nicht sicher, ob Bill und seine Freunde überhaupt wollen, dass wir jemals wieder so etwas wie ein „normales Leben" führen werden. Zahlreiche Menschen, dicht an dicht, sind für William III. immer schon eine gruselige Vorstellung gewesen, denn Nähe ist seine Sache nicht. Seine Vorstellung von der Welt sieht eher so aus, dass wir alle – genauer gesagt, möglichst wenige von uns – zuhause sitzen und aus sicherer Distanz interagieren, am besten mittels Microsoft-Produkten.

Vielleicht gehören Sie jetzt zu den wenigen Menschen, denen bei dem Gedanken an die Manipulation unserer DNA, unseres Erbguts, ein wenig mulmig wird. Das könnte ich nachvollziehen, aber die Realität ist, dass seit den 1990er-Jahren nicht nur Säugetiere wie Hunde, Pferde oder Kühe in ganz großem Stil geklont werden, sondern auch schon lange an der DNA von Tieren herumgebastelt wird, teils mit schockierenden Auswirkungen, jedoch bislang ohne juristische Folgen für die Verantwortlichen. Das überrascht jedoch wenig, wenn man bedenkt, wie eng Bill Gates das Netz der Verbindungen aus privaten und staatlichen Organisationen, aus Wirtschaft, Politik und Wissenschaft gesponnen hat. Wenn da in Frankensteins Labor etwas schiefgeht, dann will man das am liebsten unter den Teppich kehren, denn sonst könnten einige unangenehme Fragen gestellt werden, die dann vielleicht auch Politiker oder Philanthropen in Erklärungsnot bringen könnten. Nein, das will niemand. Daher finden großflächige Experimente, etwa mit künstlich hergestellten Killermücken zwar am Menschen, aber vorsorglich ohne dessen Wissen und Einverständnis statt.

Lassen Sie mich Ihnen ein Beispiel hierzu geben: die **Zika-Virus-Epidemie** in den Jahren 2015 und 2016. Dies war eine Erkrankungswelle in Lateinamerika mit anfangs grippe-artigen Symptomen, als deren Folge aber bei Schwangeren erhebliche Schädigungen der Föten auftraten. In Brasilien wurden laut Medienberichten im Jahr 2015 rund 4.000 Kinder mit Schrumpfköpfen und geistiger Behinderung geboren. Verantwortlich dafür machte man das *Zika-Virus*, das von der Moskito-Art *Aedes Aegypti* übertragen wird. Es kann bei Schwangerschaften auf das Ungeborene übergehen, wo es dann die sog. „Mikrozephalie" auslöst. Daher riefen die Gesundheitsbehörden von Brasilien, Kolumbien, El Salvador, Jamaika und anderen angrenzenden Staaten ihre Bevölkerungen dazu auf, bis 2018 keine Kinder mehr zu zeugen und die WHO warnte vor der Gefahr einer weltweiten Pandemie. Ein weiterer Versuch, das Bevölkerungswachstum einzudämmen?

Bis dahin, also November 2015, hatten Zika-Virus-Infektionen als harmlos gegolten, bestenfalls führten sie in seltenen Fällen zu Fieber. Doch mit einem Mal wurde das Virus als Ursache für Mikrozephalie genannt und sollte sogar immer öfter tödlich sein. Manch einer fühlte sich an die Rohrkrepierer Schweine- und Vogelgrippe erinnert, aber weit gefehlt. Das hier war echt, nicht aufgebauscht, ja sogar größer und heftiger, als man sich das in seinen kühnsten Träumen vorstellen könnte. Das Moskito *Aedes Aegypti* verbreitet neben dem Zika-Virus auch noch das Dengue-, das Gelbfieber- und das West-Nil-Fieber-Virus, und seit 2013 soll es in Asien und Südamerika für die Ausbreitung des *Guillain-Barré-Virus* und des daraus resultierenden Syndroms verantwortlich sein. Dabei handelt es sich um eine Nervenkrankheit, die bei 5 Prozent der Erkrankten sogar zum Tod führt.

Das britische Pharma-Unternehmen *Oxitec* besitzt zahlreiche Patente auf genmanipulierte Tiere – von Ratten bis hin zu Schimpansen –, denen sie menschliche Gene eingepflanzt haben, damit sie noch besser als Versuchstiere für Impfstoffe taugen. Im Herbst 2009 hatte Oxitec, unterstützt von der *Bill & Melinda Gates Stiftung*, transgene, also gentechnisch veränderte Gelbfiebermücken auf der Karibik-Insel *Grand Cayman* ausgesetzt. Sie sollten die natürliche Gelbfiebermücken-Population (*Aedes Aegypti*) verringern, indem Frankensteins Moskito sich mit der natürlichen Mücke paaren sollte, und dank eines eingebauten Gendefekts namens RIDL würden die Nachkommen dann bereits im Larvenstadium absterben.[122] [123]

Im Dezember 2010 wurde die genmanipulierte *Oxitec*-Mücke dann auch in Malaysia ausgesetzt, ab 2012 im großen Stil auch in Brasilien – angeblich, um das Denguefieber einzudämmen. Sei 2013 breitet sich nun in Asien aber durch genau jene Mücke das *Guillain-Barré-Virus* überraschend stark aus. In Brasilien breitet sich seit 2015 das Zika-Virus unerwartet stark aus, und gleichzeitig kommt es seitdem zu einer Häufung schwerer Mikrozephalie-Erkrankungen, also zu Schrumpfköpfen bei Neugeborenen.[124]

Das Aussetzen von Bills Killermoskitos rund um den Erdball hatte angeblich zum Ziel, die Ausbreitung von Krankheiten zu stoppen. **Sie hat aber genau das Gegenteil dessen bewirkt!** Entweder die Wissenschaftler, die er finanziert, wissen nicht, was sie tun oder die Projekte wurden als etwas anderes verkauft, als sie waren. Sagt Ihnen der Begriff „Eugenik" etwas? Wenn nicht, dann werden Sie auf den kommenden Seiten mehr darüber erfahren, ebenso über Bill Gates Verbindung zu dieser speziellen Art der Wissenschaft.

Die anerkannte Expertin Ricarda A. Steinbrecher hatte bereits 2010 vor einem Freisetzen der gentechnisch veränderten Mücken gewarnt[125] und die Firma *Oxitec* hatte die Gefahren selbst 2012 in einem internen Papier bestätigt,[126] doch die Vorstellung, Gott spielen zu können, war einfach zu verlockend. Zumindest ziehe ich diese Erklärung jener vor, dass all das beabsichtigt war, um die Bevölkerungszahlen zu reduzieren. Wie Sie sehen, steckt tief drin in mir immer noch ein kleiner Romantiker. Doch der hat es nicht immer leicht.

Natürlich übernahmen Oxitec und seine Komplizen keine Verantwortung dafür, dass sich das Frankenstein-Moskito, das angeblich keine 400 Meter weit fliegen kann, so rasch in Asien, Mittel- und Südamerika ausbreiten konnte. Vielmehr fand man dafür einen anderen Schuldigen: den Touristen! Ja, offiziell sollen es die vielen Touristen gewesen sein, die es aus Brasilien in andere Teile der Welt getragen hätten. Die gab es zwar vor 2015 auch schon, vor *Oxitecs* Eingriff in die Natur, doch wer wird denn da so kleinlich sein?

Im August 2015 wurde *Oxitec* von der US-Firma *Intrexon* aufgekauft, die zusammen mit dem Pharmariesen *Sanofi* an Impfstoffen forscht. Zwei Monate später brachte *Sanofi* einen Impfstoff gegen Dengue auf den Markt, der angeblich 93-prozentigen Impfschutz bietet und unter anderem in Brasilien und Mexiko zugelassen wurde. Wie praktisch, dass dann im Jahr 2020, während weite Teile der Welt dank COVID-19 in einen Dornröschenschlaf verfallen waren, sich in Mittel- und Südamerika und in der Karibik zusätzlich auch noch eine Denguefieber-Welle ausbreitete. Mehr als 19 Länder, darunter Bolivien, Panama, Brasilien, Paraguay und Uruguay, erlebten im Frühling 2020 den größten je dokumentierten Ausbruch von Dengue-Fieber, an dem bereits mehr als 2,7 Millionen erkrankt waren und seit Jahresbeginn über 1.200 Menschen gestorben sein sollen.[127] [128] Ist die moderne Wissenschaft nicht ein Segen für die Menschen in der Dritten Welt? Dengue wurde übrigens, nur ganz nebenbei erwähnt, in der Nachkriegszeit vom US-Militär als biologische Waffe weiterentwickelt – angeblich aber nie eingesetzt.

Ende März 2020 sieht Bill Gates in einem Interview mit CNN für uns in der westlichen Welt Licht am Ende des Tunnels, weil wir uns brav an die Ausgehverbote halten und sich die COVID-19-Ansteckungskurve abflacht. Doch er ist auch überzeugt, dass wir noch nicht über den Berg sind und noch mindestens 10 Wochen im Hausarrest bleiben müssten, also noch bis Mitte Juni.[129] In anderen Interviews sprach er davon, dass wir uns darauf einstellen sollten, dass **unser Leben bis zur weltweiten Verfügbarkeit (s)eines Impfstoffs aber stark eingeschränkt bleiben wird**, also voraussichtlich bis Anfang, Mitte 2021. Seine Stiftung lässt gegenwärtig 7 Fabriken zur Impfstoff-Herstellung bauen, damit er bald die gesamte Welt damit versorgen kann.[130] Bis dahin müssen wir aus dem „Homeoffice" arbeiten, was für die meisten Menschen den Küchentisch bedeutet. Und natürlich hat der gute Bill Gates auch dafür einen Tipp parat:

*„Ich benutze diese Software namens ‚Teams' von Microsoft... Wir müssen lernen, damit umzugehen. Wir bewegen uns auf völlig unbekanntem Terrain. Aber die Wissenschaftler, die von unserer Stiftung finanziert werden und mit denen sie zusammenarbeitet, leisten großartige Arbeit. Und die Mitarbeiter im Gesundheitswesen leisten heldenhafte Arbeit. Also, **ich sehe ein Ende**. Und wenn wir es richtig machen, werden wir in den USA nur für diese eine Zeitspanne stillgelegt."*[131]
[132]

Da Bill Gates aus seiner Sicht alles richtig macht und ich mittlerweile gelernt habe, seine Sprache in meine zu übersetzen, würde ich das Ganze so zusammenfassen: Die Welt, wie wir sie bis Ende des Jahres 2019 kannten, ist Geschichte. Event 201 hat alles verändert. Wir werden uns daran gewöhnen müssen, dass es ein normales, soziales Leben, mit Nähe und engen Sozialkontakten in der Form vielleicht nie wieder geben wird. Bill Gates spricht davon, dass „social distancing" unabdingbar sei. Aus seiner Sicht ist das die Zukunft.

Der Begriff **„social distancing"** ist übrigens irreführend, wie vieles, was aus den Reihen der Geheimen Weltregierung kommt. Er wird allgemein damit gleichgesetzt, dass es während der Corona-Pandemie hilfreich sein soll, physischen Abstand zu einander zu halten, meist wird von eineinhalb bis zwei Metern gesprochen. Das würde aber auf englisch **„physical distancing"** heißen.[133] „Social distancing" bedeutet, dass wir Menschen unsere sozialen Kontakte vernachlässigen, dass wir uns voneinander abwenden, asozial werden, und bedeutet Isolation und Vereinsamung. Das ist eine Welt, wie sie Menschen wie Bill Gates oder Mark Zuckerberg gefällt, Menschen die ohnehin Probleme mit Nähe und Wärme haben und nicht wollen, dass ihnen jemand zu nahe kommt. Die meisten Menschen jedoch haben völlig andere Bedürfnisse.

„Menschliche Berührung ist essentiell wichtig für die Entwicklung eines Kleinkindes. Kleinkinder, die nie in den Arm genommen, nie berührt werden, sterben. Gehalten zu werden, ist ein fundamentales Bedürfnis jedes Menschen."[134]

Gabor Mate, kanadischer Mediziner und Suchtexperte

Wenn wir uns als Menschheit von einigen wenigen, aggressiven Autisten dazu zwingen lassen, unsere Freiheiten aufzugeben und gegen unsere Natur zu handeln, dann haben wir als Spezies versagt. Diese kleine Gruppe dominanter Wesen, die soziale Distanz und ein Leben mit Künstlicher Intelligenz und digitaler Vernetzung menschlicher Nähe und Wärme vorzieht, hat seit den 1990er-Jahren unsere Gesellschaft Schritt für Schritt umgebaut und zu einem Ort gemacht, in dem wir zusehends die reale Welt gegen eine virtuelle eingetauscht haben. Da wir in einer virtuellen und vernetzten Welt leichter zu manipulieren und kontrollieren sind, wurden diese neureichen Nerds von der Geheimen Weltregierung mit offenen Armen empfangen. Deshalb bilden diese mächtigen Sonderlinge nun zusammen mit den alten Gelddynastien eine Allianz, die aus meiner Sicht extrem gefährlich ist, weil sie das Kalte und Herzlose aus zwei Welten vereint.

„In unserer Gesellschaft gibt es eine Tendenz, weinende Kleinkinder nicht in den Arm zu nehmen, um sie nicht zu verwöhnen, um sie daran zu gewöhnen, durchzuschlafen – was genau das Gegenteil ist von dem, was das Kind braucht. Diese Kinder schlafen vielleicht wirklich wieder ein, aber nur, weil sie aufgegeben haben und ihr Gehirn abschaltet, um sie gegen die Verletzung durch die Zurückweisung der Eltern zu schützen. Aber in ihrem impliziten Gedächtnis wird sich abspeichern, dass sie in einer Welt leben, die auf sie pfeift. "[135]

Gabor Mate, kanadischer Mediziner und Suchtexperte

Sollten wir als Menschen mehrheitlich zu dem Entschluss kommen, dass wir auch weiterhin andere Menschen streicheln, küssen und in den Arm nehmen wollen, dann sollten wir rasch handeln, ehe die Generation nach uns nur noch aus Zombies besteht, die mittels eines digitalen Tattoos gesteuert und auf Wunsch an- und ausgeknipst werden können.

Es ist Dienstag, der 14. April, und ich setze mich kurz nach sieben Uhr morgens an den Schreibtisch und überfliege die Nachrichten im Internet. Die Meldungen aus aller Welt ergänzen das, was ich gerade zuvor in der Küche im Radio gehört habe, und sie bestätigen genau das, was ich erwartet und befürchtet habe: Vielerorts wurden die Ausgangsbeschränkungen bis Anfang oder Mitte Mai verlängert. Wo so getan wird, als würde man über eine Lockerung des Hausarrests nachdenken, wird immer deutlicher, dass „Experten" dazu raten, diese an die Bedingung einer flächendeckenden Überwachung der Bürger zu knüpfen. Derzeit arbeiten so gut wie alle im IT-Bereich tätigen Firmen mit Nachdruck daran, das bestmögliche Konzept zur lückenlosen Überwachung und Kontrolle der Bevölkerung zu entwickeln. *Apple* und *Google* haben sich bereits zusammengetan und arbeiten an einer Corona-Tracking-App für alle Handys. Mit deren Hilfe sollen alle Bewegungsdaten des Smartphone-Besitzers aufgezeichnet und gespeichert werden. Sollte derjenige positiv auf Corona getestet werden, dann kann mittels der App und der Daten aller anderen Nutzer genau festgestellt werden, wer in den letzten Wochen Kontakt mit dem Patienten hatte oder auch nur in seiner Nähe war. All diese Personen können je nach Bedarf isoliert und überwacht oder auch zwangsgeimpft werden. Was aber, wenn das nur ein Vorwand für eine allgemeine lückenlose Überwachung ist?

Wer jetzt einwendet, dass wir doch ohnehin schon lückenlos alle mittels unserer Smartphones und deren GPS-Daten überwacht werden, dem gebe ich Recht. Ich glaube auch nicht, dass das Bills letzter Schluss sein wird. Nein, denn ein Smartphone kann man ausschalten oder zuhause lassen. Wenn es hart auf hart kommt, dann können die Menschen trickreich werden, um ihre Überwachung zu umgehen. Wir kennen das von verurteilten Verbrechern, die mit Fußfesseln in den Hausarrest geschickt wurden. Solche Versuche wurden in den letzten Jahren nicht umsonst gemacht. Es gibt immer einen bestimmten Prozentsatz an Menschen, die einen Weg finden, um ihrer „gerechten Strafe" zu entgehen. Nein, es geht um die ultimative Überwachung. Ich habe bereits in meinem ersten Buch, das im Jahr 2011 erschien, darüber geschrieben, dass es das erklärte Ziel der Geheimen Weltregierung ist, alle Menschen lückenlos überwachen und steuern zu können. Ich zitiere mich hiermit selbst, nicht aus Eitelkeit, sondern um zu zeigen, dass all das keineswegs überraschend kommt, sondern bereits lange sowohl ideologisch als auch wissenschaftlich vorbereitet wurde:

„Australische Forscher haben in 2010 ein Verfahren entwickelt, mit dem man Schmerzen mittels eines Chips im Körper unterdrücken kann. Wenn das möglich ist, dann kann man sie ebenso mittels Chip hervorrufen. Damit werden alle gechippten Schäfchen in Zukunft ganz leicht zu disziplinieren sein. Wer nicht im Sinne des Großen Bruders spurt, dem wird einfach Schmerz zugefügt. Bevor diese Chips an Menschen getestet wurden, gab es lange Versuchsreihen an Mäusen. Mehr als 10 Prozent davon haben als direkte Folge der Strahlung durch den Chip in kürzester Zeit Krebs bekommen. Das jedoch wird in der Werbung für den Chip nicht erwähnt. Stattdessen wird er als Instrument für mehr Sicherheit angepriesen. Hunderttausend Ahnungslose weltweit haben bereits ihre Kinder mit einem Chip versehen lassen, damit man sie im Falle einer Entführung schneller finden kann. Es gibt also tatsächlich Menschen, die den Chip befürworten, die eine Weltwäh-

rung begrüßen würden und die sich nach einem Weltstaat sehnen. Es ist enorm, was Werbung und Gedankenkontrolle alles erreichen können...«[(136)]

Ich gehe davon aus, dass Bills Überwachungsvariante mittels Nanotechnologie und Tattoo wesentlich wahrscheinlicher das Rennen machen wird als irgendeine Handy-App. Es wird eine Körper-App geben. In jedem Fall wird es zu einer lückenlosen Überwachung kommen. Jetzt, Anfang April 2020, sagen die meisten Politiker sog. „westlicher Demokratien" noch, dass die Verwendung einer Überwachungs-App aus Datenschutzgründen freiwillig erfolgen müsste. Gleichzeitig geben aber „Experten" aus dem Bereich der Epidemiologie zu bedenken, dass eine solche Überwachung nur einen Sinn hat, wenn sie möglichst alle Bürger mit einschließt.

Ich stelle mir das so vor: Um die Geduld der Bürger nicht über Gebühr zu strapazieren, werden im Mai die Ausgangssperren ein wenig gelockert werden, aber da es im Herbst bereits zur vermeintlich nächsten großen Welle kommen wird, werden die ersten totalitären Staaten wie China, die Türkei oder Tunesien ihre Bürger zwangsweise chippen. In Folge dessen werden die Ansteckungsraten wie von Zauberhand deutlich zurückgehen und die Bürger in allen anderen Ländern werden nun darum flehen, auch die Körper-App zu bekommen, um wieder am öffentlichen Leben – mit gebührendem Abstand voneinander – teilnehmen zu dürfen. *Willkommen in der „Schönen Neuen Welt"!*

Johns Hopkins und die Rassenhygiene

Wenn wir uns ansehen, wer bei der sog. „Corona-Pandemie" im Jahr 2020 die Zügel in der Hand hält, dann sind das augenscheinlich einige wenige Personen und Institutionen, deren Vorgaben anscheinend alle Politiker rund um den Globus, und daraus resultierend die meisten Völker, nahezu widerspruchslos Folge leisten. Eine Handvoll Institutionen füttert uns täglich mit Zahlen und angeblichen Fakten, die von der Mainstreampresse nur sehr zögerlich hinterfragt werden. Unser gesamtes Leben, unser Denken und Handeln richtet sich an diesen Zahlen aus. Aber wer sind die Menschen, die diese Zahlen liefern? Wo kommen sie her? Was befähigt sie dazu, unser Leben so durchdringend zu beeinflussen? Gibt es zwischen Ihnen eine Verbindung und wenn ja, welche? Können wir ihnen vertrauen?

Genau diese Fragen hat meines Wissens nach kein etablierter Journalist in den Mainstreammedien, in den traditionsreichen Zeitungen und Magazinen und in den so einflussreichen Fernsehsendern gestellt, als die Welt basierend auf einigen Zahlen und mathematischen Modellen einiger weniger Akteure abrupt und folgenschwer angehalten wurde. Wer also sind die Hauptakteure in der Corona-Krise 2020?

Weltweit die meiste Medienpräsenz hatte in den letzten Monaten vermutlich die *Johns Hopkins Universität*, genauer deren *Center for Health Security*. Sie scheint zusammen mit der sog. *Weltgesundheits-Organisation* (**WHO**) und dem **US-***Seuchenkontroll- und Seuchenprä-ventions-Zentrum* (**CDC**) das Monopol auf die Frage zu haben, was gut und richtig für uns alle ist. Der vierte große Akteur in diesen Tagen ist das *Robert Koch-Institut* (**RKI**), vor allem im deutschsprachigen Raum. Die Kompetenz dieser Einrichtungen scheint angeblich unbestreitbar zu sein, zumindest ist das der Eindruck, den man aus den Medien und durch die Politik gewinnen könnte. Doch dieser Schein trügt, wie ich Ihnen gleich beweisen werde. Denn diese Institutionen sind weder unabhängig, noch ist ihr Ruf tadellos. Zudem werden sie alle von einem unsichtbaren Band zusammengehalten und dieses Band hat wenig überraschend einen Namen: BILL GATES!

Also, sehen wir uns diese vermeintlich unabhängigen Experten einmal genauer an: Die *Johns-Hopkins-Universität* ist eine private Universität in Baltimore, USA. Sie zählt zu den zehn besten Universitäten weltweit, hat bereits 37 Nobelpreisträger und zahlreiche andere herausragende Persönlichkeiten hervorgebracht und liegt an dritter Stelle der meistzitierten Forschungsinstitutionen. Allein daran kann man bereits erahnen, welchen Einfluss „Johns Hopkins" auf die akademischen Zirkel, auf die Politik und auf die Welt der Wissenschaft haben muss. Aber diese auf den ersten Blick beeindruckende Vita kann nicht darüber hinwegtäuschen, dass bei der Privatuni mit all ihren zahlreichen, untergeordneten Instituten und Abteilungen durchaus nicht alles Gold ist, was glänzt.

> *„Angesichts einer Reihe von Zeitungsberichten, in denen ein starker Anstieg der Todesfälle bei Patienten der Herzchirurgie festgestellt wurde, sind mehrere Mitglieder des Führungsteams des Johns Hopkins Kinderkrankenhauses in St. Petersburg (Florida), darunter auch Präsident Jonathan Ellen, zurückgetreten... Eine Untersuchung der Tampa Bay Times ergab große Probleme, die das Herzinstitut des Krankenhauses plagten – Mängel, die zu einer Sterblichkeitsrate führten, die sich von 2015 bis 2017 verdreifachte. Laut der Zeitung wurden die Aufsichtspersonen von mindestens acht Mitarbeitern des Krankenhauses auf minderwertige, chirurgische Praktiken aufmerksam gemacht."*
> Business Observer, 10. Januar 2019[137]

Natürlich kann mangelnde Sorgfalt und Hygiene auch bei anderen Krankenhäusern vorkommen, aber die spielen sich nicht zur uneingeschränkten Autorität auf diesem Planeten in puncto Zuverlässigkeit auf. Sicher sind unter den tausenden Mitarbeitern der einzelnen Institute auch sehr viele Personen, die gute Arbeit leisten und ihre Verantwortung sehr ernst nehmen. Alle rühmlichen und weniger rühmlichen Machenschaften der Johns Hopkins aufzuzählen, würde ausufern, aber ich möchte Ihnen zumindest einen kleinen Überblick über die dunklen Ecken eines Institutes geben, das im Jahr 2020 unser aller Leben so nachhaltig beeinflusst.

„Die Johns Hopkins University gab heute bekannt, dass sie die volle Verantwortung für den Tod einer Freiwilligen in einem Experiment übernommen hat. In einem Bericht über die Untersuchung des Todes sagte die Universität, der Forscher, der das Experiment durchgeführt habe, und die Ethikkommission, die es genehmigt habe, hätten keine angemessenen Vorkehrungen zum Schutz der Versuchs-Personen getroffen... Die Freiwillige Ellen Roche starb ... an Lungenversagen."[138]

National Institutes of Health, 8. September 2001

„Lungenversagen, ja, daran sterben angeblich auch die meisten CO-VID-19-Todesopfer" – doch das war nur so ein Gedanke, der mir gerade durch den Kopf schoss. Der fahrlässige Umgang mit Menschenleben ist also bei Johns Hopkins kein Einzelfall gewesen, aber es kommt noch dicker. Nicht nur die glorreiche Geschichte des Hauses reicht weit zurück, sondern auch die finstere – vor allem *die*, um genau zu sein. So hatte die **Johns-Hopkins-Universität** zusammen mit der *Rockefeller-Stiftung* und einem Pharma-Unternehmen von 1932 bis 1972 unter Aufsicht des US-Gesundheitsministeriums im großen Stil **unerlaubte Experimente an Menschen** durchgeführt, ohne sie darüber zu informieren. So wurden körperlich gesunde Soldaten, psychisch Kranke, Prostituierte und Häftlinge in Guatemala mit *Gonorrhö*, *Syphilis* oder der Geschlechtskrankheit *Schanker* infiziert, um an ihnen verschiedene Behandlungsmethoden und Medikamente zu testen und um an ihnen die physischen und psychischen Auswirkungen der Krankheiten zu studieren.[139]

„Das US-amerikanische Pharmaunternehmen Bristol-Myer Squibb, die Johns-Hopkins-Universität in Baltimore und die Rockefeller-Stiftung in New York erwartet ein Gerichtsverfahren mit einer Forderung in Höhe von einer Milliarde US-Dollar wegen Missbrauchs an hunderten Guatemalteken. Der Fall, bei dem die Menschen ohne ihre Einstimmung durch medizinische Experimente in den 1940er-Jahren mit Syphilis infiziert wurden und viele davon an den Folgen starben, wird nun vor einem US-Gericht verhandelt werden... 744 Guatemal-

teken, die Opfer der damaligen Studien wurden, hatten bereits im Jahr 2015 eine Zivilklage gegen die entsprechenden Organisationen eingereicht. Diese hatten in den 1940er-Jahren Experimente an ihnen oder ihren Familienangehörigen durchgeführt, um das damals neue Penizillin dahingehend zu testen, ob dieses auch sexuell übertragbare Krankheiten stoppen konnte. Die Experimente seien ‚ohne Wissen oder Zustimmung der Opfer' durchgeführt worden. Damit wurden ‚Verbrechen gegen die Menschheit' begangen und gegen das Völkerrecht verstoßen.«[140]

Melanie Schnipper, Journalistin, 12. Januar 2019

DIE JOHNS HOPKINS-UNIVERSITÄT UND DIE ROCKE-FELLER-STIFTUNG HABEN <u>40 JAHRE LANG</u> UNTER DEM DECKMANTEL DER WISSENSCHAFT NACHWEISLICH BIS IN DIE 1970ER-JAHRE HINEIN MENSCHEN OHNE DEREN EIN-WILLIGUNG ZU LABOR-RATTEN GEMACHT!

DIE JOHNS HOPKINS-UNIVERSITÄT UND DIE ROCKE-FELLER-STIFTUNG HABEN GEGEN DAS VÖLKERRECHT VER-STOSSEN UND „VERBRECHEN GEGEN DIE MENSCH-HEIT" BEGANGEN!

All das wurde erst Jahrzehnte später bekannt gemacht, aufgearbeitet und verhandelt. Wer sagt uns, dass sie dasselbe mit uns nicht heute immer noch genauso machen? **Werden wir vielleicht alle im Jahr 2020 in einem riesigen Feldversuch als Versuchskaninchen missbraucht!?** Nein, so etwas könnte doch heute nicht mehr möglich sein, oder?

Es ist so viel mehr möglich, als wir uns in unseren kühnsten Träumen ausmalen können, denn die Arme der Rockefeller-Krake und ihrer Artgenossen sind so zahlreich und weitreichend und ständig in Bewegung. Das Spitzenpersonal rochiert konstant innerhalb der Konzerne und Institutionen der Geheimen Weltregierung. Die äußere Fassade bewegt sich unentwegt und lässt so kaum einen Blick auf die harte und alles durchdringende Struktur dieses Machtapparates im Inneren des „Deep State" zu.

Nur ein kleines Beispiel hierzu: **Katherine A. Ates** war jahrelang die engste Beraterin des demokratischen Senators **John „Jay" Rockefeller IV.**, dem Urenkel des legendären John D. Rockefeller, dem Gründer eines Weltreichs. „Jay" war dreißig Jahre lang Mitglied des US-Senats und damit nicht nur einer der reichsten Männer der USA, sondern auch einer der einflussreichsten. Seine engste Mitarbeiterin, Katherine A. Ates, beriet „Jay" nicht nur juristisch und politisch, sondern auch (nach eigenen Angaben) in allen Fragen seiner „philanthropischen" Aktivitäten und war somit auch führende Beraterin des *Blanchette Rockefeller Neurosciences Institute*, einer der weltweit führenden Forschungseinrichtungen in Sachen Alzheimer, Neurochirurgie, Neurologie, Verhaltensmedizin und Psychiatrie. Dieses Rockefeller-Institut betreibt zudem eigene Labore an der Johns Hopkins-Universität, deren neue Vize-Direktorin dann im Jahr 2013 – ja, sie haben es erraten – Katherine A. Ates wurde.[141] [142]

„Jay" ist übrigens der Sohn von John D. Rockefeller III. (1906-1978), der sich stark im Bereich der weltweiten Geburtenkontrolle engagierte. Dafür gründete Jay 1952 das private *Population Council*, das heute Büros in 60 Dritte-Welt-Ländern unterhält und auf Geburtenkontrolle und die HIV-Forschung spezialisiert ist. Erster Direktor des Institutes war Frederick Osborn, ein bekannter Eugeniker. Das *Population Council* fördert unter anderem den Einsatz von dauerhaften Verhütungsmitteln, wie beispielsweise *Norplant*, das in den Oberarm implantiert wird und dauerhaft unfruchtbar macht. Doch es wird noch besser: Ich gehe davon aus, dass wir uns alle darin einig sind, dass die Nazis in ihrem Rassenwahn schreckliche Verbrechen begangen haben und so etwas nicht wieder passieren darf, richtig? Ich gehe des Weiteren davon aus, dass wir darin übereinstimmen, dass alle Menschen gleich sind und dasselbe Recht auf Leben und Menschenwürde haben, richtig? Zumindest ist das eines der Fundamente all unserer westlichen Grundgesetze.

Eines der Institute an der Elite-Uni Johns Hopkins in Baltimore ist die *„Johns Hopkins Bloomberg School of Public Health"* (Schule für Hygiene und öffentliche Gesundheit), die im Jahr 1916 von der **Rocke-**

feller-Stiftung gegründet wurde. Die Rockefellers sind so etwas wie die Paten der **Eugenetik**, manchmal auch etwas altmodisch als „**Erbgesundheitslehre**" bezeichnet. Ihr Ziel ist es, die besten menschlichen Gen-Poole zu fördern, also die „schlechten Gene" auszusortieren. Es ist bis heute nicht immer einfach, eine klare Trennungslinie zwischen der „**Rassenhygiene**" der Rockefellers und der Nazis und der modernen „**Humangenetik**" zu ziehen, wie Bill Gates sie in großem Umfang finanziell und ideologisch unterstützt. Oftmals hat es gar den Anschein, als wäre eine Trennung gar nicht erwünscht.

> *„Eugenik wäre kaum mehr als ein bizarres Salongespräch geblieben, wäre sie nicht so umfassend finanziell durch Unternehmer und Philanthropen unterstützt worden, insbesondere durch die Carnegie-Stiftung, die Rockefeller-Stiftung und das Harriman Railroad-Vermögen. Sie alle waren mit einigen der angesehensten Wissenschaftler Amerikas verbündet... Diese Akademiker traten für Rassentheorie und Rassenwissenschaft ein und fälschten und verdrehten dann Daten, um den rassistischen Zielen der Eugenik zu dienen... Die Rockefeller-Stiftung half bei der Gründung des deutschen Eugenik-Programms und finanzierte sogar Josef Mengeles Programm, bevor er nach Auschwitz ging."*[143]

Edwin Black (Investigativer Journalist und Autor)

Gegen Ende des Zweiten Weltkriegs formierten sich die führenden britischen Eugeniker um **Julian Huxley**, der von 1937 bis 1944 Vizepräsident der britischen *Eugenics Society* war und danach der erste **Generaldirektor** der neuen UNO-Organisation für Bildung, Wissenschaft und Kultur, **UNESCO**, wurde. Huxley verfasste 1946 das **offizielle UNO-Dokument** „Die UNESCO, ihr Zweck und ihre Philosophie", worin er offen ausführte, wo der Hammer hängt:

> *„Auch wenn es sicher richtig ist, dass eine radikale eugenische Politik für viele Jahre politisch und psychologisch unmöglich sein wird, wird es für die UNESCO wichtig sein, dafür zu sorgen, dass das eugenische Problem mit der größten Sorgfalt geprüft und die Öffentlichkeit über das fragliche Thema informiert wird, **damit vieles, was heute undenkbar erscheint, wenigstens wieder denkbar wird.**"*[144]

Lassen wir das kurz nachwirken: Die Abteilung der **UNO** für Bildung, Wissenschaft und Kultur, die **UNESCO,** hat es sich zur Aufgabe gemacht, dafür zu sorgen, dass **das Undenkbare wenigstens wieder denkbar wird!** Huxley spricht also offiziell im Namen der UNO davon, die durch die Nazis in Verruf geratene „Eugenik" wieder salonfähig zu machen, also dafür zu sorgen, dass eine kleine, selbsternannte Elite, die sich für genetisch wertvoller hält als andere, entscheiden darf, welches Leben, welche Person eine Existenzberechtigung hat und welche nicht! Dachten Sie auch, die UNO, die UNESCO und die WHO wären zum Schutz und zum Vorteil aller Menschen geschaffen worden?

Doch wie soll das funktionieren, die Eugenik wieder salonfähig zu machen? Wie um alles in der Welt kann man in einer Gesellschaft, in der die Nazis und ihr Treiben als Symbole des Bösen gelten, eines ihrer zentralen Themen wieder gesellschaftsfähig machen? Wie kann man das Undenkbare wenigstens wieder denkbar machen? Ganz einfach: Indem man die Menschen mit Hilfe eines Tricks hinters Licht führt. Man gibt dem Kind einfach einen anderen Namen. Und man erklärt den Menschen, dass die Dezimierung eines Teils von ihnen unausweichlich und alternativlos ist. Das ist nicht möglich?

„Die bewusste und intelligente Manipulation der organisierten Gewohnheiten und Meinungen der Massen ist ein wichtiges Element in der demokratischen Gesellschaft. Wer die ungesehenen Gesellschaftsmechanismen manipuliert, bildet eine unsichtbare Regierung, welche die wahre Herrschermacht unseres Landes ist. Wir werden regiert, unser Verstand geformt, unsere Geschmäcker gebildet, unsere Ideen größtenteils von Männern suggeriert, von denen wir nie gehört haben. Dies ist ein logisches Ergebnis der Art, wie unsere demokratische Gesellschaft organisiert ist... In beinahe jeder Handlung unseres Lebens, ob in der Sphäre der Politik oder bei Geschäften, in unserem sozialen Verhalten und unserem ethischen Denken werden wir durch eine relativ geringe Zahl an Personen dominiert, welche die mentalen Prozesse und Verhaltensmuster der Massen verstehen. Sie sind es, die die Fäden ziehen, welche **das öffentliche Denken kontrollieren.**"[145]

Edward Bernays (aus seinem Buch »Propaganda«)

Dies ist ein Auszug aus Edward Bernays' Buch »**Propaganda**« aus dem Jahr 1928. Bernays, ein Neffe Sigmund Freuds, gilt als der Urvater der modernen Propaganda, die er später in **Public Relations (PR)** umtaufte, da der Begriff „Propaganda" im Umfeld des Zweiten Weltkriegs (wie die Eugenik) unpopulär wurde. „PR" ist also nichts anderes als die moderne Form von Propaganda und hat den Zweck, die Massen zu beeinflussen und ihr Denken und Handeln so zu manipulieren, wie es die Propagandisten oder deren Auftraggeber wünschen.

„Wer die ungesehenen Gesellschaftsmechanismen manipuliert, bildet eine unsichtbare Regierung, welche die wahre Herrschermacht unseres Landes ist." Huxley, die Rockefellers und die anderen Familien-Clans, deren Ziel es war, die Menschheit zu dominieren und zu führen, lernten aus den Fehlern der Nazis. Sie haben daher ihre Vorgangsweise geändert – nicht aber ihre Überzeugung. Die Täter haben die alte, in Misskredit geratene Uniform abgestreift und sich eine neue übergezogen, ganz so, wie es nach jedem misslungenen Experiment in der Menschheitsgeschichte der Fall war.

Huxley war auch derjenige, der den Begriff „Eugenik" durch den Begriff „**Umweltschutz**" ersetzte. Im Jahr 1961 arbeitete Sir Julian Huxley, inzwischen Präsident der *Eugenics Society* und von der britischen Königin geadelt, mit deren Gemahl zusammen, dem britischen **Prinz Philip**. Gemeinsam gründeten sie den *World Wildlife Fund* (WWF), der dazu dienen sollte, die Menschenherde im Namen des „Umweltschutzes" im Zaum zu halten und die Reduktion der Bevölkerung mit den Argumenten von Umweltschutz und Nachhaltigkeit zu rechtfertigen und wissenschaftlich zu begründen.[146] Prinz Philip, der Gemahl der englischen Königin, ist ein erklärter Anhänger der Eugenik. Gegenüber der Deutschen Presseagentur sagte er im Jahr 1988: *„Wenn ich wiedergeboren werde, **dann möchte ich als tödliches Virus wiederkehren**, um etwas **zur Lösung der Überbevölkerung** beizutragen."* Das ist der Ehemann der britischen Königin.

An dieser Stelle muss ich leider feststellen, dass ich nicht darum herumkommen werde, auch in diesem Buch ein Kapitel zum Thema „Umweltschutz" zu schreiben, denn es ist untrennbar mit dem Thema der Bevölkerungskontrolle und Bevölkerungsreduktion verbunden, und die sind wiederum untrennbar mit dem eigentlichen Kernthema dieses Buches, die ich „**Event 201(9)**" und „**Event 202(0)**" nenne, verbunden. Eigentlich hatte ich gehofft, dies umschiffen zu können, weil es heute für jeden Autor so ziemlich das gefährlichste Thema ist, aber das geht wohl nicht. Doch erst betrachten wir uns weiter das dichte Netz, das Bill Gates um das weltweite Gesundheitssystem gesponnen hat.

Die *Bill & Melinda Gates Foundation* finanziert mehrere Projekte der UNESCO, wie das *UNESCO-IHE Institute for Water Education*.[147] Seit 1992 hat die *Gates-Stiftung* zudem konsequent zusammen mit der UNESCO das Schulwesen in den USA und in zahlreichen Dritte-Welt-Ländern umgebaut. Mittels Millionen-Spenden sorgt die Gates-Stiftung unter dem Begriff *„Education Reform"* (Bildungsreform) dafür, dass die Lehrpläne nach den Vorstellungen von Gates umgestaltet werden und möglichst vielen Kindern die Mähr vom bösen CO_2 eingeimpft wird.[148] Am besten geht das natürlich mit Computern und Tablets und mit der Software von Microsoft. Mit *Office 365 Education* bietet Microsoft im Jahr 2020 weltweit allen Schülern und Schulen die kostenlose Nutzung ihrer Lernprogramme an. Das Ziel ist es, künftig Schulen als physische Orte überflüssig zu machen und Kinder und Jugendliche mittels virtueller Klassenräume zu beschulen und damit auch die Lerninhalte zu kontrollieren. Damit ist ausgeschlossen, dass einzelne Lehrer oder Dozenten ihren Studenten künftig Informationen oder Gedanken abseits des offiziellen Lehrplans mit auf den Weg geben können.[149]

Diese Idee einer Bildungsreform, bei der der Einfluss staatlicher Institutionen zurückgedrängt und die Bildung in die Hände reicher, privater Geldgeber gelegt wird, geht zurück auf den ersten UNESCO-Präsidenten Julian Huxley.[150] Bill Gates wendet immer dasselbe Prinzip an: Er spendet großzügige Summen, um in Bereichen des Staates Einfluss zu nehmen, die Macht der gewählten Volksvertreter zurückzudrängen und tarnt dies dann sehr erfolgreich als „Philanthropie."

Julians Bruder, Aldous Huxley, war Autor des berühmten Romans *Brave New World* aus dem Jahr 1932, zu Deutsch „Schöne neue Welt". Er beschreibt eine träge Gesellschaft in der Zukunft, in der die Menschen mittels Manipulation der Erbmasse (moderne Humangenetik!) und anschließender mentaler Indoktrinierung ruhig und willenlos gehalten werden, um von einer kleinen, elitären Kaste ohne Probleme kontrolliert zu werden. *Meine Damen und Herren, das sind WIR! Wir leben bereits in Huxleys schöner neuer Welt-Ordnung!* Eine kleine Gruppe extrem reicher Menschen, die ich die „Geheime Weltregierung" nenne, kontrolliert alles, das Bildungs-, das Gesundheits- und das Finanzwesen, die Wissenschaft und die Mittel moderner Kommunikation.

> *„Ich sehe, wie die Menschen hier ihre Freiheit freiwillig abgeben, etwas, was wir (in Thailand) nie hatten. Warum tun sie das? Warum akzeptieren sie etwas, das ihre Grundrechte einschränkt... Was mich am meisten frappiert, ist, dass die Bevölkerung in diesem Land (Deutschland)... dass die Leute alles glauben, was ihnen gesagt wird.... ohne zu hinterfragen..."* [151]
>
> Prof. Dr. Sucharit Bhakdi, thailändisch-deutscher Facharzt für Mikrobiologie und Infektionsepidemiologie, ehemaliger Leiter des Instituts für Medizinische Mikrobiologie und Hygiene an der Johannes Gutenberg-Universität Mainz im Interview am 16. April 2020

Was das alles mit Bill Gates und der Corona-Krise zu tun hat? Nun, Gates hat nicht nur sein eigenes Institut an der Johns Hopkins Universität, das *Bill & Melinda Gates Institute for Population and Reproductive Health, Johns Hopkins*, also ein „Institut für Bevölkerungskontrolle und Fortpflanzungsmedizin", sondern ist damit das unsichtbare Bindeglied zwischen der Elite-Universität, der Rockefeller-Stiftung, der WHO, der modernen Eugenik (Fortpflanzungsmedizin) und der modernen CO_2-Religion, die nichts anderes zum Ziel hat, als die Bevölkerung zu dominieren und zu dezimieren!

Sollten sie jetzt argumentieren, dass ich damit heillos übertreibe, weil doch immerhin Institutionen wie das *Robert-Koch-Institut* und die *CDC* staatlich und somit unabhängig sind, dann muss ich Sie dieser Illusion leider berauben! Bill Gates hat tatsächlich so etwas wie den *Stein der Weisen* gefunden, um die Welt nach seinen Vorstellungen so umzugestalten, dass es nicht zu offensichtlich ist und ohne, dass ihn irgendein Parlament oder irgendein staatliches Kontrollorgan dabei einschränken könnte.

Also, wie diktiert man einem westlichen Staat, der ein angeblich funktionierendes demokratisches System hat, alles auf, was man will? Ganz einfach, man löst alle staatlichen Institutionen, die einem im Weg stehen, schleichend und nahezu unsichtbar auf. Nein, nicht, indem man sie offensichtlich zerstört oder ihnen etwas wegnimmt, sondern indem man ihnen großzügig etwas hinzufügt. Man dockt etwas an, das wie eine semipermeable Membran nur in eine Richtung durchlässig ist. So schwächt man staatliche Institutionen und dehnt die eigene Macht aus, ohne dass irgendjemand es merkt. Und falls es doch jemand auffallen sollte, dann ist das Ganze so konstruiert, dass es nicht ungesetzlich ist, zumindest nicht so richtig. Wie das geht?

Bill Gates hat erfolgreich die Grenzen zwischen Staat und Privatunternehmen aufgelöst, ganz so, wie er es immer angekündigt hat und ganz so, wie es bereits Julian Huxley in den 1940er-Jahren vorgezeichnet hatte. Das funktioniert am besten, indem man wissenschaftliche Einrichtungen, Universitäten und Forschungsstellen mit sehr viel Geld überhäuft, um sie das tun zu lassen, was sie schon immer tun wollten. Man tritt als großer Gönner auf. Man macht sich als der reiche Onkel beliebt, indem man den Kindern die teuersten Spielsachen schenkt, die ihre Eltern ihnen nicht kaufen können. Sobald einem diese Institutionen und die für sie arbeitenden Wissenschaftler aus der Hand fressen, gründet man neue Partnerinstitute zwischen der eigenen Stiftung und diesen staatlichen Stellen, die man aus reiner Großzügigkeit finanziert. Solche Anhängsel sind dann nicht mehr staatlich, weil sie als Stiftungen oder Vereine aufgestellt werden. Somit sind sie auch an keine staatlichen Vorgaben mehr gebunden und können und müssen auch nicht mehr durch staatliche Kontrollorgane überprüft werden. Man macht die Wissenschaftler und Manager reich und glücklich, und dafür kann man sich ihrer Loyalität gewiss sein. *Genau so, meine Damen und Herren, funktioniert das in der Realität!*

Die übrigen Experten

Das **CDC,** das US-*Seuchenkontroll- und Seuchenpräventions-Zentrum* samt seiner 49 landesweiten Außenstellen ist als Teil des US-Gesundheitsministeriums eine staatliche Einrichtung. Zweck der CDC ist der Schutz der öffentlichen Gesundheit, und ein wichtiges Aufgabengebiet dieser Behörde sind Infektionskrankheiten. Damit entspricht die Zuständigkeit der CDC etwa der des Robert-Koch-Instituts in Deutschland. Eine sehr wichtige Rolle kommt der CDC in Zeiten öffentlicher Gesundheits-Krisen zu, denn es ist dann ihre Aufgabe, Gegenmittel zu entwickeln und staatliche wie lokale Labore mit Test-Equipments auszustatten.

Neben der staatlichen CDC, von der in den Medien immer wieder berichtet wird, gibt es aber noch die **CDC-Foundation,** die zwar irgendwie mit der CDC verbandelt ist, aber unabhängig von CDC als Stiftung und als private, gemeinnützige Organisation arbeitet. Ihr Hauptfinanzier ist – unschwer zu erraten – die *Bill & Melinda Gates-Stiftung.*

> *„Das Robert-Koch-Institut war am 21. und 22. September 2003 Gastgeber der Konferenz ,Impfstoffentwicklung und innovative Therapiekonzepte'. Das Ziel der Fachtagung war es, deutsche Forscher aus den Gebieten der HIV-/AIDS-Therapie und der Impfstoffentwicklung zu versammeln, sowie den Vertretern der Internationalen AIDS-Impfstoffinitiative (International AIDS Vaccine Initiative, IAVI) die Chance zu geben, diese Wissenschaftler kennenzulernen und mögliche Kollaborationen zu diskutieren. IAVI ist eine gemeinnützige Organisation, die über Spenden finanziert wird (unter anderen die Bill & Melinda Gates Foundation).* "[152]
>
> Tagungsbericht, S. Norley, Robert-Koch-Institut, Berlin

Das Robert-Koch-Institut richtete also für die von Gates finanzierte AIDS-Impfstoffinitiative eine Tagung aus, damit Mitglieder der *IAVI* die führenden deutschen Forscher besser kennenlernen können. **Das** *Robert-Koch-Institut* (RKI) **ist an und für sich eine unabhängige deut-**

173

sche Bundesoberbehörde, zuständig für übertragbare (Infektions-krankheiten) und nicht übertragbare Krankheiten. Das RKI beschäf-tigt rund 1.100 Mitarbeiter und betreibt, nur nebenbei erwähnt, auch ein Hochsicherheitslabor mit der biologischen Schutzstufe 4 (*biosafety level 4*). Davon gibt es noch drei weitere in Deutschland, nämlich in Hamburg, Marburg und auf der Insel Riems. Das staatliche RKI be-sitzt weithin einen tadellosen Ruf.[(153)]

Doch neben dem Robert Koch Institut gibt es auch noch die *Ro-bert-Koch-Stiftung*. Dieser eingetragene Verein hat das Ziel der Förde-rung des medizinischen Fortschritts. Speziell ist es ausgerichtet auf die Grundlagenforschung bei Infektionserkrankungen. Im 21-köpfigen Ku-ratorium der Stiftung sitzen internationale Vertreter der Pharmaindus-trie und mehrerer Großkonzerne mit direkten Verbindungen zu Bill Gates. So sitzt etwa **Lothar Wieler**, der Präsident des Robert-Koch-Instituts, auch gleichzeitig in der Robert-Koch-Stiftung. Wieler ist Ve-terenärmediziner und Mikrobiologe und zudem Vorstandsmitglied der *International Association of National Public Health Institutes* (IAN-PHI), also des internationalen Dachverbandes nationaler Gesundheits-behörden. Dieser wurde mit Geldern von der *Rockefeller-Stiftung* und der *Bill & Melinda Gates-Stiftung* gegründet.

Ich möchte Sie mit all diesen Bezeichnungen und Abkürzungen nicht langweilen, ich möchte nur aufzeigen, dass Bill Gates es wirklich meisterlich versteht, vermeintlich unabhängige Institute und deren Mit-arbeiter für seine Zwecke einzuspannen. Denn Lothar Wieler ist auch noch Mitglied des wissenschaftlichen Beirats der *Global Research Col-laboration for Infectious Disease Preparedness* (GloPID-R), einer „in-ternationalen Initiative", die sowohl von der EU als auch von der *Bill & Melinda Gates-Stiftung* finanziert wird und deren Aufgabe es ist, die Zusammenarbeit und Kommunikation der einzelnen Mitglieder unter-einander „geschmeidiger" zu machen. Und weil's sonst nicht genug wä-re, ist Herr Wieler auch noch Mitglied im **WHO-Beratungsausschuss für Gesundheitsforschung** (EACHR) in Europa. Prof. Dr. Fred Zepp ist Mitglied der „Ständigen Impf-Kommission" beim Robert-Koch-

Institut, also bei jenem Verein, der für den Bund und die deutschen Bundesländer die Impf-Empfehlungen ausspricht. Er hat direkte Verbindungen zur *Bill & Melinda Gates-Stiftung* und zur WHO und sitzt im wissenschaftlichen Beirat von *Curevac*, also jener Tübinger Biotech-Firma, an der Gates beteiligt ist und die ganz vorne mit dabei sein soll im Rennen um einen Impfstoff gegen das neue Corona-Virus.[154]

Ich möchte diesen beiden Herren wirklich nichts unterstellen. Wahrscheinlich sind sie redlich und deshalb so gefragt, weil sie einfach einen tollen Job machen. Ich finde es aber wichtig, aufzuzeigen, dass all die vermeintlich unabhängigen Institutionen, die unser Leben im Jahr 2020 so umfangreich beeinflussen und einschränken, vielleicht nicht so souverän und unabhängig sind, wie wir das vermutlich gerne hätten. Außerdem finde ich es bemerkenswert, dass die oberste deutsche Institution für die Seuchenbekämpfung am Menschen ein Tierarzt ist.

Die Rolle des **Weltwirtschaftsforums** ist einfach zu erklären. Diese private Stiftung betreibt neben dem allseits bekannten jährlichen Treffen in Davos auch noch zahlreiche andere Treffen, bei denen es darum geht, die Spitzen der Wirtschaft, der Politik, der Wissenschaft, Journalisten und einflussreiche Persönlichkeiten des öffentlichen Lebens zusammenzubringen, damit sie sich im erlauchten Kreis und im Geheimen über „die dringendsten Fragen unserer Zeit" austauschen und abstimmen können. Das sind allen voran die Wirtschafts- und Sozialpolitik, aber natürlich am wichtigsten die **Gesundheits- und Umweltpolitik**.[155] Das Weltwirtschaftsforum ist eine Globalisierungs-Lobby. Sie pusht die Agenda der Geheimen Weltregierung und hilft nach Gates Vorbild dabei, dass staatliche Institutionen mehr Macht und Einfluss an private Konzerne abgeben, was Bill Gates bei seinem Vortrag in Davos im Jahr 2008 mit einem neuen Begriff umschrieb: *Creative Capitalism!*[156]

„Für den Krieg sind wir bereit, da haben wir Divisionen, betont der Gründer der Software-Firma Microsoft. Aber was ist mit Seuchen?

Wie viele Ärzte haben wir dafür, wie viele Flugzeuge, Zelte, Wissenschaftler? Gäbe es so etwas wie eine Weltregierung, wären wir besser vorbereitet. "[157]

Bill Gates im Interview mit der »Süddeutschen Zeitung«, 28. Januar 2015

Wahrlich kann man William Henry Gates III. bei seinem Streben nach der Weltherrschaft weder die Kreativität noch die Beharrlichkeit absprechen! Damit kommen wir zum Abschluss dieses Kapitels zum letzten wichtigen Player in dieser Corona-Krise des Jahres 2020, die wie kein anderes Ereignis zuvor deutlich macht, wie dringend wir nationale Parlamente auflösen und durch eine Weltregierung ersetzen sollten – was zumindest einige unter uns für eine gute Idee zu halten scheinen.

Wir erinnern uns: Am 31. Dezember 2019 informierten chinesische Behörden erstmals offiziell die sog. **Weltgesundheitsorganisation (WHO)**. In den Medien wird sie wie selbstverständlich als souveräne und seriöse überstaatliche Autorität dargestellt. Am 11. März rief diese Institution dann den Corona-Pandemie-Fall aus und die meisten Staaten setzten daraufhin in den folgenden Tagen Notstandsverordnungen in Kraft und verhängten weitgehende Ausgangssperren für ihre Bürger. Wer also ist diese Organisation, die so viel Macht hat? Die Weltgesundheitsorganisation ist die Koordinationsbehörde der Vereinten Nationen (UNO) für das internationale, öffentliche Gesundheitswesen und hat ihren Sitz in Genf. Laut ihrer Verfassung ist das Ziel der WHO *„die Verwirklichung des bestmöglichen Gesundheitsniveaus bei allen Menschen. Ihre Hauptaufgabe ist die Bekämpfung der Erkrankungen, mit besonderem Schwerpunkt auf Infektionskrankheiten sowie Förderung der allgemeinen Gesundheit der Menschen weltweit".* [158]

Manch einem wird die WHO noch aus dem Jahren 2005/2006 in Erinnerung sein, als sie – ein wenig überspitzt formuliert – den Untergang der Menschheit auf Grund der **Vogelgrippe (H5N1-Virus)** voraussagte, die sich von Hongkong aus langsam in andere Länder ausgebreitet hatte. Anfang 2006 war die Ausbreitung dieses H5N1-Grippe-Virus dann nach Ansicht des Vorsitzenden des Influenza-Programms der WHO, Klaus Stöhr, nicht mehr zu stoppen. Nachdem er das Horrorszenario von „bis zu 7 Millionen Toten weltweit" an die Wand malte, gaben mehrere Regierungen riesige Geldbeträge aus, um sich zum Schutz ihrer gefährdeten Bevölkerung mit den Grippemitteln *Tamiflu* und *Relenza* einzudecken. Zwar verbreitete sich das Virus weltweit, jedoch verstarben daran nur 152 Menschen, also um vieles weniger als bei jeder normalen, saisonalen Grippe. Im Jahr 2007 wechselte Klaus Stöhr dann von der WHO zum Pharmakonzern Novartis.[159] [160]

Doch der nächste Streich folgt sogleich! Ende April 2009, nur drei Jahre später, warnte die WHO wieder vor der Gefahr einer Pandemie, diesmal sollte uns die Schweinegrippe (H1N1-Virus) reihenweise hinwegraffen. Aber nach dem Vogelgrippe-Debakel nur drei Jahre zuvor schenkte niemand mehr der WHO Glauben. Nicht einmal Ärzte wollten sich impfen lassen. So berichtete etwa das österreichische Magazin »PROFIL« am 31. Oktober 2009:

> *„Tatsächlich ist in den Führungsetagen der Krankenhäuser die Skepsis groß, ob Margaret Chan, die Generaldirektorin der WHO, richtig gehandelt hat, als sie am 10. Juni die höchste Pandemie-Alarmstufe 6 verkündete und damit den Impfstoffproduzenten weltweit grünes Licht gab. Werner Aberer etwa, Vorstand der Grazer Universitätsklinik für Dermatologie, war bislang erst ein einziges Mal bei der Influenza-Impfung vor zwei Jahren, als die Grazer Klinikleitung jedem der 4.000 Bediensteten, der zur Impfung kam, eine Autobahn-Vignette schenkte. ‚Da habe ich mich kaufen lassen‘, gesteht Aberer. Aber ansonsten sehe ich die Bedeutung nicht. Die WHO hat hier ordentlich übers Ziel geschossen. Ähnlich die Haltung des Wiener Gynäkologen Werner Grünberger. Er sieht die Pandemie eher als Ergebnis von heftigem Lobbying, denn als medizinische Notwendigkeit."*[161]
>
> Bert Ehgartner, österreichischer Journalist

Trotz großen Bemühens von Seiten der WHO, eine Katastrophe à la Spanische Grippe (1918/1919) mit 50 Millionen Toten heraufzubeschwören, wurde nichts daraus. Unabhängige Forscher, wie etwa die des *Cochrane-Forschungszentrums*, bezweifelten, dass das von der WHO empfohlene Grippemittel *Tamiflu* überhaupt einen Nutzen hat. Die

Bevölkerung wurde aufgefordert, sich flächendeckend impfen zu lassen, doch viele durchschauten das falsche Spiel und verweigerten die Impfung. Dennoch fielen immer noch Millionen von Menschen dem Spiel mit der Angst zum Opfer! Angst schwächt das Immunsystem und die Abwehrkräfte des Körpers und macht somit den Körper für ein Virus angreifbarer.

Die Mehrheit der Menschen aber hatte das Gefühl, dass hier, im wahrsten Sinne des Wortes, nur eine neue Sau durchs Dorf getrieben wurde. Dennoch deckten sich die meisten Staaten sicherheitshalber wieder mit Grippemitteln wie *Tamiflu* ein. Allein Deutschland gab vorsorglich während der beiden nie eingetretenen Pandemien für Medikamente 330 Millionen Euro aus – das hart erarbeitete Geld der Bürger.[162] Sicher, für Bill Gates ist das nicht viel Geld, aber wenn man bedenkt, dass dafür jeder Deutsche mehrere Stunden kostenlos arbeiten musste, dann kann man solche Aktionen schon mal hinterfragen. Deshalb bezeichnete Professor Gianfranco Domenighetti vom Tessiner Gesundheitsdepartement *Tamiflu* bereits 2006 als **„politisches Medikament"**: *„Mit dem Grippemittel Tamiflu hat Roche bis heute einen weltweiten Umsatz von über sieben Milliarden Dollar erzielt. Nach Angaben von Roche haben über 90 Millionen Menschen Tamiflu geschluckt."*[163]

Im August 2010 erklärte die WHO dann jedenfalls die Phase der Pandemie für beendet. Immerhin sollen an der Schweine-Grippe über 18.000 Personen gestorben sein, wie wir später erfuhren. Auch diese Zahl liegt noch weit unter der einer üblichen Grippewelle und dabei wusste man nicht einmal, wie belastbar sie war.

„Die CDC hat großes finanzielles Interesse daran, nicht getestete Impfstoffe in die Öffentlichkeit zu bringen, und die WHO steht noch mehr unter der Kontrolle von Big Pharma. Die Organisation ist über die Bedeutung des Wortes hinaus korrupt. Die WHO ist eine Marionette der Pharmaindustrie." [164]

Robert F. Kennedy Jr.

Im Jahr 2012 haben dann die Tamiflu-Vorräte, die Regierungen rund um den Erdball gehortet hatten, ihr Ablaufdatum erreicht und mussten entsorgt werden. Allein die Schweiz musste Medikamente im Wert von rund 4 Millionen Franken als Sondermüll verbrennen lassen. Auf Grund der falschen Einschätzung der WHO wurden Medikamente im Wert von Milliarden angeschafft und dann wieder vernichtet. Davon hätte der Ableger von Rockefellers UNO in Afrika dutzende Krankenhäuser bauen und wirklich etwas für die Gesundheit der Menschen tun können.

Falls Sie sich jetzt fragen, warum ich die UNO als eine Rockefeller-Organisation bezeichne, dann deshalb, weil sie von Anfang an unter dem Einfluss der Familie Rockefeller stand, die oft als die „Könige der USA" bezeichnet wurden. 1946 stiftete **John D. Rockefeller II.** der UNO ein etwa sieben Hektar (70.000 Quadratmeter!) großes Gebiet am Ostufer Manhattans. Damit holte er die UNO von London nach New York City – in sein Einflussgebiet. Auf dem Gelände wurde das UNO-Hauptquartier errichtet. Schwer zu glauben, dass er dafür keine Gegenleistung wollte!

Weder bei der Verbesserung der Gesundheitsversorgung weltweit noch bei der Vorhersage von Epidemien oder Pandemien ist die WHO bisher als besonders erfolgreich und kompetent aufgefallen. Wer oder was legitimiert diese Institution also? Warum hört überhaupt noch jemand auf sie? Genau das fragte sich US-Präsident Donald Trump dann im April 2020 via Twitter auch. Faszinierend, dass ausgerechnet der, den die Medien immer als die absolute Witzfigur darstellen, der Einzige ist, der öffentlich überhaupt je irgendetwas in Frage stellt.

> *„Die WHO hat es wirklich vermasselt. Aus irgendeinem Grund wird sie größtenteils von den Vereinigten Staaten finanziert, ist aber sehr China-lastig. Wir werden uns das noch genau anschauen. Glücklicherweise habe ich ihren Rat, unsere Grenzen für China offenzuhalten, bereits frühzeitig abgelehnt. Warum haben sie uns eine so falsche Empfehlung gegeben?"*[165]
> Donald J. Trump, 7. April 2020

Die größten Erfolge erzielte die WHO nach eigenen Angaben bislang mit ihren Impfprogrammen, allen voran mit der *Ausrottung der Pocken* im Jahr **1979**. Seitdem scheint die Organisation trotz eines jährlichen Budgets von aktuell 4,8 Milliarden Dollar und trotz immerhin 8.500 Mitarbeitern einen leichten Durchhänger zu haben. Viel Großartiges fällt den meisten nicht ein, wenn man sie zur WHO befragt.

Nein, das war jetzt ein wenig unfair, denn die WHO ist stolz darauf, dass in all ihren Büros seit 2012 auf Anregung ihres Hauptsponsors Bill Gates striktes Rauchverbot herrscht und keine Raucher mehr neu eingestellt werden dürfen. Wussten Sie eigentlich, dass wir seit 1987 angeblich an jedem 31. Mai dank der WHO den Weltnichtrauchertag feiern, an dem „verstärkt auf die Gefahren des Rauchens aufmerksam gemacht wird"? Ich gestehe, der ging bislang spurlos an mir vorüber – aber gut, bei einem 4.800.000.000 Budget kann man auch nicht viel erwarten. Aber Spaß beiseite, auf manchen Gebieten kann die WHO tatsächlich große Erfolge vorweisen!

*„... Gates (erklärte) in einem TED-Talk, neue Impfstoffe könnten ‚die Bevölkerung reduzieren'. Vier Jahre später, 2014, warf Kenias Verband katholischer Ärzte der WHO vor, sie habe Millionen kenianischer Frauen gegen deren Willen mit einem ‚Tetanus-Impfstoff' chemisch sterilisiert. Unabhängige Labore haben in jedem getesteten Impfstoff eine Sterilitäts-Verbindung festgestellt. Zunächst wies die WHO die Vorwürfe zurück, räumte aber letztlich doch ein, dass sie die Sterilitäts-Impfstoffe seit über einem Jahrzehnt entwickle. Ähnliche Vorwürfe wurden aus Tansania, Nicaragua, Mexiko und den Philippinen laut. Eine Studie aus dem Jahr 2017 wies nach, dass der weitverbreitete **DTP-Impfstoff der WHO mehr afrikanische Kinder tötet als die Krankheiten** (DTP steht für Diphtherie, Tetanus und Pertussis, also Keuchhusten), die er verhindern sollte. Mit dem **DTP-Impfstoff behandelte Mädchen starben zehnmal häufiger** als Kinder, denen der Impfstoff noch nicht verabreicht worden war. Die WHO hat sich geweigert, den tödlichen Impfstoff zurückzurufen, bis heute wird er Jahr für Jahr Dutzenden Millionen afrikanischer Kinder aufgezwungen.*"[166]

Robert F. Kennedy Junior

Gemessen an ihrem offiziellen Anliegen scheint mir die WHO eine der ineffizientesten Institutionen der Welt zu sein. Man könnte aber fast den Eindruck bekommen, dass die Gesundheit der Menschen rund um den Globus nicht ihr eigentliches Anliegen sei.[167]

Vielleicht ist die WHO ja deshalb so ineffizient oder doch effizient, weil sie Diener zweier Herren ist? Auf der einen Seite soll sie den Interessen der UNO-Mitgliedsstaaten dienen, also den Bevölkerungen dieser Staaten. Dafür wird sie von diesen Staaten auch finanziell unterstützt. Auf der anderen Seite aber lässt sie sich auch in immer größerem Maße von Privatkonzernen und Stiftungen aushalten. Mittlerweile kommen offenbar rund drei Viertel des Budgets der WHO von privater Seite. Da ist es doch offensichtlich, wer mehr Einfluss auf diese angebliche „Weltgesundheits-Organisation" hat.[168]

„Meiner Meinung nach ist sie [die WHO] auch heute noch exzessiv beeinflusst von der Pharmaindustrie, die sehr geschickt bei der Manipulation von Gesundheitsausgaben vorgeht, zugunsten eigener finanzieller Interessen." [169]

Paul Flynn, Walisischer Politiker (leitete 2010 eine Untersuchung im Europarat gegen die WHO)

Wohlwollende Stimmen meinen, dass die Mitgliedsstaaten der WHO zu wenig finanzielle Mittel zur Verfügung stellen und sie damit quasi in die offenen Arme der Pharmalobby und privater Interessengruppen treiben, aber das ist wie die Frage nach der Henne und dem Ei.

„Auch werden WHO-Projekte teilweise als öffentlich-private Partnerschaft finanziert, u.a. die Globale Allianz für Impfstoffe und Immunisierung (Global Alliance for Vaccines and Immunization; GAVI), welche zu 75% (750 Mio. US-Dollar) von der Bill & Melinda Gates Foundation finanziert wird. Der Stiftung wird vorgeworfen, dass sie gezielt Maßnahmen von Firmen propagiere und unterstütze, deren Aktien sie hält." [170]

Wikipedia

Die *Bill & Melinda Gates-Stiftung* finanziert 11 Prozent des Budgets der WHO und ist damit der größte Geldgeber dieser Institution. Sie zahlt mehr in die WHO ein als irgendein Mitgliedsstaat. Damit allein hat sich die Frage von Donald Trump *„Warum haben sie uns eine so falsche Empfehlung gegeben?"* vielleicht bereits von selbst beantwortet. Wer bislang noch dachte, ich würde mit den Einflussmöglichkeiten Bill Gates' und seiner Partner übertreiben, wird jetzt vielleicht seine Meinung revidieren müssen. Viele der Zuwendungen durch die Gates-Foundation sind „zweckgebunden", denn die Gates-Stiftung empfiehlt der WHO gezielt die Vergabe von Aufträgen an Konzerne, in deren Aktien die Stiftung investiert ist. Dazu zählen unter anderem *Merck* (MSD), *GlaxoSmithKline*, *Novartis* und *Pfizer*. Auf diese Weise erhält sich die Stiftung weiter selbst am Leben.[171]

„Das Ziel der Pharmakonzerne – und der mit Aktien beteiligten Bill & Melinda Gates-Stiftung – ist es, einen exklusiven Marktzugang in Afrika und Asien zu erhalten, ,marktbasierte Lösungen' zu entwickeln und gleichzeitig die öffentlichen Gesundheitssysteme auszuhebeln. Zwar steigt inzwischen die Impfrate, doch gleichzeitig steigen die Gewinne der beteiligten Konzerne: Eine vollständige Impfung eines Kindes kostete 2015 bis zu 68 mal mehr als noch im Jahr 2005 – mit denselben Medikamenten."[172]

Patrick Spät, Journalist und Autor

Kein Wunder also, dass die WHO seit einigen Jahrzehnten einen leichten Durchhänger hat. Sie ist gezwungen, ihren Geldgebern Produkte abzukaufen, die jedes Jahr um ein Vielfaches teurer werden. Das ist wie mit dem Esel und der Karotte.

Am 14. April 2020 sehe ich mir auf der Seite der WHO die Liste für die „Bekämpfung der aktuellen Pandemie" an, die ausweist, wer der Institution bislang wieviel Geld für ihre Arbeit im Rahmen der COVID-19-Pandemie spendete. Laut dessen gaben die *Bill & Melinda Gates Foundation* der WHO zweckgebunden bislang knapp 11 Millionen US-Dollar, zusätzlich zu den bisherigen Zuwendungen. Das ist in etwa das 100-fache des Vatikans oder das 43-fache der Tschechischen Republik.

Darüber hinaus spendete aber auch „*Vital Strategies – Resolve to Save Lives*" bislang eine halbe Million. Dieser Verein wird wiederum sowohl von der *Bill & Melinda Gates Foundation* als auch von „*Gates Philanthropy Partners*" gesponsert. Die wiederum wurde von Mark Zuckerbergs *Chan Zuckerberg Foundation* gegründet. Manchmal frage ich mich, wie manche Philanthropen eigentlich den Überblick über all ihre Generosität behalten können?

„Es sind zweckgebundene Zuwendungen, mit denen die jeweiligen Geber direkt Einfluss auf die Arbeit der WHO nehmen können, kritisiert Thomas Gebauer, Geschäftsführer von der sozial-medizinischen Hilfsorganisation ‚medico international'... Das habe Konsequenzen – weit über den Verlust demokratischer Entscheidungsprozesse hinaus. Nach Beobachtung der im ‚Peoples Health Movement' engagierten Nichtregierungsorganisationen aus aller Welt hat der zunehmende Einfluss kommerzieller Akteure die Ziele und Strategien der WHO verändert, wie das Beispiel der Bill-Gates-Stiftung zeige... Die Gates-Unternehmensstiftung erwirtschaftet ihre Erträge vornehmlich aus Anlagevermögen. ‚Der Großteil jener 25 Milliarden Dollar, die Gates in den zurückliegenden zehn Jahren in Gesundheitsprogramme in aller Welt investieren konnte, entstammt den Renditen von einschlägig bekannten Unternehmen der Chemie-, Pharma- und Nahrungsmittelbranche, deren Geschäftspraktiken allzu oft dem Bemühen um globale Gesundheit zuwiderlaufen, kritisiert Gebauer."[(173)]

Andreas Zumach, Deutsche Welle, 2012

Wenn man nicht aus Angst die Augen davor verschließt, dann ist es offensichtlich, was die Hauptakteure in diesem undurchsichtigen Spiel mit ihrem Engagement bezwecken: Es geht ihnen darum, die Welt nach ihren Vorstellungen zu gestalten, und ein wichtiger Teil dessen ist die Reduktion der Weltbevölkerung. Und da man das nicht so offen und deutlich formulieren darf, hat man dafür andere Begriffe geschaffen, die helfen sollen, die Menschheit darauf vorzubereiten, dass ein großer Teil von ihnen gehen muss. Entweder will man sie mittels eines Virus hinwegraffen, wie es schon der Gemahl der britischen Königin, Prince Philip forderte, oder man bringt die Menschen dazu, ein solch schlechtes Gewissen ob ihrer eigenen Schuld zu entwickeln, dass sie sich selbst und freiwillig einschränken oder dezimieren.

„Klimaskeptiker werden derzeit wie Holocaust-Leugner abgekanzelt; ihnen droht Exkommunikation aus der wissenschaftlichen Gemeinde. Ist ein solch rigides Vorgehen berechtigt? Gab es Klimaschwankungen schon vor der Ära des Menschen? Stehen hinter der herrschenden Lehrmeinung auch Profitinteressen? Und verschwinden andere Umweltbelange hinter der Fokussierung auf die Klimaerwärmung? Solche Fragen sind nicht einfach zu beantworten, man sollte sie aber stellen dürfen."

Aaron Rosenbaum (Autor und Journalist) [174]

Die Klima-Religion

Das Prinzip der „Schuld" ist ein wesentliches Instrument in dem Bemühen, Menschen zu steuern oder zu lenken. Dieses Schuldprinzip hat für die Katholische Kirche über Jahrhunderte hinweg perfekt funktioniert. Das Prinzip der „Erbsünde" machte die Menschen klein und steuerbar. Sie wurden schuldig geboren und luden jeden Tag ihres Lebens noch mehr Schuld auf sich, und der einzige Weg, damit leben zu können, bestand darin, sich davon freizukaufen. Dieser *Ablass-Handel* brachte der Katholischen Kirche immensen Reichtum und unvorstellbare Macht ein. Man wurde schuldig geboren und beging jeden Tag neue Sünden, die nur vergeben werden konnten, wenn man sie den offiziellen Vertretern Gottes auf Erden, also den geweihten Priestern, möglichst detailliert beichtete und wenn man der Kirche möglichst reich spendete. Erst danach wurden einem die zahlreichen Sünden von dem Geweihten wieder erlassen.

Die Spenden waren über lange Zeit mehr oder weniger freiwillig, indem man während der Messe etwas in den Klingelbeutel werfen musste. Im Jahr 1933 handelte dann der Vatikan mit Hitler das sog. **„Reichs-**

konkordat" aus, einen Vertrag, der unter anderem auch regelt, dass die Kirchen in Deutschland und Österreich Kirchensteuern von den Bürgern, abhängig von deren Einkommen, erheben dürfen. Dafür ließ der Heilige Stuhl in Rom die Nazis gewähren und dieser Vertrag besteht bis heute. Dieses Perpetuum mobile, Schutzgeld gegen Absolution, funktionierte bis Ende des zwanzigsten Jahrhunderts recht gut. Doch verloren sowohl die katholische als auch die evangelischen Kirchen seit den 1990er-Jahren massiv an Mitgliedern und damit an Macht und Einfluss.

Am Beispiel Deutschlands etwa sieht man gut, dass es zwei Spitzen bei den Kirchenaustritten gab, und zwar zuerst in den Jahren 1991 und 1992, sowohl bei Katholiken als auch bei Protestanten, und dann wieder in den Jahren 2013 und 2014.[175] Da die Kirchen in der westlichen, christlich geprägten Welt als Steuerungsinstrument, vor allem bei jungen Menschen, nicht mehr funktionierten, hat die Geheime Weltregierung sie durch eine neue Religion ersetzt, die ebenso wie die alte auf falschen Behauptungen beruht, aber genau den Nerv der Zeit trifft: die Klima-Religion. Sie beruht auf demselben Prinzip wie die Katholische Kirche, nämlich auf *Schuld*, die nur mittels Ablasszahlung vergeben werden kann. Wir sollen schuld sein an einer Erderwärmung, die angeblich durch unseren zu hohen Ausstoß an CO_2 verursacht wird. Dieses vermeintliche Verbrechen an der Menschheit könne nur dadurch gesühnt werden, dass wir dafür Ablass bezahlen, also eine **CO_2-Steuer**.

Sie erinnern sich vielleicht daran, dass ich beschrieben habe, dass die „Occupy-Wallstreet"-Bewegung im Herbst 2011 innerhalb weniger Tage und Wochen Millionen, vorwiegend junger Menschen in den USA und Europa auf die Straße brachte, und dem Establishment Angst machte, weil es die Machthaber an die weltweite Jugendbewegung der späten 1960er-Jahre erinnerte. Die *Occupy-Wallstreet-Bewegung* hatte zwar wie die Hippie-Bewegung auch wenig klare Ziele, die wenigen Forderungen jedoch, die sich herauskristallisierten, bargen sehr viel sozialen Sprengstoff in sich. Das war zum einen der Wunsch nach Beschränkung der Macht von Banken und die Forderung nach einem besseren monetären System. Auf der anderen Seite forderten die jungen Menschen US-Präsident Barack Obama auf, eine Kommission einzusetzen, die **den Einfluss der großen Unternehmen und ihrer Stiftungen auf die politischen Vertreter in Washington untersuchen sollte.** Daraufhin wurde die Jugendbewegung, mit teils großer Brutalität, durch die US-Exekutive zerschlagen. Doch das Momentum dieser Jugendbewegung wollte man nicht so einfach verpuffen lassen. Da waren Millionen junger, begeisterter und zorniger Menschen, die nach Veränderung strebten. Also sollten sie eine Aufgabe bekommen, in der sie sich voll einbringen könnten: der Kampf gegen den Klimawandel!

Genau an dem Punkt kam die wenige Jahre zuvor gegründete sog. NGO (Nicht-Regierungs-Organisation) *AVAAZ* ins Spiel. Gründer und Chef der Organisation mit heute mehr als 48 Millionen „Mitgliedern" ist **Ricken Patel**, ein Harvard-Absolvent, der **für die UNO**, die *Rockefeller Foundation*, die *Gates Foundation* und die *International Crisis Group* tätig war, einer Lobby-Organisation, die unter anderem von *McKinsey* und der Investmentbank *Goldman Sachs* finanziert wird. Avaaz bringt dank geschickter Online-Strategie und gekonnter psychologischer Manipulation mehr junge Menschen auf die Straße als irgendjemand sonst auf diesem Planeten. Sie bestimmten die öffentliche Meinung beim „Arabischen Frühling" ebenso wie beim Umsturz in der Ukraine. Sie waren es, die für die Elite die westliche Jugend erfolgreich weg von „*Occupy Wallstreet*" und hin zu „*Fridays for Future*" lenkten – ein aus meiner Sicht genialer Schachzug der Geheimen Weltregierung.

Der Coup war seit Jahrzehnten vorbereitet worden. Im März 1972 veröffentlichte der *Club of Rome* eine Studie unter dem Titel „**The Limits to Growth**" (Die Grenzen des Wachstums) über die Zukunft der Wirtschaft und unserer Welt. Die Kernaussage der Studie lautet frei übersetzt: „*Da die weltweiten Ölressourcen begrenzt seien und die USA sich nicht einschränken wollten, müssten sie danach trachten, die Weltbevölkerung zu reduzieren!*" **Sollte dies nicht gelingen, würden die Grenzen des Wachstums <u>im Jahr 2020</u> erreicht sein, und alles würde zusammenbrechen.** Daraufhin unterbreitete US-Außenminister und *Club of Rome*-Mitglied Dr. Henry Kissinger dem Nationalen Sicherheitsrat der USA am 24. April 1974 *National Security Memo 200* mit dem Titel „*Folgen des weltweiten Bevölkerungswachstums für die US-*

Sicherheits- und Übersee-Interessen". Es besagte, dass die *„Entvölkerung die höchste Priorität der US-Außenpolitik gegenüber der Dritten Welt haben müsse."*

Seit den 1990er-Jahren jagte daher ein Weltklimagipfel den nächsten, angeblich wurde es jedes Jahr heißer und weil daran unser CO_2-Ausstoß schuld sein sollte, wurden Grenzen für den erlaubten Ausstoß von CO_2 für Konzerne und Staaten eingeführt. Doch dieser CO_2-Zertifikate-Handel war erst der Anfang eines gut ausgedachten und lange vorbereiteten Plans, der im Jahr 2019 so richtig an Fahrt aufnahm, indem vermeintlich unabhängige NGOs wie *Avaaz* oder *350.org* Millionen von Schülern dazu überredeten, statt in die Schule auf die Straße zu gehen, um für eine Verringerung unseres CO_2-Ausstoßes zu demonstrieren.

*„Wer die Organisation hinter ‚**Fridays for Future**' hierzulande durchleuchtet, stößt auf den Vizepräsidenten des deutschen **Club of Rome**, Frithjof Finkbeiner. Dessen Sohn Felix Finkbeiner trat vor zehn Jahren als kindlicher Umwelt-Messias mit ‚Plant for the Planet' in die Öffentlichkeit und vor die UN. Jetzt ist Felix zu alt und Greta tritt in seine Fußstapfen. Und ‚Plant for the Planet' verwaltet das Spendenkonto von ‚Fridays for Future'."*[176]
Dirk Maxeiner, Autor und ehemaliger Stern-Redakteur

Wer die Zusammenhänge nicht sehen möchte, dem kann ich nicht helfen. Ich kann nur versuchen, sie aufzuzeigen. Ich kann nur die Tür öffnen, hindurchgehen muss jeder selbst. Ich hatte nicht vor, in diesem Buch wieder auf das Wesen von CO_2 und auf den Klimawandel einzugehen, aber es führt leider kein Weg daran vorbei, da dies zu einem existenziellen Thema für die Menschheit geworden ist und nirgendwo mehr Blödsinn lanciert wurde als beim Thema des Klimawandels. Das verwundert letztlich auch nicht, denn der ganze Sinn und Zweck dieser angeblichen Umweltschutzorganisationen liegt nur darin, CO_2 zu besteuern. Das wirkt wie ein weiterer Versuch, die ultimative Kontrolle über alle Menschen auf Erden zu erlangen und um die Weltbevölkerung zu reduzieren. Sollte ihnen das gelingen, prognostiziere ich hiermit, dass wir in einigen Jahren fürs Atmen Steuern werden bezahlen müssen, denn wir stoßen mit jedem Atemzug CO_2 aus!

Das ist die Richtung, in die wir marschieren. Das ist keine Übertreibung! **Travis Rieder** vom *Berman Institute of Bioethics* der **Johns Hopkins Universität** behauptet, dass der gefährliche, durch den Menschen verursachte (anthropogene) Klimawandel bis zum Jahr 2050 unseren Planeten fast unbewohnbar machen wird und dass es dagegen nur ein Mittel gibt – nämlich die Weltbevölkerung zu reduzieren! Weniger CO_2-Ausstoß bedeutet nach der neuen Klima-Religion ja einen geringeren Temperatur-Anstieg. Bevor ich auf all das noch etwas detaillierter eingehe, bitte ich nur, davon Notiz zu nehmen, dass er nun offiziell die Deadline um 30 Jahre nach hinten verschoben hat, von 2020 auf 2050.

Travis Rieder argumentiert in einem Vortrag an der *James Madison University* in Virginia im August 2016, dass wir im Westen wegen unseres hohen CO_2-Ausstoßes zwar die Hauptschuld am Klimawandel trügen, die armen Länder aber „wahrscheinlich die Hauptlast der Auswirkungen der globalen Erwärmung tragen" werden. Sein Ansatz zielt also nicht nur darauf ab, die Fertilitätsraten in der Dritten Welt herunterzuschrauben, sondern auch die in der westlichen Welt, allen voran in den USA.

„Rieder konzentriert sich auf eine Studie, die zu dem Schluss kommt, dass die Verringerung der globalen Fruchtbarkeitsrate um ein halbes Kind pro Frau einen erheblichen Einfluss auf die globale Erwärmung haben könnte, und er sagt, dass er an einen moralischen Imperativ (moralische Pflicht, AdV) für die Bevölkerungskontrolle glaubt... Die US-Regierung sollte beispielsweise Steuervorteile für junge Eltern aufheben und stattdessen den Angehörigen eine Kohlenstoffsteuer auferlegen. Und in ärmeren Ländern könnten Regierungen Frauen dafür bezahlen, dass sie ihre Verhütungsvorschriften einhalten. Rieder sagt, dass er zwar nicht erwartet, dass die Menschen seine Ideen akzeptieren, die Verringerung der Fruchtbarkeit jedoch weitaus einfacher wäre als andere Strategien zur Bekämpfung des Klimawandels wie Geo-Enginee-

ring oder economic engineering (Wirtschaftsingenieurwesen). ,Wir wissen genau, wie man weniger Babys macht', sagt er."[177]

Hubstaff report, 19. August 2016

Oja, das weiß er ebenso gut wie sein großes Vorbild Bill Gates! Ein Wissenschaftler der Johns Hopkins Universität gab im Jahr 2016 offen zu, dass die **Reduktion der Weltbevölkerung**, eine CO_2-Steuer und **Geo-Engineering zusammenhängen**! Er fordert, Eltern für das Kinderkriegen finanziell zu bestrafen! Das sollten wir uns dann wohl vielleicht ein wenig genauer ansehen, bevor wir zum Kernthema, dem „Event 202(0)" kommen, also dem weltweiten Lockdown im Jahr 2020.

Mittels gefälschter Daten und absurden, vermeintlichen Experten-Gremien wie dem von Skandalen gebeutelten, sog. „**Weltklimarat**" (**IPCC**) der UNO werden ahnungslose Politiker instrumentalisiert und für die Agenda der Geheimen Weltregierung missbraucht.[178] In einer E-Mail am 16. November 2014 brüstet *Avaaz* sich damit, die weltweite politische Bühne für die „gute Sache" beeinflusst zu haben. Darin zitieren sie Umweltministerin Barbara Hendricks mit den Worten: „*Ich möchte mich bei den Millionen von Menschen bedanken, die sich Avaaz angeschlossen haben… Ohne öffentliche Unterstützung ist es unmöglich, den Klimawandel zu stoppen.*"

LASSEN SIE MICH EINES IMMER WIEDER GANZ KLAR UND UNMISSVERSTÄNDLICH SAGEN: **AUCH MIT ÖFFENTLICHER UNTERSTÜTZUNG WIRD ES UNMÖG-LICH SEIN, DEN KLIMAWANDEL ZU STOPPEN!**

Das Klima auf Erden hat sich im Lauf der Milliarden von Jahre unentwegt geändert, weil alles im Universum in Bewegung ist. **Niemand kann den „Klimawandel" stoppen!** Allein der Denkansatz zeugt von Schwachsinn. Das ist, als wollte man den Lauf der Planeten oder Ebbe und Flut aufhalten. Das Klima auf Erden ändert sich unentwegt und das seit jeher und nach einem ganz bestimten Muster. Weder Frau Hendricks noch Avaaz werden das verhindern können!

Auf unserem Planeten schwankte das Klima während der bisherigen 4,6 Milliarden Jahre seiner Existenz immer wieder zwischen großer Hitze und zwischenzeitlichen Kältephasen. Tatsächlich war das Klima erdgeschichtlich gesehen jedoch meist „akryogen", also nicht eisbildend. Die Erde war über 80 bis 90 Prozent ihrer Existenz eisfrei. **Vereiste Pole sind erdgeschichtlich gesehen die Ausnahme,** nicht die Regel. **In der Regel war das Erdklima immer deutlich wärmer als heute. Wir befinden uns immer noch in einer der kältesten Phasen der Erdgeschichte!**[(179)][(180)]

Das Klima wird in verschieden lange und kurze Zyklen eingeteilt, die wiederum in noch kürzere Phasen unterteilt werden. Diese Zyklen sind mehr oder weniger konstant und hängen vorwiegend mit der Position unseres Planeten in unserem Sonnensystem und mit der unseres Sonnensystems im Universum zusammen. Ursachen dieser natürlichen Klimaschwankungen sind die **Veränderungen der Erdumlaufbahn,** die **Präzision** (Bewegung der Rotationsachse), die **Sonnenaktivität** und die Intensität der **kosmischen Strahlung.** Aber auch die **Verschiebung der Kontinente** (Tektonik) und natürliche Phänomene wie **Vulkanausbrüche** haben Auswirkung auf das Wetter und damit auch auf das Klima.

Hingegen gibt es bislang keinen schlüssigen, wissenschaftlichen Beweis[(181)] dafür, dass CO_2 einen ernsthaften Einfluss auf das Klima hätte. Es ist im Gegenteil bewiesen, dass der Anteil von Kohlenstoffdioxyd in der Atmosphäre auf die Temperatur reagiert. Das heißt, dass immer erst die Temperatur (durch die eben genannten Faktoren) steigt und danach mit einigen Jahrzehnten, vielleicht sogar Jahrhunderten Verzögerung der CO_2-Gehalt – durch Freisetzung von gebundenem CO_2 im Wasser und im Boden. Dasselbe gilt für die Abkühlungsphasen, die offenbar immer ein Absinken des CO_2-Gehalts zur Folge haben. Chinesische Forschungen aus dem Jahr 2014 belegen, dass auch das Südchinesische Meer im Mittelalter wärmer war als heute, obwohl der Kohlenstoffdioxid-Gehalt niedriger war.[(182)]

Wenn die Aktivitäten des Menschen eine nennenswerte Auswirkung auf den CO_2-Gehalt in der Atmosphäre hätten, und dieser eine Erwärmung des Erdklimas hervorrufen würde, dann müssten wir uns der Klima-Religion zufolge heute in der heißesten Phase der Erdgeschichte befinden, da es auf unserem Planeten noch nie mehr Menschen und menschliche Aktivitäten gab – doch das Gegenteil ist der Fall!

Derzeit befinden wir uns in einer Warmzeit (kleinerer Zyklus) innerhalb eines großen Eiszeitzyklus, der als das **„Känozoische Eiszeitalter"** bezeichnet wird. Unsere gegenwärtige **Warmzeit** innerhalb dessen, auch „Interglacial-Zeit" genannt, nennt man das *„Holozän"* und es begann vor rund 12.000 Jahren mit dem Übergang in die **„Friesland-Phase"**.

Wir sprechen hier von der Bronze-Zeit, einer Zeit also, als verglichen mit heute verhältnismäßig wenige Menschen auf dieser Erde wandelten. In der Friesland-Phase änderten sich die Meeresströmungen durch den raschen, natürlichen Temperaturanstieg, wodurch die Durchschnittstemperaturen auf Teilen der Nordhalbkugel **innerhalb von nur 20 bis 40 Jahren um sechs Grad Celsius stiegen**, in Grönland sogar bis zu 10 Grad![183] Vergleicht man dies mit der Hysterie der Jünger der Klima-Religion, die bei einem weiteren Anstieg der Temperatur um zwei Grad die Apokalypse voraussagen, dann wird einem klar, dass Klimaschwankungen völlig normal, also die Norm sind.

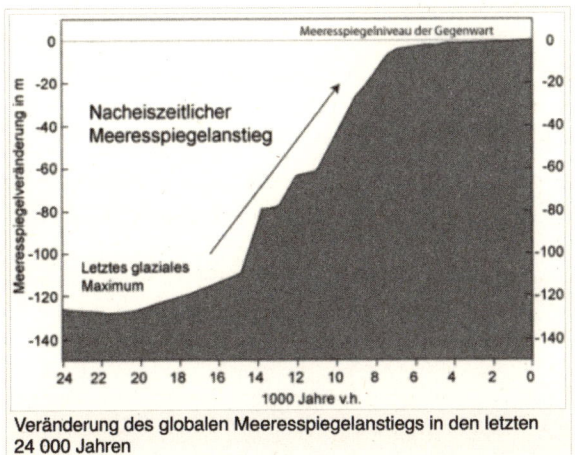

Veränderung des globalen Meeresspiegelanstiegs in den letzten 24 000 Jahren

Abb. 9: Diese Grafik zeigt den Anstieg des Meeresspiegels während der letzten 24.000 Jahre und den sehr geringen Anstieg während der letzten 6.000 Jahre.

In den letzten 21.000 Jahren ist der Meeresspiegel um ganze 120 Meter gestiegen, ohne dass der Mensch dazu einen nennenswerten Beitrag hätte liefern können. Das ist ein durchschnittlicher Anstieg um einen Meter alle 175 Jahre OHNE menschliches Zutun. Dabei gab es immer wieder Phasen eines raschen Anstiegs, gefolgt von Zeiten eines moderateren Zuwachses des Wasserpegels. In den letzten 6.000 Jahren ist dieser Anstieg übrigens sehr moderat verlaufen. Erdgeschichtlich gesehen erleben wir **heute einen sehr tiefen Meeresspiegel**, denn die meiste Zeit über war er deutlich höher als gegenwärtig. Er muss also irgendwann wieder ansteigen.[184] [185] (Siehe Abb. 10)

Der „Weltklimarat" (IPCC), von manchen auch spöttisch als „Weltpanikrat" bezeichnet, malt gerne ein düsteres Bild, weil der Meeresspiegel seit 1993 um apokalyptische 3 Millimeter pro Jahr gestiegen sein soll. Wenn auch nur einer der vermeintlichen „Experten" in dem honorigen Gremium rechnen könnte, so könnte er feststellen, dass das ein sehr geringer Anstieg ist, weil wir damit in den nächsten 175 Jahren NUR auf einen Anstieg von 52,5 Zentimeter kämen, was nur in etwa der Hälfte des langjährigen Durchschnitts seit der letzten Eiszeit entspricht. Aber Angst ist eben ein gutes Geschäft! Das Klima und damit die Eisschilde und die Meeresspiegel sind immer in Bewegung und das ist ein völlig natürlicher Vorgang.[186]

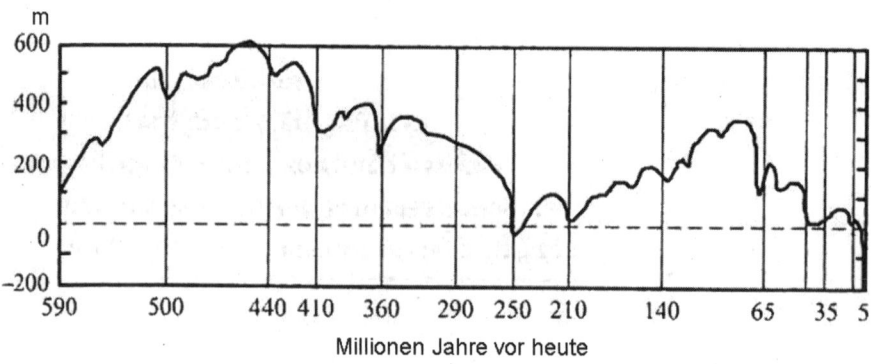

Abb. 10: Gegenwärtig haben wir einen der tiefsten Meeresspiegel der Erdgeschichte.

„Während der vorletzten 500 Mio. Jahre lag der Meeresspiegel meist wesentlich höher, während der letzten 500.000 Jahre hingegen meist deutlich tiefer als heute. Am Ende der letzten Kaltzeit begünstigten Landbrücken die Verbreitung des Menschen. Erst die jüngsten zwei Jahrtausende verliefen ungewöhnlich stabil."[187]

Zentralanstalt für Meteorologie und Geodynamik ZAMG

Natürlich kann ich verstehen, dass jeder Anstieg des Meeresspiegels, selbst ein natürlicher, für die Menschen, die ihre Häuser sehr nahe an der Küste und auf Meeresniveau gebaut haben, bedrohlich ist. Ihnen aber vorzulügen, dass eine Einschränkung unseres CO_2-Ausstoßes daran etwas ändern würde, ist hirnrissig. Wir werden den Lauf der Natur und des Universums nicht aufhalten können und wir täten gut daran, uns stattdessen an der Natur zu orientieren und uns ihr anzupassen. Das, was in den letzten Jahren in dem Bereich passierte, war reine Zeit- und Energieverschwendung, unter der genau die Menschen leiden werden, die es am meisten betrifft. Aber vielleicht ist das ja auch genau so gewollt?

Die letzte *Kleine Eiszeit* reichte bis in das frühe 20. Jahrhundert hinein. Die 1900er-Jahre waren daher vom Übergang dieser kleinen Glacial- zu unserer gegenwärtigen Interglacial-Zeit (Warmzeit) geprägt. Dadurch kam es bis zu den 1990er-Jahren zu einem merkbaren Temperaturanstieg, der sich jedoch seit Beginn des neuen Jahrtausends wieder abgeflacht hat. Die falschen Behauptungen der Priester der Klima-Religion fallen deshalb auf fruchtbaren Boden, weil viele ältere Menschen in dieser Übergangsphase zwischen Glacial- und Interglacialzeit aufwuchsen und sich daher an längere und kältere Winter in ihrer Kindheit erinnern können. Es ist jedoch eine trügerische Annahme, dass das, was früher war, das „Richtige" sei. Es gibt beim Klima kein richtig oder falsch, denn es verändert sich konstant.

Die Wikinger lebten bis ins frühe 15. Jahrhundert hinein **auf Grönland** und betrieben dort **Ackerbau und Viehzucht**. Dann verschwanden sie, weil die Sommer immer kürzer und die Winter immer länger und härter wurden. Die *Kleine Eiszeit* endete vor etwa 100 Jahren. Wir sind jedoch heute immer noch weit davon entfernt, auf Grönland Ackerbau und Viehzucht betreiben zu können, denn die Temperaturen betragen dort zwischen -60 und 0 °C. Die **Eisdecke** ist durchschnittlich **2 Kilometer dick!**

> *„Der Meeresspiegel steigt nicht überproportional. Die Polareisdecke dehnt sich aus und schmilzt nicht. Die Eisbärenpopulation nimmt zu. Hitzewellen haben ab- anstatt zugenommen... Ich habe mich mit diesem Thema seit Jahren ernsthaft auseinandergesetzt. Es wurde in immer stärkerem Maße zu einem politischen Thema und Umweltschutzthema, aber die wissenschaftliche Grundlage ist nicht belastbar oder stimmig. Gegenwärtig lässt sich keine deutliche, vom Menschen verursachte globale Erwärmung nachweisen. Dies gilt auch für die Vergangenheit, und es gibt keinen Anlass, sie für die Zukunft zu befürchten. Alle Bemühungen, die Theorie zu beweisen, bei Kohlenstoffdioxid (CO_2) handele es sich um ein starkes Treibhausgas und ein Anstieg in der Atmosphäre führe zu einer deutlich messbaren Erwärmung, sind gescheitert. Seit mehr als 18 Jahren hat es keine Erwärmung mehr gegeben.*"[188]

John Coleman, Meteorologe, Mitbegründer von *the Weather Channel*, 2014

In der Tat gehen viele seriöse Klimaforscher und Wetterexperten davon aus, dass wir bereits um die Jahrtausendwende herum das Temperaturmaximum unserer gegenwärtigen kurzen Warmphase erreicht haben und sich die Temperaturen nun sukzessive wieder nach unten bewegen. Tatsächlich waren die Jahre seit 2010 in weiten Teilen der Welt die kältesten seit Beginn der Wetteraufzeichnung vor etwa 120 Jahren. Deutschland erlebte im Jahr 2010 Jahrhundertschneefälle, schwere Hochwasser und Tornados. Der Jahresdurchschnitt lag mit nur 7,9 Grad deutlich unter dem langjährigen Mittel von 8,3 Grad.[189] Südamerika erlebte in den Sommern 2010 und 2011 ungewöhnliche Kältewellen.[190] Im Januar 2011 brachte eine Kältewelle in zahlreichen US-Städten Temperaturen von unter -40 Grad Celsius, die tiefsten Werte seit Beginn der Wetteraufzeichnungen im Jahr 1897.[191] In 2012 erlebten Österreich und Deutschland Kälterekorde.[192] Noch nie in der Geschichte der Wetteraufzeichnung war es im Nordosten Deutschlands kälter gewesen.[193] Russland erlebte im Dezember 2012 eine extreme Kältewelle. In Moskau hatte es mehrere Wochen lang unter -20 °C. Im Februar 2013 wurde im sibirischen *Oimjakon* mit -71,2 °C die tiefste Temperatur aller Zeiten auf Erden gemessen.[194] Am Osterwochenende des Jahres 2020 wurden in den nördlichen US-Bundesstaaten Montana, Iowa, South Dakota und Colorado mehrere Kälte- und Schneefallrekorde gebrochen.[384] Im Dezember 2016 und im Januar 2018 schneite es in der Sahara, einer Wüste in Afrika, nur knapp kleiner als die USA, zum ersten Mal seit Jahrzehnten wieder. Diese Aufzählung ließe sich endlos fortsetzen und dennoch hören wir jeden Monat aufs Neue, dass der letzte der heißeste Monat in der Geschichte der Wetteraufzeichnung gewesen sei, was leider einfach falsch ist. Zudem muss man zu Bedenken geben, dass diese „Geschichte der Wetteraufzeichnung" genau mit dem Ende der letzten kleinen Eiszeit um 1900 herum begann. Es gab also einen deutlich spürbaren und messbaren Anstieg im 20. Jahrhundert, der sich aber seit einigen Jahren wieder umgekehrt hat. Und ja, wir erleben heute viele Orte nicht mehr so, wie unsere Großeltern sie noch erlebt haben. Aber das ist der Lauf des Universums. Da, wo heute die Sahara-Wüste ist, war es einst üppig grün und feucht.[195] Einst war die Antarktis eisfrei und von Regenwald bedeckt. Das einzige, was konstant ist, ist der Wandel.

Bitte glauben Sie nicht alles, was in der Zeitung steht! Die falschen Behauptungen der Jünger dieser neuen, dystopischen Klima-Sekte sind so dreist, dass es einem oft die Sprache verschlägt. Aber sie wissen sehr genau, welche Schalter sie drücken müssen, um die Menschen zu emotionalisieren und ihnen ein schlechtes Gewissen zu machen. So haben wir nun jahrelang gehört, dass die armen Eisbären ertrinken würden, weil es kein Eis mehr gibt, auf dem sie stehen können. Und wenn wir unseren CO_2-Ausstoß nicht ganz schnell massiv reduzieren, dann wird es bald überhaupt keine kleinen „Knuts" mehr geben! Wir haben alle noch die Fotos dazu im Kopf und wenn wir daran denken, werden wir ganz traurig.

Es tut mir leid, das so hart sagen zu müssen, aber das ist Schwachsinn! Die EU stimmte im Jahr 2010 gegen einen Antrag, der die Jagd auf Eisbären und den Handel mit Teilen von ihnen verbieten sollte! Die Eisbären haben sich in den letzten 50 Jahren weltweit vermehrt und ihre Population ist auch heute noch stabil, was nicht einmal Tierschutzorganisationen infragestellen.[196] [197] **Seit den 1960er-Jahren ist die Eisbärenpopulation in der Arktis von etwa 5.000 auf etwa 25.000 gestiegen.** Zählungen in Teilen der kanadischen Hudson Bay im Jahr 2012 belegen, dass der Eisbärenbestand dort um zwei Drittel höher lag, als zuvor angenommen. Jedes Jahr werden über 1.000 Eisbären abgeschossen und dennoch ist ihr Bestand nicht gefährdet![198] Er wächst mittlerweile so schnell, dass die kanadischen *Inuid* (Eskimos) im Jahr 2018 höhere Abschussquoten forderten, weil sie ihrer nicht mehr Herr werden.[199] [200]

Es gibt heute zwei Arten von Wissenschaft. Die eine, die man wohlwollend als „Populärwissenschaft" bezeichnen könnte, richtet alles nach den Wünschen und Vorstellungen der neuen Klima-Religion aus. Weniger wohlwollend würde ich sie als „Propaganda" bezeichnen. Alle Modelle, Berechnungen und Statistiken werden so aufgearbeitet, dass sie zu deren Geboten und Prophezeiungen passen – von denen bislang aber keine einzige zugetroffen hat. Dennoch wird munter weitergelogen, und was nicht ins Schema passt, wird passend gemacht. Dabei wird dann auch manchmal ein wenig übers Ziel hinausgeschossen, aber die Presse hilft dann schon wieder dabei, dass solche Ausrutscher schnell wieder vergessen sind.

Oder erinnern Sie sich noch an einen der größten Skandale der neueren Geschichte, der als „*Climategate-Skandal*" bezeichnet wurde? Nein? Lassen Sie mich Ihnen auf die Sprünge helfen. Die UNO betreibt, neben der WHO, noch viele weitere „Experten-Gremien", unter anderem das sog. „*Intergovernmental Panel on Climate Change*" (**IPCC**), auf deutsch oft als „**Weltklimarat**" bezeichnet. Hauptaufgabe des IPCC ist es, „Risiken der globalen Erwärmung zu beurteilen, sowie Vermeidungs- und Anpassungsstrategien zusammenzutragen."[201] Ich möchte nicht im Detail auf diese clowneske Veranstaltung eingehen, weil es einfach nur traurig ist, aber dieser „Weltklimarat" liefert in regelmäßigen Abständen seine Berichte, die dann die Grundlage für die nächsten Predigten der Klima-Bischöfe sind. Alles, was sich heute populärwissenschaftlich ums Klima dreht, bezieht sich auf diese Berichte, vom Ausrufen des Klima-Notstandes in der EU bis hin zu den Aktionen von *„Fridays for Future"* – nicht zu verwechseln mit der englischen Fastfood-Kette *„Thank god it's Fridays!"*

Die Klimadaten, die diesen Berichten des Weltklimarates zugrunde liegen sollen, stammen vom Klimaforschungszentrum der englischen *University of East Anglia* und sie waren wenig überraschend gefälscht. Im November 2009 gelang es dann Computer-Hackern, den Rechner der *University of East Anglia* zu knacken. Sie veröffentlichten Daten, die belegten, dass die Universität dreizehn Jahre lang Zahlen gefälscht hatte, damit sie zu der Behauptung passen würden, dass es einen von Menschen verursachten Klimawandel gäbe. Man hätte „Tricks" benutzt, um den Rückgang der Temperaturen der letzten 20 Jahre „zu verstecken", schrieb der Direktor der Klimaforschungs-Abteilung Phil Jones in E-Mails an Kollegen. Er gibt also zu, dass es seit den 1980er-Jahren zu keiner deutlichen globalen Erwärmung mehr gekommen war.

Na, schon wieder vergessen? Oder hatten Sie davon noch gar nie etwas gehört?

„Zunehmend werden von führenden IPCC-Wissenschaftlern kritische Hinterfragungen – auch zum sog. Treibhauseffekt – als unlauterer und unsachlicher Skeptizismus abgewertet... Kritik an den IPCC-Thesen vom anthropogen bedingten Klimawandel scheint mittlerweile sogar der ‚political correctness' zu widersprechen. Und der ‚Kampf gegen den Klimawandel bzw. die Klimakatastrophe' scheint zum guten Ton zu gehören."[202]

PD Dr. Harald Kehl (Leiter des Instituts für Ökologie an der TU Berlin)

Mit dem Ende der Kleinen Eiszeit stiegen die Temperaturen im 20. Jahrhundert in regelmäßigen Zyklen leicht an, um dann wieder abzufallen. Seit Beginn des 21. Jahrhunderts sinken sie global gesehen wieder. Das bestätigt auch das *Europäische Institut für Klima und Energie* (EI-

KE), ein Zusammenschluss von Natur-, Geistes- und Wirtschaftswissenschaftlern, Ingenieuren, Publizisten und Politikern, die im „menschengemachten Klimawandel" nichts als einen Vorwand sehen, Wirtschaft und Bevölkerung zu bevormunden und das Volk durch Abgaben zu belasten.[203]

Und damit wären wir bei der anderen Form der Wissenschaft, die parallel zu all den gefälschten Berichten und hysterisch-dystopischen Evangelien auch noch stattfindet und mit realen Zahlen, Berichten und Modellen agiert. Wer sich näher darüber informieren möchte, kann dies etwa auf den Internetseiten von *EIKE*, der *NASA*, von *Suspicious Observers* oder *SpaceWeather.com oder Climateaudit.org* tun, um nur einige zu nennen. Nein, CO_2 ist nicht böse und wir müssen es auch nicht einsparen. Die Korrelation zwischen Temperatur und CO_2-Gehalt in der Atmosphäre haben wir bis heute nicht völlig verstanden, weil es sich dabei um sehr komplexe Prozesse handelt, die von zahlreichen Faktoren abhängig sind, wie ich oben bereits erwähnt habe. Wir wissen jedoch mit Sicherheit, dass es auf der Erde schon Phasen gab, in denen der CO_2-Gehalt in der Luft fünfzehnmal höher war also heute, das sind 1.500 Prozent vom heutigen Wert. Und das war eine Zeit mit extremer Vereisung.

In der Klima-Debatte der letzten Jahre wurde immer wieder behauptet, dass ein Anstieg der Konzentration um nur 10 Prozent bereits verheerende Folgen hätte, was komplett lächerlich ist. Im Jahr 2010 lag der CO_2-Gehalt bei etwa 380ppm, also 0,038 Prozent und alle Klimafanatiker, wie etwa *350.org*, waren der Überzeugung, dass wir nur Erlösung finden könnten, wenn wir den CO_2-Gehalt ganz schnell auf unter 350ppm drücken könnten. Dafür müssten wir sofort aufhören, fossile Brennstoffe zu verheizen oder das Ende wäre nahe. Im Jahr 2019 lag der CO_2-Gehalt dann bereits bei knapp über 400ppm und Greta wurde panisch, und mit ihr Millionen junger Menschen. Sie waren so außer sich, dass sie keinen anderen Weg mehr sahen, als jeden Freitag die Schule zu schwänzen. Sie forderten, dass wir sofort unsere Autos mit Verbrennungsmotoren stehenlassen und auf Flugreisen verzichten! Außerdem müssten Fabriken geschlossen werden und die Menschen sollten endlich weniger konsumieren, denn nur so könnten wir das böse CO_2 reduzieren! Gesagt, getan. Nur das CO_2 selbst hielt sich nicht an die Absprachen.

Ab Mitte März 2020 standen die meisten Autos aufgrund einer weltweiten Ausgangssperre. Flughäfen waren ebenso geschlossen wie zahlreiche Fabriken. Die Nachfrage nach fossilen Brennstoffen war komplett eingebrochen, der Ölpreis im Keller. Die Vögel sangen, der Himmel war blau und in Venedig wurden sogar Delphine in den Lagunen gesichtet. Es war alles so, wie Greta und Onkel Bill es sich gewünscht hatten. Nur der CO_2-Gehalt stieg weiter. Das, meine Damen und Herren, legt den Schluss nahe, dass die ernsthaften Naturwissenschaftler all die Jahre über Recht hatten, als sie sagten, dass der Einfluss des Menschen auf den CO_2-Gehalt in der Atmosphäre und auf das Klima eher zu vernachlässigen sei. Die *Messstation Mauna Loa* auf Hawaii gilt als die wichtigste für die Messung des CO_2-Gehalts in der Luft. Laut ihren Messdaten betrug er am 6. April 2019 genau 412 ppm, ein Jahr später, nach bereits dreiwöchigem, weltweiten Lockdown betrug

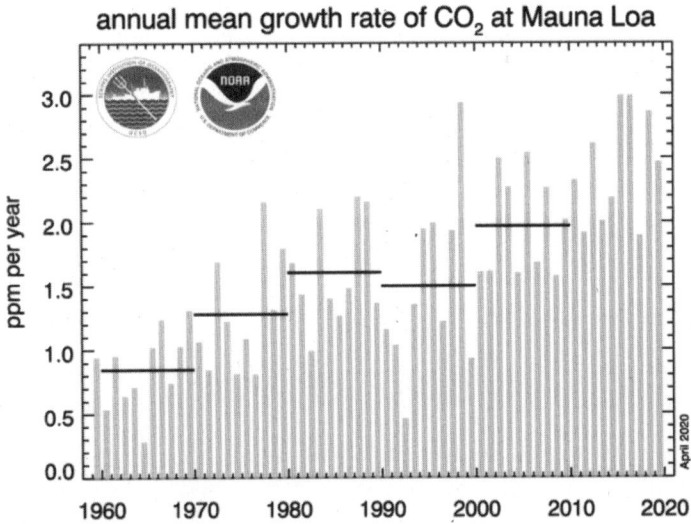

Abb. 11: Die Grafik zeigt den sehr volatilen, aber dennoch konstanten Anstieg von CO_2 in der Erdatmosphäre gemessen von der Messstation Mauna Loa auf Hawaii.

der Wert genau 414,5 ppm CO_2.[204] Das beweist nichts, außer, dass wir nicht wissen, was genau das CO_2 antreibt. Was wir wissen, ist, dass die Schwankungen unabhängig von unseren Aktivitäten extrem groß sind, wie die Abb. 11 der *Mauna Loa Messstation* beweist.

Kohlenstoffdioxid (CO_2) ist kein Problem, sondern es ist die Grundlage allen Lebens, wie jeder von uns noch aus dem Biologie-Unterricht wissen sollte! (siehe Abb. 12) In der Photosynthese wird CO_2, grob gesagt, von Pflanzen aufgenommen und mithilfe von Sonnenlicht im Chlorophyl in Kohlenstoff und Sauerstoff aufgespalten. Der weitaus größte Teil dieser Arbeit wird oberirdisch von Bäumen erledigt. Sie benötigen den Kohlenstoff, den sie in Zucker (Glucose) umwandeln, für *ihr* Wachstum und stellen uns als Nebenprodukt kostenlos Sauerstoff zur Verfügung, den *wir* zum Leben brauchen. Vereinfacht ausgedrückt: Weniger CO_2 = weniger Pflanzenwachstum = weniger Leben!

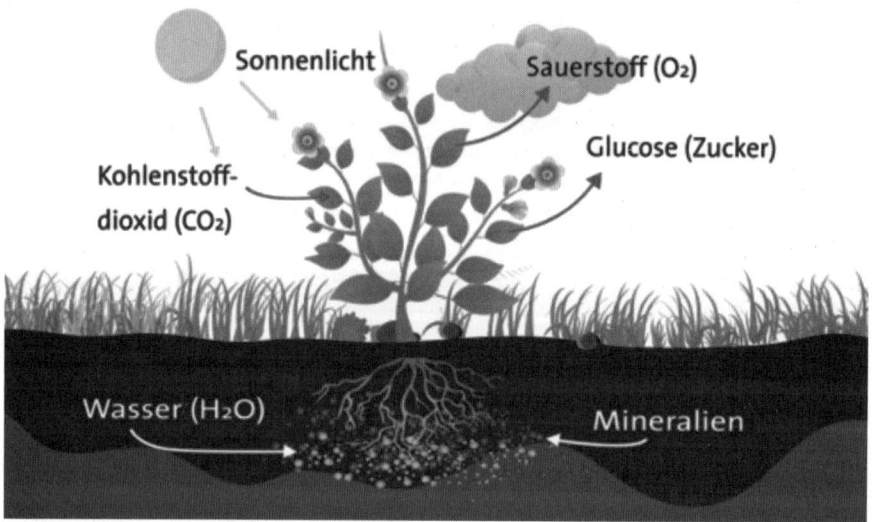

Abb. 12: In der Photosynthese wird CO_2 mithilfe von Sonnenlicht im Chlorophyl in Kohlenstoff und Sauerstoff aufgespalten. Kohlenstoff wird in Zucker (Glucose) für das Zellwachstum umgewandelt. Sauerstoff, den wir zum Leben brauchen, wird als Nebenprodukt ausgeschieden.

Mehr CO_2 bedeutet schnelleres Pflanzenwachstum. Im Gemüse- und Gartenbau wurde früher, vor dem großflächigen Einsatz von Kunstdüngern, CO_2 in Glashäuser eingeleitet, um das Pflanzenwachstum zu beschleunigen. Doch Kunstdünger sind das bessere Geschäft. Warum ist noch keiner der CO_2-Fanatiker auf die Idee gekommen, das Ganze von der anderen Seite zu betrachten? Hätten wir wirklich zu viel CO_2, könnte es ja daran liegen, dass wir zu wenig Bäume haben. Daran wäre aber nicht CO_2 schuld, sondern die unkontrollierte Abholzung von mehreren Millionen Hektar Wald pro Jahr – vorwiegend, um Soja für die Tierindustrie anzubauen, oder Ölpalmen für ungesunde Nahrungszusätze. Es ist aber einfacher, sich mit einem unsichtbaren Feind auseinanderzusetzen als mit konkreten Situationen.

Ja, wir Menschen beeinflussen das Wetter und somit langfristig auch das Klima, aber nicht mittels unseres CO_2-Ausstoßes, sondern mittels „Geo Engineering", wie uns ja bereits zuvor Travis Rieder von der Johns Hopkins Universität bestätigte. Ist es nicht spannend, dass Geo Engineering aber angeblich angewandt wird, um die Folgen des vom Menschen verursachten Klimawandels auszugleichen? Das ist Doppeldenk in Reinkultur. Man tut etwas und behauptet das Gegenteil. Ich habe bereits in meinem Buch »Was Sie nicht wissen sollen«, das im Jahr 2011 erschien, ausführlich über Chemtrails berichtet, also über Aerosole, die von Flugzeugen versprüht werden. Sie sollen angeblich die Erderwärmung stoppen, erreichen aber offenbar genau das Gegenteil. Zusätzlich sind sie extrem schädlich für Menschen, Tiere, Pflanzen und die Böden. Dennoch hat bis heute noch fast niemand davon gehört. Ich dachte, die Presse wäre immer an einer guten Story interessiert?

Also, wenn das keine gute Story ist, dann weiß ich es nicht! Unter dem Titel „Owning the Weather in 2025" („das Wetter im Jahr 2025 besitzen") wurde der US-Air-Force 1996 von Wissenschaftlern ein Papier überreicht, das im Namen des US-Militärs erstellt worden war. Es stellt dar, wie die USA durch die gezielte Manipulation des Wetters im Kleinen wie im Großen die Weltherrschaft behalten und noch weiter ausbauen können. Darin wird auch detailliert erklärt, wie man durch Stürme, Unwetter oder Trockenheit die Nachschubwege und die Moral des Gegners zerstören kann, und wie man in bestimmten Regionen Ernten oder Trinkwasser vernichtet. Es wird genau beschrieben, wie man künftig via Satelliten das Wetter rund um den Globus in Echtzeit beobachten und punktgenau ändern könnte.[204]

Ich habe schon in meinem ersten Buch darüber berichtet, dass die Amerikaner **bereits im Jahr 1947** mit „**Projekt Cirrus**" begannen und lernten, Wirbelstürme zu manipulieren und deren Laufrichtung zu ändern. Die Engländer führten bereits im Jahr 1952 geheime Wetterexperimente mit extremen Auswirkungen unter dem Codenamen „**Projekt Cumulus**" durch und alle haben sie dieses Handwerk im Lauf der letzten 70 Jahre perfektioniert. Am 18. Mai 1977 wurde eine UNO-Konvention gegen Wettermanipulationen unterzeichnet. Das hindert jedoch kaum jemanden daran, es dennoch zu tun. In den USA ist „Wetter auf Bestellung" seit Jahrzehnten völlig selbstverständlich. So wird potentieller Hagel zum Schutz der Landwirtschaft in Regen umgewandelt oder es wird in Zeiten von Trockenheit Regen herbeigezaubert – völlig offiziell und legal. Täglich steigen in landwirtschaftlichen Gebieten kleine Maschinen in den Himmel und versprühen dort Chemikalien im Auftrag der großen Agrar-Multis.

Wir werden seit Jahren tagtäglich von oben mit tausenden Tonnen Chemikalien bombardiert, mit einem Mix aus Barium, Strontium, Titan und allen voran Aluminium. Diese Chemikalien werden mittels Flugzeugen ausgebracht und diese Aerosole hinterlassen in der Stratosphäre die sog. Chemtrails (zu deutsch „chemische Pfade"), die weißen Streifen am Himmel, die sich nur langsam auflösen, wenn die Nanopartikel allmählich absacken. Sie erzeugen eine konstante, künstliche Wolkendecke, die angeblich die Sonneneinstrahlung und damit die Erderwärmung abschwächen soll – doch sie erreichen das komplette Gegenteil. Durch die künstliche Wolkendecke kann nachts die tagsüber angesammelte Wärme nicht entweichen. Dazu kommen die Schäden, die diese Chemikalien bei Mensch, Tier, Pflanze und Boden anrichten. Aluminium im Körper verursacht nachweisbar Krebs, Alzheimer, Senilität, Magen-Darmreizungen, führt zu Appetit- und Energieverlust, Gefühlsverlust und Sprachstörungen.[205] [206]

Wenn wir als Menschen das Wetter und damit langfristig auch das Klima beeinflussen, dann durch die gezielte Manipulation Einzelner, das sog. „**Geo Engineering**." Dass solche massiven Eingriffe in unsere Atmosphäre stattfinden, kann kein Politiker leugnen.

Von November 2009 bis März 2010 fanden im Unterausschuss des *US-Repräsentantenhauses für Wissenschaft und Technologie* drei Anhörungen zum Thema Geo-Engineering statt, die anschließend als 380igseitiger Bericht mit dem Titel *Geoengineering: assessing the implications of large scale climate intervention* veröffentlicht wurden.[207]

Im Jahr 2013 gab es im US-Kongress eine Anhörung zu dem Thema mit dem Titel „*Geoengineering: Governance and Technology Policy*" (Geoengineering: Grundsätze der Kontrolle und Technologie).[208] Im November 2017 hielten der *Unterausschuss für Umwelt* und der *Unterausschuss für Energie* des US-Repräsentantenhauses Anhörungen zum Thema „Geoengineering: Innovation, Research, and Technology" (Geoengineering: Innovation, Forschung und Technologie).[209]

Die FDP will die Landwirtschaft in Deutschland besser vor lang anhaltender Trockenheit schützen. Dabei setzen die Liberalen auch auf unkonventionelle Methoden... (in einem) Antrag heißt es zu innovativen Bewässerungstechniken: „Ebenso sollte die Forschung zum gezielten Abregnen mittels Wolkenimpfung (Cloud-Seeding) ausgedehnt und die praktische Anwendung mittels Modellvorhaben gefördert werden." Diese Methode müsse stärker ins Auge gefasst werden, sagte FDP-Agrarpolitiker Gero Hocker der NOZ (Neue Osnabrücker Zeitung)... Regional sind in Deutschland bereits sog. Hagelflieger unterwegs, die Silberjodid in Wolken ausbringen und so schwere Hagelschauer verhindern. In ihrem Antrag verweist die FDP darauf, dass angesichts des sehr trockenen Aprils der nächste trockene Sommer droht.[386]

Epoch Times, 4. Mai 2020

Unser Wetter wird seit Jahrzehnten nachweislich und konstant manipuliert und niemand kann mehr genau wissen, ob es jetzt gerade aus natürlichen Gründen warm ist oder ob das von irgendjemand gerade genau so gewollt und künstlich erzeugt worden ist.

Eine angebliche, vom Menschen durch CO_2-Ausstoß verursachte Erderwärmung ist Unsinn, aber das Märchen wird den Kinderlein weiterhin solange weitergegeben, bis sie alt genug sind, um die Wahrheit zu erkennen. Solange gibt Bill Gates jedenfalls nicht auf. Er wollte im Jahr 2018, dass seine Heimatstadt Seattle ein neues Gesetz verabschiedet, das jedermanns **CO_2-Ausstoß besteuern** sollte. Wie gesagt, die Ziele dieser CO_2-Religion sind offensichtlich! Am 6. November 2018 gab es eine Volksabstimmung in Seattle und 56 Prozent der etwas mehr als 3 Millionen Wähler stimmten gegen Bills Initiative. Es gibt also noch Hoffnung![210]

„Mit Verspätung hält der Winter Einzug in Deutschland. Trotz herrlichem Sonnenwetter sind die Temperaturen eisig und alles andere als frühlingshaft. Wie lange wird der Märzwinter anhalten? Meteorologen geben nun eine erste Prognose. Offenbar droht uns bereits in der nächsten Woche Schnee bis ins Flachland."[211]

26. März 2020 (news.de)

Im Zuge des weltweiten Lockdowns im März und April 2020 fiel mir eines auf: Nach über einem Monat ohne nennenswerten Flugverkehr hatten wir in den meisten Teilen der USA und in Europa plötzlich strahlendblauen Himmel, wie man ihn seit vielen Jahren wegen der Chemtrails nicht mehr gesehen hatte. Ohne die künstliche Wolkendecke und die Nanopartikel in der Luft waren die Nächte kalt, weil die Wärme des Tages entweichen konnte. Im indischen Teil um die Himalaya-Region haben manche Menschen Anfang April zum ersten Mal in ihrem Leben das „Dach der Welt gesehen", weil die Luft auf einmal klar war.

„DENVER (Colorado) – Die kälteste Großstadt des Landes war am Dienstagmorgen Denver. Die Stadt hat ihren dritten Rekord bei kaltem Wetter seit Montagmorgen gebrochen, als die Temperatur am frühen Dienstagmorgen auf -12 Grad sank. Das sind mehr als 11 Grad unter dem Normalwert für einen Morgen Mitte April."[(212)]

14. April 2020 (CBS4)

Ich bin gespannt, ob es außer mir noch anderen Menschen auffiel, dass es ohne Chemtrails kälter ist und die Wettermanipulation das Gegenteil von dem macht, was sie offiziell soll. Aber vielleicht bilde ich mir das auch alles nur ein und wir werden trotzdem weiterhin hören, dass der letzte Monat wieder der Wärmste aller Zeiten war, so wie man uns das nun seit mindestens zehn Jahren Monat für Monat, nicht immer ganz im Einklang mit den Fakten, unentwegt eintrichterte. Ich kann mir vorstellen, dass Greta Thunberg das Märchen vom anthropogen verursachten Klimawandel tatsächlich glaubt, dass sie wirklich glaubt, dass sie mit ihrem CO_2-Ausstoß eine Sünde begeht, weil diese Klima-Religion genau für sie und ihresgleichen designed wurde. Aber ich glaube nicht, dass Bill Gates oder Ricken Patel von *Avaaz* an solche Märchen glauben. Ich denke, die wissen sehr genau, was gespielt wird. Das bringt mich zur Überleitung zum nächsten Kapitel, dem eigentlichen Thema, dem großen Event von 2020 – „The Big One".

Sie erinnern sich noch an Ricken Patel, Gründer und Chef von *AVAAZ*, der **für die UNO**, die *Rockefeller Foundation*, die *Gates Foundation* und die *International Crisis Group* tätig war? An den Mann, der Greta Thunbergs weltweite Schulschwänz-Aktionen mitorganisiert hat und der mit einer einzigen E-Mail, mit einem Mausklick, mehr als 48 Millionen Menschen erreicht? Sie erinnern sich weiters, dass Dr. Li Wenliang, Augenarzt aus Wuhan, am 30. Dezember 2019 in einer chinesischen WeChat-Gruppe über das Auftreten eines aggressiven neuen Virus im örtlichen Krankenhaus von *Wuhan* sprach und es als einen neuen SARS-ähnlichen Erreger beschrieb? Daran, dass daraufhin chinesische Behörden am 31. Dezember 2019 die WHO informierten, die es dann an die Presse weiterleitete? Wir sind uns also einig darin, dass vor dem 30. oder 31. Dezember 2019 niemand hätte wissen dürfen, dass sich dieses Virus bald extrem rasch um den Globus ausbreiten würde? Oder vielleicht doch?

Nein... Nun wenn, dann nur diejenigen, die dieses Virus im Labor in Wuhan entwickelten oder diejenigen, die an *Event 201* teilgenommen hatten, und vielleicht noch einige Menschen, die in direkter Verbindung damit standen, wie etwa Ricken Patel mit Bill Gates, oder? Gut, damit wären wir bereits bei einigen hundert oder tausend Menschen, die hätten wissen können, dass ein solches Virus demnächst die Weltbühne erobern würde. Nein, wahrscheinlich geht das zu weit. Wahrscheinlich gehen jetzt die Pferde mit mir durch. Zufälle gibt es, oder? Ich will nicht länger drum herum reden, sondern Sie an meinen Gedankengängen teilhaben lassen. Ist es reiner Zufall, dass Ricken Patel bereits am 24. Dezember 2019 folgende E-Mail an seine 48 Millionen Jünger rund um den Globus verschickte:

„Liebe Freundinnen und Freunde,

11.000 Wissenschaftler warnen uns: **Durch den Klimawandel steuern wir auf ‚unsägliches Leid‘ zu.** *Und laut der UNO könnte der Zusammenbruch unserer Ökosysteme eine **MILLION** Spezies auslöschen. Wir könnten eine davon sein. Es gab früher viele ‚Umweltprobleme‘. Aber jetzt ist alles ein einziges Ringen -- um das Leben selbst. Wir existieren nicht unabhängig von der Natur -- wir sind ein Teil von ihr!* <u>*DOCH IN DIESEM KAMPF KÖNNEN WIR UNSER WAHRES SELBST FINDEN: NICHT ALS EIN VIRUS, DER DIESEN PLANETEN HEIMSUCHT,*</u> *sondern als Spezies, die alles Leben schützt. Millionen von uns unterstützten die Avaaz-Kampagnen zu 100 % sauberer Energie und zum 50-Prozent-Plan -- einer bahnbrechenden Idee, die Hälfte unseres Planeten unter Schutz zu stellen. Um das zu schaffen,* **müssen wir diese beiden wichtigen Kampagnen in einer massiven weltweiten Bewegung zum Schutz des Lebens zusammenbringen** *– und zwar schnell!"*

Ricken Patel, 24.12.2019

Die Hervorhebung in Großbuchstaben und Unterstreichung habe ich gemacht, der Rest der E-Mail ist genau so, wie sie im Original war.

„Alles ist ein einziges Ringen – um das Leben selbst!" „Wir können unser wahres Selbst finden, wenn wir nicht das Virus sind!"

Das war bestimmt nur bildlich gesprochen, richtig? Das Timing war Zufall, auch dass er diese Mail am 31. Dezember 2019 zur Erinnerung nochmals an alle Jünger verschickte, korrekt? Dann ist es auch nicht so wörtlich zu nehmen, wenn ab März 2020 immer mehr globale Akteure in der Corona-Krise davon sprechen, dass wir das Virus bekämpfen müssen und uns im Krieg gegen das Virus befinden, stimmt's?[213]

Diese Designersekte ist maßgeschneidert auf junge, orientierungslose und frustrierte Menschen christlicher Prägung auf der Suche nach Erlösung aus dem Elend unserer modernen Gesellschaft. Sie sind mit dem Prinzip der Schuld bereits bestens vertraut, ebenso wie mit dem Instrument des Ablass-Handels. Sie sind bereit zur Selbstgeißelung. Der praktische Erfolg dieses uralten Prinzips ist immer wieder beeindruckend. Aber nicht annähernd so beeindruckend wie die Weissagung des Hohepriesters dieser Sekte zum Virus. Ich kann nur hoffen, dass sich nicht alle seine Vorhersagen materialisieren, denn wie oben in der E-Mail bereits erwähnt, will Ricken Patel bis zum Jahr 2030 die Hälfte der Erde unter Schutz stellen und menschenfrei machen!

So, wie er und seine Kameraden sich bisher präsentiert haben, wird er seinen „**Plan 50/50**" vermutlich auch umsetzen. Prominente Unterstützer wie Leonardo DiCaprio oder Bill Gates hat er jedenfalls und damit auch sehr viel Geld hinter sich. Das heißt für uns alle, dass wir künftig mit der Hälfte der bisherigen Fläche auskommen müssten, vorausgesetzt, wir werden nicht noch mehr. Dann würde es noch enger werden. Sicher, für diejenigen unter uns, die sich bereits auf der bewohnbaren Hälfte ein schönes großes Stück gesichert haben, mag die Vorstellung des 50/50-Plans eine verlockende Idee sein. Für uns andere aber stellt sich vor allem eine Frage: Ist mein derzeitiger Wohnort künftig in dem Teil der Erde, zu dem Menschen keinen Zugang mehr haben dürfen?

Natürlich bin ich auch der Meinung, dass die Weltbevölkerung nicht weiter wachsen sollte, aber das Problem der Überbevölkerung ist zum einen ein soziales und zum anderen ein finanzielles. Viele arme Menschen müssen möglichst viele Kinder in die Welt setzen, weil sie im Krankheitsfall nicht abgesichert sind und weil sie keine Rente bekommen. Ihre Kinder sind ihre Absicherung im Alter. Einen Ausweg aus ihrer Armut haben sie mangels fehlender Bildung und Berufschancen nicht. Doch dass man dieses Problem nicht nur durch toxische Nanopartikel oder hinterhältige Impfaktionen lösen kann, zeigt etwa eine Initiative von Prinz Ludwig von Bayern mit dem Namen „Learning Lions." Im Jahr 2015 startete er zusammen mit Freunden eine Schule in der kenianischen Wüste. Dort bilden sie junge Menschen ohne oder mit wenig Vorbildung zu IT-Spezialisten aus und führen sie in innerhalb weniger Jahre in die Selbstständigkeit. Mit weniger als vier Millionen Euros Budget haben sie in nur fünf Jahren bereits zahlreichen jungen Menschen eine Perspektive geschenkt, jungen Frauen geholfen, sich selbstständig zu machen und eigenes Geld zu verdienen. Die einzige Alternative für diese Frauen war es bis dahin gewesen, Körbe zu flechten und viele Kinder zu bekommen.

Mit dem Geld, das Bill Gates jedes Jahr in seine „philanthropischen" Aktivitäten steckt, hätte er bereits **zehntausende** solcher Initiativen lancieren können. Er hätte das Bevölkerungswachstum innerhalb einer Generation gestoppt, er hätte viele Menschen glücklich gemacht und er hätte ihnen obendrein noch allen seine Computersoftware andrehen können. Es gibt Wesen, die vorgeben, Gutes zu tun – und dann gibt es Menschen, die es einfach tun.

Vielleicht sollte ich an dieser Stelle auch klarstellen, dass ich der Meinung bin, dass echter Umweltschutz die höchste Priorität für uns haben sollte und wir unseren Umgang mit Mutter Erde dringend ändern müssen! Doch es gibt so viele wahre Probleme, von nuklearem Abfall bis hin zu Mikroplastik, um die wir uns kümmern sollten, anstatt Zeit mit dem kindlichen Versuch zu vergeuden, den Lauf der Welt aufhalten zu wollen. Ich weiß, dass ich das Thema CO_2 hier nur streifen kann, was auf manche Leser unseriös wirken mag. Ich will Sie damit aber zumindest anregen, selbstständig weiter zu forschen und zu hinterfragen. Sie sollten nicht alles, was die Massenmedien als gegeben darstellen, auch wirklich dafür halten. Aussagen wie „97 Prozent aller Wissenschaftler sind sich einig" haben ähnlich viel Substanz wie der Werbe-Slogan „Drei Viertel aller Zahnärzte würden Zahnpasta XY empfehlen". Warum stellt niemand die Frage, wer diese „Wissenschaftler" sind? Geistes- oder Sozialwissenschaftler vielleicht? Haben die wirklich mehr Ahnung von den komplexen Zusammenhängen zwischen dem Universum und CO_2 als Sie und ich? Selbst unter den Naturwissenschaftlern hat kaum jemand Ahnung davon. Vom sog. „Weltklimarat" brauchen wir erst gar nicht zu sprechen. Man muss bei dem Thema sehr genau auf das „Wording" und „Framing" der Manipulatoren achten, die mit ihrer pseudowissenschaftlichen Argumentation eine ganz klare Agenda verfolgen.

Ich gehe davon aus, dass viele Personen, die im Bereich Umweltschutz sehr aktiv sind, in Wahrheit Gutes tun wollen. Sie sind davon überzeugt, dass sie auf der richtigen Seite stehen. Doch sie haben leider keine Ahnung, dass sie nur benutzt und manipuliert werden, weil sie einfach nur etwas nachbeten, das sie nicht verstehen. Deshalb kann ich nur immer wieder versuchen, dieser Propaganda etwas entgegenzusetzen, in der Hoffnung, das kritische und selbstständige Denken bei einigen Mitbürgern anzuregen. Mehr kann ich leider auch nicht leisten.

23. April 2020: Eigentlich hatte ich dieses Kapitel für abgeschlossen gehalten, doch seit Tagen geistern wieder dramatische Berichte über ein Waldsterben in Mitteleuropa durch die Medien. Dramatische Berichte darüber, dass der Klimawandel und die angeblich daraus resultierende Trockenheit weite Teile der Wälder in Deutschland, Tschechien und Österreich hinwegrafft.

Ich finde es wirklich bemerkenswert, dass manche Menschen es immer wieder schaffen, jedes Problem von der falschen Seite zu betrachten und so nie zu einer Lösung desselben kommen. Ja, in den letzten Jahren war es in Teilen Mitteleuropas recht trocken, aber das Problem der sterbenden Wälder besteht darin, dass hier über Jahrzehnte fast ausschließlich Nadelbäume in riesigen Monokulturen gepflanzt wurden. Diese Koniferen kommen natürlich alle in kälteren Lagen mit deutlich kürzerer Vegetationsphase vor. Fichten (Picea abies), Föhren (Pinus nigra) und Kiefern (Pinus sylvestris) haben in trockenen, tiefen und warmen Lagen nichts verloren. Sie hätten dort nie gepflanzt werden sollen. Die Förster hatten für einige Jahrzehnte Glück, dass die aktuelle Klimalage es zuließ, dass sie überlebten, aber nun wäre es an der Zeit, dieses missglückte Experiment zu beenden und wieder die Bäume zu pflanzen, die in diesen Regionen natürlich vorkommen würden: Eichen (Quercus robur & cerris), Buchen (Fagus sylvatica) und Hainbuchen (Carpinus betulus). Koniferen-Monokulturen sind kein „Wald", sondern ein „Forst" und der ist immer empfindlicher gegenüber Umweltschwankungen als ein gesunder Mischwald. Eine Reduktion unseres CO_2-Ausstoßes wird kaum mehr Regen bringen. Oder hat es während des Lockdowns in den betroffenen Ländern die ganze Zeit geregnet? Nein, es ist in der betroffenen Region nicht ein Tropfen gefallen.

Wie schon gesagt, wird man immer wieder versuchen, das Pferd von hinten aufzuzäumen. Oder man kann irgendwann akzeptieren, dass vorne dort ist, wo die Augen und die Ohren sind.

Das Experiment – EVENT 202

Wie beginnt man ein Kapitel, das eines der folgenschwersten Ereignisse der jüngeren Menschheitsgeschichte beschreiben soll, zu einem Zeitpunkt, als es noch voll im Gange ist? Ich denke, ich beginne mit einem Zitat, das manchen unter Ihnen vielleicht noch aus meinem letzten Buch kennen, das mir jedoch erneut als passend erscheint:

> *„Ich gehe von der Annahme aus, dass die Welt verkehrt rum ist, dass die Dinge alle falsch sind, dass die falschen Leute im Gefängnis sind, und die falschen Leute frei sind, dass die falschen Leute an der Macht sind und die falschen Leute ohne Macht sind, dass das Vermögen in diesem Land und auf der Welt so verteilt ist, dass es keine kleine Reform benötigt, sondern eine drastische Umverteilung. Ich gehe von der Annahme aus, dass wir nicht groß darüber reden müssen, denn alles, was wir nur tun müssen, ist, über den heutigen Zustand der Welt nachzudenken, um zu erkennen, dass alles auf dem Kopf steht."*[214]

Howard Zinn, Historiker

Ich bin kein Arzt, kein Virologe und kein Epidemiologe, doch ich bin ein guter Beobachter und ich bin in der Lage, Zusammenhänge zu verstehen und verständlich zu machen. Seit Tagen überlege ich, von welcher Seite ich mich der „Corona-Krise" nähern soll, um nicht unsachlich oder unseriös oder leichtfertig zu wirken. Doch ich habe in den letzten Tagen so viel über das Corona-Virus SARS-CoV-2 und allem, was damit zusammenhängt, gelesen, dass ich mich schwer tue, nicht in dieser Flut von Meinungen, Einschätzungen, Expertisen, Zahlen und vermeintlichen Fakten zu ertrinken. Es hat keinen Sinn, hier wissenschaftlich korrekt vorgehen zu wollen, denn damit wäre ich ohnehin der Einzige weit und breit. Denn das, was hier manche „Experten" zum Besten geben, kann einen nur noch in Staunen versetzen. Es gibt kaum ein Thema, bei dem die Koryphäen ihrer Zunft einander so klar und vehement widersprochen haben, wie in der Corona-Krise. Das zeigt, dass hier offenbar alle im Nebel stochern und nichts so klar und eindeutig ist, wie es manchmal dargestellt wird.

Also, ich fange so an, wie es sich für mich gerade richtig anfühlt. Ich fange damit an, zu beschreiben, wie sich das alles in meiner Vorstellung zugetragen haben könnte. Ich behaupte nicht, dass alles bis ins kleinste Detail genau so war, aber es könnte so oder so ähnlich gewesen sein. Sie müssen selbst entscheiden, was Sie in dieser komplizierten Gemengelage für glaubhaft halten. Ich kann Ihnen nur ein paar Fakten und eigene Gedanken als Anregung mitliefern. Also, gehen wir's an!

Heute ist Donnerstag, der 16. April 2020, und ich sitze an meinem Schreibtisch, nachdem ich morgens erst spazieren und dann einkaufen war. Nachdem der Himmel über den USA und Europa drei Wochen lang klar und sauber war, werden seit Karfreitag, dem 10. April, zu beiden Seiten des Ozeans wieder Chemikalien auf uns herabgeworfen. Da es immer noch keinen regulären Flugbetrieb gibt, müssen die Aerosole mittels Spezialflugzeugen ausgebracht werden. Der Himmel ist seit gestern wieder mit dem gewohnten weißen Schleier überzogen, den die Chemtrails der letzten Tage hinterlassen haben. Die Temperaturen steigen nun auch wieder.

Ich hab in den vergangenen Tagen mit vielen Menschen gesprochen und es geht ihnen wie mir: *„Wir kennen alle niemand, der an COVID-19 erkrankt ist, geschweige denn jemand, der daran verstorben ist, noch kennen wir jemand, der jemand kennt."* Das macht es schwieriger, einen Bezug zu dem Ganzen herzustellen. Die Berichterstattung zu dem Thema ist zunehmend hysterisch und wirkt mehr und mehr befremdlich. Es mag sein, dass ich und meine Freunde und Bekannten eine große Gefahr unterschätzen, weil wir selbst noch nicht davon betroffen sind. Es mag aber auch sein, dass unsere Skepsis berechtigt ist und wir alle gerade Versuchskaninchen in einem grausamen Experiment sind. Auf jeden Fall empfinden mehr und mehr Menschen dieser Tage die gegen sie verhängten Maßnahmen der Regierungen unter dem Deckmantel der Corona-Krise als überzogen. Rund um den Globus ist Nervosität zu spüren, auch in den Führungsetagen. Die politisch Verantwortlichen suchen nach einer „Exit-Strategie", um den Druck aus dem Kessel zu nehmen und um die Lage zu beruhigen.

Vor zwei Tagen begannen Österreich und Tschechien daher mit ihrer Lockerung des Lockdowns. Beide Länder erlauben nun nach und nach mehr Geschäften die Öffnung und stellen in Aussicht, dass ab Juni wieder alles offen sein könnte – vorausgesetzt, die epidemiologische Lage verschlechtert sich nicht wieder und alle halten sich weiter so brav an die Anweisungen.[215] Deutschland stellt Lockerungen in Aussicht – wie immer, seit die Amöbe Angela Merkel das Land regiert, jedoch sehr vage und unklar. Die Deutschen versuchen, wie immer, sich nicht angreifbar zu machen und daher keine Haltung einzunehmen. Indes klagt eine Heidelberger Anwältin gegen die strikten Corona-Verordnungen und landet in der Psychiatrie.

Gestern hat US-Präsident Donald Trump seinen Worten Taten folgen lassen und hat der WHO die Stirn geboten. Er hat die Zahlungen der USA an die Weltgesundheitsorganisation eingefroren, bis geklärt ist, warum die WHO die USA seiner Meinung nach zu Beginn der Pandemie so schlecht beraten hätte. Es kam zum üblichen Beißreflex linker westlicher Journalisten, die ihm Verantwortungslosigkeit und Irrsinn unterstellten. Präsident Trump bekommt jedoch unerwartet Rückendeckung aus Taiwan und aus Indien[216], die sich von der WHO schlecht behandelt fühlen, und von Finnland, wo der Chef der Nationalen Gesundheitsbehörde, Mika Salminen, der WHO Inkompetenz vorwirft.[217] Die Mühlen mahlen langsam, aber immerhin beginnen sie nun, nach einem jahrzehntelangen, *geistigen Lockdown* zu mahlen und bestimmte Institutionen und deren Kompetenzen in Frage zu stellen.

In Lansing, der Hauptstadt von Michigan im Norden der USA, starteten gestern tausende Bürger ihre „Operation Gridlock" (Verkehrskollaps), um ihre Gouverneurin, Gretchen Whitmer, davon zu überzeugen, dass die Anordnung zur Schließung aller kleinen Geschäfte und Restaurants zurückzunehmen sei. Sie fuhren mit ihren Autos in die Innenstadt, stellten sie mitten auf der Straße ab und umstellten dann das Regierungsgebäude, teils auch mit automatischen Waffen um die Schultern, um *Gretchen* dazu zu überreden, ihre *„Stay Safe, Stay Home"*-Anordnung wieder aufzuheben. Die Menschen in Michigan reagieren deshalb so wütend auf die Zwangsmaßnahmen, weil der einstmals wirtschaftlich so starke Staat an den großen Seen mit seiner Auto-Metropole Detroit bereits seit Jahrzehnten unter dem Niedergang der US-Autoindustrie leidet und ohnehin von hoher Arbeitslosigkeit und Kriminalität gezeichnet ist. Es bleibt abzuwarten, wie dieser Konflikt ausgehen wird und auch, ob er sich auf andere Regionen in den USA ausbreiten wird. Was sich jedenfalls bereits sowohl in den USA als auch in Europa in den letzten drei Wochen verbreitete, sind Stellungnahmen zahlreicher Ärzte und Virologen zur „Corona-Pandemie". Immer mehr Experten halten den Lockdown der gesamten westlichen Welt für völlig überzogen. Und wenn schon die Experten sich nicht einig sind, dann ist es für uns Außenstehende noch schwieriger, uns ein vernünftiges Bild zu machen. Da wir aber damit umgehen müssen, müssen wir die Lage auch zu beurteilen lernen.

Der Grund dafür, dass wir nun bereits wochenlang eingesperrt sind, dass unzählige Geschäfte für immer schließen mussten, dass Millionen von Menschen arbeitslos sind und weitere Millionen von Menschen alles verlieren werden, wofür sie ihr ganzes Leben lang gearbeitet haben, ist **eine angebliche weltweite Erkältungs-Welle,** zuletzt auch gerne „Pandemie" genannt. Nein, es handelt sich um keine „Grippe-Welle" oder „Grippe-Pandemie", sondern um die angeblich weltweite **Ausbreitung einer „Erkältung".** Corona-Viren sind keine Influenza-Viren, sondern zählen zu einer Gruppe von Viren, die das hervorrufen, was man im Allgemeinen als „Erkältung" bezeichnet. Eine solche Erkältung ereilt jedes Jahr aufs Neue etwa 20 bis 40 Prozent der Bevölkerung. In den meisten Fällen ist die Folge einer Ansteckung mit solchen Viren ein erhöhter Verbrauch an Taschentüchern. Meist trinkt man dann mehr Tee, nimmt mehr Vitamin C zu sich, geht früher schlafen als sonst und hat es dann nach einigen Tagen oder Wochen wieder ohne Folgen hinter sich. In seltenen Fällen wird man für einige Tage niedergestreckt und muss das Bett hüten. So gut wie nie führt eine Erkältung zum Tod. Wenn das der Fall ist, dann nur, wenn der oder die Betroffene ohnehin bereits sehr geschwächt war. Dieses seltene Ereignis nennt man dann etwas dramatisch „Übermortalität".

Eine Grippe, richtiger „**Influenza**" genannt, ist ebenfalls eine durch Viren hervorgerufene Erkrankung, deren Verlauf aber schwerer sein kann und die eine durchschnittliche Sterblichkeitsrate von 0,1 bis 0,2 Prozent hat. Das bedeutet, dass von tausend Infizierten ein bis zwei Vorgeschädigte verstarben – meist sind das sehr alte Menschen oder Personen mit sehr schwachem Immunsystem. In ganz seltenen Fällen, wie etwa bei der *Asiatischen Grippe* in den Jahren 1957 und 1958, sterben fünf von tausend Infizierten, also eine Mortalitätsrate von 0,5 Prozent.[218]

Die harmlosen, saisonalen Erkältungen werden von verschiedenen Viren-Stämmen hervorgerufen. Das können mehr als zweihundert unterschiedliche Viren-Arten in unterschiedlichen Kombinationen sein. Davon machen Corona-Viren immer so zwischen 10 und 15 Prozent aus, je nach Saison. Da wir mit der Zeit Antikörper bilden, also gegen sie immun werden, müssen die Viren sich weiterentwickeln. Sie mutieren, weil sie uns sonst nichts mehr anhaben könnten. Nach jeder Mutation können sie uns dann aufs Neue heimsuchen und wieder Krankheitssymptome erzeugen, die aber in der Regel harmlos sind. Die meisten Erkältungen treten im Winter auf, weil der Körper da geschwächter und leichter angreifbar ist. In der Regel interessiert eine solche Erkältungswelle niemand, außer vielleicht einige Hausärzte, weil sie dann von schniefenden Patienten belagert werden, die sich Rezepte abholen wollen. Viele von uns werden alle paar Jahre von einer Grippe oder Erkältung erwischt, aber darum wird wenig Aufhebens gemacht.

Gegen Influenza gibt es Impfungen, die sind aber ziemlich sinnlos, weil die Entwicklung eines Impfstoffs in der Regel mindestens zwei Jahre dauert, und man sich dann bei der Impfung die Viren von vor zwei Jahren spritzen lässt. Die Idee dahinter ist, mit einer kleinen Dosis Grippeviren den Körper dazu anzuregen, Antikörper gegen ein bestimmtes Virus zu bilden, damit es dem Körper dann nicht mehr gefährlich werden kann. Das kann es aber ohnehin nicht, weil es zum Zeitpunkt der Ausgabe der Impfung gar nicht mehr in der freien Wildbahn existiert, da es längst mutiert ist und sich verändert hat. Diese neue Variante des Virus kann der Körper dann ohnehin nicht erkennen und wenn er geschwächt und dafür empfänglich ist, wird er daran erkranken, mit oder ohne Impfung. Wenn man sich aber vom Arzt mit alten Viren infizieren lässt und dann auch noch von denen der nächsten Generation heimgesucht wird, setzt man sich freiwillig einer doppelten Schwächung des Immunsystems aus. So wird die Gefahr, schwer zu erkranken oder daran zu sterben, vermutlich erhöht. Aber wie heißt es so schön: *Was mich nicht umbringt, macht mich hart!*

> *„Eine neue Studie aus den USA spricht sogar dafür, dass die saisonale Grippeimpfung mehr Nachteile als Nutzen hat. Ein hochkarätiges Team der Universität von Minnesota analysierte sämtliche Wirksamkeitsstudien, die seit Einführung der Influenza-Impfung in den 1950er-Jahren durchgeführt wurden. Das Ergebnis ist vernichtend: Für die Altersgruppen bis 17 Jahre und ab 65 Jahre gibt es so gut wie keinen nachgewiesenen Schutz durch die saisonale Impfung. Bei den Erwachsenen (18 bis 64 Jahre) liegt die Wirksamkeit, je nach Saison, bei höchstens 60 Prozent... Michael Osterholm, einer der renommiertesten Virologen und Impfbefürworter der USA, wurde daraufhin vom Paulus zum Saulus: ‚Wir haben die Grippeimpfung maßlos überschätzt, es geht nur noch um Verkaufen und Profit'.“*[219]
>
> Alexander S. Kekulé, Arzt und Biochemiker, in der Corona-Krise 2020 war er
> einer der führenden Experten und hatte eine große mediale Präsenz

Offenbar kann man über die Wirkweise und die Sinnhaftigkeit solcher Impfungen also geteilter Meinung sein.[220] Doch da das Ganze ein gutes Geschäft ist, sieht die Pharma-Lobby das naturgemäß etwas anders und rät dringend zur Impfung.[221] Gegen eine Erkältung gibt es bislang keine Impfung, die für Menschen zugelassen ist, weil es zu viele unterschiedliche Erreger gibt, die sich zu schnell verändern.

Doch nun zum Ursprung und der Besonderheit des SARS-CoV-2-Virus: Wir erinnern uns, dass dieser neuartige Corona-Virus mit großer Sicherheit in einem chinesischen Labor in Wuhan entstand, indem ein Corona-Virus aus Fledermäusen genetisch so modifiziert wurde, dass es auf den Menschen überspringen kann. Im März 2019 veröffentlicht eine Forschergruppe aus den Laboren in Wuhan dann einen Bericht, in dem sie vor dem möglichen Auftauchen eines neuen Fledermaus-Corona-virus in naher Zukunft warnten. Ihr Chef ist Professor Dr. George Gao, der Superstar unter den chinesischen Virologen.

Am 18. Oktober 2019 fand in New York „Event 201" statt, eine **„virtuelle Übung", die simulierte, wie ein Corona-Virus sich weltweit ausbreitet und eine Pandemie verursacht, die 65 Millionen Todesopfer fordert.** Mit von der Partie war Professor Dr. George Gao, zudem unter anderem Vertreter der *Bill Gates Stiftung*, der *Johns Hopkins Universität* sowie Vertreter der *WHO* und des *CDC*. Natürlich wussten auch die Geheimdienste weltweit frühzeitig über den Stand der Dinge Bescheid. Laut der *US-Geheimdienst-Abteilung für medizinische Spionage* (NCMI) soll der Ausbruch eines neuartigen, noch nicht genau identifizierten Virus (SARS-CoV-2) in Wuhan bereits im November 2019 stattgefunden haben. Es ist davon auszugehen, dass die großen Geheimdienste, also die der USA, Englands und Israels, viel früher als alle anderen Bescheid wussten. Sie verfügen über mehr Information, als wir uns vorstellen können. Gerade deshalb finde ich es bemerkenswert, dass die USA und England dieses Virus lange nicht ernst genommen haben und erst auf Grund des Drucks der Medien sich dazu entschlossen, den strengen Lockdown-Maßnahmen anderer Staaten zu folgen.[222] [223]

Auf jeden Fall wurde Mitte Dezember in einem Krankenhaus in Wuhan eine Häufung von Lungenentzündungen festgestellt, die durch ein neues als „SARS-ähnlich" beschriebenes **Corona-Virus** hervorgerufen worden ist. Die Ärzte gaben die Gen-Sequenz des Virus in eine wissenschaftliche Datenbank ein und baten um Mithilfe, weil sie angeblich noch nicht einmal genau wussten, um welche Art von Erreger es sich dabei überhaupt handelte.

Einige Tage später machte sich **Dr. Christian Drosten**, der Leiter des virologischen Instituts an der renommierten Berliner *Charité*, daran, einen Test für das neue Virus zu entwickeln, denn neu auftretende Viren sind genau seine Spezialität. Er hatte bereits bei der SARS-Epidemie im Jahr 2003 weltweit als erster einen Test entwickelt, der ihm international Lorbeeren einbrachte, und vieles an dem neuen Virus[224] kam ihm bekannt vor: Es war zwar im Jahr 2003 zu keiner richtigen Pandemie gekommen, aber als Virologe darf man die Hoffnung nie aufgeben. Außerdem, was soll man während der Weihnachtsfeiertage schon anderes machen, als einen Test gegen ein Virus zu entwickeln, oder?

> *„Bereits zwischen Weihnachten und Neujahr ging das los, dass hier die erste informelle Information ankam. Und wir haben uns dann natürlich gleich darangemacht, das zu machen, was wir besonders gut können: In sehr kurzer Zeit diagnostische Testverfahren entwickeln. Und dann vor allem auch weltweit verfügbar machen.“*[225]
>
> Dr. Christian Drosten, Virologe an der Berliner Charité

Am 30. Dezember 2019 sprach der chinesische Augenarzt Li Wenliang erstmals in einer WeChat-Gruppe über das neue Virus. Da die Überwachung des Staatsapparates in China bestens funktioniert, reagierten die Behörden. Als erstes wurde Dr. Li gemaßregelt und eingeschüchtert, als zweites wurde sicherheitshalber die WHO über die Situation informiert. Dadurch wurde offenbar eine Lawine ausgelöst, die bis dahin angeblich keiner der Beteiligten hatte lostreten wollen, da keiner die Ansicht vertrat, dass dies ein Thema von weltweitem Interesse war.

Am 31. Dezember 2019 gab die vorwiegend von Bill Gates und der Pharmalobby finanzierte WHO eine Pressemeldung heraus, wonach sie *„über Fälle von Lungenentzündung mit unbekannter Ursache in Wuhan“* informiert worden sei.[226] Die Meldung wurde noch am selben Tag über die Nachrichtenagenturen in die ganze Welt verbreitet. Diese Meldung war natürlich ein Fressen für die Presse, die endlich mal zum Jahreswechsel über etwa anderes als Feuerwerk und Konfetti berichten konnte, und natürlich gleich in die Vollen ging:

> *„Fieber, Atemprobleme: Eine bislang unbekannte Lungenkrankheit ist in der zentralchinesischen Metropole Wuhan ausgebrochen. Bislang sind 27 Menschen daran erkrankt, sieben von ihnen schwer. Droht eine neue Pandemie?“*[227]
>
> Deutsche Welle, 31.12.2019

Erst einmal sollte man die Verantwortlichen fragen, was genau sie mit „neue" Pandemie meinten und dann sollte man sie bitten, künftig irgendjemand an die Tastatur zu lassen, der eine Schule besuchte und über mathematische Grundkenntnisse verfügt. Denn der käme dann sicher nicht auf die Idee, bei 27 Erkrankten und einer Weltbevölkerung von 7.700.000.000 Menschen eine Pandemie heraufzubeschwören.

Wenige Tage später hat das Team von Christian Drosten an der Berliner Charité bei Weihnachtskeksen und besinnlicher Musik einen Test für das neue Virus fertiggestellt – erst einmal nur für den internen Gebrauch. Bevor ein solcher Test normalerweise zur Verfügung gestellt wird, muss er selbst ausgiebig getestet, also „validiert" werden. Das würde zumindest mehrere Wochen dauern. Mittlerweile hatten aber die Medien den Ausbruch einer Erkältung in Wuhan zum globalen Ereignis erklärt, also boten Drosten und sein Team ihren flugs entwickelten Schnelltest, den sie selbst überhaupt nie an den neuen Viren hatten testen können, der WHO an. Drosten hatte ihn aus den alten Corona-Viren erstellt, die er noch vom letzten Mal vom SARS-Virus aus dem Jahr 2003 ganz hinten im Kühlschrank fand. Doch die Chinesen waren an dem Test interessiert und die WHO war es auch.

„Ich möchte etwas erzählen über die Corona-Pandemie, die wir angeblich haben sollen... Die Virologen haben hier etwas Interessantes gemacht, und... (damit) haben sie auch die chinesische Regierung stark beeindruckt. Die chinesische Regierung hat daraus ein riesen Buhei gemacht. Das war plötzlich politisch sehr wichtig. Das ging aus dem virologischen Rahmen völlig raus. Es wurde plötzlich überall Gesichtserkennung an den Flughäfen montiert, es wurde Fieber gemessen... das Fieberthermometer regelte den Verkehr in Chinas Straßen. Das war natürlich so bedeutsam, dass sich das auch international ausgewirkt hat und die Politik... Stellung nehmen musste... es kam von den Virologen, also haben sie die eigenen Virologen befragt, und die meinten auch, dass sei eine wichtige Sache und wir können da einen Test machen, wir können euch helfen, damit wir das dann auch wie in China sehen können... da ist etwas gesponnen worden, ein Netz von Meinungen hat sich entwickelt in diesen Fachkreisen und die Politik hat sich an diese

Fachkreise gewandt, die damit angefangen hatten. Die Politik hat sich dieses Netz dann angezogen und hat sich darin bewegt. Das hat dazu geführt, dass... die Politik sich aus dem Fenster hängt und die Argumente auch benutzt, um einzuschätzen, wem geholfen werden muss, was an Notmaßnahmen geschieht, was verboten werden muss, wer in Quarantäne muss. All diese Dinge sind davon abgeleitet... das heißt, dass es jetzt ganz schwer wird für Kritiker zu sagen, ,halt, da ist ja gar nichts los'.«[228]

Dr. Wolfgang Wodarg (ehemaliger Amtsarzt, Sozialmediziner und
Leiter des Gesundheitshauses in Flensburg, SPD-Politiker)

Die WHO stellte den Berliner Test auf ihrer Internetseite vor und er wurde über Nacht zu einem Verkaufsschlager. Am 11. Januar starb der erste mit dem neuen Virus „SARS-CoV-2" infizierte Patient an der neuen Lungenkrankheit „COVID-19". Wenige Tage später wurde das neue Virus dann dank des Tests erstmals außerhalb Chinas nachgewiesen – bei einer Frau in Thailand, die Wuhan besucht hatte. Es folgten positive Tests in Japan und Südkorea. Alle positiv getesteten Personen hatten Kontakt zu Chinesen in Wuhan gehabt.[229]

Die Stadt *Wuhan* und die darum liegende Provinz *Hubei* sind so etwas wie der Wirtschaftsmotor der Welt. Dort wird so ziemlich alles hergestellt, was wir in den USA und in Europa täglich konsumieren. Deshalb gibt es auch einen regen Austausch mit westlichen Mitarbeitern, die dort Produkte entwickeln, einkaufen oder Abläufe überwachen. Insofern kann ich verstehen, dass sich Firmen, deren Mitarbeiter aus Hubei zurückkommen, jetzt Gedanken darüber machten, ob die sich vielleicht infiziert haben könnten. Man weiß ja nie.

Zur gleichen Zeit tobte in Mittel- und Südamerika eine Denguefieber-Welle, an der bereits mehrere Millionen Menschen erkrankt und über tausend Menschen gestorben waren. Die Tigermücke, die diese Krankheit überträgt, hat sich in den letzten Jahren sowohl in Europa als auch in den USA stark ausgebreitet. Zum Zeitpunkt der aufkeimenden Corona-Hysterie war Dengue eine wesentlich größere Gefahr für die Menschheit, aber aus irgendeinem Grund interessierte das niemand. Alle Welt war auf das neue Virus aus Wuhan fixiert. Event 201 hatte eine Corona-Pandemie vorausgesagt und die Presse war eingestimmt.

> *„Experten sind sich einig, wenn es nicht schnell kontrolliert wird, könnte es zu einer schweren Pandemie kommen, sich über die gesamte Welt ausbreiten und Menschen rund um den Globus befallen…"*[230]
>
> Anfang des Demo-Videos von *Event 201*

Bei Herrn Drosten in Berlin gingen immer mehr Bestellungen für seinen Test ein, auch aus Europa. Der mit EU-Fördermitteln entwickelte Schnelltest verkaufte sich plötzlich wie warme Semmeln. Zu dem Zeitpunkt dachte sich angeblich selbst Dr. Drosten noch nichts dabei, denn kein Arzt und Virologe maß der neuen Erkältungswelle in China ernsthaft irgendwelche globale Bedeutung bei. Es war einfach eine weitere Erkältungswelle. **Drosten sagte selbst** in einem Interview Ende Januar, dass sein *„Diagnosewerkzeug bei Reisenden, die aus Wuhan mit Atembeschwerden und Fieber zurückkommen, wohl* **vor allem zur Beruhigung beitragen wird:"**

> *„Naja, wir sind ja in der Influenza-Saison auf der Nordhalbkugel. Das heißt, alle diese Patienten, die jetzt kommen und sagen: ‚Ich war in Wuhan und mir geht's schlecht' – die haben immer noch mit höherer Wahrscheinlichkeit ein Influenza-Virus oder auch ein anderes Atemwegsvirus, als jetzt dieses neue Virus. Das muss man ja voneinander unterscheiden. Und das kann man nicht mit der klinischen Blick-Diagnose – aber mit einem Labortest."*[231]

Anders ausgedrückt: *Im Grunde ist der Test ziemlich sinnlos, weil das Virus recht harmlos ist, aber wer sonst schon alles hat, kann sich ja auch mal einen Corona-Test gönnen!*

Am 23. Januar, als die breite Masse der Europäer und Amerikaner ganz andere Dinge im Kopf hatte als eine chinesische Erkältungswelle, waren in Wuhan 444 Personen mit COVID-19 infiziert und 17 sollen gestorben sein. Genaue Zahlen kennen wir nicht, da China mit der Weitergabe von Daten oft ein wenig zögerlich ist. Selbst wenn es einige mehr waren, so waren es immer noch weniger, als sonst an jedem anderen Tag in China an den Folgen des Smogs sterben. Aber irgendetwas schien die chinesische Führung in diesem Virus zu sehen, was ihr Interesse weckte. Mittlerweile blickten Journalisten aus der ganzen Welt nach Wuhan. Virologen aus aller Welt scharrten mit den Hufen. Gerne würden sie kommen, um das neue Virus aus nächster Nähe zu betrachten, um dann abends mit Kollegen bei leckeren Dim Sums oder einer gedünsteten Fledermaus darüber zu fachsimpeln. Doch die Chinesen dachten nicht daran, die Experten aus dem Westen zuzulassen. Stattdessen **riegelten die chinesischen Behörden** auf einmal rigoros **die Stadt Wuhan mit Militär ab** und keiner durfte mehr rein und keiner raus. Ja, das war mal was anderes. Jetzt waren alle Augen auf China gerichtet.

„Vom 17. Januar bis zum 8. Februar 2020 sollte die größte Massenmigration weltweit stattfinden, dann nämlich würden sich im Rahmen der Feierlichkeiten zum chinesischen Neujahrsfest rund 400 Millionen Chinesen in Bewegung setzen, um ihre Familien zu besuchen. Um 2 Uhr morgens am 23. Januar, 2 Tage vor Auftakt der eigentlichen Neujahrsfestivitäten, griff die Verwaltung von Wuhan zu einem beispiellosen Schritt: Sie kündigte an, die gesamte 11-Millionen-Einwohner-Stadt ab 10 Uhr morgens unter Quarantäne zu stellen. Zu diesem Zeitpunkt hatten bereits Hunderttausende, wenn nicht Millionen Bürger, panikartig die Stadt verlassen...[232]*

F. William Engdahl, deutsch-amerikanischer Autor und Wirtschaftsjournalist

Als Grund für die ungewöhnliche Aktion nannte die chinesische Führung das Neujahrsfest. Angeblich deshalb entschloss sich das diktatorische Regime in Peking zu einer solch drastischen Maßnahme, einem **Experiment, das es so noch nie zuvor auf Erden gegeben hatte.** Die Menschen in Wuhan sind nicht vorbereitet worden und es brach Panik aus, weil sie befürchteten, dass das neue Virus gefährlicher war, als man ihnen bislang gesagt hatte.[233] Aber auch, weil die Menschen wussten, dass sie nun **Laborratten** eines herzlosen und brutalen Regimes waren. Wer konnte, floh noch am frühen Morgen. Die Ausbreitung des neuen

Virus begann Mitte November in einer der belebtesten Regionen der Welt. Es waren also bereits mehr als zwei Monate vergangen. Bei einer Inkubationszeit des Virus von zwei Wochen musste es nun nicht nur über ganz China verteilt worden sein, sondern über die gesamte Welt. Das bedeutete: Wenn es bis jetzt noch zu keiner Überlastung des Gesundheitssystems in der westlichen Welt gekommen war, woher hätte sie dann noch kommen sollen?

Um diese Maßnahme der Chinesen richtig einzuordnen, sollte man wissen, dass für die chinesische Führung in Peking weder Menschenleben noch Menschrechte eine große Bedeutung haben, denn zu dem Zeitpunkt, als in der Region Wuhan 11 Millionen Menschen einfach auf unbestimmte Zeit und ohne Vorwarnung eingeschlossen wurden, sind in anderen Teilen des Landes mehrere Millionen Menschen in Konzentrationslagern zum Zwecke der „Umerziehung" eingesperrt. Das ist zu diesem Zeitpunkt jedem westlichen Politiker bekannt, denn die US-Regierung hatte erst wenige Wochen zuvor, Anfang Dezember 2019, aus eben diesem Grund recht medienwirksam Strafmaßnahmen gegen chinesische Politiker eingeleitet.[234]

China hatte übrigens im Jahr 2015 ein **„Social Ranking"-System** eingeführt. Es handelt sich dabei um ein Punktesystem, das bewertet, wie jeder einzelne Chinese sich verhält. Es speist sich aus den Daten der Überwachung, aus Straßenkameras, dem Verhalten im Internet und der Bewertung durch Vorgesetzte. Je höher die Punktezahl, desto mehr „Freiheiten" genießt die Person. Für jeden Punkteabzug gibt es Einschränkungen der Freiheit des Einzelnen, etwa keinen Zugang zur Universität oder zum Internet. Wer sehr wenige Punkte hat, muss ins Arbeits- oder Konzentrationslager. Das System dient dazu, die eigene Bevölkerung leichter zu motivieren und zu kontrollieren. Der Staat hat uneingeschränkte Macht über die Bürger. Im Westen hingegen schwinden Macht und Einfluss der alteingesessenen Parteien und der Medien kontinuierlich. Hier liegt die Macht mittlerweile bei Firmen wie *Google* und *Facebook*. Wer die Daten der Menschen hat, kann sie manipulieren und steuern. Wäre es da nicht für viele westliche Regierungen verlockend, ein Szenario zu erschaffen, bei dem sie wieder ein wenig von der verlorenen Macht zurückgewinnen könnten? Dafür müssten sie an die Daten der Bürger kommen, was ihnen aber Datenschutzverordnungen erschweren. Sie müssten diese Hürden also aus dem Weg räumen. Doch wie?

Ich weiß nicht genau, was die chinesischen Behörden zu dieser extremen Maßnahme inspirierte. Vielleicht inszenierte die chinesische Führung nur eine Pandemie, um mehr Kontrolle über Wuhan und all die dortigen Ableger westlicher Firmen zu erhalten. Vielleicht war die Führung von der Freisetzung des Virus überrascht worden und wollte Zeit gewinnen, um sich ein Bild über die Lage zu verschaffen. Vielleicht wollten sie auch einfach nur testen, wie sich 11 Millionen Menschen verhalten, wenn sie überraschend eingesperrt werden. Es gibt sogar einige Insider, die dem Regime in Peking zutrauen, SARS-CoV-2 gezielt als biologische Waffe entwickelt und freigesetzt zu haben. Deswegen wären sie demnach auch so zögerlich mit Informationen darüber rausgerückt. Sie wollten, dass das Virus im Westen möglichst viel Schaden anrichtet.[235]

„Es ist wichtig zu verstehen, dass sie (die chinesischen Führer, AdV) über Krieg ohne Moral sprechen. Sie sprechen von ‚uneingeschränkter Kriegsführung‘: Krieg, der kein Konzept von Menschenrechten, Menschenwürde und menschlichem Leben berücksichtigt. Es ist auf jeden Fall ein Sieg. Es gibt nichts, was sie nicht tun werden, und wir sehen dasselbe in vielen Teilen ihres Systems, einschließlich des medizinischen Systems, in dem die Veränderung des menschlichen Genoms für sie keine große Sache ist.“[236]

Joshua Philipp, investigativer Journalist

In dem Level-4-Labor in Wuhan werden biologische Waffen hergestellt. Es wurden dort nachweislich Corona-Viren aus Fledermäusen gentechnisch so verändert, dass sie ohne Zwischenwirt einen Menschen direkt infizieren können. SARS-CoV-2 könnte als biologische Waffe hergestellt worden sein. Warum soll sie nicht als solche eingesetzt oder getestet worden sein?[237] Vielleicht sollte sie ja gar nicht in großem

224

Umfang tödlich sein wie in einem James Bond-Film. Vielleicht sollte diese biologische Waffe ja „nur" Angst verbreiten, um die Freiheit der Bevölkerung noch weiter einschränken zu können. Dann hätte sie ihren Zweck bestens erfüllt. Vielleicht sollte sie aber auch von ganz anderen Dingen ablenken. Wie auch immer, ich kann über die Motive des chinesischen Regimes nur spekulieren, und vielleicht werden wir die Wahrheit nie erfahren, sie ist aber insofern von geringer Bedeutung, weil das Entscheidende nicht die Aktion der Chinesen war, sondern **DIE REAKTION DER RESTLICHEN WELT.**

Was ich mit Sicherheit sagen kann, ist, **dass die WHO sich falsch verhalten hat,** indem sie die völlig überzogene Maßnahme nicht als genau das bezeichnete, was sie war, nämlich **völlig überzogen!** Die Folge dessen war, dass die meisten westlichen Staaten wenig später eine Maßnahme kopierten, die selbst für ein totalitäres Regime, eine Diktatur wie in China, außergewöhnlich brutal ist.

„Meines Wissens ist der Versuch, eine Stadt von elf Millionen Menschen ZU BEHERRSCHEN, neu für die Wissenschaft. Es ist noch nie als ÖFFENTLICHE GESUNDHEITS-MASSNAHME ausprobiert worden. Wir können zu diesem Zeitpunkt nicht sagen, ob es funktionieren wird oder nicht."
Gauden Galea, Vertreter der WHO in China, zur Nachrichtenagentur AP in Peking am 23. Januar 2020[238]

Die WHO-Vertreter sahen Peking tief beeindruckt bei einem spannenden Experiment zu und lobten die chinesische Führung, wie sie es bereits seit Jahren immer wieder eifrig getan hatten. Sicher, es ist nicht einfach, mit einem solch skrupellosen Regime umzugehen, aber noch schwieriger wird es, wenn man nicht neutral ist, sondern Werkzeug seiner privaten Geldgeber. Also rief die WHO erst einmal keine „gesundheitliche Notlage von internationaler Tragweite" aus, sondern wartete ab, obwohl klar war, dass das Virus bereits rund um den Globus verteilt worden sein musste. Man beobachtete, tagte und beriet sich und verschob Entscheidungen, und WHO-Generaldirektor **Tedros Adhanom**

Ghebreyesus LOBTE DIE „KAPPUNG DER TRANSPORTWEGE" in und aus der Millionenstadt Wuhan als eine „sehr, sehr starke Maßnahme, die die Bereitschaft der chinesischen Behörden zeige, die Risiken für das In- und Ausland zu minimieren". Der WHO-Chef kam regelrecht ins Schwärmen. Die WHO selbst aber tat nichts, außer die Chinesen zu bewundern! Das ist es, was US-Präsident Donald Trump in seinem Tweet am 7. April 2020 bemängelte. Wenn das Virus wirklich so gefährlich ist, warum ließ die WHO dann zu, dass weiter täglich hunderttausende Chinesen rund um die Welt flogen und das Virus verbreiteten?

Wussten Sie eigentlich, dass Tedros Adhanom Ghebreyesus während seiner Zeit als äthiopischer Gesundheitsminister im Jahr 2009 auch zum Vorsitzenden des *Global Fund to Fight AIDS, Tuberculosis and Malaria* gewählt wurde, einer der weltweit größten Lobby-Organisationen der Pharma-Industrie? Nein? Aber raten Sie mal, wer diese Impfmaschinerie im Jahr 2016 mit über einer halben Milliarde Euro unterstützte? Richtig, der liebe Onkel Bill![239]

„Unterstützung bekommt Peking bei seiner Propagandastrategie von ungewöhnlicher Seite: der Weltgesundheitsorganisation (WHO). Trotz der Versäumnisse, die vielleicht erst die globale Ausbreitung möglich gemacht haben, hat die UN-Organisation die Regierung fast uneingeschränkt unterstützt. WHO-Chef Tedros Adhanom Ghebreyesus sprach immer wieder von einer ‚totalen Offenheit' Chinas. Die Leistung sei nicht weniger als exzellent. Die Welt stünde tief in Pekings Schuld. Das Auftreten der Weltgesundheitsorganisation, ihre Lobeshymnen, offiziellen Statements verbunden mit der Weigerung, auch die mangelnde Transparenz und die nur zögerliche Herausgabe von Daten zu erwähnen, erntet Kritik. In Petitionen fordern erste Aktivisten bereits den Rücktritt von Tedros, der seit 2017 an der Spitze der WHO steht. Im Netz kursieren Bilder des Äthiopiers mit einer Mundschutzmaske in Form von Chinas Flagge. Er trägt sie nicht über Mund und Nase, sondern über den Augen."[240]

Süddeutsche Zeitung, 14. März 2020

Ab Anfang Februar breitete sich die Erkältungswelle nun auch offiziell weiter aus. Die WHO und das extra eingerichtete *Johns Hopkins Coronavirus Ressource Center* brachten Zahlen in Umlauf. Sie suggerierten eine extrem hohe Ansteckungsrate und hohe Todeszahlen, was völlig spekulativ und aus der Luft gegriffen war. So löste die Johns Hopkins Universität, die dreieinhalb Monate zuvor am Event 201 teilgenommen hatte, eine Hysterie aus! Sie sprachen von einer **„explosionsartigen Verbreitung"** des Virus, was alle Entscheidungsträger weltweit in Alarmbereitschaft versetzte.[(241)] Vermeintliche „Experten" spekulierten wild und befeuerten so weiter die Verunsicherung.

„Wird das Coronavirus die Menschheit von der Erde auslöschen? Ein Hellseher sagt ja!"[(242)]

International Business Times, 17. März 2020

Erste Fälle in Europa wurden bekannt. Der Iran wies erste Todesfälle aus und die Medien berichteten von einer prekären Situation. Der Iran soll vom Virus schwer getroffen worden sein.[(243)] Einige Personen vermuteten schon, dass die USA hinter dem Virus steckten, da die ersten großen „Cluster", also Häufungen, offensichtlich die beiden Erzfeinde der USA, China und Iran zuerst trafen. Zugegeben, das ist ein wenig sonderbar, vielleicht aber auch nur der besonderen Aufmerksamkeit der westlichen Presse geschuldet.

Wie man die Menschheit vor dem Aussterben rettet![(244)]

Financial Times, 19. März 2020

Politik, Wissenschaft und Presse sind darin geübt, Zahlen und Fakten so zu manipulieren, dass sie damit die gewünschten Effekte erzielen. Die Welt war dank Ex-US-Vizepräsident und Friedensnobelpreisträger Al Gore bestens darauf vorbereitet, dass ein unsichtbarer Feind die Menschheit eines Tages auslöschen würde. Diesmal war es aber kein Spurengas, das uns den Garaus machen würde, sondern ein Virus. Die einstudierten Reflexe auf die angebliche Bedrohung aber bleiben dieselben.

Das Coronavirus ist eine Vorschau auf unsere Klimawandel-Zukunft.
Intelligencer, 8. April 2020[245]

Weltweit waren PR-Agenturen im Auftrag von Regierungen und Institutionen dabei, die Öffentlichkeit im Sinne ihrer Auftraggeber zu beeinflussen. In Deutschland etwa wurde der Werbeagentur *Scholz & Friends* **ein Budget von 20 Millionen Euro(!) zur Verfügung gestellt, um die Bevölkerung auf Regierungskurs zu halten.** Zwanzig Millionen hart erarbeitete Euro der Steuerzahler für Propaganda, um ihnen die eigene Arbeitslosigkeit und den Entzug ihrer Freiheitsrechte zu begründen. Anscheinend haben die Werber ganze Arbeit geleistet. Ich erinnere hier nochmals an die Worte Edward Barneys: *„Wir werden regiert, unser Verstand geformt, unsere Geschmäcker gebildet, unsere Ideen größtenteils von Männern suggeriert, von denen wir nie gehört haben!"* Nun haben Sie zumindest deren Namen einmal gehört.[246]

„Idris Elba behauptet, das Coronavirus wurde vom Planeten geschaffen, um die Menschheit zu zerstören! Der Avengers-Star wurde letzte Woche positiv auf COVID-19 getestet und sagte Oprah Winfrey, er glaube, die ,Infektion' sei eine Reaktion auf jahrelange Misshandlungen des Planeten!"[247]
Daily Record, 24. März 2020

Wir wurden Zeugen einer Propaganda, wie sie sonst nur vor und während eines Krieges stattfindet. Solche Meldungen gab es in allen Sprachen und in allen Ländern. Selbst wenn der Einzelne sie nicht ernst nimmt und für übertrieben hält, so hinterlassen sie doch unsichtbare Spuren in jedem von uns. Sie schüren gezielt eine unterschwellige Angst. *Was ist, wenn da doch was dran ist?* Angst lässt Menschen sehr irrationale Dinge tun und schwächt das Immunsystem, also das Einzige, was gegen eine Erkältung hilft!

„Corona-Virus-Patientin aus Italien erzählt: ,Ich habe das Vorzimmer der Hölle erlebt'."[248]
Solothurner Zeitung, 19. März 2020

228

Abb. 13: Die Schotten werden davor gewarnt, dass 80% der Bevölkerung sich anstecken könnten.

Und dann kamen die Einschläge näher! Als nächstes erfuhren wir, dass Italien von allen europäischen Ländern am stärksten betroffen gewesen sein soll. Das Land riegelte die ersten Städte im Norden ab und verschärfte seine Maßnahmen im Lauf der nächsten Tage weiter. Wir wurden mit Schlagzeilen wie *„Die Seuche in Bergamo ist außer Kontrolle"*[(249)] bombardiert, stündlich kamen angeblich neue Infizierte hinzu, Leichen sollten sich überall stapeln, wir sahen Fotos und Fernsehbilder, die angeblich Krankenhäuser und Leichenhallen in Italien zeigen sollen und vielfach gefälscht oder aus dem Zusammenhang gerissen waren.[(250)]

Medien nutzten Bilder aus Katastrophenfilmen und altes Archiv-Material, um die Panik weiter anzufachen und um endlich wieder wichtig zu sein.[(251)] Die mediale Hysterie wirkte inzwischen so übertrieben, dass man gar nicht anders konnte, als das Ganze in Frage zu stellen. Mir fallen dabei wieder die gefälschten Bilder und Berichte früherer Berichterstattungen ein. Es gibt Firmen wie *Crisiscast*, die darauf spezialisiert sind, Extrem-Szenarien filmisch darzustellen. Mit Schauspielern, sog. „Crisis-Actors", werden vermeintliche Katastrophen nachgestellt. Diese Filme werden oft für Schulungszwecke verwendet, haben aber nachweislich auch Einzug in die mediale Berichterstattung gefunden. Es ist mittlerweile sehr schwierig geworden, zwischen echten und falschen Bildern und Nachrichten zu unterscheiden.[(252) (253)]

> *„Unsere Rollenspiel-Darsteller sind psychologisch in Täter- und Opferverhalten geschult. Sie bringen hochgradigen Realismus in Massen-Unfallszenarien am Schlachtfeld, während Entführungen und Lösegeldübergaben, Notfallevakuierungen, und in Bedrohungsszenarien in urbanen und öffentlichen Räumen."*[(254)]
> Webseite von *Stu Segall-Productions*, deren Gründer und Namensgeber früher Pornos produzierte, ehe er sich auf Katastrophen-Szenarien spezialisierte

Zurück zu Corona: Auch im Internet, in sozialen Medien, bei Facebook & Co. wurde man als Nutzer von einer Propaganda-Welle und Untergangsszenarien mitgerissen. *Facebook*-Chef Marc Zuckerberg ließ auf seinem Portal unerwünschte Kommentare und Beiträge löschen und stellte dafür der WHO kostenlose Werbeplätze zur Verfügung, um die *„tatsächlichen Gefahren und Auswirkungen des Corona-Virus erklären zu können".*[255] Zudem konnte Facebook die Emotionen und Handlungen seiner Nutzer nach Belieben steuern. Wen wundert es da, wenn Personen des öffentlichen Lebens in solchen Zeiten nur noch Videos posten, in denen sie zeigen, wie man aus Kaffeefiltern oder Staubsaugerbeuteln einen schicken Mundschutz basteln kann?

Die Folge all der verwirrenden Eindrücke[256] war, dass die meisten Menschen sich einfach klein machten, die Informations-Lawine über sich ergehen ließen und innerlich abschalteten. Milliarden von Menschen verfielen für Wochen in eine Art von latentem Lebenszustand und ließen die ständig wiederholten Horrormeldungen wie Prügel über sich ergehen. Doch es gab gleichzeitig auch immer mehr kritische Berichte und es wurden von Tag zu Tag mehr. Wer das Ausrufen des Notstands kritisierte, wurde jedoch prompt von den Staatsmedien und der Politik diffamiert. Der Westen kopierte nicht nur den Lockdown der Chinesen und machte Milliarden Menschen zu deren Laborratten, sondern auch zunehmend deren Einschüchterungstaktiken.[257]

> *„Fake News zur Versorgungslage in Zeiten der Coronakrise sind brandgefährlich, sie können Panik, Hamsterkäufe und Konflikte auslösen und sind daher **auf das Schärfste zu verurteilen**. Daher müssen wir mit **Bußgeldern oder sogar Strafandrohungen** abschrecken."*
>
> Boris Pistorius, niedersächsischer Innenminister[258]

Woher kam diese Aggressivität von manchen Politikern und Medienvertretern gegenüber anderen Meinungen? Waren sie bereits vom chinesischen Virus infiziert und träumten daher von der totalen Abschaffung der freien Meinungsäußerung?

Wuhan, das Herz der globalisierten Welt, schlug nicht mehr. Alle Fabriken waren geschlossen. Alle Transportwege gen Westen gekappt.

Langsam waren die Folgen der Abhängigkeit von China weltweit zu spüren, was manch einen ins Grübeln brachte. In Europa wurden Medikamente knapp, Autoproduzenten gingen die Ersatzteile aus und seit Wochen hatten sie kaum noch Neuwagen in China verkauft. Es bahnte sich eine wirtschaftliche Katastrophe an. Doch noch hofften die meisten Europäer, dass es ihnen nicht wie den Italienern ergehen würde. Sie hofften, dass sie ihr Leben „normal" weiterleben könnten und die Seuche sie verschonen würde.

„26. Februar 2020: Laut Johns Hopkins Universität sind aktuell bereits 81.388 Menschen mit dem Corona-Virus infiziert![259]

Am 27. Februar 2020 sprach die WHO erstmals von **„pandemischem Potenzial"**, drei Tage später von einer **„gesundheitlichen Notlage von internationaler Tragweite"**. Italien machte den gesamten Norden dicht und verhängte für die Bevölkerung rigorose Ausgangssperren. Tirol wurde von der Außenwelt abgeschnitten, Hotels mussten schließen, es wurde vor Reisen gewarnt. Weltweit kam der Tourismus zum Erliegen. Grenzen wurden geschlossen. Was in Zeiten der Flüchtlingskrise in Europa verpönt war, war mit einem Mal in Mode. Überall fanden nun Krisensitzungen statt. Jede Unternehmensführung, jeder Fußball-Club, jeder Kegelverein überlegte sich mittlerweile einen Plan-B für den Fall, dass die Ausgangssperren quer durch Europa ausgeweitet werden sollten. Politiker und die Leiter aller Institutionen stellten rasch Berechnungen an, verhandelten mit Banken, mit Versicherungen, um zu evaluieren, was ein Stillstand der Wirtschaft für sie bedeuten würde. Die Banken- und Finanzindustrie erkannte schnell, dass dies eine einmalige Gelegenheit war, die so schnell nicht wiederkommen würde. Die Gefahr eines großen, systemischen Crashs lag ohnehin schon lange in der Luft und die Situation konnte die Chance bieten, den Crash geordnet durchzuziehen, ohne dass es dabei einen Schuldigen gab. *Das war genial!*

„9. März 2020: Laut Johns Hopkins Universität sind aktuell bereits 113.590 Menschen mit dem Corona-Virus infiziert!"[260]

Jedem Politiker, Manager und Banker wurde klar, dass man im Windschatten einer Pandemie die Wirtschaft und das Geldwesen vor die Wand fahren konnte, ohne dass irgendjemand der Beteiligten dafür die Verantwortung übernehmen musste. Das Virus wäre schuld gewesen, wenn alles zusammenbrach! In einigen Büros herrschte ungläubiges Staunen. Das war zu schön, um wahr zu sein! Der Crash war unausweichlich und mittels flächendeckender Ausgangssperren konnte man einen Sturm auf die Banken und Tumulte verhindern. Man hatte ein wesentlich leichteres Spiel bei der Neuverteilung des Geldes.

*„Unter den nichtstaatlichen Geldgebern (der WHO) finden wir die weltgrößten Impfstoff- und Medikamentenhersteller, wie **Gilead Sciences** (eine Firma, die **derzeit darauf drängt, dass eines ihrer Produkte für die Behandlung von COVID-19 zugelassen wird**), Glaxo-SmithKline, Hoffmann-La Roche, Sanofi Pasteur, Merck Sharp & Dohme, Chibret und Bayer. Die Pharmaunternehmen haben die WHO 2017 mit Dutzenden Millionen Dollar unterstützt. Dass private Impfbefürworter wie die Gates Foundation und Big Pharma die WHO so stark unterstützen, ist mehr als nur ein reiner Interessenkonflikt; es bedeutet im Grunde, dass sie die Ausrichtung der Organisation in ihrem Sinne beeinflusst haben, denn eigentlich ist die WHO dafür zuständig, die weltweiten Reaktionen auf Epidemien und Krankheiten zu koordinieren.“*[(261)]

F. William Engdahl

4Abb. 12: Spiegel Cover vom 1. Februar 2020

Am 11. März 2020 erklärte die **WHO** die Erkältungswelle zur **„Pandemie“**. Lockdown. Hausarrest. Jetzt wurde der Stecker gezogen. Und während das Fußvolk sich um die letzte Packung Reis, um Toilettenpapier und um Desinfektionsmittel prügelte, knallten in den Chefetagen von Banken und Pharmakonzernen die Champagnerkorken! *Wenn wir das richtig spielen, dann machen wir damit hunderte, tausende Milliarden innerhalb eines Jahres!*

WHO-Generaldirektor **Tedros Adhanom Ghebreyesus** sagte in Genf, dass sich die Fallzahlen außerhalb Chinas innerhalb von nur zwei Wochen verdreizehnfacht hätten, die Zahl der betroffenen Länder verdreifacht. Wie er auf diese Zahlen kam, sagte er nicht, es fragte aber auch niemand danach. Mittlerweile gab es angeblich Fälle in 115 Staaten und insgesamt fast 4.300 Tote. Ghebreyesus forderte die Länder der Welt auf, mehr zu tun im Kampf gegen Corona. *„FINDET, ISOLIERT, TESTET UND BEHANDELT JEDEN FALL UND VERFOLGT JEDEN KONTAKT.“*[262]

Das war der ultimative Startschuss für das größte Experiment, das je an der Menschheit vollzogen wurde! Es übertraf an Dimension alles, was irgendeines der bisherigen totalitären Regime in unserer Geschichte verbrochen hatte. Die Spiele hatten begonnen! Von nun an galten keine Regeln mehr! Die Finanzexperten hatten den Politikern grünes Licht gegeben, wissend, dass man ihnen gerade alles einreden konnte, weil sie es ohnehin nicht verstanden.

Nun schlug aber auch die Stunde der sog. „Experten“. Virologen, Epidemiologen, Krisenmanager, Mathematiker, Statistiker und andere Wissenschaftler, die bislang ein bescheidenes Dasein in ihren stillen Kämmerlein fristeten, wurden plötzlich zu Rate gezogen. Das Telefon stand nicht mehr still. Jeder wollte ihre Meinung hören. Das fühlte sich gut an, davon konnte man ruhig mehr haben. Wovon man auch noch gerne mehr gehabt hätte, waren Forschungsgelder. Die CO_2-Forschung war ausgelutscht, doch jetzt war für einige der Moment gekommen, um höhere Budgets für ihre Institute zu fordern, mehr Mitarbeiter, um zusätzlich Geld mit Einschätzungen und Vorträgen zu verdienen, und um das Ego einmal so richtig aufzupolieren.

„16. März 2020: Laut Johns Hopkins Universität sind aktuell bereits 181.574 Menschen mit dem Corona-Virus infiziert!“[263]

Dies war die perfekte Welle für all jene, die auf dem Feld der Virologie und der Seuchenbekämpfung arbeiteten. Dies war der wahr gewordene Traum tausender Wissenschaftler. Und Mister Gates löste ein Rennen zwischen sieben Forscherteams aus, indem er alle sieben Firmen gleichzeitig finanzierte. Sie forschten um die Wette, um einen Impfstoff zu entwickeln, den ihr Geldgeber dann mithilfe von Notstandsgesetzen jedem Erdenbürger aufzwingen konnte.[264] Die Hilfe einiger Regierungen war ihm dabei sicher.

Nun wurde jedes Gesetz und jede Moral über Board geworfen. Experimentelle Impfstoffe durften nun auch sofort an Menschen getestet werden. Als früher Affen für solche Experimente verwendet wurden, waren Tierschützer Sturm gelaufen, aber nun, da statt Mäusen oder Affen am Menschen experimentiert wurde, war kein Protest vernehmbar. Wie auch, wenn die Notstandsverordnungen Proteste, Versammlungen und Demonstrationen verboten. Jetzt war in der Politik alles erlaubt. Alle Parteien waren dabei. Keine versuchte, das Experiment am Menschen zu verhindern. *Wir alle sind Corona. Wir alle sind China.* **Stay the fuck home!**

„Nach dem **virologischen Berater der Bundesregierung,** *Christian* **Drosten,** *hat nun auch die* **Deutsche Gesellschaft für Epidemiologie** *in einer Stellungnahme auf die* **exponentiell steigenden Infektionsraten** *reagiert: ‚Aktuell liegt ein kurzes Zeitfenster vor, in dem die Entscheidung zwischen Eindämmung und Verlangsamung der Infektionsausbreitung noch* **ohne Überlastung des Gesundheitssystems** *erfolgen kann.' Es gehe jetzt darum, ‚in der gesamten Bevölkerung eine* **Einschränkung der sozialen Kontakte auf das Notwendigste** *zu erreichen'."*[265]

Joachim Müller-Jung, FAZ, 20. März 2020

Wenn das Virus tatsächlich so gefährlich gewesen wäre, wie die „Experten" stets betonten, dann hätte es vier Monate nach seinem Ausbruch längst alle Gesundheitssysteme auf Erden überfordert. Zumal man zu dieser Zeit noch von einer *Inkubationszeit* von vier bis fünf Tagen ausging. Das bedeutete, dass vier bis fünf Tage nach der Ansteckung die ersten Symptome auftreten mussten, so es denn zu welchen kam. Wenn siebzehn Wochen nach dem Ausbruch in Wuhan noch kein Gesundheitssystem überlastet war, dann würde es wohl auch kaum noch passieren, denn mittlerweile müssten bereits viele Millionen Menschen infiziert gewesen sein, so wie bei jeder anderen Erkältungs- oder Grippewelle auch. Wenn die Zahlen nicht zum gewünschten Effekt passten, dann musste man sie einfach nur anders interpretieren.

Indes stritten Politiker über die Sinnhaftigkeit von Papiermasken und verpackten planlos Milliarden-Geschenke, die sie dem Wahlvolk machten, ohne diesem zu sagen, dass es diese ohnehin selbst bezahlen würde – mittels höherer Steuern. Vielleicht hatten die meisten Politiker das bis jetzt aber auch selbst noch nicht verstanden, weil es ihnen ihre Berater so nicht erklärt hatten. Sie hatten aber auch kaum Zeit, um darüber nachzudenken, denn wir hatten ja nur ein „kurzes Zeitfenster", dann würde... man wagte es ja gar nicht anzudenken... außerdem bei all den Zahlen und Berechnungen und Modellen, da rauchte einem ja der Kopf! Und die „Experten" trugen weiter zur Verwirrung bei und fütterten die Angstmaschinerie, wie etwa der Mathematiker Wolfgang Bock im »Zeit Online-Interview« mit dem Titel „Je härter die Maßnahmen, desto besser":

> „Wir können noch nicht sagen, ob wir uns hierzulande in einer überkritischen Phase befinden. Das heißt, die Fallzahlen steigen immer noch an und es besteht die Gefahr, dass das Gesundheitssystem überfordert wäre, wenn es so weitergeht. Wenn man jetzt mehr Kontakte erlaubt, würden wahrscheinlich recht schnell mehr Menschen an COVID-19 erkranken als die Krankenhäuser behandeln könnten. Deshalb sagen wir: je härter die Maßnahmen, desto besser. Das jedenfalls zeigen unsere Modellrechnungen, die von anderen Forschern noch geprüft werden müssen."[266]

Wolfgang Bock, Mathematiker, 31. März 2020

Alles, was von den „Experten" kam, waren vage Vermutungen, Modelle ohne jegliche Substanz. Sie überboten sich in Horrorszenarien, um sich unentbehrlich zu machen. Würden sie jetzt sagen: „Ach was, *das ist doch nur eine Erkältung"*, würde niemand sie mehr anrufen. Niemand würde sich für ihre Modelle interessieren, niemand ihren Namen kennen. Nein, dies war ihre Stunde und die kosteten sie aus!

„18. März 2020: Laut Johns Hopkins Universität sind aktuell bereits 214.821 Menschen mit dem Corona-Virus infiziert!"[(267)]

Die meisten Politiker verstanden nicht, was da gerade passierte, denn so etwas hatte noch keiner von ihnen in dem Ausmaß je erlebt. Sie knickten vor der Wucht der Horrorszenarien ein und gingen auf Nummer sicher. Was aber alle Politiker jetzt verstanden, war, dass sie nun die Chance hatten, ihre Kritiker mundtot zu machen und sich als Krisenmanager zu profilieren. Wenn es selbst der kompletten Null-Nummer George W. Bush gelungen war, dank 9/11 wiedergewählt zu werden, dann war dies DIE Chance für alle cleveren Politiker, die gute Spin-Doktoren hatten und wussten, wie man sich richtig in Szene setzte. Wer jetzt noch Skrupel hatte, blieb über. Alle Regierenden hatten jetzt die einmalige Gelegenheit, den Notstand oder den Ausnahmezustand auszurufen. Das hieß in jedem Land etwas anders, aber es hatte immer denselben Effekt: Man konnte mit den Menschen machen, was man wollte. Man durfte sie zu Zwangsarbeit heranziehen und ihr Eigentum beschlagnahmen, man durfte Demonstrationen und freie Meinungsäußerung verbieten, man durfte einmal all seine Träume und Fantasien so richtig ausleben, und alle mussten das machen, was man ihnen befahl! Da wurden mit einem Mal die Träume so vieler verkappter Faschisten wahr. Da blitzte in vielen etwas durch, das an vergangen geglaubte Zeiten erinnerte. Gestern noch hatten die meisten europäischen Politiker und Personen des öffentlichen Lebens für den ungarischen Ministerpräsidenten Viktor Orban nur Hohn und Verachtung über. Heute versuchten sie, ihn mit einem Mal in seinem autoritären Machtstreben zu übertrumpfen. *Und es fühlte sich offenbar gut an, Macht zu haben!*

Offiziell ging es darum, alte und schwache Menschen zu schützen, damit sie nicht reihenweise Schnupfen bekamen und das Gesundheitssystem überlasteten. Also mussten jetzt ALLE zuhause bleiben. Und keiner der ach so schlauen Journalisten stellte offen die Frage: **„Wäre es dann nicht sinnvoller, nur die alten und schwachen Menschen zu isolieren?"** Dann könnten alle anderen ganz normal weitermachen und es müsste nicht alles zusammenbrechen! Nein, diese Frage wurde nicht gestellt. Wenn dem Wahnsinn einmal Bahn gebrochen worden war, dann gab es nur noch wenige, die sich ihm in den Weg stellten oder den kollektiven Irrsinn hinterfragten. Die Wenigen aber, die es taten, gingen unter, verschwanden plötzlich oder wurden weggesperrt.

„Selten waren wir alle so abhängig. Ganze Regionen werden abgeschirmt, Tausenden wird Quarantäne verordnet, öffentliches Leben generell wird eingeschränkt. Von wem? Diesmal ist nicht wirklich die Politik federführend bei dem, was sie durchsetzt. Es regiert das Robert-Koch-Institut. In Sachen Corona hat die Stunde der Experten geschlagen. Unangreifbar, unerbittlich, unvermeidbar. Allumfassend wie seit Menschengedenken nicht mehr.

Die Umsetzung des Notwendigen (Angela Merkel) steht auf dem Programm. Das Mantra: ,Im Zweifel für die Gesundheit' überstrahlt all die Abwägungsprozesse, die sonst das Politische ausmachen. Die zwischen Wirtschaft und Sozialem, die zwischen Kosten und Wirkung, auch die zwischen kollektiven Regeln und persönlicher Freiheit. In neuer Art werden selbst Talkshows zu Bühnen der Krisenkommunikation.

Ist es Freiheitsentzug, wenn für Menschen ohne Virussymptome Hausarrest verordnet wird? Wenn Kultur und Sport zwangsausfallen, aus Solidaritätsgründen mit den Risikogruppen? Kann ein Virus das Zusammenleben ändern, vielleicht dauerhaft? Da lässt sich vieles noch gar nicht überblicken. Aber klar ist: Wenn Solidarität in Selbstschutz zuerst umschlägt, zeigt sich ein ziemlich hässliches Gesicht. Die Steine, die in der Ukraine auf einen Bus mit China-Rückkehrern prasselten, waren eine aggressive Botschaft, ein Signal der Ausgrenzung."

Richard Meng, Journalist, ehemaliger Redakteur der Frankfurter Rundschau, ehemaliger Sprecher des Berliner Senats[268]

Am Freitag, dem 13. März, verhängte Österreich den Lockdown über das Land, am Montag darauf stürzten weltweit die Börsen ab, weil alle Anleger wussten, was nun auf sie zukam: ein weltweiter Hausarrest und Grenzschließungen. Fabriken, Geschäfte, Flughäfen, kulturelle Einrichtungen, Möbelhäuser, Baumärkte, Restaurants, Hotels, Reisebüros, Kindergärten, Schulen, Universitäten und Einkaufszentren mussten schließen. Das war **die größte inszenierte Wirtschaftskrise der Geschichte!** Und während niemand wusste, wie es weitergehen sollte, aber alle auf die Situation reagieren mussten, verloren mehr als hundert Millionen Menschen innerhalb weniger Wochen ihre Arbeit und damit ihr Einkommen. Man konnte fast auf die Idee kommen, Bill Gates und seine Partner hätten lange auf diesen Moment hingearbeitet und nun griff ein Zahnrad ins andere. Es wirkte wie eine einstudierte Choreographie.

„25. März 2020: Laut Johns Hopkins Universität sind aktuell bereits 467.653 Menschen mit dem Corona-Virus infiziert!"[269]

In Wahrheit waren mittlerweile vermutlich Abermillionen von Menschen rund um den Globus mit dem Virus infiziert – ohne, dass sie es wussten und ohne, dass irgendetwas Nennenswertes passiert gewesen wäre. Aber wenn die Gates-Stiftung und Johns Hopkins 65 Millionen Tote prognostizierten, dann musste man die Zahlen auch an dieses Horrorszenario anpassen. Das Robert-Koch-Institut und die Johns Hopkins Universität gaben sogar offen zu, dass sie selbst keine Gewährleistung dafür übernahmen, dass ihre Daten stimmen würden. Die Johns Hopkins Uni empfahl sogar, ihre Daten *nicht* als medizinische Grundlage zu verwenden:

„Die Johns Hopkins University lehnt hiermit jegliche Zusicherungen und Gewährleistungen in Bezug auf die Website ab, einschließlich Genauigkeit, Gebrauchstauglichkeit und Handlungsfähigkeit. Die Website als Grundlage für medizinische Beratung oder die Nutzung der Website im Handel ist strengstens untersagt."[270]

Aber das Kleingedruckte zu lesen, war offenbar schlecht für die Augen.

„Die britische Regierung hat zugegeben, dass keiner der 17,5-Millionen Antikörpertests, die sie im Kampf gegen die Coronavirus-Pandemie angeordnet hat, gut genug funktioniert... Die Regierung arbeitet mit neun Unternehmen zusammen, die Coronavirus-Antikörpertests entwickelt haben, mit denen überprüft wird, ob sich jemand von der Krankheit erholt hat und wahrscheinlich immun ist. Die Tests werden von Forschern der Universität Oxford bewertet – aber jeder hat sich bisher als unzuverlässig erwiesen."[426]
Camilla Hodgson and George Parker für die *Financial Times* in London, 6.4.2020

Die Tests, die viel zu rasch in Umlauf gebracht worden waren, hätten nie eingesetzt werden dürfen, weil sie von vornherein nur alle Ergebnisse verfälschen konnten. Sie konnten gar nicht so schnell produziert werden, wie sie auf Grund der von der WHO und der Johns Hopkins unterstützten, künstlichen Hysterie nachgefragt worden sind, also wurden sie zuerst dorthin geliefert, wo sie angeblich am meisten gebraucht wurden, nämlich in die Krankenhäuser der am stärksten betroffenen Regionen.

Und wenn man an solchen Hotspots misst, wo sich nur sehr kranke Menschen mit deutlich ausgeprägten Symptomen sammeln, dann ist die Ausbreitung unter dieser Gruppe, der sog. „Durchseuchungsgrad", natürlich sehr hoch. Dann sind da nicht wie sonst jedes Jahr etwa 10 bis 15 Prozent der Menschen vom Corona-Virus befallen, sondern gleich vier- oder fünfmal so viele. Natürlich ist der Durchseuchungsgrad in Krankenhäusern um ein Vielfaches höher als im Rest der Bevölkerung. Daraus resultierend ist auch der Anteil der Todesfälle, die „**Mortalitätsrate**", deutlich höher. Wenn man nun aber zu wenige Tests hat, um größere Gruppen zu testen und deshalb diesen überdurchschnittlich hohen Durchseuchungsgrad aus den Krankenhäusern in mathematischen Modellen auf den Rest der Bevölkerung überträgt und einen Cocktail aus „vielleicht" und „wahrscheinlich" hinzugießt, dann kommt man natürlich schnell auf aberwitzige Zahlen. Und wenn sich alle im Ausnahmezustand befinden, dann ist sich eben jeder selbst der nächste. Man kann in eine Talkshow gehen oder seinen eigenen Podcast haben, mehr Geld für sich und das Institut lukrieren oder vielleicht sogar Regierungsberater werden. Man sollte die Macht des Egos niemals unterschätzen.

„Warum bei diesem Virus? Diese Frage kann mir keiner beantworten. Schließlich hat es durchaus schon ähnliche Lagen in der Vergangenheit gegeben, etwa beim Ausbruch der Schweinegrippe. Damals jedoch ohne vergleichbare Einschränkungen für das öffentliche Leben. Es ist der Bevölkerung gar nicht vorzuwerfen, dass sich ihre Unsicherheit in Aktionismus wie zum Beispiel Vorratskäufen äußert. Es handelt sich dabei um eine populationsgenetisch verankerte Angst. Genau deshalb gilt es den Menschen ‚Hilfestellungen zur Interpretation‘ der Lage anzubieten.“[271]

Klaus-Peter Hunfeld, Infektionsepidemiologe und Ärztlicher
Direktor des Nordwestkrankenhauses

Wenn die Menschen unter großem Stress stehen, setzt bei vielen der Verstand aus. Dann werden automatisch Urinstinkte aktiviert und wir gehen in den *Kampf- oder Flucht-Modus* über. Dann funktioniert selbst das kleine Einmaleins nicht mehr. Dann kann man den Menschen auch ganz leicht falsche Zahlen und, daraus resultierend, falsche Schlussfolgerungen unterjubeln. Es geht für viele Betroffene unterbewusst nur noch ums nackte Überleben.

Wie ging es weiter? Im April 2020 erfuhr Schweden medial ungewöhnlich große Aufmerksamkeit. Warum? Weil die Schweden nicht den Vorgaben der WHO gefolgt waren. Anders als die meisten westlichen Staaten hatten sie keine Ausgangssperren verhängt. In Schweden blieben alle Schulen und Restaurants geöffnet. Die Bürger waren aufgefordert worden, vernünftig zu sein und es nicht zu übertreiben, aber sie waren nicht in dem Maße bevormundet worden, wie das in vielen anderen Staaten der Fall gewesen war. Deswegen war der internationale Druck auf Schweden enorm. Schweden begründete sein Vorgehen damit, dass die Skandinavier auf ein natürliches Erreichen einer **„Gruppenimmunität“** setzten, auch als „Herdenimmunität“ bezeichnet.

Was bedeutet das? Wenn genügend Personen in einer großen Gruppe oder Tiere in einer Herde mit einem Virus infiziert sind, dann bilden sie ausreichend Antikörper, die bei der gesamten Gruppe oder Herde die weitere Ausbreitung des Virus verhindern, was das Ende für dieses Virus bedeutet. Um eine Herdenimmunität zu erreichen, müssen sich rund 60 bis 70 Prozent einer Gruppe mit dem Virus angesteckt haben. Diesen „**Durchseuchungsgrad**" von rund 2/3 müssen wir erreichen, bis das Virus gestoppt ist, so oder so.[272] Daran führt kein Weg vorbei. Es gibt dafür nur zwei Möglichkeiten: Entweder man lässt dem Virus freien Lauf, bis die Herdenimmunität erreicht ist, oder man erzeugt sie durch **Impfung**. Die Schweden setzten auf die erste Variante, die WHO favorisierte die Impfung.

Nun ist es so, dass es bis zur Verfügbarkeit eines wirksamen Impfstoffs mindestens zwei Jahre dauern würde, das heißt, dass ein vernünftiger Wirkstoff kaum vor Ende des Jahres 2021 zur Verfügung stehen sollte. Alles, was deutlich früher käme, wäre sehr auffällig und fragwürdig. Da sich das Virus aber im März 2020 ohnehin bereits um den gesamten Globus ausgebreitet hatte, war klar, dass die Ausbreitung des Virus nicht mehr zu stoppen ist. Ein großer Teil der Bevölkerung weltweit wird sich mit dem Virus anstecken. Da führt kein Weg daran vorbei. Wenn man weiß, dass die herkömmliche, jährliche Grippeschutz-Impfung laut CDC einen offiziellen Wirkungsgrad zwischen 29 und 55 Prozent hat, dann heißt das, dass sie nur bei etwa 1/3 der Geimpften tatsächlich eine schwere Erkrankung oder den Tod verhindern konnte – und das sind reine Zahlenspiele. Anders ausgedrückt sind 2/3 aller Geimpften nach offiziellen Zahlen trotzdem an der Grippe erkrankt.[273] Wir haben bereits zuvor gesehen, dass die Impfung in Grunde sinnlos ist.

Neue Studien belegen, dass Impfungen einen Menschen zwar gegen den betreffenden gespritzten Virenstamm oft immun machen, der Geimpfte aber für alle anderen Viren dadurch empfänglicher wird, wie etwa der Urologe *Dr. Jens Bengen* bestätigt. Demnach könnte impfen also mehr Schaden anrichten, als es Vorteile bringt.[387] [388] [389] [390] Besonders die Zusatzstoffe in den Impfungen, die sog. „Adjuvanzien" wie Quecksilber, Aluminium und Formaldehyd, Antibiotika und Proteine aus Hühnereiern, haben es in sich.[391] [392] [393] Was die meisten Ärzte, die ihren Patienten zu Impfungen raten, aber oftmals nicht dazu sagen, ist, dass für die Produktion des Impfstoffs zudem auch noch *fetale Zelllinien* (menschliche Zellkulturen) verwendet werden, also die Zellen abgetriebener Kinder. Davon sind in Impfstoffen oft Rückstände vorhanden. Wer sich also gegen die Grippe impfen lässt, wird nicht nur anfälliger gegen Grippe, sondern lässt sich auch noch Aluminium, Quecksilber und Zellen abgetriebener kleiner Menschen verabreichen.[394] [395] Das sollte man vielleicht im Hinblick auf eine mögliche Impfpflicht gegen das Corona-Virus im Hinterkopf behalten, vor allem in Anbetracht der Situation, dass bereits mehrere verschiedene Mutationen von SARS-CoV-2 aufgetaucht sind und es ständig mehr werden. Um auch nur den Hauch eines Schutzes zu haben, müssten alle Menschen gegen alle Stämme geimpft werden und es wird trotzdem nichts bringen, weil sich immer neue Stämme bilden.

Da der über die westlichen Länder verhängte Lockdown ja bei weitem nicht alle Menschen betraf, konnte dadurch die Ausbreitung des Virus nur etwas verlangsamt werden, jedoch nicht verhindert. Selbst wenn wir den Lockdown über weite Teile der Bevölkerung bis Ende 2021 ausdehnen würden, so wäre bis dahin ohnehin schon ein Großteil der Weltbevölkerung infiziert. Das hätte jedoch wirtschaftliche und psychische Konsequenzen, die ich mir überhaupt nicht ausmalen möchte. Dann zwei Jahre nach Ausbruch der Infektionswelle alle Menschen mit einem Impfstoff zu beglücken, das ohnehin nur bei einem Drittel wirken wird (wenn überhaupt), erscheint mir als äußerst dubios. Ich verstehe nicht, wie man da nicht darauf kommen soll, dass hier andere Interessen als die Gesundheit der Menschen im Vordergrund stehen könnten. Wenn man bedenkt, **dass in Schweden an jedem ganz normalen Tag eines ganz normalen Jahres 250 Menschen sterben**, dann wären das also rund 15.000 Personen in den letzten zwei Monaten, die ohnehin gestorben wären, mit oder ohne Virus (25. April 2020). Laut offiziellen Zahlen sind bis zum 25. April 2020 anscheinend 2.152 „Corona-Tote" gezählt worden – wobei unklar ist, wie viele davon wirklich *am Virus* gestorben sind. Es bedeutet lediglich, dass jeder siebte Schwede, der in den letzten zwei Monaten verstorben ist, das Corona-Virus in sich trug.[274] Ich möchte wirklich nicht respektlos wirken, aber nach meinem Verständnis wären diese Menschen so oder so gestorben.

Am 2. Mai 2020 hatte Schweden laut offiziellen Zahlen 291 Corona-Tote pro 1 Million Einwohner zu beklagen, insgesamt waren das 2.941. Südkorea, das ebenfalls keinen Lockdown verhängte, hatte gar nur 211 Corona-Tote pro 1 Million Einwohner zu beklagen. Hingegen hatten die Länder mit den strengsten Einschränkungen wesentlich höhere Todesraten zu vermelden. In Frankreich waren es 391 Corona-Tote pro 1 Million, in Italien 491 und in Spanien gar 553.[396] Wenn man alle Aussagen der Experten kondensiert, dann könnte man sie so zusammenfassen: Ein großer Teil der Weltbevölkerung wird sich mit dem Corona-Virus infizieren – da führt kein Weg daran vorbei. Alles, was wir beeinflussen können, ist die Geschwindigkeit der Ausbreitung.

> *„Der Coronavirus-Stamm, der in Indonesien verbreitet ist, unterscheidet sich von* **mindestens drei anderen bekannten SARS-CoV-2-Stämmen,** *die den Rest der Welt betreffen.... Die Forschung hat bisher mindestens drei verschiedene Stämme des Coronavirus gefunden, die als Typen S, G und V identifiziert wurden. ‚Andere Stämme als diese drei Typen müssen noch identifiziert werden.'"*
>
> Rizki Fachriansyah, The Jakarta Post, 6. Mai 2020[397]

Im Mai 2020 wurde weiters bekannt, dass in den USA an der Ost- und an der Westküste unterschiedliche Corona-Viren-Stämme im Umlauf waren. Das Virus war also bereits mutiert, lange bevor eine Impfung dafür auch nur am Horizont sichtbar war. **Das macht deutlich, dass jegliche Corona-Virus-Impfung in der Zukunft nicht wirken kann!** Eine Impfung kann nicht funktionieren, weil SARS-CoV-2 nachweislich bereits innerhalb der ersten sechs Monate zig-fach mutierte und weiter mutieren wird. Ein Zwang zu einer Corona-„Schutzimpfung" ist daher zumindest so etwas wie vorsätzliche Körperverletzung.[398] Wenn ein Ausnahmezustand also nicht sofort aufgehoben wird, dann muss es andere Gründe dafür geben als das Warten auf eine Impfung, die nicht funktionieren kann. Welchen Sinn hat es also, die Wirtschaft gegen die Wand zu fahren und Menschen ihrer Freiheit zu berauben?

> *„Sollten wir uns einsperren? Unsere Antwort lautet ausdrücklich NEIN. Müssen Unternehmen geschlossen werden? Ausdrücklich NEIN... Die sekundären Auswirkungen... Kindesmissbrauch, Alkoholismus, Einnahmenverluste sind unserer Meinung nach für die Gesellschaft wesentlich schädlicher als ein Virus, das sich als ähnlich wie die saisonale Grippe erwiesen hat, die wir jedes Jahr haben."*[275]
>
> Dr. Daniel W. Erickson, Notarzt und Miteigentümer mehrerer Notfallkliniken in Kalifornien in einer Pressekonferenz am 21. April 2020

Angaben der »Pharmazeutischen Zeitung« aus dem Jahr 2017 zufolge sterben **jedes Jahr weltweit** an den Folgen von Atemwegserkrankungen nach einer Influenza-Infektion **bis zu 645.000 Menschen**.[276] Nach offiziellen Angaben sollen bis zum 25. April 2020 nur **196.000 Todesfälle** in Folge einer COVID-19-Erkrankung weltweit registriert worden sein. Vier Monate nach Ausbruch der „Pandemie" lag die offizielle Todesrate also immer noch weit unter der einer normalen Grippewelle und das, obwohl die Todes-Zahlen tendenziell eher zu hoch angesetzt waren.[277] [278] Demgegenüber stand eine Zahl von mindestens **781.000 Genesungen**. Die bestätigte Zahl der Infizierten weltweit betrug am 25. April 2,79 Millionen. In Wahrheit aber hatten sich zu dem Zeitpunkt vermutlich bereits fünf bis zehn Mal so viele Menschen infiziert, die es aber nicht wissen, weil nicht großflächig getestet wurde und weil sie keine Symptome zeigten.[279] 50 bis 80 Prozent aller positiv getesteten Personen bleiben symptomlos. Selbst unter den 70- bis 79jährigen bleiben rund 60 Prozent symptomlos, viele weitere zeigen nur milde Symptome.[280] [281] In Dänemark hatten die entscheidenden Experten bereits Mitte April 2020 bereut, den Lockdown empfohlen zu haben, weil er nicht nötig gewesen wäre.[282]

Italien wurde immer wieder als abschreckendes Beispiel dargestellt. In Italien soll es bis Stand 18. April 2020 angeblich zu 22.745 „Corona-bedingten" Todesfällen gekommen sein. Das klingt spektakulär, ist es aber nicht. Denn in Italien sterben im Mittel etwa 1.600 Menschen an jedem ganz normalen Tag. Das sind seit Ausbruch der „Corona-Pandemie" in Italien (Stand 18. April) nach Adam Riese 78.000 Personen. Dem steht die Zahl von 22.745 „Corona-bedingten" Todesfällen gegenüber. Das suggeriert – vielleicht nicht ganz ungewollt –, dass jeder 3,5te Tote *am Corona-Virus* gestorben sei. Das ist aber nicht richtig! Warum?[283] [284] [285] [286]

„Anders als in Deutschland (Stand: 24. März) testet Italien inzwischen generell Todesfälle auf das Coronavirus. Das führt dazu, dass der Anteil in der italienischen Statistik stärker ansteigt als in anderen Ländern. Italien ist auch sehr konsequent, was die Zählweise der Toten betrifft: Ein Todesfall wird dem Coronavirus unabhängig von Vorerkrankungen zugeschrieben, unabhängig davon, ob COVID-19 den Tod verursacht hat oder die Erkrankung als Beschleuniger gewirkt hat. Einer Studie des italienischen Gesundheitsinstituts ISS zufolge, die die FAZ zitiert, hatte nur ein sehr kleiner Anteil der Verstorbenen keinerlei Vorerkrankung."[287]

mdr Wissen

Dieser sehr kleine Anteil lag **bei unter einem Prozent!** Der italienische Gesundheitsminister gab selbst am 17. März 2020 zu (*Report sulle caratteristiche dei pazienti deceduti positivi a COVID-19 in Italia Il presente report è basato sui dati aggiornati al 17 Marzo 2020*), dass **über 99 Prozent von Italiens angeblichen „Coronavirus-Opfern" an Vorerkrankungen litten**, teilweise sogar an mehreren Vorerkrankungen. 76,1 Prozent litten an Bluthochdruck, 35,5 Prozent an Diabetes und 33 Prozent an einer Herzerkrankung.[288] Das **Durchschnittsalter** dieser vermeintlichen „Corona-Toten" lag bei <u>79,5 Jahren</u>.[289] Zudem wurde in Italien ebenso wie in Spanien viel zu häufig intubiert, das heißt, dass die Patienten bei Lungenproblemen künstlich beatmet wurden, was ein schwerwiegender Eingriff ist, der für einen alten Menschen mit schwachem Immunsystem und multiplen Vorerkrankungen in der Regel einfach tödlich ist. Diese

245

„Corona-Toten" waren **mit** SARS-CoV-2 infiziert, sie sind **aber nicht unbedingt daran verstorben.**

> *„Die Beatmung der COVID-19-Patienten, das frühe, vorschnelle Intubieren also, ist häufig medizinisch nicht gerechtfertigt. Vor der Corona-Krise gab es darüber unter den Kollegen keine Kontroverse. Jetzt führte die Ausbreitung der Pandemie in China sowie in Italien und Frankreich zu chaotischen Zuständen in den Kliniken. Die medizinischen Ressourcen waren begrenzt und die Zahl der COVID-19-Patienten, die schnell versorgt werden mussten, war sehr groß. Chaotische Situationen sind in der Medizin immer schlecht. Für die längere Beobachtung eines Patienten und die Diskussion der Therapie ist im Chaos keine Zeit, deshalb ist häufig vorschnell intubiert, also invasiv beatmet worden."*[290]

Dr. Thomas Voshaar, Lungenfacharzt

Diese hohe Zahl an COVID-19-Patienten kam auch dadurch zustande, dass in Italien plötzlich jeder alte Mensch mit Atemproblemen ins Krankenhaus gebracht wurde, ob er wollte oder nicht. Die meisten der Patienten, die in den norditalienischen Krankenhäusern als „Corona-Tote" gezählt wurden, sind möglicherweise nicht auf Grund von COVID-19 gestorben, sondern an den Folgen ihren Vorerkrankungen, an Krankenhauskeimen oder an einem anderen Infekt. Das weiß niemand, weil sie nicht obduziert wurden. In dem Zusammenhang ist es erwähnenswert, dass das Robert-Koch-Institut **ausdrücklich von Obduktionen von Corona-Toten abrät**! Angeblich, um die Gefahr einer Infektion für die Pathologen zu minimieren. Das ist jedoch Unsinn, da diese tagtäglich Leichenschauen auch an Toten mit HIV-Infektion, Tuberkulose, Hepatitis und anderen übertragbaren Krankheiten vornehmen und dafür bestens gerüstet sind. Es scheinen hier also andere Interessen im Spiel zu sein.[291]

Unter normalen Umständen wären wohl viele vermeintliche Corona-Tote zuhause oder im Altersheim gestorben und niemand hätte sie auf ein bestimmtes Virus getestet. Und niemand weiß, wie viele der armen alten Menschen in Wahrheit der Angst vor dem Virus erlagen, und nicht dem Virus selbst. Ihr Ableben ließ keinerlei Rückschluss auf die Gesamtbevölkerung zu. Aber gerade manchen Ärzten und Krankenhausbetreibern kam die undurchsichtige Lage jetzt vielleicht ganz recht, da das Gesundheitswesen in Europa in den letzten Jahren dank Privatisierungen und Kürzungen kaputtgespart worden war. Nun erfuhren sie aber plötzlich Aufmerksamkeit und konnten die Öffentlichkeit auf die prekären Zustände in ihrem Arbeitsbereich lenken. Mit einem Mal waren die Ärzte, Krankenschwestern und Pfleger Helden, und alle Regierungen versprachen, das Gesundheitswesen künftig wieder besser auszustatten, was prinzipiell sehr wünschenswert wäre. Wir werden sehen, ob sie dieses Versprechen einhalten werden.

„2. April 2020: Laut Johns Hopkins Universität sind aktuell bereits 1.013.466 Menschen mit dem Corona-Virus infiziert!“[292]

Indes geriet alles immer mehr aus den Fugen und die Anspannung war überall spürbar. Manche kompensierten sie durch den exzessiven Konsum von Netflix-Serien, andere durch Alkohol. Manche berauschten sich an Drogen und wieder andere an sich selbst. Bei einigen Politikern hatte man fast das Gefühl, sie hätten Wetten darüber abgeschlossen, wer die meiste Medien-Präsenz bekommt, egal wie.

*„Wenn wir die Kontaktverbote jetzt zu früh lockern und das Virus dadurch sich wieder geballt verbreitet, stehen wir am Ende schlechter da als jetzt.' Stattdessen müssten die Kontaktverbote solange gelten, bis wir die Zahl der Neuinfektionen an den Boden gedrückt haben und am Boden halten können... der Gesundheitsexperte (erklärte) zudem, dass ‚die Menschen verstehen müssten, **dass COVID-19 nicht nur zum Tod führen kann**. Viele der Überlebenden würden erhebliche **Behinderungen** erleiden. Er behauptete, dass auch junge Patienten bleibende Lungenschäden und damit eine deutliche Einschränkung der Lebensqualität erleiden könnten.' ‚Bleibende Schäden sind nicht die Ausnahme, sondern kommen häufig vor. Viele Ältere, die es überstehen, werden danach ein Pflegefall sein. **Die Muskulatur und die Hirnleistung werden abgebaut'.**"*[293]

Magazin Focus vom 3.4.2020, über die Aussagen des SPD-Gesundheitsexperten, Mediziners und Gesundheitswissenschaftlers Karl Lauterbach

Diese Aussage Herrn Lauterbachs wurde von zahlreichen Ärzten kritisiert.[294] Sie war nicht nur unqualifiziert, sondern erzielte auch die gegenteilige Wirkung. Dadurch wurde schnell sehr vielen Menschen klar, dass es hier nicht mehr mit rechten Dingen zuging. Die Feldlazarette mit Intensivbetten, die überall für die Tausende von prognostizierten Schwerstkranken aus dem Boden gestampft worden waren, blieben leer und wurden teilweise nach nur zwei Wochen wieder abgebaut.[295] [296] Wegen einer erwarteten Pandemie hatten alle Krankenhäuser in der westlichen Welt alle geplanten Operationen abgesagt, um Kapazitäten für eine Pandemie zu schaffen, die so nie eintrat. Krebskranke Menschen wurden ebenso wieder nachhause geschickt wie Menschen, die einen Termin für eine neue Hüfte hatten. Hier liegt das wahre Drama: Zahlreiche Menschen mit leichten Herzinfarkten oder Schlaganfällen trauten sich nicht ins Krankenhaus, weil sie den vermeintlichen COVID-19-Patienten nicht die Betten wegnehmen und das Gesundheitssystem nicht überlasten wollten.[297] Menschen starben, aber nicht an einem Virus, sondern daran, dass sie für zwei Monate nicht behandelt wurden. Statt Menschenleben zu retten, ließ man, etwa in Deutschland oder Österreich, wo es überdurchschnittlich viele Intensivbetten gibt, die Krankenhausbetten leer. Medizinisches Personal und Krankenschwestern wurden in „Kurzarbeit" geschickt, weil nichts zu tun war. [427] [428] 429] Damit das nicht auffiel, und weil man an leeren Betten nichts verdient, flog man sogar Patienten aus medizinisch unterentwickelten Ländern wie Italien oder Frankreich ein. Das verkaufte man dann als den „europäischen Geist des Zusammenhalts".[298]

> „*Momentan hat Medicare* (staatliche US-Krankenversicherung, AdV) *festgelegt, dass ein Krankenhaus 13.000 Dollar bekommt, wenn es einen COVID-19-Fall aufnimmt.* **Muss dieser COVID-19-Patient intubiert werden, bekommt das Haus 39.000 Dollar**, *also das Dreifache. Nach 35 Jahren in der Welt der Medizin kann mir niemand weismachen, dass derartige Dinge niemals Einfluss auf unser Handeln haben.*"[299]
>
> Dr. Scott Jensen, US-Senator und Arzt

Ursprünglich waren die Ausgangsbeschränkungen, die angeblich viele Leben retten sollten, bis Ostern anberaumt gewesen – eine zeitliche Marke, die klug gewählt gewesen ist, weil sie für alle Menschen greifbar und absehbar war. Doch während immer mehr Menschen klar wurde, dass ihre Arbeitslosigkeit keinen sinnvollen Beitrag leistete, kamen nach und nach Meldungen darüber, dass der Lockdown sich vielleicht auch noch über Ostern hinaus verlängern könnte. Vielleicht für einige Monate, vielleicht auch viele Monate, vielleicht auch Jahre. Die Regierenden wollten nun die Grenzen ihrer Macht austesten und Bill Gates lieferte ihnen die Blaupause, an der sie sich orientieren sollten.

„In den USA könne das noch dauern. Wenn die Dinge gut laufen, könnte das Land sich ‚in gewisser Hinsicht‘ ab Juni wieder öffnen, prognostizierte Gates. Er hielt es zum Beispiel für denkbar, dass Fabriken und Baustellen wieder die Arbeit aufnehmen und Kinder wieder zur Schule gehen dürfen. Aber es werde **keine großen öffentlichen Veranstaltungen oder gefüllte Restaurants** *geben. Wann Normalität einkehren kann, hängt Gates zufolge davon ab, wann wir einen Impfstoff gegen das Coronavirus finden. ‚Es wird so lange halb-normal sein,* **bis der Impfstoff milliardenfach verfügbar ist**‚, *schätzte der Microsoft-Gründer. Das werde aber noch mindestens 18 Monate brauchen, normalerweise dauere es fünf Jahre. ‚Es gibt ungefähr hundert Versuche auf der Welt, von denen acht bis zehn sehr vielversprechend sind. Und wir müssen sie alle unterstützen‘.* "[300] [301]
Daniel Roth im Gespräch mit Bill Gates via LinkedIn am 11.4.2020

Bill Gates rührte die Werbetrommel und gab Interview um Interview. Und weil die meisten Menschen zuhause saßen und nicht viel zu tun hatten, fingen sie an, sich eigene Gedanken zu machen. Sie studierten im Internet Berichte. Sogenannte „Verschwörungstheorien" über Mister Gates und die Pharma-Industrie hatten Hochkonjunktur und dem trat die öffentlich-rechtliche Gedankenpolizei gewohnt seriös und entschlossen entgegen:

„Am 12. April gab Bill Gates... den ‚Tagesthemen‘ ein viel beachtetes Interview. Es ging darin vor allem um die Entwicklung eines Impfstoffes gegen das neuartige Coronavirus: Man sei zuversichtlich, dass in 18 Monaten ein Impfstoff gegen das Coronavirus bereitgestellt werden könne, so Gates... Tatsächlich investiert die von ihm und seiner Frau aufgebaute Bill und Melinda Gates-Stiftung seit Jahren Milliardensummen, vor allem, um Infektionskrankheiten in Schwellen- und Entwicklungsländern zu bekämpfen. Nicht erst seit der Corona-Krise sieht sich Gates persönlich dem Vorwurf ausgesetzt, mit diesem Engagement verborgene, niedere Beweggründe zu verfolgen. Impfgegner, aber auch Anhänger diverser Verschwörungstheorien glauben, hinter Gates Aktivismus stünden vor allem Geschäftsinteressen oder sogar der Wille, die Weltbevölkerung mit Mikrochips zu kontrollieren. Diese Theorien bekommen weltweit Zulauf. Tatsächlich ist an Gates Impf-Aktivismus aber wenig Verwerfliches. Viele Vorwürfe basieren auf Falschinformationen oder dem bewussten Überspitzen von berechtigter Detailkritik.“[302]

ZDF heute 14. April 2020

Gut so! Das musste mal gesagt werden! Wo kämen wir da hin, wenn die Menschen es wagen würden, den Leitmedien oder den philanthropischen Milliardären zu widersprechen, wenn sie einfach eine Impfung verweigern würden? Am Ende würden sie gar noch faire Wahlen fordern oder sich frei und ohne Überwachung bewegen wollen! Nein, so etwas darf einfach nicht passieren!

Bill Gates gab nicht auf, denn er hatte eine Mission: Er wollte das Beste für die Menschheit, und seine Freunde in den großen Redaktionen hatten die ruhmreiche Aufgabe, dafür zu sorgen, dass das auch jeder verstand. Was sind schon 18 Monate Isolation? Julian Assange hatte bislang ganze acht Jahre überstanden und saß immer noch, ohne Anklage, in England im Gefängnis. Obwohl er seit Jahren unter Atemproblemen litt, wurde sein Antrag auf Freilassung gegen Kaution soeben wieder abgelehnt, denn es war gerade in einer solch vertrackten Situation wichtig, zu zeigen, was man mit Menschen macht, die Informationsfreiheit fordern und glauben, sich über die Interessen staatlicher Institutionen hinwegsetzen zu können.

„Ein wirksamer Impfschutz gilt als Schlüssel bei der Bekämpfung der Corona-Pandemie. Microsoft-Gründer Bill Gates sieht dabei die G20 in der Pflicht: Die Mitgliedstaaten sollten stärker in Entwicklung und Bereitstellung investieren... **Die Chefin der EU-Kommission, Ursula von der Leyen,** *hofft, dass gegen Ende des Jahres ein Impfstoff gegen das Coronavirus entwickelt sein könnte. Ihrer Ansicht nach sitzen zwei der vielversprechendsten Forscherteams in Europa. ‚Sie planen, schon bald mit den klinischen Tests zu beginnen‘... Dann folgten noch mehrere Schritte bis zu einer Zulassung und Massenproduktion eines Impfstoffs. Für eine zügige Impfkampagne spreche die EU bereits jetzt mit Herstellern über weltweite Produktionskapazitäten. Auch Gates macht in seinem Gastbeitrag deutlich, dass die* **Entwicklung eines Impfstoffs nur der erste Schritt** *sei – für dessen Herstellung und Verbreitung seien weitere Ressourcen und zusätzliche Planung nötig. Eine* **COVID-19-Schutzimpfung müsse als ‚globales öffentliches Gut‘ eingestuft werden und daher für alle bezahlbar und zugänglich sein.** *‚Um diese Ziele zu erreichen, sollten sich die G20 bereits jetzt mit der Logistik eines globalen Immunisierungsprojekts auseinandersetzen‘.“*

Der Spiegel, 12. April 2020[303]

Zurück zum April 2020: Nach drei, vier Wochen Lockdown ohne Flugverkehr war der Himmel sauber und klar und der Frühling zeigte sich in seiner vollsten Pracht. Die meisten Menschen wollten nur noch raus und wieder zurück in ein geregeltes Leben. Sie wollten wieder etwas Sinnvolles tun, vermissten ihren geregelten Tagesablauf, ihre Freunde, das Feierabendbier mit den Kollegen und vieles mehr. Sie wollten diesen ganzen Unsinn hinter sich lassen, sie wollten wieder so etwas wie Normalität erleben und sie wollten sich ganz bestimmt nicht auf Anordnung von Bill Gates impfen lassen. Die politisch Verantwortlichen spürten, dass es im Volk brodelte. Zudem machten die Exekutive und die Inlandsgeheimdienste Druck, weil sie wussten, dass die Geduld der Menschen nicht über Gebühr strapaziert werden sollte. Also trafen sie sich vor und während Ostern mit vielen Beratern zu vielen Krisensitzungen, um einen Weg aus der Misere zu finden. **Wie konnte man den sinnlosen Lockdown beenden, ohne zuzugeben, dass er sinnlos gewesen war?** Wie konnte man dafür sorgen, dass das neugewonnene Image als souveräner Krisenmanager nicht dem eines hinterhältigen Lumpen weichen würde?

Die Strategie war bei allen gleich: Erst ließ man konzertiert die Fallzahlen sinken und erweckte den Eindruck, als hätten die harten Maßnahmen des „social distancing" tatsächlich Früchte getragen. Es starben auf einmal immer weniger Menschen am Virus und alles nur, weil sich die Menschen so brav an die strikten Anweisungen der Politiker gehalten hatten. Außerdem passte man fast unbemerkt die Wortwahl an. Hieß es vor Ostern überall in den Nachrichten noch, dass heute *„so und so viele Menschen AN der Corona-Infektion verstorben"* sind, so hörte sich das nach Ostern überall in etwa so an: *„heute sind so und so viele Menschen MIT Corona-Infektion gestorben".*

Und weil die Kinder so brav waren, wurden sie auch belohnt und durften jetzt öfter mal zum Spielen raus. Und in dem einen Land durften Geschäfte bis 400 Quadratmeter aufmachen, in dem anderen bis 800 Quadratmeter. In einem Land war das Tragen von Masken Pflicht, in anderen wurde es als sinnlos eingestuft. Details spielten keine Rolle mehr. Man musste die Meute einfach irgendwie ruhigstellen und daher die Leine wieder ein wenig länger lassen. Das fanden natürlich nicht alle so gut, weil sie für eine starke Hand waren. Wenn man einmal die Freiheitsrechte erfolgreich beschränkt hat, sollte man sie nicht wieder leichtfertig zurückgeben.

> *„Wir brauchen keine Lockerung, wir brauchen viel härtere Maßnahmen!"*[304]
> DER SPIEGEL-Leitartikel von Rafaela von Bredow, 17.4.2020

Wie heißt es doch immer so schön: Krisen bringen in den Menschen das Beste und das Schlechteste hervor.

In den Wochen nach Ostern wurden in den meisten Ländern die Ausgangssperren gelockert, in manchen Ländern wurde dies sogar von Gerichten angeordnet, wie z.B. in Tschechien. Viele Menschen hatten das Gefühl, Opfer einer substanzlosen Inszenierung zu sein und sie wollten ihr Leben zurück. Die Politik musste dem Druck weichen, aber gleichzeitig wollten viele Regierende an den neugewonnenen Mitteln der Macht festhalten. Also wurde die Bedrohung durch das Virus weiter aufrechterhalten. Die Lockerung hätte jeden Moment wieder zurückgenommen werden können. Es könnte schließlich zu neuen Infektionswellen kommen, vielleicht im Herbst. Das Virus könnte mutieren und alles könnte wieder von vorne losgehen. Zahlreiche Politiker und Medien schürten weiter Angst. Immerhin hatten noch nicht alle Bürger die Corona-App auf ihr Smartphone geladen. Noch hatten nicht alle freiwillig auch ihren letzten Rest an Freiheit und Intimsphäre aufgegeben. Noch hatte Bill Gates nicht alle Erdlinge geimpft und gechippt. Noch war China dem Westen in vielen Belangen überlegen, vor allem auf dem Gebiet der Kontrolle seiner Bevölkerung. Noch...

*„Keiner spricht darüber, dass das Coronavirus drei Tage lang auf Kunststoffen überlebt und wir bleiben alle drinnen. Woher haben Sie ihre Wasserflaschen? Aus dem Supermarkt. Woher diese Plastikschaufel? Aus dem Baumarkt. Wenn ich Dinge in Ihrem Haus abwische, würde ich wahrscheinlich COVID-19 finden. Aber Sie denken, Sie sind sicher. Das ergibt keinen Sinn. Denken Sie, Sie sind vor COVID geschützt, wenn Sie Handschuhe tragen, die Krankheiten überall verteilen? Diese Handschuhe sind übersät mit Bakterien... **WIR tragen keine Masken.** Warum? Weil wir die Mikrobiologie verstehen; wir verstehen Immunologie; und wir wollen ein starkes Immunsystem. Ich möchte mich nicht in meinem Haus verstecken, ein schwaches Immunsystem entwickeln und dann herauskommen und krank werden."*[305]
Dr. Daniel W. Erickson Notarzt und Miteigentümer mehrerer Notfallkliniken in Kalifornien in einer Pressekonferenz am 21. April 2020

26. April 2020 – Nachtrag: Es ist Sonntagvormittag und ich lese gerade zwei Berichte über den Stand der Dinge in Sachen „**COVID-19-App**". Weltweit versuchen Institutionen und Regierungen, Menschen dazu zu bewegen, unter dem Deckmantel der Pandemie ihre privaten Daten lückenlos und in Echtzeit preiszugeben. Es geht ihnen darum, die Vital- und Bewegungsdaten der Bevölkerung möglichst umfassend zu erfassen, indem sie Zugriff auf all die Smartwatches und Pulsmessgeräte des Bürgers erhalten. Es soll dazu dienen, genau festzustellen, mit wem ein Infizierter zuletzt Kontakt hatte, um die betroffenen Personen warnen und aus dem Verkehr ziehen zu können.[306] Sie haben längst alle Bewegungsprofile dank des Smartphones, wissen um alle sozialen Kontakte via Social Media, aber nun wollen sie auch noch alle Daten der Smartwatches und Pulsmessgeräte abgreifen dürfen, um wirklich alles über jeden Einzelnen in jeder Sekunde zu wissen. Anhand der Pulsveränderung bei jedem Post und jeder Push-Nachricht können sie mehr über jede einzelne Person erfahren als deren beste Freunde. Die meisten Menschen wissen überhaupt nicht, wem sie ihre Daten geben und was damit geschieht. Dabei ist zumindest die zweite Frage sehr leicht zu beantworten: Die Daten werden dazu verwendet, ein *Social-Ranking-System* wie in China einzuführen.

Ich bin überrascht, wie viele Menschen tatsächlich freiwillig auch noch den letzten Rest an Privatsphäre aufgeben, um sie gegen das trügerische Gefühl von Sicherheit einzutauschen. Am 20. April leiteten bereits über 400.000 Deutsche freiwillig die Daten ihres Fitnesstrackers an das Robert-Koch-Institut weiter.[307] Künftig können sie dann vielleicht bald über ihr Smartphone darüber informiert werden, dass ihr Gegenüber in der U-Bahn mit diesem oder irgend einem anderen Virus infiziert ist. Oder aber sie zeigen allen freiwilligen Unterstützern genau an, wer sich bereits impfen ließ und wer noch nicht. Auf diese Weise muss der Staat, der mittlerweile eine NGO oder Stiftung oder irgendwas dazwischen ist, die Drecksarbeit nicht mehr seine Exekutivkräfte erledigen lassen. Die Gedankenpolizei zeigt allen Freiwilligen an, wer ausschert und sie werden die schwarzen Schafe ganz von allein zur Räson bringen. Wer den Abstand von 1,5 Metern zu seinen Mitbürgern unterschreitet, wird durch Elektroschock gewarnt. Mehrfaches Zuwiderhandeln wird mit Punkteabzug im *Social Ranking* bestraft und derjenige darf künftig keine Massenveranstaltungen mehr besuchen. Wer das Spiel der Krake nicht mitspielt, wird von seinen Mitspielern zur Strecke gebracht. Andersdenkende werden ausgeschaltet. Das hatten wir doch schon mal. Das funktioniert immer wieder, weil es genug Wesen gibt, die dankbar sind für Führung und Stabilität und einfache, klare Verhältnisse – so wie in China oder im tausendjährigen Reich. *Wir brauchen härtere Maßnahmen! Wir alle sind Corona. Wir alle tragen Verantwortung. #staythefuckhome. #covid19. #socialdistancing. #gehorche!*

„*Ich möchte einige grundlegende Dinge über die Funktionsweise des Immunsystems erläutern, damit die Menschen ein besseres Verständnis davon haben. Das Immunsystem wird durch Berührung mit Antigenen aufgebaut: Viren, Bakterien. Wenn Sie ein kleines Kind sind, das auf dem Boden krabbelt und Dinge in den Mund nimmt, nehmen Sie Viren und Bakterien auf. Sie bilden einen Antigen-Antikörper-Komplex. Sie bilden Immunglobuline. So wird Ihr Immunsystem aufgebaut. Man packt ein kleines Kind nicht in Noppenfolie, steckt es in einen geschlossenen Raum und sagst: ‚Hab ein gesundes Immunsystem.‘... Wenn du Menschen sagst: ‚Geh in dein Haus, reinige alle Oberflächen, desinfiziere alles, töte 99% der Viren und Bakterien, trag eine Maske, geh nicht nach draußen. Was macht es mit unserem Immunsystem? Unser Immunsystem ist es gewohnt, zu berühren. Wir teilen Bakterien. Staphylococcus, Streptococcus, Bakterien, Viren. Sich zurückzuziehen, schwächt das Immunsystem. Und dann, wenn wir alle mit unserem geschwächten Immunsystem wieder herauskommen und anfangen, unsere Viren und Bakterien zu verteilen – was wird Ihrer Meinung nach passieren? Die Krankheitsfälle werden ansteigen. Dann kommt es zu einem Anstieg an Erkrankungen – in einem Krankenhaussystem mit beurlaubten Ärzten und Krankenschwestern. Dies ist nicht die Kombination, die dafür sorgen wird, eine gesunde Bevölkerung zu schaffen. Es macht keinen Sinn!*"[308]
Dr. Daniel W. Erickson, Notarzt und Miteigentümer mehrerer Notfallkliniken in Kalifornien in einer Pressekonferenz am 21. April 2020

Lockdown

Der Begriff „**Lockdown**" kommt aus dem militärischen Bereich und meint so viel wie die hermetische Abriegelung eines Gebäudes oder Areals. Im Zuge der Corona-Krise im Jahr 2020 wurde für den Hausarrest, der über weite Teile der Welt verhängt wurde, manchmal auch der Begriff „**Shutdown**" (Schließung) verwendet, was aber das herunterfahren eines Systems bedeutet, also etwa das Abschalten von Maschinen und die Schließung von Fabriken. Der „Shutdown" bezieht sich also auf die Lahmlegung der Wirtschaft, der „Lockdown" auf die Einschränkung der Bewegungsfreiheit der Menschen. Ein Lockdown ist ein Ereignis, das in militärischen und in polizeilichen Übungen zum Standardprogramm gehört. Zudem gehört ein Lockdown auch zum Übungsprogramm der meisten amerikanischen Schulen. Auch wenn School-Shootings, also Amokläufe an Schulen, sehr selten vorkommen, so sind Schulen in den USA per Gesetz angewiesen, sich auf solche Ausnahmesituationen vorzubereiten. Sie müssen den Lockdown des Schulgebäudes ebenso mit den Schülern trainieren wie eine mögliche Evakuierung. Damit wird ein „Notfallprotokoll" eingeübt und jeder weiß, wie er sich im Ernstfall zu verhalten hat.

Es gibt viel Erfahrung mit Lockdowns aus diversen Extremsituationen, von Umweltkatastrophen bis hin zu Geiselnahmen. Die Behörden haben ganz klare Anweisungen, wie sie mit Personen zu verfahren haben, die einer solchen emotionalen Ausnahmesituation ausgesetzt sind. Das bezieht sich sowohl auf die Zivilisten als auch auf die Ordnungshüter oder das medizinische Personal, das an solchen Ereignissen beteiligt ist. Alle diese Erfahrungen beziehen sich aber auf Lockdowns, die in der Regel nur einige wenige Stunden dauerten, in Ausnahmefällen einige wenige Tage.

Der Verband der US-Schulpsychologen gibt unter der Bezeichnung „Milderung der psychologischen Auswirkungen von Sperren/Lockdowns" klare Anweisungen und Hilfestellungen für Schulen im Umgang mit solchen Übungen für den Ernstfall (*U.S. Government Accountability Office, 2016*) und ich habe hier einige wenige Punkte herausgenommen:

- Geben Sie so viele klare und direkte Informationen wie möglich... (um) die psychologischen Auswirkungen der Krise zu mildern.
- Kommunizieren Sie während der Sperrung klar, ob eine unmittelbare Gefahr für die Schule besteht oder nicht. Wenn Sie Fakten so schnell wie möglich übermitteln, werden Angst und Furcht minimiert.
- Beenden Sie die Sperre / modifizierte Sperre, sobald dies sicher ist. Dies minimiert das Potenzial für psychische Traumata... Vollständige Sperren sollten nur dann angewendet werden, wenn dies aufgrund einer unmittelbaren Gefahr für die Schule unbedingt erforderlich ist.

Außerdem gibt es natürlich ein klares Protokoll[309] für die Beendigung einer solchen Katastrophenfall-Übung und Anleitungen dafür, wie sie nachträglich betreut werden sollte:

- Koordinieren Sie mit den Exekutivbehörden, um das tatsächliche Risiko im Zusammenhang mit dem auslösenden Ereignis zu ermitteln.
- Erkennen Sie Trauma-Reaktionen und bieten Sie Unterstützung bei Kriseninterventionen im Bereich der psychischen Gesundheit an
- Bieten Sie Studenten und Mitarbeitern die Möglichkeit, ihre Reaktionen auf die Sperrung mitzuteilen.
- Stellen Sie sicher, dass eine Bewertung (Evaluierung) des Lockdowns durchgeführt wird.

Wir erkennen, dass selbst nur die Übung einer emotionalen Ausnahmesituation bei Erwachsenen wie bei Kindern große Angst auslösen und großen psychischen Schaden anrichten kann, wenn man einen Lockdown nicht verantwortungsvoll durchführt und betreut. All das bezieht sich auf eine Übung, die vielleicht im besten Fall eine Stunde dauert und bei der klar dazu gesagt wird, dass es nur eine Übung ist.

Wir haben aber keinerlei Erfahrung mit einem Lockdown, der weite Teile der Welt einschließt und über mehrere Wochen oder Monate geht. Das Wenige, das wir wissen, stammt von ganz frischen Berichten aus Wuhan und es lässt erahnen, dass die Menschen dort stark traumatisiert und verunsichert sind.

Mitte April 2020 befanden sich rund 2,6 Milliarden Menschen rund um den Globus im Hausarrest, vorwiegend in Europa, Nordamerika und Asien. Experten gehen davon aus, dass dieses Experiment an der Menschheit erst Wochen und Monate nach seiner Beendigung seine volle Wirkung entfalten wird. Ganz abgesehen von den wirtschaftlichen Folgen, werden die psychologischen Folgen immens sein. Es wird nach dem Lockdown zu einer hohen Zahl an Burnouts kommen, zu Antriebslosigkeit und Depressionen, selbst bei den Menschen, die ihren Job wieder ausüben dürfen. Davon geht unter anderem auch das Weltwirtschaftsforum aus und bezeichnet dies als das „**größte psychologische Experiment**" in der Geschichte.[310]

Die Franzosen waren mit die ersten, die bereits Mitte der 1990er-Jahre ein klares Prozedere für den Umgang mit Terroranschlägen oder Katastrophen verpflichtend machten. Dies schloss auch ein Notfall-Psychologen-Team mit ein, das immer bei solchen Ereignissen dabei zu sein hatte, bestehend aus Psychiatern, Psychologen und Krankenschwestern, die sich sofort um die Opfer eines einschneidenden Erlebnisses kümmern sollten, um die psychischen Spätfolgen zu minimieren. Opfer und Zeugen, die nicht körperlich verletzt wurden, brauchen dennoch psychologische Hilfe und sollten auf Anzeichen einer weiteren posttraumatischen Störung überprüft und gegebenenfalls behandelt werden.[311]

Nichts von all dem, was heute allgemein Konsens im Umgang mit traumatischen Ereignissen ist, wurde im Falle des Corona-Lockdowns 2020 auch nur ansatzweise umgesetzt. Die verantwortlichen Wissenschaftler und Politiker haben höchst **verantwortungslos** agiert. Sie haben trotz besserem Wissen die Aktion eines diktatorischen Regimes kopiert, ohne sich um die Folgen dieses Experiments zu kümmern.

Es gab keine Notwendigkeit, es gab keine klare Kommunikation, es gab keinerlei Beruhigung der Situation und es wird unter Garantie keine psychologische Nachbetreuung für 2,6 Milliarden Opfer geben können. Worauf wir aber bestehen sollten, ist **die nachträgliche Evaluierung des Lockdowns.** Das heißt, dass man ganz klar und offen Bilanz ziehen und besprechen sollte, was hier schief gelaufen ist und wer es zu verantworten hat.

> *„Wir werden in ein paar Monaten wahrscheinlich viel einander verzeihen müssen."*[312]
> Jens Spahn, deutscher Bundesgesundheitsminister am 22. April 2020

Nun, erst einmal <u>müssen</u> wir gar nichts! Ich kann mir zwar vorstellen, dass das deutsche Volk seinem Gesundheitsminister einiges zu verzeihen hätte. Was jedoch genau er seinem Souverän, also all denen, die sein Gehalt bezahlen, zu verzeihen hätte, kann ich mir gerade nicht vorstellen. Wofür sollen die Deutschen bei ihm um Verzeihung bitten?

Falls Sie sich übrigens jemals die Frage gestellt haben sollten, was *Jens Spahn* dazu qualifiziert, deutscher Gesundheitsminister zu werden, dann ergibt sich die Antwort aus seiner Ausbildung von selbst: Er ist ausgebildeter Bankkaufmann. Also wenn das keine Empfehlung ist, um das Gesundheitswesen der größten europäischen Wirtschaftsmacht in Zeiten des größten Experiments am Menschen zu leiten, dann weiß ich auch nicht. Aber um nicht unfair zu sein, muss ich schon erwähnen, dass Herr Spahn sich auch neben seiner politischen Laufbahn kontinuierlich weitergebildet hat und von 2003 bis 2017 ein Fernstudium im Bereich Politikwissenschaft absolvierte, das er schließlich als „Master of Arts", also als *Meister der Künste* abschloss. Jetzt habe ich mich natürlich gefragt, worum es bei einem solchen Studium geht, und was finde ich als erstes bei meiner Internetrecherche: *„Mit dem Master of Arts schließt Du Dein Master Studium in den Geistes-, Kultur-, Sozial- oder Wirtschaftswissenschaften ab. **Der Master Grad qualifiziert Dich für Führungspositionen und verbessert Dein Gehalt.***"[399] So, wäre die Frage nach der Qualifikation zum Gesundheitsminister also geklärt. Doch halt, da ist noch mehr was Jens Spahn, der immer wieder als Nachfolger Angela Merkels gehandelt wird, qualifiziert. Wie ich der Online-Plattform *Wikipedia* entnehme, ist Spahn seit 2002 Mitglied des Deutschen Bundestages. Von 2005 bis 2009 war er Mitglied des Gesundheitsausschusses desselben, und nebenher von 2006 bis 2010 **Pharma-lobbyist** – eine bemerkenswerte Kombination! Von 2015 bis 2018 war er parlamentarischer Staatssekretär im Bundesfinanzministerium.[400] Als Belohnung für die bestandene Meister-Prüfung wurde Jens Spahn im Juni 2017 dann zur **Bilderberg-Konferenz** in *Chantilly* im US-Bundesstaat *Virginia* eingeladen. Wenige Monate später wurde er dann Gesundheitsminister in Merkels Kabinett. Das könnte man eine „Bilderbuch-Karriere" nennen.

Wikipedia verrät mir zudem, dass Jens Spahn das *„Young Leader Program"* des **American Council on Germany** für aufstrebende politische und wirtschaftliche Führungskräfte absolvierte, ein Partnerprojekt der deutschen „Doppeldenkfabrik" *Atlantik-Brücke*. Das **American Council on Germany** (*Amerikanischer Rat für Deutschland*) ist ein Verein, der mit dem **Council on Foreign Relations** (CFR) verbandelt ist. Er wurde 1952 zusammen mit der *Atlantik-Brücke* von CFR-Chef *John J. McCloy* und dem deutschen Bankier *Eric M. Warburg* gegründet. Zur Erinnerung möchte ich nochmals an die Worte seines Cousins *James Paul Warburg* erinnern: **„Wir werden eine Weltregierung haben**, *ob wir es wollen oder nicht. Die einzige Frage lautet: ‚Wird sie erreicht durch Eroberung oder durch Zustimmung?'"*[401] Zudem verrät mir Wikipedia noch, dass Spahn seit April 2013 mit dem Journalisten *Daniel Funke* liiert ist. Der ist Leiter des Hauptstadtbüros der Zeitschrift *Bunte* und **Chef-Lobbyist** der *Hubert Burda Media* Group.[402] Die betreibt rund 440 gedruckte und digitale Medienprodukte und „strebt in verschiedenen Märkten führende Marktpositionen an oder besetzt sie bereits".[403] Nun überrascht den einen oder anderen vielleicht auch nicht mehr, dass Spahn zuletzt medial so beliebt war.

Eine der großen Taten Jens Spahns vor dem Lockdown war übrigens die Einführung der **Masern-Impfpflicht** in Deutschland am 1. März 2020, die man durchaus als Aufwärmrunde für eine **COVID-19-Impflicht** sehen könnte.

Heute ist Donnerstag, der 23. April 2020, und wir befinden uns in zahlreichen Ländern im gelockerten oder modifizierten Lockdown. Quer durch Europa und die USA dürfen mehr und mehr Geschäfte wieder aufsperren. Doch nicht nur jedes Land, sondern auch jedes Bundesland, jeder Bundesstaat erlässt hier seinen eigenen Fahrplan, immer unter der Prämisse, dass die Ansteckungsrate nicht wieder steil ansteigt, und immer mit dem Verweis darauf, dass es eine völlige Lockerung erst geben kann, wenn alle geimpft sind. Die Regeln sind verwirrend, unklar und oftmals auch völlig unsinnig – und das ist für jedermann klar ersichtlich.

Ich weiß zwar nicht, wie die Verantwortlichen diesen ganzen Unsinn, dieses Wirrwarr an konfusen Verordnungen, ihrem Wahlvolk weiter verkaufen wollen, aber ich fürchte, dass sie viele ihrer neugewonnen Werkzeuge der Macht nicht mehr hergeben werden. Selbst wenn das der Fall wäre, dann könnte es nur pro forma sein. Der Lockdown wird langsam zurückgefahren, aber Virologen und Politiker warnen, dass es jederzeit zu einer neuen COVID-19-Welle kommen könne. Sie halten sich alle Türen offen und sie halten die drohende Gefahr weiter aufrecht. Sie spielen mit der Angst und der Unsicherheit der Menschen. Selbst wenn nun die Virologen und Epidemiologen und all die anderen Profiteure dieses Experiments akzeptieren sollten, dass ihr großer Auftritt vorbei ist und sie sich wieder den weißen Kittel anziehen und in ihr kleines Labor zurückziehen können, so werden jetzt andere kommen, die aus der Situation ihren Nutzen ziehen wollen.

Jetzt kommt die Zeit der Psychologen und der Therapeuten. Jetzt wird die Aufarbeitung auf allen Ebenen stattfinden müssen. Ich fürchte jedoch, dass sie nicht offen und ehrlich sein wird, weil sie zu Gunsten derer ausfallen könnte, die diese Experten finanzieren. Es werden zahlreiche Firmenpleiten folgen, und daraus resultierend wird es viele Übernahmen geben, dafür braucht es Banken und Unternehmensberater. Diese werden es auch sein, die in den nächsten Monaten die Politik vor sich hertreiben werden. Doch dieser Ausblick soll das Thema im dritten Teil dieses Buches sein. Fest steht, dass die Grenzen noch für eine Weile geschlossen sein werden, dass Reisen ins Ausland noch weit weg sind und wir nicht einmal wissen, ob wir im Lauf des Jahres 2020 noch einmal ins Kino oder in ein klassisches Konzert werden gehen dürfen. Sollte Bill Gates seinen Willen durchsetzen, dann werden wir es nicht dürfen. Dann sind wir dazu verdammt, auf seine Impfung zu warten, für die wir dann auch noch bezahlen und ihm dankbar sein sollen.

„Das Resultat ist eine absolut verfahrene Situation, aus der es kein Zurück mehr gibt. Ohne massiven Gesichtsverlust können die Regierungen ihre Maßnahmen nicht zurücknehmen, und sie werden es deshalb auch nicht tun. Sie werden, um ihre fragwürdigen Maßnahmen besser durchzusetzen, Ängste schüren anstatt zu besänftigen, und damit auch die Immunkräfte schwächen, wie man schon seit Louis Pasteur weiß."[(313)]

Christoph Pfluger, Journalist, März 2020

Louis Pasteur (1822-1895) gilt als der erste Wissenschaftler, der die Wechselwirkung zwischen Stress und dem Immunsystem herstellte. Der französische Chemiker und Physiker gilt zudem als Wegbereiter für das moderne Impfwesen.[(314)] *„Meine Gedanken erschaffen meine Realität"* ist nicht nur eine esoterische Formel, sondern tatsächlich wissenschaftlich erwiesen. Doch meine Gedanken werden in weiten Teilen von außen beeinflusst, von meinem nächsten Umfeld, von den Medien, die ich konsumiere und von der Politik und von Personen des öffentlichen Lebens, denen ich vertraue. Unser körperliches und seelisches Wohlbefinden ist also nicht nur von uns selbst abhängig und davon, wie wir mit unserem Körper und unserem Geist umgehen, sondern auch von zahlreichen äußeren Faktoren.

Die **Psycho-Neuroimmunologie** oder **Psychoimmunologie** zählt zu den bedeutendsten Gebieten moderner medizinischer Forschung. Sie erkundet die Wechselwirkung zwischen der Psyche, dem Nervensystem und dem Immunsystem, also die „Psychosomatik". Sie geht zurück auf den US-amerikanischen Psychologen Robert Ader (1932-2011), der 1974 experimentell nachwies, dass das Immunsystem mit dem zentralen Nervensystem zusammenarbeitet und lernen kann. Bis dahin waren Wissenschaftler davon überzeugt, dass Geist und Körper voneinander getrennt funktionierten. Heute wissen wir, dass unser Immunsystem sowohl durch unsere eigenen als auch durch fremde Emotionen beeinflusst wird. Außerdem hat Ader bewiesen, dass unser Immunsystem so etwas wie ein Gedächtnis hat, dass sich also einschneidende Erlebnisse für sehr lange Zeit auf unser Immunsystem auswirken. So wurde bewiesen, dass Angst zu einer Verringerung der Lymphozyten-Produktion führt. Die Lymphozyten sind ein Teil der weißen Blutkörperchen. Sei sind zuständig für die Erkennung von Fremdstoffen im Körper, wie z.B. Bakterien und Viren. Es ist ihre Aufgabe, sie aufzuspüren und sie zu neutralisieren, indem sie Antikörper erzeugen.[315] Angst schädigt nachweislich unser Immunsystem und macht uns anfällig für virale Infekte. Das, was Politiker, Wissenschaftler und die Medien im Zuge der Corona-Krise getan haben, könnte man als gezielten, organisierten Anschlag auf die Gesundheit der Menschen bezeichnen. Sie haben Angst geschürt, wo sie nur konnten und einen psychologischen Krieg gegen unser Immunsystem geführt.

„Wir dürfen uns keine Sekunde in Sicherheit wiegen!"[316]
Angela Merkel, 20.April 2020

Was Menschen in und nach traumatischen Situationen am dringendsten brauchen, ist Sicherheit und Stabilität. Das aber, was hier im Frühjahr 2020 stattfand, ist gezielter, geistiger Missbrauch an der Menschheit, betrieben von einigen völlig gefühlskalten, eiskalt kalkulierenden und rational gesteuerten Egomanen, denen Empathie völlig fremd ist. Und das ist ein entscheidender Aspekt dieses weltweiten Experiments am Menschen, der aktuell kaum besprochen wird. Neben den wirtschaftlichen werden die psychischen und seelischen Folgen dieses Missbrauchs nicht nur jeden Einzelnen von uns mehr oder weniger stark prägen, sondern auch eine völlig neue Gesellschaft formen. Das wichtigste Instrument dieser Umgestaltung ist „Angst."

> *„Kinder zwischen 3 und 5 Jahren haben das beste Immunsystem über-haupt. Wenn ich aber Kindern, die wussten, dass sie operiert werden, vor der OP Blut abnahm, dann waren diese Blutwerte katastrophal. Schuld daran war die Angst dieser Kinder vor der OP!"*[317]
>
> Dr. Frank Gansauge, Onkologe

Angst zerstört unser Immunsystem und ist der Auslöser für viele Krankheiten. Angst lähmt den Menschen, führt zu Anspannung, zu Atembeschwerden, zu Schlaflosigkeit und zahlreichen anderen Beschwerden, die sich negativ auf unsere Gesundheit, unsere Lebensqualität und unsere Lebenserwartung auswirken. Dabei spielt es keine Rolle, ob diese Angst begründet ist oder nicht, ob sie bewusst ist oder nicht. IN DEN ALLERMEISTEN FÄLLEN IST ANGST UNBEGRÜN-DET! Vertrauen und Zuversicht sind die wirksamsten Waffen gegen Angst. Aber in Situationen wie der gegenwärtigen ist es für viele Menschen schwer, aus dem Hamsterrad der negativen, einschüchternden Nachrichten auszusteigen, wodurch die Angst vor der Krankheit zur sich selbsterfüllenden Prophezeiung werden kann. Außerdem sorgen Maßnahmen wie das verpflichtende Tragen von **Gesichtsmasken** dafür, dass man immer an die latente Gefahr einer Virus-Infektion erinnert wird, ganz egal, wohin man blickt. Dadurch wird die Angst immer weiter genährt. Es besteht die Gefahr, dass dadurch aus einer konkreten situationsbedingten Angst (*State Anxiety*) bei manchen Menschen ein dauernder, gesundheitsschädlicher Angstzustand entsteht (*Trait Anxiety*).

Unabhängig davon, dass zahlreiche Experten das Tragen von Masken als sinnlos bezeichneten, weil an der Durchseuchung und dem Erreichen der Herdenimmunität ohnehin kein Weg vorbeiführt, wurde es ab April 2020 in manchen Ländern oder Regionen zur Pflicht. Abgesehen davon, dass die Anordnungen bezüglich der **Masken-Pflicht** überall anders lauteten, gab es vielfach überhaupt keine Masken zu kaufen. Also empfahlen die Verantwortlichen den Bürgern, sich einfach ein Tuch oder einen Schal um Mund und Nase zu binden. Das Ganze war nur noch absurd. Um die Akzeptanz für die unliebsame Maßnahme zu erhöhen, fälschten sie Meinungsumfragen und gingen massiv gegen die Kritiker der Maskenpflicht vor.

FFP-Masken (*filtering face piece*) kennen Bastler und Heimwerker, weil man sie gerne zum Schleifen einsetzt. Sie filtern zwar Partikel, müssen aber regelmäßig erneuert werden. Einfache Masken, der sog. **„Mund-Nasen-Schutz"** (MNS-Masken), sind zwar als Hilfsmittel in der Medizin bekannt, helfen aber nur, die eigene Spucke nicht im Raum zu verteilen. Sie sind kein Infektionsschutz. Abgesehen von der mangelnden Verfügbarkeit ist das Tragen von FFP-Masken über einen längeren Zeitraum äußerst unangenehm. Für Menschen mit Atemproblemen, etwa für Asthmatiker, für Menschen mit Herz-Kreislaufproblemen, Bluthochdruck oder ähnlichen Beschwerden, ist das Tragen einer solchen Maske sogar gefährlich.

> *„Wissenschaftlich erwiesen nutzen die Masken nichts... Wenn eine Maske sinnlos ist, dann ist es egal, ob sie aus der Apotheke, von Aldi oder aus einem Schal ist. Es gelte: ‚For show ist for show und bleibt for show und hilft nichts.... Wir werden auf Dauer die Durchseuchung der gesamten Bevölkerung nicht verhindern können.... Irgendwann werden wir die Herdenimmunität erreichen und erst dann können wir uns entspannt zurücklehnen und sagen, jetzt ist diese Krankheit besiegt.* «[318]
>
> Frank Ulrich Montgomery, deutscher Radiologe, ehem. Vorstand der deutschen Ärztegewerkschaft Marburger Bund und Präsident des Weltärztebundes

Schätzungen zufolge leiden etwa 7 Prozent aller Menschen unter Klaustrophobie, also der Angst vor Enge. Nicht nur für sie ist es extrem kontraproduktiv, sich dauerhaft hinter eine enge Maske zwängen zu müssen.[319] Die Gefahr, Viren durch Berührung aufzunehmen, ist größer als durch Tröpfcheninfektion. Daher müsste man beim Auf-

und Absetzen der Masken extrem vorsichtig sein, um sich nicht die Viren selbst im Gesicht zu verteilen. Doch gerade wenn man eine solche Maske lange trägt, wird man nachlässig und denkt gar nicht mehr darüber nach, wenn man sie auf- oder abzieht. Um die Gefahr der Ansteckung zu minimieren, müsste man sich unentwegt die Hände desinfizieren. Tatsächlich haben sich viele Menschen während der Corona-Krise so oft die Hände desinfiziert, dass sie schon Hautschädigungen hatten. Bei manchen wurde es aus Angst vor COVID-19 schon fast zur Besessenheit. Diese sog. „Mysophobie" kennt man etwa von der Hauptfigur aus der Fernsehserie „Monk", nur dass sie in der Realität nicht ganz so amüsant ist. Mysophobiker haben nicht nur Angst vor Schmutz und Keimen, sondern vor allem vor den Menschen, die sie übertragen. Die Angst vor einer Ansteckung führt also zur Meidung sozialer Kontakte, also zum **Social Distancing.**

Menschen, die es mit dem Tragen der Maske aus Angst übertreiben, setzen sich zudem der Gefahr einer **Hyperkapnie** aus, also eines zu hohen CO_2-Gehalts im Blut. Bei manchen Masken kann es nämlich dazu kommen, dass die Träger auf Dauer zu wenig Sauerstoff bekommen, weil sie das CO_2 durch die Maske nicht komplett ausatmen können. Dadurch steigt der CO_2-Gehalt im Blut. Eine solche Änderung in den Blutgasen kann kognitive Fähigkeiten einschränken, also zu einer verlangsamten Reaktionszeit und zur Abnahme psychomotorischer Fähigkeiten führen. Im Extremfall kann es zur Ohnmacht kommen.[430]

Alles in allem war das Tragen von Masken epidemiologisch gesehen eher kontraproduktiv und psychologisch gesehen mehr als fragwürdig. Hier wurde absichtlich mit den Ängsten und Nöten der Menschen gespielt.

„Je mitfühlender unser Geist ist, desto besser funktioniert unser Gehirn. Wenn sich in unserem Geist Angst und Ärger ausbreiten, funktioniert unser Gehirn nicht mehr so gut. Einmal habe ich einen Wissenschaftler getroffen, der über 80 Jahre alt war. Während wir über seine Erfahrungen sprachen, sagte er, dass, wenn wir Ärger gegenüber einem Objekt entwickeln, uns dieses Objekt sehr negativ erscheint. Aber 90

Prozent dieser Negativität seien unsere eigenen, geistigen Projektionen. Er sprach aus seiner eigenen Erfahrung heraus. Im Buddhismus wird dasselbe gesagt. Wenn sich negative Emotionen entfalten, können wir die Wirklichkeit nicht sehen. Wenn wir eine Entscheidung treffen müssen und der Geist wird von Ärger dominiert, dann ist die Wahrscheinlichkeit groß, dass wir die falsche Entscheidung treffen. Niemand möchte eine falsche Entscheidung treffen. Aber in diesem Augenblick funktionieren die Teile unseres Verstandes und unseres Gehirns, die zwischen richtig und falsch unterscheiden und die beste Entscheidung treffen müssen, sehr schlecht. Selbst herausragende Führungspersönlichkeiten erleben das so."[320]

Seine Heiligkeit, der 14. Dalai Lama, Nottingham, England, 24. Mai 2008

Politiker haben in der Corona-Krise, angeblich auf Anraten spezieller Wissenschaftler, Entscheidungen von gewaltiger Tragweite getroffen. Dabei ist es schwer einzuschätzen, wer wen für die eigene Agenda benutzte, oder sich nur auf den anderen herausreden möchte. Am Ende ist es jedoch auch irrelevant, weil allein die Schäden zählen. Besonders für Kinder und für alte Menschen ist die befohlene Isolation schädlich. Alte Menschen, die allein in einem Zimmer im Altenheim sitzen und nun nicht einmal mehr zu den Mahlzeiten andere Menschen sehen dürfen, vereinsamen und verzweifeln. Die Auswirkungen dieser seelischen Grausamkeit, die man als „Einzelhaft" bezeichnen könnte, sollte in einer normalen Welt strafrechtlich verfolgt werden. Aber ich gehe von der Annahme aus, dass die Welt verkehrt herum ist...

„Katastrophen größeren Ausmaßes, ob traumatisch, natürlich oder umweltbedingt, gehen fast immer mit einer Zunahme von Depressionen, posttraumatischer Belastungsstörung (PTBS), Substanzstörung, einer Vielzahl anderer psychischer und Verhaltensstörungen, häuslicher Gewalt und Kindesmisshandlung einher."[321]

Studie, 10. April 2020, Galea, Merchant & Lurie (The Mental Health Consequences of COVID-19 and Physical Distancing)

Das Gefühl des Eingesperrtseins und der kollektiven Freiheitsberaubung ist für alle Betroffenen ein immenser Stressfaktor und führt in Familien nicht selten zu Streit oder auch Gewalt, vor allem dann, wenn Familien sehr beengt auf engstem Raum zusammenleben. Der Anstieg an Gewalt gegen Frauen und Kinder ist bislang kaum beachtet worden und wird es vermutlich auch nie werden, weil die Verantwortlichen für dieses grausame Experiment alles dafür tun werden, um das wahre Ausmaß ihres Handelns zu verschleiern.

„Woche für Woche kämpfen sie immer mehr miteinander. Sie haben Anfälle von Traurigkeit und Wut, sagte die Bürgermeisterin von Barcelona. ‚Wir haben mehr als einen Monat zu Hause mit zwei kleinen Kindern verbracht... Diese Kinder müssen raus... Die Ergebnisse dieser strengen Beschränkung für Kinder zeigen sich insbesondere in städtischen Gebieten mit begrenzten Wohnräumen durch ein erhöhtes Niveau von Stress und Angst'. Sie fordert, dass die Kinder jeden Tag mindestens eine Stunde raus dürfen. Wenn sie dies nicht tun, gefährden wir ‚Wohlbefinden, ihre Gesundheit sowie ihre körperliche und geistige Entwicklung... Nach dem Gesetz haben Kinder das Recht auf frische Luft, Sonnenlicht, Bewegung, Spiel und Kontakt mit anderen Kindern', sagte sie. ‚Meiner Ansicht nach rutscht eine Gesellschaft, die ihre Kinder nicht gut behandelt – die nicht sicherstellt, dass ihre Bedürfnisse erfüllt werden – in Richtung Barbarei zurück. Es ist völlig unmenschlich'. "[322]
Ashifa Kassam, Spanien-Korrespondentin für »The Guardian«, 18. April 2020

In Spanien und Italien durften Kinder für mehrere Wochen nicht das Haus oder die Wohnung verlassen. Auch das plötzliche und nicht begreifbare Fehlen wichtiger Bezugspersonen in ihrem Leben ist für Kinder sehr schwierig zu verarbeiten. Sie vermissen ihre Freunde, ihre Verwandten, ihre Lehrer. Videokonferenzen können wahre menschliche Nähe oder Berührung nicht ersetzen. Unter den Verantwortlichen für dieses grausame Experiment befindet sich eine hohe Zahl an Psychopathen und Personen mit anderen emotionalen Defiziten.

Unter **Psychopathie** wird in der Medizin eine sehr schwere, antisoziale Persönlichkeitsstörung verstanden, die im Grunde als nicht mehr therapierbar angesehen wird. Der Begriff „Psychopath" bezeichnet Menschen, die man generell als gefühlskalt, abgeklärt und völlig verantwortungslos bezeichnen könnte. Sie sind oft charmant und verstehen es, oberflächliche Beziehungen herzustellen, oft sind sie aber impulsiv, lügen ständig, haben keinerlei Mitgefühl für andere und handeln für fühlende Menschen völlig irrational.[323] Experten schätzen die Zahl der Psychopathen, etwa allein in Deutschland, auf knapp eine Million. Dazu meint der Tübinger Hirnforscher Niels Birbaumer:

*„Die Chance, dass Sie in Ihrem Leben schon einmal mit einem Psychopathen zu tun hatten, liegt bei genau 100 Prozent. Einige von ihnen arbeiten in den allerhöchsten Positionen der Geschäftswelt. Hier finden sie alles, was sie interessiert: Geld, Macht, Kontrolle über andere Menschen. **Man trifft sie in der Politik, im Gesundheitswesen, den Medien** – intelligente Psychopathen sind häufig sehr erfolgreiche Menschen."*[324]

Wer in dieser Zeit des großen Experiments Kind ist, wächst in eine Welt großer Unsicherheit hinein. Er oder sie erlebt eine Welt unsichtbarer, nicht greifbarer, aber allgegenwärtiger Bedrohung. Dies wird prägend sein für die weitere Entwicklung dieses jungen Menschen. Die Angst vor dem „Weggesperrt-werden" wird vermutlich den weiteren Werdegang dieser Kinder prägen und sie gefügiger gegenüber staatlichen Anweisungen machen. Sie wachsen mit der Gewissheit auf, dass sie sich nur frei bewegen können, wenn sie brav die Anweisungen des allmächtigen Staates befolgen, wenn sie brav die Tracking-App auf ihrem Handy nutzen und sich impfen lassen, wenn es ihnen angeordnet wird. Natürlich ist all dies nur zu ihrem Besten… Dies sind genau dieselben Methoden, die von der allmächtigen Kommunistischen Parteiführung in China angewandt werden. Wir sind von den Zuständen wie in China nur noch wenige Schritte entfernt.

„Die angeordnete soziale Isolation, gekoppelt mit einer durch Unterrichts- oder Vorlesungsausfall fehlenden Tagesstruktur, könnte dazu

*führen, dass bei Personen, die bereits unter Vorerkrankungen leiden, bestehende psychische Probleme wieder auftreten oder sich intensivieren. ‚Dieser Effekt konnte 2005 beim Hurrikan Katrina beobachtet werden. Danach verdoppelte sich die Anzahl milder bis moderater psychischer Störungen von 9,7 Prozent auf 19,9 Prozent in den betroffenen Gebieten‘, erläutert der Psychologe. Er gehe deshalb von einer **Zunahme von Depressionen, Angst- und Zwangsstörungen** durch die psychischen Folgen starker Veränderungen aus. Dem erwarteten Anstieg an psychischen Störungen kann seiner Meinung nach durch Maßnahmen entgegengewirkt werden, mithilfe derer der Verlust an Struktur und das große Maß an Veränderungen durch Stabilisierung und Alternativbeschäftigungen ausgeglichen wird.* "[(325)]

Youssef Shiban, Psychologe

Wenn man diesen Wert von knapp 20 Prozent etwa auf Deutschland überträgt, muss man damit rechen, dass nach Event 202 rund 16 Millionen Deutsche unter *„milden bis moderaten psychischen Störungen"* leiden werden. Wenn wir dies auf die 2,6 Milliarden Menschen umlegen, die vom Lockdown betroffen waren, dann wären das rund 520 Millionen Menschen zusätzlich mit psychischen Störungen. Und all das nur wegen des grausamen Experiments einiger völlig verantwortungsloser Wesen.

Wir werden seit dem 11. September 2001 in einer Endlosschleife von unsichtbaren Bedrohungen gehalten, die erst in Form von islamistischen Terroristen, dann in Form von CO_2 und schließlich in Form eines Virus daherkommt. Event 202 war aus meiner Sicht ein „Tiefer Einschnitt". Er markiert einen Wendepunkt in der Menschheitsgeschichte. Diejenigen Politiker und „Aktivisten", die ansonsten immer eine große Klappe haben und für die Rechte von Minderheiten und Verfolgten eintreten, jetzt aber „#staythefuckhome" posten, haben sich als Menschen und als mitfühlende Wesen disqualifiziert und sich selbst als das entlarvt, was sie sind: Ein Teil der Angstmaschinerie, die nur dazu dient, die Menschheit klein und willenlos zu halten.

*„Wir haben es mit einer unbekannten Bedrohung zu tun: Auf einmal vermengen sich wirtschaftliche und medizinische Faktoren. Nach dem Lockdown wird es Menschen geben, die durch die Krise materiell und psychisch schwer geschädigt sein werden... Vor allem junge Menschen und Mitarbeiter im Gesundheitswesen wie Krankenpfleger seien besonders gefährdet, wegen der Coronavirus-Pandemie psychische **Probleme wie Depressionen oder Panikzustände** zu entwickeln. Das belegen Zahlen aus China, die einen Anstieg psychischer Erkrankungen seit dem Ausbruch der Coronavirus-Pandemie verzeichnen. An erster Stelle stehen dabei Ängste, psychischer Stress und Erschöpfung, Nervosität und Schreckhaftigkeit sowie die **Zunahme von Schlafstörungen**. Sogar die Entwicklung von Panikstörungen habe man auf die drastischen Quarantänemaßnahmen zurückführen können.*"[326]
Raffael Kalisch, Resilienzforschung am Leibniz-Institut in Mainz

Sich dieser Negativspirale zu entziehen, ist zwar möglich, aber kraftraubend. Wer sich nicht auf eine einsame Insel zurückziehen kann, sondern in einem urbanen Gebiet lebt und seiner geregelten Arbeit nachgeht, muss schon sehr bewusst und alert sein, um sich nicht von der negativen kollektiven Energie beeinflussen zu lassen. Sich diesem morphogenetischen Feld zu entziehen, wird in dem Maße noch schwieriger werden, als sich der kommende Crash in voller Wucht entfalten wird. Ich sage das nicht, um noch mehr Angst zu schüren, sondern um deutlich zu machen, dass wir endlich aufhören müssen, immer wieder dieselben verantwortungslosen Wesen in Machtpositionen zu lassen.

In Aldous Huxleys Roman »Schöne Neue Welt« aus dem Jahr 1932 geht es um die Frage, wie man die Bevölkerung einer totalen Kontrolle unterziehen kann, ohne dass sie merkt, dass sie kontrolliert wird – wobei sie stattdessen glaubt, frei zu sein. Es geht darum, die Menschen dahin zu bringen, dass sie ihr Sklaventum lieben und sich voll und ganz willenlos der herrschenden Kaste unterordnen. Diese regelt die Reproduktion der Menschen mittels Verordnungen, Hormonen und Schutzimpfungen. Sein Bruder Sir Julian Huxley sagte als erster **Generaldirektor** der UNO-Organisation für Bildung, Wissenschaft und Kultur, der **UNESCO:**

*„Auch wenn es sicher richtig ist, dass eine radikale, eugenische Politik für viele Jahre politisch und psychologisch unmöglich sein wird, wird es für die UNESCO wichtig sein, dafür zu sorgen, dass das eugenische Problem mit der größten Sorgfalt geprüft und die Öffentlichkeit über das fragliche Thema informiert wird, **damit vieles, was heute undenkbar erscheint, wenigstens wieder denkbar wird.**"*

Dass die gesamte Menschheit auf Grund falscher Tatsachen einfach weggesperrt wird, wäre bis vor einigen Monaten undenkbar gewesen, aber Huxley und seine Nachfolger haben dafür gesorgt, dass das Undenkbare nicht nur denkbar, sondern unsere Realität wird.

„Wo Unrecht zu Recht wird, wird Widerstand zur Pflicht."

Bertolt Brecht

Historisch betrachtet gab es in vielen Ländern ein **Revolutionsrecht,** das jedoch heute nicht mehr so genannt wird. Im Artikel 20 des Grundgesetzes für die Bundesrepublik Deutschland etwa ist verankert, dass das Gewaltmonopol beim Staat liegt. Absatz 4 im Artikel 20 des Grundgesetzes sichert allerdings seit 1968 das **Widerstandsrecht** zu, welches besagt: *„Gegen jeden, der es unternimmt, diese (staatliche) Ordnung zu beseitigen, haben alle Deutschen das Recht zum Widerstand, wenn andere Abhilfe nicht möglich ist."*

Das bedeutet, dass jeder Mensch unter bestimmten Umständen **dem Staat den Gehorsam verweigern darf – wenn nicht sogar verweigern muss,** um die eigentliche staatliche Ordnung wiederherzustellen. Die Mittel hierfür können gewaltlos oder aber auch gewaltsam sein, abhängig von der Situation. Der legitime Widerstand gegen staatliche Organe setzt grobe Ungerechtigkeiten oder schwerwiegendes staatliches Fehlverhalten voraus, sowie die Aussichtslosigkeit, mit juristischen Mitteln dagegen erfolgreich vorzugehen. Vom Widerstandsrecht unterscheidet sich der **Zivile Ungehorsam** dadurch, dass er keine gewaltsamen Mittel erlaubt, und sich eher auf einzelne Bereiche bezieht als gegen ein ganzes System. Die genaue Abgrenzung zwischen Widerstandsrecht, Zivilem

Ungehorsam und Terrorismus ist jedoch schwierig, zumal alle in einem Umfeld stattfinden, das von rechtlichen Grauzonen gekennzeichnet ist.[(327)]

Ich habe das vorherige Kapitel mit einem Ausschnitt aus einer Rede des US-Historikers Howard Zinn aus dem Jahr 1972 zum Thema „Ziviler Ungehorsam" begonnen:

> *„Ich gehe von der Annahme aus, dass die Welt verkehrt rum ist, dass die Dinge alle falsch sind, dass die falschen Leute im Gefängnis sind und die falschen Leute frei sind, dass die falschen Leute an der Macht sind, und die falschen Leute ohne Macht sind..."*

Bemerkenswert dabei finde ich nicht nur, dass der Inhalt dieser Rede in den letzten knapp 50 Jahren nichts an Aktualität eingebüßt hat, weil der Kampf für die Freiheit zeitlos ist und sich durch unsere gesamte Geschichte hindurchzieht. Bemerkenswert finde ich auch, dass der Historiker Zinn diese Rede ausgerechnet an der *Johns Hopkins Universität* gehalten hat und sie von der *Johns Hopkins Press* veröffentlicht wurde. Deshalb möchte ich Ihnen auch noch einen weiteren Ausschnitt aus der Rede zur Verfügung stellen:

> *„Wenn man nicht nachdenkt, sondern nur dem Fernseher lauscht und wissenschaftliche Abhandlungen liest, dann könnte man meinen, dass alles gar nicht so schlimm ist, oder dass nur Kleinigkeiten falsch laufen.* **Aber wenn man ein wenig Abstand gewonnen hat, zurückblickt und die Welt betrachtet, dann ist man entsetzt.** *Also müssen wir von der Annahme ausgehen, dass die Welt verkehrt rum ist. Und auch unser Thema ist verkehrt rum: ‚ziviler Ungehorsam'. Sobald man sagt, das Thema sei ‚ziviler Ungehorsam', sagt man, unser Problem sei ‚ziviler Ungehorsam'. Doch das ist nicht unser Problem...* **unser Problem ist ‚ziviler Gehorsam'. Unser Problem sind unzählige Menschen auf der ganzen Welt, die dem Diktat ihrer Führer und ihrer Regierungen gehorchen** *und in den Krieg gezogen sind, denn* **Millionen Menschen starben durch diesen Gehorsam.** "[(328)]

Diese Rede Zinns bezieht sich nicht nur auf den Krieg, sondern auf alle Formen von falschem Gehorsam gegenüber Autoritäten. Aber wir befinden uns im Krieg, wie Frankreichs Staatspräsident Emmanuel Macron im Frühling 2020 immer wieder betonte: *„Wir sind im Krieg!"*[329] Wir befinden uns seit Jahren in einem Informations- und Meinungskrieg, wir werden manipuliert, belogen, und gegeneinander ausgespielt.

Eine altbewährte Methode im Krieg nennt sich *„Shock-and-Awe-Taktik"*, also schockieren und einschüchtern! Das Shock-and-Awe-System, diese organisierte und systematische Verdrehung der Tatsachen, ist für einfach und klar denkende Menschen nicht durchschaubar, weil es letztlich keiner Logik folgt, sondern ausschließlich darauf abzielt, aggressiver und schneller zu sein als die Gegenseite. Es soll verwirren und einschüchtern. Das kann man mit Zahlen und falschen Fakten ebenso wie mit militärischer Brutalität. Ein normaler Mensch, der Gefühl und Mitgefühl empfinden kann, steht diesem aggressiven Lügengespinst völlig überwältigt gegenüber und wendet sich fassungslos und verunsichert ab. Nur wenige durchschauen bislang das System, doch viele kapitulieren davor, weil es sie überfordert und ihnen graut.

Politiker nutzten diese Shock-and-Awe-Taktik während des Corona-Experiments recht exzessiv. Sie wollten alle denkenden Menschen, die ihre Maßnahmen kritisierten, in die äußerste rechte Ecke drängen, ganz genau so, wie sie es bereits bei der Klima-Debatte taten. Damit wollten sie alle gemäßigten Bürger abschrecken. Mit der Zeit wurde es jedoch offensichtlich, dass die Unzufriedenen nicht nur dem rechten Lager entsprangen, sondern auch dem linken und der Mitte. Nun holten die Propagandamaschinerien der westlichen „Demokratien" zum Rundumschlag aus, wie etwa die *Deutsche Bundeszentrale für politische Bildung*:

„Die Teilnehmer der jüngsten Demonstrationen gegen die Corona-Restriktionen böten allerdings kein einheitliches Bild, das ‚als gänzlich rechtsextrem' zu bewerten sei, betonte Krüger. Die Interessenlagen seien unterschiedlich. Zum einen handele es sich sicherlich um ‚schlicht-

weg finanziell Besorgte oder von der Situation Gebeutelte'. Darüber hinaus seien versprengte Linke, Impfgegner, Esoteriker und nicht zuletzt militante Neonazis unter den Teilnehmern.[431]

Mancherorts wurden Anti-Lockdown-Demonstranten sogar mit Terroristen in einen Topf geworfen. Zudem wurde die Bevölkerung zur Denunziation aufgerufen. Wer das Narrativ infrage stellte, sollte mit aller Macht zum Schweigen gebracht werden, weil er oder sie angeblich die öffentliche Ordnung gefährdete. Ein echter Klassiker aus der Doppeldenk-Fabrik!

Freiheit bekommt man nicht geschenkt, man muss sie sich erarbeiten. Wahrheit bekommt man nicht geschenkt, man muss nach ihr suchen. Wer glaubt, dass nach dem Lockdown, nach dem größten Experiment am Menschen, alles wieder nach und nach normal werden könnte und wir unser altes Leben wieder zurückbekommen werden, irrt gewaltig. Wenn wir frei sein wollen, werden wir dafür einstehen müssen, selbst wenn es wehtut!

Es ist gerade in Zeiten der Isolation wichtig, sich nicht selbst noch weiter zu isolieren. Es ist wichtig, Kontakt zu anderen Menschen zu halten, zu seinen Freunden und zur eigenen Familie. Wenn einem die gewohnte Struktur genommen wird, ist es hilfreich, sich selbst eine neue Struktur zu schaffen. Man braucht einen Grund, morgens aufzustehen und sich nicht gehen zu lassen. Es könnte hilfreich sein, aus der Endlosspirale negativer Nachrichten aus den Medien auszusteigen und stattdessen etwas Erbauliches zu tun, zu meditieren, Musik zu hören oder ein gutes Buch zu lesen. Es ist auch wichtig, sich nicht nur geistig, sondern auch körperlich fit zu halten, da Körper und Geist sich gegenseitig beeinflussen. Keiner von beiden sollte vernachlässigt werden, egal wie hart oder herausfordernd die Zeiten auch sein mögen. Es ist außerdem hilfreich, seine Gefühle auszusprechen und die eigenen Ängste und Empfindungen ernst zu nehmen. Sollte man auf Grund erzwungener Isolation niemanden haben, mit dem man sein Innerstes teilen kann, so kann man es jederzeit niederschreiben. Es tut immer gut, sich das, was einen bewegt, von der Seele zu reden oder zu schreiben. Wenn nötig, schreien Sie es heraus! Es ist an der Zeit, den zivilen Gehorsam zu beenden.

Es gibt Zeiten, in denen man sich dem Müßiggang hingeben kann und es gibt Zeiten, in denen man hellwach sein muss und bereit, die eigenen Rechte einzufordern und dafür auch einzustehen. Und es muss immer Zeit dafür sein, das Schöne nicht aus den Augen zu verlieren. Schönheit ist überall und sie ist heilsam. Wir können sie in Worten ebenso finden wie in der Natur, in einer Geste, einem Lächeln oder in einem Kunstwerk. Wir dürfen uns weder unseren Sinn für Schönheit noch unseren Mut und unsere Lebenskraft von anderen rauben lassen. Angst ist ein schlechter Ratgeber, denn sie macht klein und schwach. Zuversicht und Entschlossenheit sind es, die wir jetzt brauchen. Und es wäre hilfreich, wenn wir einander darin bestärken.

„Es gibt einen chinesischen Fluch, der da lautet: ‚Mögest du in interessanten Zeiten leben!‘ Ob wir es wollen oder nicht – wir leben in interessanten Zeiten ...“[330]

Robert F. Kennedy, der jüngere Bruder des ermordeten US-Präsidenten
John F. Kennedy, der ebenfalls einem Attentat zum Opfer fiel

An dieser Stelle möchte ich mich noch ganz herzlich bei jenen Personen und Institutionen bedanken, die Inhalt dieses 2. Teils waren. Sie alle haben uns durch ihr Handeln auf eindrucksvolle Weise deutlich gemacht, **dass ihre Zeit abgelaufen ist.** Sie haben für uns das alte System auf vorbildliche Weise entlarvt und entzaubert. Dieses System der Bevorteilung, der Unterdrückung und der Herabwürdigung anderer hat sein Ablaufdatum überschritten.

Ich danke all den Protagonisten von Event 201 und Event 202 dafür, dass sie dies der gesamten Welt so plastisch vor Augen geführt haben. Von ganzem Herzen, Dank!

Zusammenfassung der Fakten

Ich möchte hier abschließend nochmals die wichtigsten Fakten zu SARS-CoV-2 und COVID-19 zusammenfassen (Stand 6. Mai 2020):

- Der Viren-Stamm SARS-CoV-2 ist ein Erkältungsvirus. Es ist eine neue Mutation von Corona-Viren, die wir seit vielen Jahrtausenden in und um uns haben. Sie verändern sich – wie die meisten anderen Viren auch – permanent und kommen mit jeder Grippe- oder Erkältungswelle in neuer Form zu uns.

- Die Ansteckungsgefahr dieser Erkältungsviren ist immer gegeben, doch die Wahrscheinlichkeit, daran schwer zu erkranken, ist aber extrem gering. Mehr als 99 Prozent aller Menschen, die MIT dem Corona-Virus im Jahr 2020 gestorben sind, waren alt und/oder hatten schwere Vorerkrankungen.

- Die Zahlen offizieller Stellen, wie der WHO, des Robert-Koch-Instituts oder der Johns Hopkins Universität, bezüglich Ansteckung und Sterblichkeit von SARS-CoV-2 sind nicht belastbar, weil jedes Land, selbst jede Region anders zählte. Sie sind vor allem deshalb nicht stichhaltig, weil <u>nicht</u> zwischen Todesopfern **MIT** einer CoVid-19-Infektion und solchen, die tatsächlich **AM** neuartigen Corona-Virus verstorben waren, die sog. „Übersterblichkeit", unterschieden wurde. Um verlässliche Zahlen zu bekommen, hätte es einer Obduktion aller Verstorbenen in dem Zeitraum bedurft, was nicht stattfand.

- Alle Vorhersagen bezüglich schwerer Krankheitsverläufe und Todesfolgen waren *viel* zu hoch gegriffen und haben sich nicht ansatzweise erfüllt. Die sog. „Corona-Pandemie" wich bis Anfang Mai 2020 nicht nennenswert von vorangegangenen Erkältungs- oder Grippewellen ab. Sie lag sogar darunter.

- Die Reaktion der meisten Staaten auf die Erkältungswelle war völlig überzogen. Der Lockdown war unnötig. Es zeigte sich deutlich, dass Staaten, die ihre Wirtschaft nicht einfroren und keine Ausgangssperren verhängten, wie etwa Schweden oder Südkorea, geringere Todesraten hatten als manche Länder mit extremen Maßnahmen wie Italien, Frankreich oder Spanien. Daher ist der Zusammenhang zwischen den Lockdown-Maßnahmen und einem Abflachen der Ansteckungskurve reine Spekulation.

- Laut zahlreicher Experten ist ein Schutz gegen Grippe- und Erkältungsviren mittels Impfung gar nicht möglich, weil die Herstellung eines Impfserums durchschnittlich zwei Jahre dauert und in der Zwischenzeit die betreffenden Viren mutieren. Der Impfstoff kann nicht gegen die neuen, aktuellen Viren wirken, sondern nur gegen den alten Viren-Stamm, der aber nicht mehr im Umlauf ist.
- Tatsächlich zeigen zahlreiche Studien, dass die „Grippe-Schutzimpfung" nur sehr geringen Schutz bietet und in vielen Fällen die Nebenwirkungen schwerwiegender sind als die versprochenen positiven Effekte.
- In diesen Impfseren können unter anderem Quecksilber, Aluminium, Frostschutzmittel, Antibiotika, Proteine aus Hühnereiern, Formaldehyd und Zellrückstände aus menschlichen Embryonen enthalten sein.
- Es gab bereits Anfang Mai 2020 mindestens vier nachgewiesene unterschiedliche SARS-CoV-2-Stämme, vermutlich aber bereits wesentlich mehr Mutationen. Eine Impfung gegen das „neuartige Corona-Virus" ist daher nicht logisch begründbar, weil jedes Impfserum immer dem aktuellen Stand der SARS-CoV-2-Mutationen hinterherhinken würde und gegen die aktuellen Mutationen wirkungslos wäre.
- Jede Impfung schwächt zumindest kurzzeitig das Immunsystem des Körpers und macht ihn anfälliger für Infektionen
- Eine Zwangsimpfung gegen Corona-Viren ist daher sinnlos, unethisch und kategorisch abzulehnen. Die möglichen Nebenwirkungen könnten den möglichen Nutzen deutlich übersteigen.
- Wer sich freiwillig einer solchen Impfung unterziehen möchte, sollte das Recht und die Möglichkeit dazu haben.
- Die Bürger ihrer verfassungsmäßig garantierten Rechte, wie das Recht auf freie Meinungsäußerung, auf Versammlung und auf Würde zu berauben, ist unter den gegeben Umständen nicht zu rechtfertigen.

Zwischenbetrachtung

Ich denke, dass die gegenwärtige Situation eine logische Folge der Versäumnisse der letzten Jahrzehnte ist. Unser System der Globalisierung und des grenzenlosen Wachstums hat uns auf jeder Ebene an die Grenzen des Möglichen und des Erträglichen gebracht. Wir wussten alle, dass es so nicht weitergehen konnte, aber wir waren in unserer Entwicklung nicht weit genug, um uns kollektiv als Menschheit auf ein neues, für alle besseres System zu einigen. Seit Jahren haben zahlreiche Kräfte, private und staatliche Organisationen, Länder und Konzerne, konservative und liberale Bestrebungen versucht, das bestehende System zu ändern, doch ihre Interessen waren zu gegenläufig, als dass sie zu einem Ergebnis hätten kommen können. Sie haben sich vielmehr gegenseitig lahmgelegt. Allerdings lag eine dramatische, globale Veränderung, wie bereits zu Beginn des 20. Jahrhunderts, in der Luft.

Im Jahr 2019 warnten sowohl chinesischen Wissenschaftler als auch ein selbsternanntes Expertenteam rund um Multimilliardär Bill Gates vor dem Ausbruch einer Corona-Virus-Pandemie, der kurz darauf auch stattfand. Zwar waren die medizinischen Folgen der Ausbreitung des neuen Virus SARS-CoV-2 nicht annähernd so gravierend, wie manche vermeintliche Experten behaupteten, aber es gab eine Vielzahl von Entscheidungsträgern, die diese einmalige Situation zu ihrem eigenen Vorteil nutzten. Dadurch entstand ein Momentum, das dazu führte, dass alles bisher Dagewesene auf den Kopf gestellt wurde. Bis Mitte Mai 2020 sah es so aus, als hätte das neue Virus *nicht* mehr Schaden angerichtet als alle anderen Erkältungsviren der letzten Jahre auch. Da dieses Virus aber vermutlich genetisch manipuliert wurde, ist es schwer vorhersehbar, ob künftige Generationen dieses Virus nicht vielleicht doch Mutationen hervorbringen werden, die tatsächlich großen Schaden an der Menschheit anrichten und rigorose Maßnahmen rechtfertigen würden.

Da die Reaktionen der meisten Regierungen im Frühjahr 2020 auf eine nicht real existenzielle Pandemie aber bereits von vielen Bürgern als zu hart empfunden wurden, bleibt die Frage, ob sie ihren Regierungen bei einer möglichen echten Pandemie in der Zukunft noch Glauben schenken und den Anweisungen der Politik Folge leisten würden.

Nicht nur die Politik, sondern auch zahlreiche Vertreter der Wissenschaft sind im Zuge der Corona-Pandemie mit ihrer Selbstdarstellung und mit ihren Modellen und Forderungen weit über das Ziel hinausgeschossen. Sie haben damit sehr viel an Glaubwürdigkeit eingebüßt und sich selbst langfristig geschadet. Noch größer aber war der Schaden, den sie der Menschheit an sich zugefügt haben, und den weder sie noch irgendjemand sonst im Mai 2020 in vollem Umfang erfassen konnte.

Das einzige, was zum gegenwärtigen Zeitpunkt sicher ist, ist, dass es ein Zurück zu unserem früheren Leben nicht geben wird. Es wird keine Rückkehr zu einer bisherigen Normalität mehr geben, weil das nicht möglich ist. Wir haben alle Brücken hinter uns niedergebrannt. Nun müssen wir mit allem wieder von vorne beginnen.

TEIL 3 – TAG DER ABRECHNUNG

Heute ist Freitag, der 1. Mai 2020, und ich beginne mit dem dritten Teil dieses Buches. In zahlreichen Ländern Mittel- und Südamerikas und Europas ist der 1. Mai ein gesetzlicher Feiertag, der **TAG DER ARBEIT.** Dies ist der höchste Feiertag der Internationalen Arbeiterbewegung. Die hatte für die meisten Menschen im Westen zuletzt nur noch wenig Bedeutung, da man Arbeit als selbstverständlich ansah. Ich hatte schon mehrfach davor gewarnt, dass Arbeit in Zukunft knapp werden dürfte, weil der zunehmende Einsatz von Robotern und Künstlicher Intelligenz (KI) viele Arbeitsplätze vernichten wird. Nun wurde dieser Prozess auf unvorhergesehene Weise beschleunigt. Da Arbeit für viele von uns bald rar sein dürfte, könnte der Feiertag der internationalen Arbeiterbewegung in Zukunft vielleicht wieder mehr Beachtung finden.

Hatte die *Internationale Arbeitsorganisation* (ILO) Anfang April 2020 noch vorhergesagt, dass auf Grund des Lockdowns weltweit rund 25 Millionen Menschen zusätzlich ihren Job verlieren werden, so geht man nun, nur einen Monat später, davon aus, dass allein in den USA bereits mehr als 30 Millionen Menschen ihre Arbeit verloren haben.[331] Das würde bedeuten, dass von den knapp 330 Millionen Einwohnern nur noch 120 Millionen Amerikaner arbeiten. Man muss kein Genie sein, um sich auszumalen, was das bedeutet.[332] Wenn wir die geschätzten 60 Millionen Neo-Arbeitslosen in Europa hinzurechnen, dann sind wir schon bei rund 90 Millionen zusätzlichen Arbeitslosen in der westlichen Welt Anfang Mai 2020. Das wahre Ausmaß dieses Experiments dürfte aber erst Ende des Jahres seine volle Kraft entfalten.[333]

In den USA und in Kanada wird der *Tag der Arbeit* offiziell am ersten Montag im September gefeiert. Das ist insofern bemerkenswert, als dieser Tag der Gewerkschaften tatsächlich auf die Massenstreiks der Arbeiter in Nordamerika im Jahr 1886 zurückgeht. Zu jener Zeit waren 12-Stunden-Arbeitstage ohne gesetzliche Urlaubsregelungen und ohne freie Tage die Norm. Gleichzeitig war die Bezahlung sehr schlecht. Die Arbeiterschaft schuftete für die Fabrikbesitzer rund um die Uhr und bekam dafür keinen Dank und hatte keine Rechte. Deswegen riefen die neu entstandenen Gewerkschaften am 1. Mai 1886 in Chicago (Illinois) zu einem Generalstreik auf. Damit wollten sie einen 8-Stunden-Tag und bessere Bezahlung durchsetzen. Chicago war zu diesem Zeitpunkt das Herz der US-Industrie, also das, was heute das chinesische Wuhan ist.

> *„In den 1880er-Jahren kam es in den Vereinigten Staaten immer häufiger zu Streiks von Industriearbeitern, als die Arbeitsbedingungen oft düster und gefährlich und die Löhne niedrig waren. Zur amerikanischen Arbeiterbewegung gehörte in dieser Zeit auch eine radikale Fraktion von Sozialisten, Kommunisten und Anarchisten, die glaubten, das kapitalistische System sollte abgebaut werden, weil es Arbeiter ausbeutete. Viele dieser radikalen Arbeiter waren Einwanderer, viele von ihnen aus Deutschland.“*[334]

History Channel

Da die reichen Fabrikbesitzer aber kein Einsehen hatten, wurde der Streik ausgedehnt. Er zog sich über mehrere Tage und wurde zunehmend gewalttätiger. Die Fabrikanten versuchten nun, die renitenten Arbeiter durch noch billigere Einwanderer zu ersetzen, was die Gewerkschaft zumindest teilweise verhindern konnte. Hier können wir eine Parallele zu den Bestrebungen von *Amazon*-Chef Jeff Bezos erkennen, der Barack Obamas Einwanderungs- und Einbürgerungspolitik vorwiegend deshalb so offensiv unterstützte, weil sie ihm immerwährenden Nachschub an billigen, nicht gewerkschaftlich organisierten Arbeitskräften sicherte. Bezos gilt als absoluter Ausbeuter und als moderner Sklaventreiber. Seine Firma *Amazon* ist der größte Profiteur der Corona-Krise und darin liegt die größte Ironie dieses Experiments: Amazon ist einer der größten Umweltsünder weltweit, verantwortlich für einen Großteil des Lieferverkehrs und damit für dessen Abgase. Bezos' Versandhandel hat den weltweiten Verbrauch an Verpackungsstyropor und an Luftkissenfolie explodieren lassen. Wenn jemand wirklich etwas für die Umwelt tun wollte, dann könnte er oder sie einen großen Beitrag dadurch leisten, nicht die Dienste von Amazon in Anspruch zu nehmen, sondern Produkte beim lokalen Einzelhändler zu kaufen.[335)(336)] Doch das Gegenteil ist seit der Corona-Krise der Fall. Jeff Bezos ist der größte Profiteur dieses inszenierten Crashs. Während zahlreiche unserer Mitbürger und Nachbarn ihren Job verloren, stieg Jeff Bezos' Vermögen im ersten Quartal 2020 um geschätzte 25 bis 30 Milliarden US-Dollar. Doch damit ist er nicht allein, wie eine Studie vom 23. April 2020 mit dem Titel *„Billionaire Bonanza 2020"* (Geldsegen für Milliardäre) belegt.[337)] Die reichsten Menschen auf Erden waren bereits in den ersten Wochen der Corona-Krise die größten Gewinner dieser angeblich unvorhergesehenen Krise. Während dutzende Millionen gut bezahlter Jobs vernichtet wurden, stellte Amazon 75.000 neue, schlecht bezahlte Arbeitskräfte ein.[338)] Die Maßnahmen zahlreicher Regierungen im März und April 2020 haben uns in unserer Entwicklung vermutlich um 150 Jahre zurückgeworfen.

Die Leitfigur der US-Gewerkschaften in den 1880er-Jahren war der hessische Auswanderer **August Spies**, der der Chefredakteur und Herausgeber der *Arbeiter-Zeitung* war. Er war auch Mitglied im sozialistischen *Lehr- und Wehrverein*, der sich nach der blutigen Niederschlagung des großen Streiks der Eisenbahn-Arbeiter im Jahr 1877 gegründet hatte. Spies und seine Weggefährten waren der Überzeugung, dass man das herrschende System der Unterdrückung der Armen nur durch Gewalt würde beseitigen können. Da die Mai-Proteste des Jahres 1886 ausarteten und mehrere Arbeiter, aber auch Polizisten zu Tode kamen, wurden Spies und drei weitere Gewerkschaftsführer nach einem getürkten Schauprozess im November 1887 gehängt.[339)]

Im Lauf der nächsten Jahrzehnte erlangten die Gewerkschaften schrittweise mehr Macht und Einfluss, aber die meisten Arbeitnehmer verstehen jüngst nicht mehr, wieviel Blut dafür vergossen wurde, dass sie heute geregelte Arbeitszeiten und Urlaubsansprüche haben. Doch viele dieser hart erkämpften Privilegien gingen in den letzten Jahren wieder verloren. Schuld daran waren sowohl die Technisierung und daraus resultierende ständige Verfügbarkeit der Arbeitnehmer, als auch eine Tendenz hin zur Solo- und Schein-Selbstständigkeit. Viele dieser Ein-Mann-Unternehmen haben keinerlei Anspruch mehr auf Arbeitslosengeld, auf anständige Renten oder auf Freizeit und Urlaub. Daher finde ich es umso bemerkenswerter, dass die linken Parteien in Europa diesen Arbeitskampf für diese neue Arbeiterklasse nicht aufgenommen haben. Stattdessen haben sie sich dem grünen Lager angeschlossen und sich selbst überflüssig gemacht, was sich bei den meisten Wahlen der letzten Jahre in Europa deutlich bemerkbar gemacht hat.

Im Jahr 2020 finden die sonst großen Feierlichkeiten und Aufmärsche zum Tag der Arbeit aufgrund der Corona-Krise nur noch virtuell statt. Die sozialistische Bewegung und ihr Erbe sind zu einer Farce verkommen, was eine Beleidigung für all jene Helden ist, die in den letzten 150 Jahren ihr Leben für die heutige Wohlstandsgesellschaft ließen.[340] Dabei ist der 1. Mai mehr als nur der *Tag der Arbeit*. Ihm voraus geht die **Walpurgisnacht**, die bis in das 8. Jahrhundert zurückgeht, also in die Zeit vor der Christianisierung. Sie bildet den Abschluss der neun Walpurgistage, in denen den alten germanischen Bräuchen zufolge die Hexen vertrieben und die bösen Geister ausgetrieben wurden. Die Nacht vom 30. April auf den 1. Mai markierte bei den Germanen das Ende des Winters sowie die Hochzeit des obersten Germanengottes Wotan (Odin). In ländlichen Gegenden gibt es noch vereinzelt Traditionen, die auf die alten, germanische Bräuche zurückgehen, wie etwa das Aufstellen des Maibaums, das immer noch von Mitteleuropa über Skandinavien bis hin nach England gepflegt wird. Diese Nacht, in der früher mit Freudenfeuern die warme Jahreszeit begrüßt wurde, hat ihren Namen von der Heiligen Walpurga, die im 8. Jahrhundert Äbtissin des Benediktinerklosters im fränkischen *Heidenheim* war und der Überlieferung nach mehrere Wunder vollbracht haben soll. Sie gilt bis heute als Schutzpatronin der Seeleute und als Schutzheilige gegen Sturm.[341]

Ich erwähne dies deswegen, weil ich mit Schrecken verfolgt habe, dass sowohl diese alten Bräuche als auch der internationale Tag der Arbeiterbewegung fast niemanden mehr etwas bedeuten, weil wir durch die Globalisierung und den Neoliberalismus zu einer geschichts- und gesichtslosen, unförmigen Masse verschmolzen sind. Wir wissen nicht mehr, wer wir sind. Oder um es mit den Worten von Bob Marley zu sagen: *„If you knew your history, then you would know where you're coming from."* Das ist auf Deutsch leider nicht so gut zu übersetzen, weil *„Würdest du deine Geschichte kennen, wüsstest du, woher du kommst"* es nicht ganz trifft. Vielleicht versteht trotzdem der eine oder andere den tieferen Sinn dahinter.

Heute, am 1. Mai 2020, haben in den USA mehrere Gruppierungen Arbeiter und Kunden von Einzelhändlern wie *Walmart*, *Whole Foods* oder *Target* gegen Onlinehändler wie *Amazon* und Zustelldienste wie *Instacart* zu Boykotten und Arbeitsniederlegungen aufgerufen, weil diese Unternehmen massiv von der Corona-Krise profitieren, ihre Arbeitnehmer aber ausbeuten und täglich großen Gefahren aussetzen.[342] Zudem haben Mietervereinigungen von New York City bis Los Angeles dazu aufgerufen, dass Mieter ab Mai für die Dauer der Corona-Krise ihren Wohnungsinhabern keine Mieten mehr überweisen. Zum einen, weil viele dank des Lockdown gerade kein Geld verdienen, zum anderen auch, um auf die zuletzt horrend gestiegenen Mietpreise aufmerksam zu machen.[343][344] Von dem, was ich bislang sehe, scheint die Teilnahme an diesen Protesten jedoch gering zu sein, was nicht verwundert, denn in Zeiten hoher Arbeitslosigkeit traut sich niemand, seinen Job aufs Spiel zu setzen. Gerade hier wären die Gewerkschaften gefragt gewesen. Aber bei jeder großen Krise gibt es immer Profiteure und es sind eben jedes Mal dieselben.

Die Benachteiligten unseres modernen Wirtschaftssystems sind die ersten und größten Verlierer dieser Corona-Krise. Doch jede Krise bietet auch Chancen und Möglichkeiten. Vielleicht kann diese dazu führen, dass die Verlierer des Neoliberalismus sich zusammentun und so etwas wie die logischen, modernen Nachfolger der Gewerkschaften gründen. Dafür müssten die Menschen jedoch die Mechanismen von Entscheidungsprozessen verstehen. In Zeiten großer Unsicherheit müssen Politiker weitreichende Entscheidungen treffen. Gerade in dieser Krise gibt es keine Referenzen, auf die sie sich beziehen können. Diese Situation ist einmalig und jede Entscheidung hat schwerwiegende

Folgen für uns alle. In solchen Situationen sind Politiker ihren Ratgebern komplett ausgeliefert. Sie stehen unter enormem Druck und tun letztlich das, was ihre Berater ihnen am besten verkaufen können. Wenn die breite Masse nicht rasch aufwacht, dann könnten alle Entscheidungen zu ihrem Nachteil sein.

*„Nur eine Krise – sei sie real oder vermeintlich – bringt wahre **Veränderungen** hervor. Wenn diese Krise auftritt, **hängen** die ergriffenen Maßnahmen **von den Ideen ab, die gerade verfügbar sind.**"*[345]
Milton Friedman, US-Wirtschaftswissenschaftler und Buchautor

Was Milton Friedman, einer der einflussreichsten Ökonomen des 20. Jahrhunderts, damit meint, ist, dass sich gerade dann, wenn schnell entschieden und gehandelt werden muss, immer diejenigen sich durchsetzen, die den meisten Druck auf die Politik ausüben oder den meisten Lärm machen. Wie wir bereits am anschaulichen Beispiel des Netzwerkes von Bill Gates gesehen haben, sind Politiker von zahlreichen Lobby-Organisationen und Thinktanks umgeben. Die haben sie in diese Krise hineinmanövriert und nun bieten sie ihnen die Lösungen dazu an. Die werden vermutlich zu ihrem Vorteil sein... Wenn die Bevölkerung die Politik aber zur Abwechslung mal dazu bringen will, zu ihrem Vorteil, also zum Vorteil der breiten Masse zu entscheiden, dann wird diese sich stark Gehör verschaffen müssen. Wenn die Menschen im unteren und mittleren Einkommens-Segment nicht alles verlieren wollen, ihren Wohlstand und ihre Freiheiten, dann werden sie sehr viel Druck auf die Politik ausüben müssen. Dann werden sie alles übertönen müssen, was die Arme der Krake der Politik ins Ohr flüstern.

Glauben Sie, dass dies passieren wird, dass die Menschen sich zusammentun und gegen die Geheime Weltregierung auf die Straße gehen?

Die Gedankenpolizei tut heute alles, um dies zu verhindern. Sie verfügen über perfekt ausgeklügelte Mind-Control-Taktiken. Sollte es aber wider Erwarten doch passieren, dass Millionen Menschen sich, wie einst zu Zeiten der *Occupy-Wallstreet-Bewegung*, lautstark auf die Macht-zentren zubewegen, dann hoffe ich inständig, dass dies friedlich von-statten gehen wird. Doch die Geschichte lehrt uns leider etwas anderes. Wer Freiheit will, muss für sie kämpfen. Die alten Seilschaften sind zu stur und zu selbstverliebt, als dass sie freiwillig etwas von ihrem Reich-tum und ihrer Macht abgeben werden. Bill Gates und seine Gefolgsleu-te werden kaum von allein realisieren, dass sie nicht das Recht dazu ha-ben, anderen ihren Willen aufzuzwingen. Also könnten die nächsten Monate in weiten Teilen der Welt etwas ungemütlich werden.

Wenn ich die Top-Meldungen der letzten Tage Revue passieren las-se, dann muss ich feststellen, dass der Kommentar „etwas ungemütlich" angesichts einiger bestimmter Meldungen untertrieben sein könnte. So hat etwa ein Dutzend einflussreicher amerikanischer Wissenschaftler sich gerade mit einer Gruppe von Milliardären zusammengetan, um in Rekordzeit einen Impfstoff gegen Corona zu produzieren und ihn allen Menschen „zur Verfügung" zu stellen. Das an sich ist für uns jetzt nicht neu, aber diese Gruppe beschreibt ihr Vorhaben als **modernes „Man-hattan-Projekt" in Zeiten des Lockdowns**.[(346)] Ich bin mir nicht sicher, was mir mehr Unbehagen bereitet, diese Aussage an sich oder die Tat-sache, dass die westliche Presse die Initiatoren dieses Vorhabens nicht fragte, ob sie geisteskrank sind! Jetzt möchten Sie wissen, warum mich das so erbost?[(347)]

Das Manhattan-Projekt war eine der skrupellosesten und folgen-schwersten Operationen in der Geschichte der Menschheit! Unter dem Decknamen **Manhattan-Projekt** wurden in den USA ab dem Jahr 1942 alle wissenschaftlichen und militärischen Ressourcen gebündelt, um in Rekordzeit die erste Atombombe zu bauen. Rund 150.000 Mann waren drei Jahre lang in *Los Alamos* (New Mexiko) an der Entwicklung der Atombombe beteiligt. Am 16. Juli 1945 wurde dann in der nahegele-genen Wüste, auf dem abgelegenen Militärgelände *White Sands*, die erste dieser neuen Massenvernichtungswaffen gezündet. Sie trug den Namen „Trinity", also „Dreifaltigkeit". Die Forscher hatten keine Ahnung, wie heftig die Detonation ausfallen würde. Sie wussten auch nicht, welchen

Schaden sie anrichten würde, aber das spielte keine Rolle. **Im Namen der Wissenschaft ist alles erlaubt!**

Im Geheimen wurden Vorkehrungen für eine Evakuierung des gesamten Südwestens von New Mexiko getroffen – für den Fall, dass die Sprengkraft der Bombe die Berechnungen der Wissenschaftler übertreffen würde. Nur hätte das dann nicht viel gebracht. **Im Namen der Wissenschaft wurde bei diesem Experiment der Tod von Millionen Amerikanern billigend in Kauf genommen!** Die Explosion von Trinity, der „nukleare Urknall", hielt sich im Rahmen, war aber weithin zu hören und zu spüren. Der Bevölkerung wurde weisgemacht, dass auf einer Militärbasis ein Munitionsdepot explodiert war. Die Wissenschaftler waren von sich und ihrer Leistung begeistert. Einen Monat später zerstörten zwei Atombomben der US-Streitkräfte die japanischen Städte *Hiroshima* und *Nagasaki*.

> *„Es ist wichtig zu begreifen, wie geschockt die Physiker nach dem Abwurf der Bombe auf Hiroshima am 6. August 1945 waren. Sie beschreiben eine Reihe von Gefühlswellen: Zuerst war da Zufriedenheit, weil die Bombe funktionierte, dann kam Entsetzen hinzu, über die vielen Todesopfer und dann die Überzeugung, dass nie wieder eine weitere solche Bombe abgeworfen werden dürfte. Doch natürlich wurde eine weitere Bombe abgeworfen, auf Nagasaki, nur drei Tage nach der Bombardierung Hiroshimas.* "[348]

Bill Joy, Computerwissenschaftler und Gründer von Sun Microsystems

Die Abwürfe der Atombomben auf die beiden japanischen Städte töteten insgesamt rund 100.000 Menschen sofort. Weitere 130.000 Menschen starben bis Ende 1945 an den Folgeschäden. In den nächsten Jahren kamen etliche hinzu. Die Überlebenden litten ihr ganzes Leben lang an den Folgen der Verstrahlung. Am schlimmsten waren die betroffen, die zu der Zeit der Angriffe am jüngsten waren. Bis heute ist die Rate der Krebserkrankungen, vor allem Brust-, Schilddrüsen-, Lungenkrebs und Leukämie, in der Bevölkerung von Hiroshima und Nagasaki signifikant erhöht.[349] [350]

Wenn also im Jahr 2020 führende US-Wissenschaftler zusammen mit dem Militär und einigen selbstverliebten Milliardären an einem neuen Manhattan-Projekt arbeiten, um die gesamte Weltbevölkerung zu impfen, dann sollten bei jedem denkenden Menschen die Alarmglocken läuten! Wenn diese Gruppe, die sich „Scientists to Stop Covid-19" nennt, dann bekennt, auch nicht vor „unorthodoxe Ideen" zurückzuschrecken, dann sollten alle Sirenen laut aufheulen. Über Lobbyisten haben sie sich nach eigenen Angaben Zugang zu Trumps Vizepräsidenten, Mike Pence, verschafft, der die *Corona Task Force* leitet und den Präsidenten in der Corona-Krise berät. Diese Wissenschaftler probieren gegenwärtig bereits an menschlichen Versuchskaninchen alte Ebola-Medikamente in extrem höherer Dosierung aus. Sie bereiten gerade, nach eigener Aussage, mit größter Anstrengung und unter Bündelung aller Ressourcen **ein Manhattan-Projekt in Corona-Zeiten** vor, also **die Entwicklung einer Massenvernichtungswaffe!** Diese selbsternannten Retter der Menschen scheinen völlig den Bezug zur Realität verloren zu haben und anscheinend sind sie bereit, **bis zum Äußersten zu gehen!**

Vermutlich werden die angeordnete Maskenpflicht und der größte Crash aller Zeiten nicht unsere größten Probleme in naher Zukunft sein, denn es sieht für mich leider danach aus, als wäre das große Experiment mit der Lockerung des Lockdowns noch lange nicht zu Ende.

Das bringt mich zu einigen anderen Meldungen, die ich gestern und heute gelesen habe. Vor zwei Wochen hatten tausende Bürger die Stadt *Lansing* in Michigan lahmgelegt, weil sie ihre Gouverneurin davon überzeugen wollten, die angeordneten Geschäftsschließungen zu beenden. Was folgte, war eine Verzögerungstaktik der Politikerin, die das Berufsverbot für zehntausende Menschen in den unteren Einkommensschichten unnötig verlängerte. Als gestern ein Gericht in Michigan bestätigte, dass ihre Anweisung zum Hausarrest legal sei, flammte erneut Wut in weiten Teilen der Bevölkerung auf. „Operation Gridlock" hat sich mittlerweile zur „American Patriot Rally" formiert, also zu einer Bewegung patriotischer Amerikaner. Schwer bewaffnet stürmten sie das

Regierungsgebäude und es bleibt abzuwarten, wie dieser Konflikt weitergehen wird.

Ich fürchte, dass die nächsten Monate in den USA gewalttätig werden könnten, da diese Auseinandersetzung in Michigan symptomatisch für die Lage im gesamten Land ist. Die Lockdown-Verordnungen sind zu einem Wahlkampfthema geworden. Diese Anweisungen werden von den jeweiligen Gouverneuren eines jeden Bundesstaates erlassen. Der US-Präsident hat hier nur sehr geringe Befugnisse. Die Bundesstaaten mit demokratischer Regierung haben durchwegs rigorosere Maßnahmen in der Corona-Krise erlassen als die republikanischen Gouverneure. Und da Präsident Trump für eine raschere Lockerung des Lockdowns plädiert, um die Wirtschaft wieder in Gang zu bringen, stellen sich die demokratischen Länderchefs demonstrativ dagegen.[351] Der Fairness halber muss man dazu sagen, dass vier der fünf Bundesstaaten mit den höchsten Corona-Infektionsraten von Demokraten regiert werden, weil die Demokraten traditionell immer die großen Städte und Ballungsräume für sich gewinnen können, während die Republikaner eher in den ländlichen Gegenden dominieren. Nichts desto trotz wird hier Parteipolitik und Wahlkampf auf dem Rücken der Ärmsten ausgetragen.

Die Tatsache, dass *Facebook, Twitter* und *Youtube* in den letzten Wochen nicht nur die Seiten der *American Patriot Rally* gelöscht haben, sondern auch die zahlreicher anderer Personen und Gruppen, die sich kritisch mit dem Corona-Narrativ der WHO und der Johns Hopkins Universität auseinandersetzen, schürt Unmut in der Bevölkerung. Zahlreiche Menschen haben das Gefühl, dass sie manipuliert werden und man ihnen die wahren Zahlen und Fakten vorenthält – zurecht![352][353] Wir werden in allen Bereichen und auf allen Ebenen manipuliert. Niemand von uns kann eigentlich noch wissen, ob die vermeintlich eigenen Ansichten und Überzeugungen wirklich unsere eigenen sind oder ob sie uns nicht von staatlichen oder privaten Interessengruppen eingepflanzt wurden. Ich kann an dieser Stelle nur einige wenige aufzählen, um zu verdeutlichen, was ich meine.

In Großbritannien gibt es seit 2010 das „**behavioural insights team**", auch „**Nudge Unit**" genannt, als eigene Abteilung im Kanzleramt, die für „**nudging**" zuständig ist. Das bedeutet etwas verharmlosend so viel wie „anstupsen". Nudging ist ein modernes Werkzeug, das Politik und Wirtschaft nutzen, um die Massen mit sanftem Druck dazu zu bringen, das (aus ihrer Sicht) „Richtige" zu tun – also sanfte Propaganda. Hier spielen Fernsehen, Radio und Printmedien zunehmend eine untergeordnete Rolle, weil sie zu langsam und zu teuer sind, und von jungen Leuten kaum noch genutzt werden. Die Manipulation findet vorwiegend über das Internet statt, hauptsächlich über „Soziale Medien" wie *Facebook* oder *Instagram* und den Videoplattformen wie *Youtube* oder *Vimeo*. Dort geben sog. „Influencer", also Meinungsmacher, ihren Senf zu allem möglichen ab. Was meist auf den ersten Blick harmlos scheint, ist jedoch eine recht hinterhältige Form der Meinungsbildung, weil viele dieser jungen und hippen Influencer nicht unabhängig sind. Viele von ihnen tun in Wahrheit nicht ihre eigene Meinung kund, sondern werden dafür bezahlt, ihre oft sehr zahlreichen Follower, also Fans, zu beeinflussen. Sie sind Werbeträger, die sich aber nicht als solche ausgeben. Auf diese Weise werden junge Menschen dahingehend manipuliert, Dinge zu tun, die sie freiwillig nie tun würden. Das reicht vom Kauf bestimmter trendiger Marken bis hin zur Beeinflussung an der Wahlurne.[354]

Diese indirekte, kumpelhafte Manipulation formt das Weltbild der Follower bis hin zur Überzeugung, dass CO_2 giftig wäre. Dafür engagiert die Politik schon seit Jahren Profis, Werbefachleute und Propaganda-Experten, die diesen *libertären Paternalismus* umsetzen. In „sozialen Netzwerken" wurde lange dadurch Stimmung gemacht, dass vermeintliche Privatpersonen mit falschen Identitäten Diskussionen beeinflussten oder auf bestimmte Themen aufmerksam machten. Mittlerweile braucht es dafür keine Menschen mit falschen Profilen mehr, weil Meinungsmache im Netz mittlerweile automatisiert ist, mittels „**Computer-Bots**". Bots sind Programme, die so programmiert werden, dass sie sich zu bestimmten Themen mit unzähligen falschen Profilen in Diskussionen einmischen und so den Konsens im Sinne ihrer Programmierer oder deren Auftraggeber beeinflussen.[(355)] Auf diese Weise können sie den Eindruck erwecken, dass die Mehrheit in einer Gruppe oder innerhalb der gesamten Bevölkerung einer bestimmten Meinung wäre, auch wenn das in Wahrheit gar nicht zutrifft. Aber da alle Andersdenkenden sich nun für eine extreme Minderheit halten, werden sie den Mund halten und klein beigeben. Kein Wunder also, dass so wenige Menschen gegen den Irrsinn in Corona-Zeiten aufbegehren. Aber seien Sie sich sicher: *Sie sind nicht allein!*

Es gab im Mai bereits hunderte Einzelinitiativen in den USA und in Europa, um dem Irrsinn der Geheimen Weltregierung einen Riegel vorzuschieben oder um ihr zumindest das Leben schwer zu machen. Bereits im Januar 2015 schrieb George Soros, der Mann der Geheimen Weltregierung fürs Grobe, in einem Artikel in seinem eigenen Magazin »Live Mint«: *„Die EU-Mitglieder befinden sich im Krieg – und sie müssen sich endlich dementsprechend verhalten.*"[(356)] Und das tun die einzelnen Regierungen mittlerweile. In Großbritannien ist, neben der *Nudging Unit* und externen Spezialisten, im Frühjahr 2020 auch das Militär mit der öffentlichen Meinungsbildung und mit der Zensur kritischer Stimmen befasst. So berichtet der oberste Befehlshaber der britischen Armee, General Sir Nick Carter, Ende April nicht ohne Stolz davon, dass seine Truppe ein wichtiger Bestandteil der *Rapid Response Unit* des Kabinetts ist, also einer *schnellen Eingreiftruppe* der Regierung. Vor allem die *77. Brigade* ist mit 3.000 bis 4.000 Soldaten und Soldatinnen damit beschäftigt, Gerüchte über „Fehlinformationen" im Internet zu unterdrücken, zu löschen oder richtigzustellen – das muss man sich auf der Zunge zergehen lassen.[(357)] So viel zu unserem Recht auf freie Meinungsäußerung!

In Deutschland verlässt sich die Regierung, wie bereits erwähnt, auf die Dienste der Werbeagentur *Scholz & Friends,* um die öffentliche Meinung zu beeinflussen. Scholz & Friends entwickelt Kampagnen und Slogans für das Bundesgesundheitsministerium. Damit werden dann die Social-Media-Kanäle geflutet. Zusätzlich kommt die Gehirnwäsche in Form von Dauerberieselung auf den 5.000 digitalen Werbeflächen der

Firma *Ströer* in Bahnhöfen, auf Straßen und in Einkaufszentren zum Einsatz. Sie prügeln den Menschen unentwegt immer wieder dieselben Bilder und Slogans ins Hirn: *„Ich bleib zuhause!"* oder *„Flatten the curve"* oder *„Bleib gesund, bleib zuhause! "*

Ströer ist wie kaum ein anderer Medienkonzern dazu in der Lage, die öffentliche Meinung in Deutschland zu formen. Denn neben öffentlicher Leuchtreklame betreibt das Kölner Unternehmen auch Internetplattformen, die als Nachrichtenportale daherkommen, wie *desired.de* und *t-online.de* – das nichts mit der Telekom zu tun hat, sondern Inhalte von Werbekunden als vermeintlich unabhängige Nachrichten tarnt. [358] [359] Ströer „informiert" also die Deutschen großflächig über die neuesten Entwicklungen zum Thema Corona und macht klar, wer Recht hat und wer nicht. Mit Hilfe von Prominenten wie Günther Jauch oder Karoline Herfurth wird die Bevölkerung so bundesweit dazu „überredet", zuhause zu bleiben. [360] Und es funktioniert. Aber auch die meisten anderen Mainstreammedien ziehen brav mit und bringen die Propaganda der Leiter des Corona-Experiments in Umlauf. Aussagen wie *„60 Prozent aller Berliner sind für eine Maskenpflicht im öffentlichen Leben"* sind schon kurios, wenn bis dahin kaum ein Berliner freiwillig eine Maske trug. Aber solche **„repräsentativen Umfragen"** sind natürlich eine wichtige Entscheidungshilfe für die Politik, die dann in diesem speziellen Fall das Tragen von Masken in Berlin ab dem 29. April 2020 verbindlich vorschrieb. *Ja, natürlich, wenn doch eine angebliche Mehrheit dafür ist und niemand nachfragt, wie genau diese Umfrage zustande kam!?* Das Zitat *„Ich traue keiner Statistik, die ich nicht selbst gefälscht habe"* wird abwechselnd Winston Churchill oder Joseph Goebbels in die Schuhe geschoben. Egal, wer es tatsächlich zuerst sagte, dieser Satz wurde bereits tausendfach von politischen Beratern und PR-Gurus wiederholt und er wird seine Gültigkeit nie verlieren.

Doch solche geistige Manipulation der eigenen Bevölkerung gibt es heute in fast allen Ländern. Zusätzlich zu diesen nationalen Einheiten der Gedankenpolizei gibt es aber auch noch überregionale Wächter, etwa auf EU-Ebene, wie die *East Stratcom Task Force*, deren Hauptaufgabe darin besteht, die an Russland angrenzenden Länder mit der Propaganda der EU zu versorgen.[361] Ganz wichtig war diese Brüsseler Organisation auch beim EU-Wahlkampf im Jahr 2019. Sie sollte verhindern, dass die Russen die EU-Wahl beeinflussen würden.[362] Das finde ich besonders bizarr, wenn man bedenkt, dass die EU die Wahl selbst manipulierte, indem sie die Bürger zwischen zwei Kandidaten wählen ließ und ihnen dann Ursula von der Leyen vorsetzte, die gar nicht zur Wahl gestanden hatte.

Die erste Großtat der neuen EU-Kommissionspräsidentin war es dann, am 28. November 2019 den Klima-Notstand für Europa auszurufen – knapp sechs Wochen nach Event 201. Das war schon zu diesem Moment befremdlich, im Nachhinein betrachtet ist es aber noch bemerkenswerter. Denn niemand wusste, was ein „**Klima-Notstand**" sein sollte. Es gab ihn in keinem Gesetz und er hatte angeblich auch nur symbolische Wirkung. Ein Notstand gibt den Machthabern aber immer die Möglichkeit, geltende Gesetze und Verordnungen außer Kraft zu setzen, und genau das haben die meisten EU-Staaten ja dann auch nur vier Monate später getan. War es wieder einmal nur einer dieser Zufälle oder wusste die neue EU-Chefin zu dem Zeitpunkt bereits, was kommen würde? Wollte sie die Europäer freundlicherweise schon mal emotional auf den Ausnahmezustand vorbereiten, damit er sie nicht so hart treffen würde? Vermutlich gibt es nicht viele, die ihr so viel Fürsorge zutrauen würden.

„Achtung, Achtung: Das EU-Parlament hat gestern den ‚Klimanotstand' über Europa verhängt. Alle Politikbereiche sollen künftig dem Klimaschutz untergeordnet werden. Es sei das, was die Bürger jetzt erwarten, so der Vorsitzende des Umweltausschusses Pascal Canfin. Eine breite Mehrheit aus Grünen, Linken und Liberalen stimmte dem Ansinnen zu. Mit Verlaub: Das ist billiger Öko-Populismus. Auch wenn ein guter Schuss Pathos zur Politik dazugehört und die Resolution reinen Symbolcharakter hat: Sind wir wirklich so weit, dass nur noch die Ausrufung des Ausnahmezustandes, das Regieren per Noterlass unter Aushebelung der Demokratie uns vor der drohenden Klima-

Apokalypse retten kann?... Zur Erreichung ihrer politischen Ziele manipulieren die Öko-Populisten Ängste und Emotionen. Es sind dieselben Mechanismen, derer sich auch die Populisten vom anderen Ende des Polit-Spektrums bedienen. Man stelle sich vor, der italienische Rechtsausleger Matteo Salvini und seine Freunde hätten 2015 den ‚Migrationsnotstand‘ ausgerufen und gefordert, sämtliche Politikbereiche ab jetzt der Verhinderung von Migration unterzuordnen. Die Empörung auf der linken Seite wäre total gewesen.«(363)

Remo Hess , Brüssel-Korrespondent des »St. Galler Tagblatts«

Politik hat sich lange im sog. „Meinungskorridor" bewegt, der manchmal auch als „Overton-Fenster" bezeichnet wird, benannt nach dem US-amerikanischen Anwalt Joseph P. Overton. Das bedeutet, in einem möglichen Spektrum an unterschiedlichen Meinungen hält sich die Politik immer nur in einem kleinen Bereich in der Mitte auf. Dieses Fenster oder Korridor bildet stets nur einen kleinen Bereich des Ganzen links und rechts des *Status Quo* ab. Das sind die einigermaßen populären Positionen, jene, die bei den meisten Menschen nur auf wenig Widerstand stoßen. Overton erklärt, dass dies der Bereich sei, in dem Politik gemacht wird, weil Politiker immer nur Positionen vertreten und umsetzen, die beliebt sind und ihnen möglichst viele Stimmen bringen. Er geht davon aus, dass dieser Korridor nicht zwangsläufig die sinnvollsten Meinungen und Positionen abbildet, weil die besten Lösungsansätze für ein Problem oft fernab des Status Quo liegen würden, also außerhalb des Fensterrahmens. Will man Politiker dazu bringen, einmal über den Tellerrand hinauszudenken und von ihrem üblichen Pfad abzuweichen, dann muss man den Korridor verschieben oder erweitern. Das funktioniert dadurch, dass in der öffentlichen Diskussion extremere Positionen eingenommen werden, die fernab des Status Quo liegen, vielleicht sogar radikal oder undenkbar sind. Man muss also das Narrativ nicht nur in Frage stellen, sondern in Stücke reißen.(364)

Genau das haben die langen Arme der Geheimen Weltregierung beim Thema „Klimawandel" getan. Sie haben alle kritischen Wissenschaftler in Stücke gerissen. Damit haben sie den Meinungskorridor ganz weit nach rechts verschoben – so weit, dass er am Ende anstand und zusammengedrückt wurde. Jetzt ist das Fenster so klein, dass es nur noch eine Meinung zulässt. Rechts wurde als links ausgegeben und alle, die das kritisierten, wurden als rechtsextrem beschimpft. Wie gesagt, ich gehe von der Annahme aus, dass die Welt verkehrt herum ist.

Es braucht Menschen, die den Mut haben, öffentlich auch gewagte, vielleicht sogar radikale Positionen zu vertreten, um Politiker dahingehend zu beeinflussen, dass sie ihre Richtung ändern – selbst dann, wenn diese Meinungen eigentlich gar nicht gewagt oder radikal sein sollten, weil sie auf Fakten beruhen. Damit jedoch genau das nicht aus dem Volk heraus passiert, gibt es ein Heer von Propaganda-Mitarbeitern, die dafür sorgen, dass sich der Meinungskorridor nicht verschiebt. Diese hatten für Jahrzehnte ein leichtes Spiel, da die öffentliche Meinung zum größten Teil von lokalen Zeitungen, TV- und Radiosendern geformt wurde. Sie sagten den Menschen, was denkbar und was undenkbar, was akzeptiert und was nicht akzeptiert war. Doch die weltweite Verbreitung des Internets, von Smartphones, von Chat- und Social-Media-Plattformen hat ihnen ihre Arbeit erschwert. Mit einem Mal muss sich der Deep State nicht nur mit einigen Redakteuren auf das Narrativ einigen. Er hat alle Hände voll zu tun, um all diejenigen im Zaum zu halten, die glauben, dass sie ein Recht auf freie Meinungsäußerung hätten. Je mehr das Internet und seine Kommunikationsmöglichkeiten Einzug in unser aller Leben hielt, desto mehr wurde der Meinungskorridor ausgedehnt. Positionen, die außerhalb des Overton-Fensters lagen, wurden früher nur am Stammtisch oder in Freundeskreis geteilt, weil sie oft als zu extrem galten, um öffentlich geäußert werden zu dürfen. So wich in einigen Bereichen die Meinung des Volkes von der offiziell erlaubten ab, aber dem folgte dann meist der Nachsatz: *„Das darf man aber nicht laut sagen!"*

Nun bot das Internet zahlreichen Menschen aber die Möglichkeit, zu erkennen, dass ihre Ansichten gar nicht so extrem waren, wie man sie glauben machte. Sie waren mit ihrer Position nicht allein, sondern vielleicht sogar in der Mehrheit. Das war der Moment, an dem in Europa neue Parteien wie Pilze aus dem Boden schossen und regen Zulauf erlebten. Viele dieser Parteien werden in den Massenmedien als rechtsradikal oder faschistisch dargestellt. Doch unabhängig davon, wie man dazu steht, erfüllen sie eine wichtige Aufgabe, weil sie das Overtone-Fenster weiten und Alternativen im Denken zulassen. Das wollen die etablierten Kräfte natürlich verhindern und möchten alles beim Alten lassen, weil sie die Privilegierten des Status Quo sind.

Es gibt bislang in den meisten europäischen Ländern keine wahre Demokratie, weil die voraussetzen würde, dass die Mehrheit des Volkes entscheidet. Dasselbe gilt für die USA, nur dass dort zumindest bis vor kurzem noch das Recht auf freie Meinungsäußerung respektiert wurde. Dies ist jedoch im Jahr 2016 mit dem Krieg der linken US-Meinungs- und Verhaltenspolizisten und ihrer Fake-News-Kampagne de facto abgeschafft worden. Wenn aber mittlerweile ganze Armeen eingesetzt werden, um Meinungen und Ansichten, die außerhalb des offiziellen Konsens liegen, zu unterdrücken und zu löschen, dann ist nicht mehr mess- oder verifizierbar, was die Mehrheit wirklich denkt und fordert. Solange alle, die sich außerhalb des Meinungskorridors befinden, mundtot gemacht und eingeschüchtert werden, kann es keine echte Demokratie geben. Man nimmt den Menschen damit die Waffen, um ihre Freiheit zu verteidigen. Man nimmt den Menschen also nicht nur die Freiheit der uneingeschränkten Meinungsäußerung, sondern sogar die Freiheit des uneingeschränkten Denkens. Wer traut sich denn noch zu widersprechen, wenn die Propaganda ihm vorlügt, dass die Mehrheit aller Menschen für die Corona-App oder für die Corona-Impfung sei? Wer will denn Außenseiter sein, wer traut sich, es mit einer vermeintlichen Mehrheit aufzunehmen?

„Ich habe das Gefühl, dass sich der Brutalismus unter dem Einfluss des Techno-Liberalismus verstärken wird, sei es in China oder in den liberalen Demokratien. Genau wie 9/11 den Weg zu einem allgemeinen Ausnahmezustand und seiner Normalisierung ebnete, wird der Kampf gegen Covid-19 als Vorwand dienen, um das Politische noch mehr in

Richtung Sicherheit zu bewegen. Aber diesmal wird es eine fast biologische Sicherheit sein, die neue Formen der Trennung zwischen der ‚Immunitätsgesellschaft' und der ‚Virusgesellschaft' mit sich bringt. Der Viralismus wird zur neuen Bühne für die Aufteilung der Bevölkerung, die jetzt als unterschiedliche Gruppen gekennzeichnet werden. "[365]

Achille Mbembe, kamerunischer Historiker, Politikwissenschaftler und Autor

Ich denke, wer sich eine halbwegs eigenständige Meinung bilden möchte, sollte zu jedem Thema immer verschiedene Blickwinkel einnehmen. Das hilft zu begreifen, wer bei welchem Thema gerade welche Agenda verfolgt. Es hilft auch zum Erweitern des eigenen Meinungskorridors. Man muss das (Overtone)-Fenster öffnen und den Kopf hinausstrecken, um wirklich zu erfassen, was es da draußen alles gibt. Wir müssen erkennen, dass wir durch die Erziehung und die Propaganda, der wir in unserem jeweiligen Umfeld ausgesetzt waren, geprägt wurden. Nur wenn wir die Fesseln sprengen, die unser Denken einengen, können wir selbst frei werden und eigenständige Entscheidungen treffen. Ich möchte damit, um es deutlich zu sagen, keineswegs Extremismus propagieren. Ich möchte nicht im Sinne Huxleys „das Undenkbare wieder denkbar machen". Vielmehr möchte ich im Sinne Howard Zinns dazu aufrufen, wieder die richtigen Fragen zu stellen und Dinge als das zu erkennen und zu benennen, was sie sind, selbst wenn es schmerzhaft sein mag.

Ich persönlich lese verschiedene amerikanische Internetseiten wie auch englische, russische und deutsche. Je nach Thema können es auch österreichische oder Schweizer Nachrichtenseiten sein, manchmal auch israelische. Das können Sie meinem Quellenverzeichnis entnehmen. Es gibt mehrere ausländische Seiten auf Deutsch, doch noch mehr natürlich auf Englisch. Erst wenn ich mehrere unterschiedliche Meinungen aus unterschiedlichen Ländern und aus unterschiedlichen politischen Lagern gehört habe, bin ich in der Lage, ungefähr zu erfassen, worum es tatsächlich geht. Ich weiß, dass nun viele Leser einwenden werden, dass sie nicht die Zeit dazu haben, sich so umfassend mit einem Thema zu beschäftigen. Aber zum einen haben gerade in Zeiten des Corona-

Experiments sehr viele Menschen sehr viel Zeit, zum anderen reicht es oft, jeweils einige wenige Sätze zu lesen, um ein Gefühl dafür zu bekommen, wer zu einem Thema welche Position einnimmt und warum. Je öfter man eine solche Rundumschau betreibt, desto schneller wird man auch darin, sich einen Überblick zu verschaffen. Das muss genauso erlernt und geübt werden wie alles andere auch.

Über Los Angeles wurden die gesamte letzte April-Woche über Chemtrails versprüht. Der Himmel war von grauen Schleiern überzogen und verbarg die Sonne komplett für mehrere Tage. Viele Menschen fühlten sich deprimiert oder melancholisch. Nicht nur, weil die Kalifornier gewohnt sind, draußen zu sein und nun seit Wochen alle Strände, Parks und öffentliche Grünflächen gesperrt sind. Den meisten Menschen fällt mittlerweile die Decke auf den Kopf. Auch der Anordnung zum Tragen von Gesichtsmasken wird fast ausnahmslos Folge geleistet. Manche Mitbürger gehen sogar soweit, dass sie die Masken tragen, wenn sie alleine im Auto sitzen. Eine Freundin von mir wurde mehrfach angebrüllt, als sie allein auf der Straße ohne Maske joggte. Dies ist nun offenbar auch die Stunde der Übereifrigen, der verkappten Hilfspolizisten und Faschisten. Nicht umsonst erinnert mich in den letzten Tagen vieles an die 1930er-Jahre.

Wie ich heute erfahren habe, sollen den Chemtrails über Kalifornien zuletzt, neben den üblichen metallischen Nanopartikeln, auch noch Nano-Proteine zugesetzt worden sein. Sie werden zuvor mit bestimmten Frequenzen aufgeladen. Wenn sie dann herabfallen und mit Menschen in Berührung kommen, sollen diese „Proteininteraktionen" bestimmte Emotionen in den Menschen auslösen. Mehr wollte meine Quelle mir dazu nicht sagen. Ich muss gestehen, dass dies über meinen naturwissenschaftlichen Bildungshorizont hinausgeht, aber es würde erklären, warum einige meiner Freunde und Bekannten in den USA beschrieben, das sie für Tage eine Melancholie oder Traurigkeit empfanden, die „nicht ihre eigene war". Vielleicht wird hier noch in größerem Umfang an uns experimentiert, als wir bisher geahnt haben. Vielleicht ist dies auch kein Experiment mehr, sondern längst erprobte Methode, um die Bevölkerung ruhigzustellen.

In anderen Teilen des Landes oder der Welt braucht es keine künstlichen Nanopartikel, um Menschen traurig zu stimmen. Die realen Ereignisse unserer Gegenwart reichen dafür aus. So stehen weltweit die Produzenten von Rindern und Kälbern vor neuen Herausforderungen. Da Schlachthöfe, Restaurants und Hotels geschlossen sind, ist der Absatz von Fleisch dramatisch eingebrochen. Es kann nicht mehr verarbeitet werden. Da keine Autos, keine Möbel und keine Kleidung produziert werden, kauft den Rinderzüchtern niemand die Felle ab. Millionen Kühe werden gerade weltweit getötet und „entsorgt". Geflügel wird vergast und verbrannt, Schweine landen auf Mülldeponien.[366][367] Gleichzeitig wird Fleisch knapp und die Preise werden steigen. Die Auswirkungen des globalen Lockdowns sind unvorstellbar grausam!

Warum ich das erwähne? Weil ich finde, dass dies gut zu diesem dritten Teil des Buches passt, den Ausblick auf die Folgen dieses Experiments. Ich glaube, dass die meisten Menschen immer noch hoffen, dass alles gut oder zumindest nicht ganz so schlimm wird. Ja, die Hoffnung stirbt zuletzt. Davor stirbt noch die Freiheit. Dummheit hingegen scheint extrem zäh zu sein.

In Spanien durften Kinder am letzten Sonntag, am 26. April, nach sechswöchigem Hausarrest erstmals wieder für eine Stunde das Haus verlassen. Davor wurde jedoch in zahlreichen Städten großflächig Desinfektionsmittel auf Straßen, in Gebäuden und in Bahnhöfen versprüht. Den Vogel schoss die kleine spanische Stadt *Zahara de los Atunes* im Süden Spaniens ab. Dort ließen die Stadtväter mittels Traktoren die Strände großflächig mit Bleichmittel besprühen. Damit töteten sie alles weit und breit bis hin zu den Mikroorganismen im Sand.[368] Es gibt Tage, da schäme ich mich, Mensch zu sein.

Doch dann gibt es auf der anderen Seite auch positive Meldungen – wenn man so will: Etwa, dass sich eben das größte Ozonloch über der Arktis von selbst geschlossen hat.[369] Oder, dass an Thailands leeren Stränden mehr Seeschildkröten-Nester gezählt werden als jemals zuvor, weil die Tiere nun in Zeiten des Lockdowns die Strände für sich haben und ungestört sind.[370] In der indischen Hauptstadt Mumbai kann man nun zum ersten Mal zehntausende Flamingos auf den menschenleeren

Straßen und in Parks sehen.[371] Auch spannend ist die Ankündigung Siziliens, Touristen, die im Herbst 2020 die Insel besuchen, die Hälfte ihres Fluges und ein Drittel ihrer Hotelkosten zu schenken, um den Tourismus wieder anzukurbeln.[372]

Warum habe ich das Gute an diesen Nachrichten oben ein wenig relativiert? Weil sie uns erahnen lassen, was uns in den nächsten Monaten und Jahren blühen wird. Sie sind meine Überleitung zum ersten Kapitel dieses dritten Teils. In dem soll es um den Ausblick auf die Zeit nach dem Lockdown gehen – falls er jemals gänzlich enden wird.

Genaue Prognosen sind nicht nur schwierig, sondern unmöglich – im Moment ist so viel im Umbruch. Es gibt ständig neue Zahlen und Daten. Wir kämpfen an so vielen Fronten. Zwischen einzelnen Staaten, multinationalen Konzernen, alten Seilschaften und neureichen Technik-Mogulen tobt ein Kampf um die Vorherrschaft über die Welt und das Narrativ. Und dessen Ausgang ist für mich bislang nicht vorhersehbar. Wenn man dann noch die Unwägbarkeiten des größten Crashs aller Zeiten hinzunimmt und die Möglichkeit, dass die Umwälzungen zumindest in Teilen der Welt nicht friedlich vonstattengehen werden, dann ist das eine Gemengelage, die genaue Prognosen sehr schwierig macht.

„Für das unterschiedslose Vorgehen gegen alle Bürger gibt es keine ausreichende Rechtsgrundlage. Das Infektionsschutzgesetz gestattet zum Beispiel in spezifischen Fällen Quarantäneanordnungen, aber es ist dort keine Regelung für eine allgemeine, für alle Menschen geltende Kontaktsperre oder gar einer Ausgangsbeschränkung zu finden.... Meines Erachtens war dafür eine ausreichende Rechtsgrundlage zu keinem Zeitpunkt gegeben.... Der Staat muss sich für Grundrechtseingriffe rechtfertigen, und seine Annahmen nachvollziehbar offenlegen und nicht die Bürger müssen beweisen, dass sie ein Recht auf ein freies Leben haben. Aktuell laufen die Verfahren aber so, dass wir begründen müssen, warum der Staat nicht eingreifen darf. Insofern wurde die Darlegungslast faktisch ins Gegenteil verkehrt.... Das ist aber offenbar

derzeit auch das Selbstverständnis der Politik, wie man unter anderem daran sieht, dass von ‚Lockerungen' gesprochen wird – ein Begriff aus dem Strafvollzug – und Menschen als egoistisch, dumm oder zumindest unsolidarisch getadelt werden, die Kritik an den Maßnahmen üben... Alle Menschen können einen Beitrag zur Wahrung der Grundrechte leisten. Wichtig ist meines Erachtens, sich in der für einen selbst passenden Weise einzubringen. Ich bin davon überzeugt, dass wir zum jetzigen Zeitpunkt deutlich weniger ‚Lockerungen' hätten, wenn es nicht zahlreichen Widerstand auf unterschiedlichen Ebenen gäbe. "[373]

Jessica Hamed, deutsche Rechtsanwältin und Fachanwältin für Strafrecht im Gespräch mit »Sputniknews« am 5. Mai 2020

Was uns die Zukunft bringen wird, ist ungewiss, aber gewisse Tendenzen sind deutlich erkennbar. Auf jeden Fall wird sie in großem Maße von unserem Verhalten abhängig sein. Denn je passiver wir sind, desto weniger Bewegungsspielraum und Freiheiten werden wir künftig haben. Wenn wir etwas verändern wollen, müssen wir uns bei den Politikern bemerkbar machen!

Ich denke, dass generell all jene im Vorteil sein werden, die zumindest ein kleines Stück Land besitzen, keine Schulden haben und ein gewisses handwerkliches und gärtnerisches Talent besitzen. Was sonst noch von Nutzen sein dürfte, sind gute soziale Kontakte, also Familie und Freunde, und ein guter Sinn für Humor. Unser Humor ist das letzte, was wir aufgeben sollten. Gerade in Zeiten wie diesen kann Humor hilfreich und tröstend sein. Das bestätigt auch die folgende Meldung, die ich eben gelesen habe: In Österreich dürfen zwar ab dem 15. Mai Restaurants und Bars unter strengen Auflagen wieder öffnen. Es ist jedoch bei Strafandrohung zwei Menschen **strengstens untersagt, sich zu küssen,** wenn sie nicht nachweislich in einem Haushalt zusammenleben. Das gilt nicht nur in der Öffentlichkeit, sondern auch in den eigenen vier Wänden.[374] Dies verkündete der österreichische Vizekanzler und Bundesminister für Soziales, Gesundheit, Pflege und Konsumentenschutz, Rudolf Anschober, von der Partei „Die Grünen" am 28. April 2020.

Das ist, als ob man Aldous Huxleys „*Brave New World*" und George Orwells „*1984*" zusammengeschmissen und daraus einen Horrorfilm gemacht hätte. Ich weiß nicht warum, aber ich habe heute bereits den ganzen Tag den Titel eines Johannes Mario Simmel-Romans im Kopf: „*Mich wundert, dass ich so fröhlich bin!*" Er spielt in den letzten Tagen des Zweiten Weltkriegs tief unten im Keller eines ausgebombten Hauses in Wien. Dazu habe ich die ganze Zeit über Milvas „*Hurra, wir leben noch*" im Kopf, das Titellied der gleichnamigen Simmel-Verfilmung: „*Wie stark ist der Mensch? Wie stark? Wie viel Angst, wie viel Druck kann er ertragen? Ist er überhaupt so stark, wie er oft glaubt? Wer kann das schon sagen?*"

„*Merkel und Spahn nannten falsche Infektionszahlen – Die Bundesregierung hat rund um den Bund-Länder-Gipfel am Donnerstag zu hohe Infektionszahlen genannt... Tatsächlich waren auf Basis der Zahlen des Robert-Koch-Instituts (RKI) am Donnerstag nur gut 29.000 Menschen infektiös. Kanzlerin Angela Merkel hatte am Donnerstag nach dem Bund-Länder-Gipfel ebenso wie Gesundheitsminister Jens Spahn von 40.000 gesprochen – also fast ein Drittel mehr als das RKI auswies. Zur gleichen Zeit hatte Spahn diese Zahl in einem Gastbeitrag für die Frankfurter Allgemeine Zeitung (FAZ) genannt.*"[375]
RTL.DE, 4. Mai 2020

Verwirrung und Zorn

Ich habe in den vergangenen Wochen mit zahlreichen Menschen gesprochen, vorwiegend über das Telefon oder Internetkonferenz-Schaltungen, und es gab, grob gesagt, von allen nur zwei unterschiedliche Reaktionen auf die Situation, in der wir uns alle befanden. Entweder, sie waren sehr gefasst und verstanden nicht, dass einige ihrer Mitmenschen so aufgewühlt waren. Oder aber sie waren aufgewühlt, sauer, wütend oder fassungslos und konnten nicht verstehen, dass die anderen so passiv waren.

Ja, ich muss gestehen, ich bin zum Teil auch mehr als überrascht, dass die meisten Menschen sich gerade alles wegnehmen lassen und sich damit offenbar oftmals recht gut zurechtfinden. Auf der anderen Seite kann ich natürlich die **Mechanismen der Massenpsychologie** einigermaßen nachvollziehen. Wir wissen, dass bei den meisten Menschen das Bedürfnis nach Zugehörig zu einer Gruppe sehr stark ausgeprägt ist. Vor allem Personen mit geringem Selbstwert brauchen dringend den Halt der Gruppe. Wir sehen das ganz deutlich bei eingefleischten Fußball-Fans, die alle für sich genommen harmlos sind, aber in der Gruppe ein völlig anderes Bewusstsein entwickeln. Teil einer großen Gruppe zu sein, bietet vielen Menschen Schutz vor vermeintlichen Angreifern, in dem Fall ein Virus. Das „**Wir-Gefühl**" stärk ihr Selbstbewusstsein. *Gemeinsam können wir das schaffen!* Gerade Menschen, die sonst zu keiner Gruppe gehören, weil sie Außenseiter sind, empfinden plötzlich das hypnotische Gefühl von Zugehörigkeit. Sie müssen sich nur eine Maske aufziehen und schon sind sie für jedermann sichtbar Teil einer großen und starken Gruppe, was ihnen Selbstvertrauen gibt.

Manche entwickeln scheinbar auch so etwas wie ein **Stockholm-Syndrom**, also den psychologischen Effekt, das Opfer von Geiselnahmen manchmal eine starke emotionale Bindung zu ihren Entführern aufbauen. So wurde festgestellt, dass Geiseln trotz ihrer Angst auch nach Beendigung der Geiselnahme keinen Hass auf die Geiselnehmer verspürten, sondern **ihnen stattdessen sogar dankbar waren, dass sie freigelassen wurden.** Also: Schwere, traumatische Situationen scheinen jegliche Logik außer Kraft zu setzen, und hier können wir deutliche Parallelen zum Corona-Experiment erkennen.

Die südafrikanische Journalistin Mandy Wiener schrieb dazu am 28. April 2020 auf »News 24« über genau dieses Phänomen, nämlich dass Südafrikas Präsident Matamela Cyril Ramaphosa in den Wochen des Lockdowns von vielen Südafrikanern schon fast angehimmelt wurde. Seine wöchentlichen Ansprachen waren für viele seiner Landsleute ein Lichtblick in ihrem eingeschränkten Leben.

> *„Das Stockholm-Syndrom ist eine Trauma-Reaktion ... (und) was wir alle erleben, ist ein gewisses Maß an Trauma. Es gibt definitiv ein Gefühl, eine Vorstellung vom Kollektiv, und wir haben (in diesen Wochen) auf Anweisungen einer paternalistischen Figur, in Form von Cyril, gewartet. In gewisser Weise gab es ein Trauma und **wir haben uns zurückgezogen, um keine eigenen Entscheidungen treffen zu müssen.**"*[(376)]

Mandy Wiener, südafrikanische Journalistin und Autorin

Ich habe keine Ahnung, warum das Führungspersonal in diesen Krisenzeiten für mich keine hypnotisierende Wirkung hat und ich kein positives, emotionales Verhältnis zu ihnen aufbauen kann. Aber ich kann sagen, dass mir meine Ablehnung der Corona-Maßnahmen mehr Ärger mit meinen Mitmenschen einbringt, als mir lieb ist. Aber da müssen wir eben alle durch. Ich war vorhin in einem Bio-Supermarkt einkaufen und wurde von einem Mitarbeiter angeschnauzt, weil ich mein Tuch seiner Meinung nach nicht ordnungsgemäß vor dem Gesicht trug. Da ich allergisch dagegen reagiere, wie ein Kleinkind behandelt zu werden, kam es zu einer kurzen Auseinandersetzung. Am Ende verließ ich den Laden, ohne etwas zu kaufen. Also kaufte ich anderswo.

Das an sich ist jetzt noch nicht spektakulär, als ich dann aber auf dem Nachhauseweg an mehreren anderen Läden vorbeifuhr und all die Menschen sah, die brav mit Maske vor Mund und Nase in langen Schlangen vor den Geschäften angestellt waren, wurde mir sehr seltsam zumute. Vor den Läden sind überall Abstandsmarkierungen, bunte Felder mit Klebeband gezeichnet. Darin stehen vermummte Menschen, die einander nicht ansehen und nicht miteinander sprechen. Mit eingezogenen Köpfen stehen sie verängstigt in einer Reihe da, wie Vieh, das im Schlachthof vom LKW getrieben wird und sich für den Kopfschuss bereitmacht.

Milliarden von Menschen haben sich von einigen wenigen Politikern und Wissenschaftlern auf der Basis falscher Modelle und Zahlen erst ihre Bewegungsfreiheit, dann ihren Job und schließlich ihre Würde nehmen lassen. Und das Schlimmste daran ist: Sie haben deswegen keine Bedenken. Sie finden das in Ordnung! Sie bedanken sich sogar dafür. Sie haben eine enge, emotionale Bindung zu ihren Entführern aufgebaut. Sie sind froh, keine eigenen Entscheidungen treffen zu müssen. Ich hätte nicht gedacht, dass der Plan so gut aufgehen kann und komme nur langsam über den Schock hinweg.

Nein, diese Menschen werden vermutlich nicht aufbegehren. Sie werden die Tracking-App auf ihre Handys laden und sich auf Schritt und Tritt verfolgen lassen. Denn das gibt ihnen das Gefühl der Zusammengehörigkeit.

*„Bundeskanzler Sebastian Kurz' Sonderberaterin Antonella Mei-Pochtler wiederholt ihre Forderungen nach einer Zwangs-App nun auch gegenüber der ‚Financial Times'… Sie leitet aktuell das ‚Future Operation Clearing Board', eine vom Kanzler eingesetzte Gruppe, die das Österreich nach der Corona-Krise vorzeichnet. Erst vor zwei Wochen ließ sie mit einem Interview im ‚Trend' aufhorchen. Nun schenkte sie der renommierten ‚Financial Times' eine ausführliche Stellungnahme. Wieder scheint es, als sei die neoliberale Unternehmensberaterin mit dem ‚Future Operation Clearing Board' hauptsächlich in Form der Installation von Überwachungstechnologie in unserem Alltag beschäftigt: ‚**Ein Teil der neuen Normalität ist es, dass jeder eine App haben wird. Ich glaube, die Menschen wollen sich selbst überwachen.**' Europäische Gesellschaften müssten nun eben Technologien akzeptieren, die ‚an der Grenze des demokratischen Modells' verlau-*

fen. Mit dieser *Überwachungs-App, die wohl in den nächsten Wochen präsentiert werden wird... würde Österreichs Gesellschaft auf ,Solidarität und Vertrauen' basieren.*"[(377)]

ZackZack.at, 4. Mai 2020

In Kalifornien sind die Eingänge zu Kaufhäusern oder Shopping-Malls jetzt verengt worden, damit die Leute immer nur einzeln eintreten können. Es gibt jeweils nur eine Eingangs- und eine Ausgangstür. Die Eingangstür ist links, die Ausgangstür rechts. Dasselbe passiert in Deutschland, vermutlich auch in anderen europäischen Ländern. Was das Besondere daran ist? Da in den USA und in Europa generell Rechtsverkehr herrscht, widerspricht das jeglicher Logik. Genau das ist offenbar die Absicht. Es wird alles getan, um die Gewohnheiten der Menschen zu brechen. Sie dürfen kein Gefühl der Vertrautheit mehr empfinden, sich nirgendwo sicher oder zuhause fühlen. Das neue System ist auf Verunsicherung und Angst aufgebaut.

Wenn Sie jetzt einwenden, ich sei Pessimist und das sei doch alles nicht so schlimm, dann kann ich nur entgegnen, dass wir anscheinend alle unterschiedliche Vorstellungen von „schlimm" haben. Als ich vor einigen Wochen mit diesem Buch begann und mit meinem Verleger darüber sprach, überlegte ich, es „The Big One" zu nennen, in Anspielung auf den größten Crash aller Zeiten, den ich kommen sehe. Das Problem ist nur, dass dieses Szenario viel zu klein gedacht ist. Ich wusste bereits, als ich mit diesem Buch begann, dass hier etwas Großes im Gang ist. Ich ahnte, dass dies ein bedeutender Event ist, der vieles verändern wird. Aber ich wusste noch nicht, dass diese „Corona-Krise" alles, aber auch WIRKLICH ALLES verändern würde. Und genau das wird sie – so oder so!

Genauer gesagt: das hat sie bereits. Alles, was wir bisher für unser Leben hielten, alles, was uns vertraut war, alles, was wir für sicher hielten, existiert nicht mehr – nur ist es den meisten Menschen noch nicht bewusst. Es sickert erst sehr langsam durch. Doch es ist vorbei! Was vor uns liegt, ist die größte Wirtschaftskrise aller Zeiten und der komplette Umbau unserer Gesellschaft. Was wir bereits erleben, ist der Kollaps unseres gesamten Systems. Alles, was unsere Vorfahren an Rechten und Freiheiten erstritten und erkämpft hatten, wurde uns bereits genommen, und wir werden sie nicht ohne Nachdruck zurückbekommen!

Natürlich haben nicht alle unsere Mitmenschen ein Stockholm-Syndrom entwickelt, es fühlen sich auch nicht alle mit einer Maske wohl. Dennoch halten viele die Füße still und spielen mit. Wie kann es also sein, dass so viele Menschen um mich herum scheinbar den Ernst der Lage noch nicht verstehen? So versuche ich, es Ihnen und auch mir selbst psychologisch zu erklären. Es gibt verschiedene Modelle, die erläutern, wie Menschen auf einschneidende Erlebnisse reagieren. Im Grunde sagen sie alle dasselbe aus. Mir persönlich gefällt jedoch das „5-Stufen-Modell" von Elisabeth Kübler-Ross am besten. Sie hat es zwar in Hinblick auf die Reaktion der Menschen auf den Tod entwickelt, doch im Grunde ist jede einschneidende Veränderung so etwas wie ein Sterben des Alten, also so etwas wie ein kleiner Tod. Ich habe ihre 5 Stufen hier um eine Stufe erweitert. Ich denke, dass das Modell so gut erläutern kann, warum die Masse der Menschen in dieser Zeit so passiv ist und vieles widerstandslos über sich ergehen lässt.

1. **Leugnen** – Man ignoriert die Realität und will nicht wahrhaben, dass eine Situation so ist, wie sie ist und dass sich etwas verändert. Um im Außen nicht ständig daran erinnert zu werden, neigen viele Menschen in der Phase des Leugnens oft dazu, sich zurückzuziehen und sich zu isolieren.

2. **Verwirrung** – Wenn man so massiv mit der Veränderung konfrontiert wird, dass man sie nicht mehr leugnen kann, sehen sich viele Menschen mit einer inneren Leere und mit Orientierungslosigkeit konfrontiert. Das macht vielen Menschen Angst.

3. **Zorn** – Die Angst vor dem Nichts, vor dem Unbekannten und vor dem Verlust alles Vertrauten führt oftmals zu einer Abwehrreaktion, zu Wut, Aggression oder Verzweiflung.

4. **Verhandeln** – Wenn die Gegenwehr nachlässt, weil man keine Kraft mehr hat, dann versucht man, sich stückchenweise an die Realität anzupassen und sie nur in Teilen zu akzeptieren.

5. **Schmerz** – Wenn man verstanden hat, dass Gegenwehr zwecklos ist, dass man der Realität ohnmächtig ausgeliefert ist und ihr nicht entrinnen kann, dann führt dies oft zu Depression, Leid oder Trauer.

6. **Zustimmung** – Erst wenn man den gesamten Zyklus des Widerstands hinter sich gelassen und sich vollständig in die neue Situation ergeben hat, beendet man das Leiden, den Kummer und die Qualen. Dann hat man mit der neuen Realität seinen Frieden geschlossen oder sich ergeben.

Ein Teil der Bevölkerung der westlichen Welt befindet sich Anfang Mai 2020 noch im **Schockzustand**. Sie **leugnen** die neue Realität. Daher können sie sich auch nicht dagegen auflehnen. Der andere Teil befindet sich im **Zustand der „Verwirrung"**. Die Politik tut alles, um alle möglichst lange in ihrem jeweiligen Zustand zu halten, weil die nächste Phase, der „Zorn" für die Machthaber etwas herausfordernder werden könnte. Deshalb versuchen sie, Zeit zu gewinnen, um Nägel mit Köpfen zu machen, ehe die Bevölkerung aus ihrem Schock erwacht und auf die Straße geht. Dann könnte es aber vielleicht für vieles bereits zu spät sein.

Also wird das Szenario einer zweiten gefährlichen Ausbruchswelle weiter genährt – auch wenn es nie eine erste gegeben hat. Der Ausstieg aus dem Lockdown ist absichtlich undurchsichtig und widersprüchlich. Die meisten Anweisungen und Verordnungen sind unklar oder verwirrend, um die Menschen in genau diesem Zustand zu halten. Wenn es nach denen geht, die im Hintergrund die Fäden ziehen, dann würden die Menschen solange in dem Zustand gehalten, bis es eine Impfung für alle gibt und somit alle fortan lückenlos überwacht werden können. Vermutlich sogar noch wesentlich mehr als das!

Ich gehe davon aus, dass eine Zwangsimpfung mit einem einge-
pflanzten Mikrochip einherginge, der jeden einzelnen Menschen aus der
Ferne gezielt steuern kann. Einen anderen Sinn könnte sie kaum haben.
Wie ich bereits im Kapitel „Bill Gates" beschrieben habe, gab es bereits
vor zehn Jahren Mikrochips, die Schmerzen im Körper steuern konnten. Wenn man bedenkt, wie rasant sich diese Technologien entwickeln,
dann gibt es bestimmt bereits Chips in Nanopartikel-Größe, die nicht
nur Schmerz, sondern auch jegliche Form von Emotionen hervorrufen
können, vermutlich auch Gefühle. Damit beziehe ich mich auf „Gefühle" als Interpretation von „Emotionen". Basisemotionen wie Freude,
Ärger, Angst, Überraschung, Trauer und Ekel sind bei allen Menschen
mehr oder weniger gleich. Ihre Reaktion darauf, also ihre Interpretation, ist aber kulturell und zeitgeschichtlich gesehen sehr unterschiedlich.
Ich gehe jedoch davon aus, dass man heute mittels eines Chips jeden
Menschen gezielt steuern kann, weil man seine Reaktion auf eine bestimmte Emotion kennt. Wenn man jedem Menschen einen solchen
Chip einpflanzt, dann muss man keine Chemtrails mit Protein-
Nanopartikeln mehr auf die gesamte Bevölkerung herunterregnen lassen. Dann kann man ganz gezielt und präzise jeden, der querschießt,
einzeln zur Räson bringen oder ausschalten.

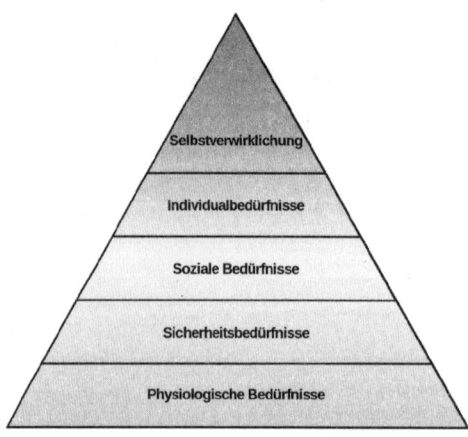

Abb. 15: Die bekannte Pyramide ist
eine Interpretation von Maslows Bedürfnishierarchie. Erst wenn grundlegende Bedürfnisse wie Schutz, Nahrung, soziale Kontakte befriedigt
sind, kann ein Streben nach Höherem, nach Selbstverwirklichung erfolgen.

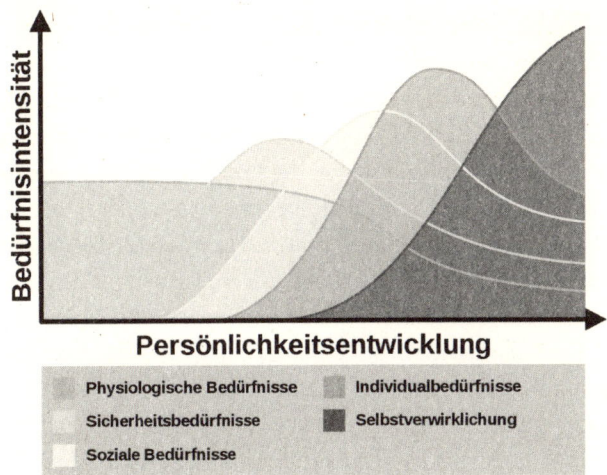

Abb. 16: Dynamische Darstellung der Bedürfnishierarchie. Die einzelnen Bedürfnisse überlappen sich, es ist ein fließender, volatiler Prozess bis hin zur Selbstverwirklichung.

Ja, ich glaube, dass dies der Plan derer ist, die im Moment das Ruder in den Händen halten. Und solange sie die Menschen im Zustand der Angst und der Verwirrung halten, können die auch nicht reflektieren. Sie können keine Zusammenhänge erkennen, weil sie mit dem nackten Überleben beschäftigt sind. Das ist das Prinzip, nach dem wir seit jeher regiert werden. Immer dann, wenn es uns zu gut geht und wir anfangen, selbstständig zu denken und das System zu hinterfragen, tritt ein schreckliches Ereignis ein, das uns wieder zurückwirft zu den primitiven Überlebensstrategien. „Haben" und „wollen" bestimmen unser Leben, wie schon Erich Fromm Mitte des 20. Jahrhunderts bemängelte. Dem entgegen stellte er das „Sein", also den Zustand, in dem man sich am „Selbst", am eigenen Dasein und an dem, „was ist" erfreut, ohne etwas zu vermissen, zu verlangen oder zu erwarten.

Zur selben Zeit entwickelte der US-amerikanische Psychologe **Abraham Maslow** seine bis heute in der Psychologie und in der Wirtschaft häufig zitierte *Hierarchie der Bedürfnisse*. Maslow fand, dass **der Mensch von Grund auf „gut" ist**. Damit widersprach er, genau wie Erich Fromm, Sigmund Freuds These, wonach der Mensch vorwiegend von seinen Instinkten gesteuert werde. Maslow stellte das Streben des Menschen über dessen Triebe, erkannte jedoch, dass es vorrangige Bedürfnisse gibt, die bei jedem Menschen befriedigt werden müssen, ehe er sich seinem „Selbst" widmen und sich entfalten kann. Nahrung, Behausung, Wärme und Sicherheit müssen gegeben sein, damit ein Mensch in der Lage ist, nach Höherem zu streben und die wichtigen Fragen des Lebens zu stellen. Nur wenn diese elementaren Voraussetzungen erfüllt sind, wird der Mensch eigentlich erst zum Menschen und zum höheren Wesen, das nach Perfektion, nach Harmonie und nach Selbstverwirklichung strebt. Sicherheit ist aber genau das, was den meisten Menschen im Zuge des Corona-Experiments genommen wurde, was sie am selbstständigen Denken hinderte und ihre geistige Entfaltung unmöglich machte. Maslow erkannte, dass Gewalt, Hass und Negativität keine genetisch vorbestimmten Eigenschaften sind, sondern Reaktionen darauf, dass einem Menschen seine Grundbedürfnisse verwehrt werden – damit war er den meisten Wissenschaftlern seiner Zeit weit voraus: *„Destruktivität, Sadismus, Grausamkeit sind nicht inhärent, sondern wesentliche Reaktionen auf Frustrationen unserer inhärenten Bedürfnisse."*

Maslow war klar, dass ein Bedürfnis nur so lange für unser Leben bestimmend ist, solange es unbefriedigt bleibt. Mit zunehmender Befriedigung eines Bedürfnisses nimmt also dessen treibende Kraft ab. Wenn ich genug zu essen habe, muss ich nicht ständig nach Nahrung suchen und ich werde nicht von der Furcht vor Hunger und Nahrungsmangel getrieben sein. Stattdessen werde ich mich anderen Aufgaben widmen. Wenn ich ausreichend Liebe und Anerkennung bekomme, dann werde ich mich nicht ständig beweisen und rechtfertigen müssen, dann kann ich anfangen, ICH selbst zu sein. Dann kann ich auf andere eingehen und das „Ich" wird nicht mehr permanent im Vordergrund stehen.

Mit dem großen Crash, der mit dem Corona-Experiment implementiert wurde, wurden die Uhren um Jahrzehnte zurückgedreht. Wir befinden uns im Krieg. Es wird von nun an ums nackte Überleben gehen. Mit dem, was kommt, werden vermutlich unsere primitivsten Reflexe angesprochen werden. Damit wurde ein System perfektioniert, das man vor einigen Jahren erfolgreich testete, als man die Menschen mittels Steuerung durch das Internet von *„Occupy Wallstreet"* wegführte – hin zu „*Fridays For Future.*" Man spielt mit ihren Emotionen und Gefühlen wie auf einer Klaviertastatur.

Um auf den Anfang dieses Kapitels zurückzukommen: Ich denke nicht, dass im Jahr 2021 alles wieder gut sein wird, sich die Wirtschaft erholt und wir alle herzlich über unsere damaligen Sorgen und Befürchtungen lachen werden. Ehrlich gesagt, ich glaube nicht, dass wir in naher Zukunft viel zu lachen haben werden. Ich denke, dass alles, was kommt, vorwiegend davon abhängt, wie rasch die meisten Menschen vom Zustand der „Verwirrung" in den Zustand des „Zorns" wechseln werden. Wenn das nicht schnell genug geschieht, können wir immer noch auf ein Wunder hoffen oder darauf, dass die Außerirdischen landen, die Bösen besiegen und die Menschheit befreien.

Während der letzten Korrekturen mehren sich Berichte über nicht genehmigte Demonstrationen in den USA, aber auch in Deutschland und der Schweiz, mit Tausenden von Teilnehmern. Teilweise werden sie gewaltsam von der Polizei aufgelöst. Gerade der Polizei wird in naher Zukunft eine wichtige Aufgabe zukommen. Aus gut unterrichteten Quellen weiß ich, dass in Österreich und Deutschland polizeiintern große Angst herrscht, da bei vielen jungen Einsatzkräften bereits die Nerven blank liegen. Ihre Vorgesetzten haben Angst, dass manche junge Kollegen dank ihrer scharfen Waffen zu einem Problem für die öffentliche Sicherheit werden könnten. Man sollte dabei nie vergessen, wer angefangen hat, wer den Menschen die Freiheitsrechte entzogen und wer die freie Meinungsäußerung beschnitten hat. Die Exekutive wird vielleicht in die unangenehme Situation kommen, sich für eine Seite entscheiden zu müssen. Man darf gespannt sein, welche es sein wird.

Auf der persönlichen Ebene

„Die Coronavirus-Pandemie hat den größten Teil unseres sozialen Lebens auf Eis gelegt oder nur einen blassen Schatten dessen zurückgelassen, was es einmal war. Und für viele von uns gibt es eine bestimmte Grenze dafür, wie viel Spaß wir durch Spiele und Netflix-Serien-Exzesse in unser Quarantäne-Leben einbringen können. Aber was wäre, wenn es möglich wäre, ein gutes Date mit einem geliebten Menschen zu genießen und dabei die Social-Distancing-Richtlinien einzuhalten...? Vor dem Hintergrund dieser Lösung – und inmitten eines brutalen, wirtschaftlichen Abschwungs, der vor allem kleine Unternehmen in Mitleidenschaft zieht – haben Restaurants in den USA eine neuartige Lösung entwickelt, die auf amerikanische Nostalgie zurückgreift, zahlende Kunden anzieht und gleichzeitig eine sichere Option für die Unterhaltung von Menschenmengen bietet. Seit Beginn der Regeln für Social Distancing im März haben Restaurants in ganz Amerika begonnen, ihre Parkplätze in Autokinos umzuwandeln, um Paaren mit Lagerkoller und Familien, die nur noch raus wollen, die Möglichkeit zu geben, ein Abendessen und einen Film auch mal wieder außerhalb von zuhause zu genießen."[(380)]

Elias Marat, US-amerikanischer Journalist

Ja, es gab viele solcher Meldungen in den vergangenen Wochen. Musiker haben kostenlose Konzerte im Internet oder von ihren Balkonen aus gegeben. Schauspieler haben gelesen oder gezeigt, wie man aus Staubsaugerbeuteln Mund-Nase-Masken macht. Restaurantbesitzer haben ihre eigene Online-Koch-Show für ihre Gäste entwickelt, weil sich herausstellte, dass einige von ihnen nicht mal wissen, wie man Kartoffeln kocht. Ja, es war in gewisser Weise auch beruhigend, zu sehen, wie anpassungsfähig der Mensch ist und wie schnell er sich mit neuen Situationen abfinden kann.

Die Zeit des Lockdowns hat die Bevölkerung zum einen vereint und zum anderen gespalten. Das Einende war das Wissen, dass es uns allen mehr oder weniger gleich ergeht – gegenüber dem Virus oder der Diktatur des Staates sind wir (fast) alle gleich. Dies hat bei einigen Mitmenschen merklich zu einer Beruhigung geführt und zu einer neuen Bescheidenheit, die sich auch in größerer Vorsicht und in größerer Freundlichkeit ausdrückt. Ich möchte nicht gleich von mehr „Respekt" sprechen, denn die Menschen kommen einem vielleicht nur deshalb nicht zu nahe, weil sie Angst vor einer Ansteckung haben. Oder aber sie wollen nicht gegen die Notstandsverordnungen verstoßen. Doch es ist anfangs merklich eine allgemeine Beruhigung eingetreten und vielleicht kann der tiefe Einschnitt in das Gefühls- und Seelenleben vieler Menschen dauerhaft unser Miteinander positiv beeinflussen – zumindest für einen Teil der Bevölkerung.

Ein entscheidender Faktor in den Wochen des Hausarrests war **Zeit**. Dieser abstrakte Begriff von etwas, das im Grunde nur in unserer Vorstellung existiert, hat unser Leben bis dahin geprägt, indem wir ständig zu wenig davon hatten. Wir lebten permanent im Mangelbewusstsein. Wir mussten noch dies tun und das tun, schnell dorthin und etwas abholen, währenddessen noch einen Coffee-to-go, dabei E-Mails checken, Selfies posten und drei Anrufe abarbeiten. Wir waren Gefangene unseres Lifestyles. Und dann war mit einem Mal Schluss damit. Wir machten eine Vollbremsung und wurden dabei aus dem Raum/Zeit-Kontinuum geschleudert.

Lineare Zeit, also eine konstante Bewegung von A nach B, die wir mit Uhren messen und an der wir uns täglich orientieren, ist real – wenn wir daran glauben. Dennoch gibt es auch andere Formen von Zeit, die zahlreiche Menschen zumindest gelegentlich erleben, wenn ihr Ego und ihr Verstand völlig aussetzen. Das passiert meistens durch einen großen Schock, etwa im Zuge eines Unfalls. Menschen, die durch äußere Einflüsse plötzliche Todesangst erleben, werden fast immer Zeuge dessen, dass die Zeit „stehen bleibt". Wenn man aus dem linearen Raum-Zeit-Kontinuum aussteigt, dann erlebt man, dass alles gleichzeitig stattfindet. Dann kann man sich auf der Zeitachse beliebig vor- oder rückwärts bewegen. Im Zeit/Raum-Kontinuum sind Vergangenheit, Gegenwart und Zukunft eins. Es gibt also keine „Zeit" mehr.

„Zeit ist an sich ein trügerischer Begriff. Natürlich hat Zeit eine sehr feine Form von Energie, aber deren Beschaffenheit ist abhängig von unserem Bewusstsein oder unserer Wahrnehmung. Zum Beispiel wird dasselbe Zeitfenster, sagen wir eine Stunde, von unterschiedlichen Personen unterschiedlich wahrgenommen, da für einige die ‚Zeit schnell verstreicht‘, für andere aber ‚langsam‘... Die Wahrnehmungen sind unterschiedlich, auch wenn das Zeitfenster dasselbe ist. Das menschliche Bewusstsein erlebt die Illusion der Vergangenheit und der Zukunft nur aufgrund der bruchstückhaften Wahrnehmung, die gewöhnliche Menschen von Zeit haben.“[381]

Radu Cinamar, »Transylvanian Sunrise«

Ich möchte hier nicht zu philosophisch werden, doch ich denke, dass viele von uns sich in diesen Tagen tatsächlich Gedanken über Dinge gemacht haben, für die sie sonst keine Zeit hatten. Oder für die sie sich nicht die Zeit genommen haben. Wir wurden in diesen Tagen alle auf uns selbst zurückgeworfen. Das ist ein wichtiger, einschneidender Prozess und genau das ist der Punkt, an dem der Lockdown für uns als Gesellschaft trennend wurde. Es gab immer nur wenige Menschen, die gewillt und mutig genug waren, sich intensiv mit sich selbst auseinanderzusetzen. Es gab Menschen, die sich gelegentlich für einige Tage oder Wochen in ein Kloster zurückzogen, um zu meditieren. Und es gab nur ganz wenige, die ihr gesamtes Leben dieser inneren Einkehr widmeten. Der Grund dafür ist leicht zu finden: Es ist sehr viel einfacher, nur an der Oberfläche zu bleiben und sich nicht den eigenen Ängsten und Schwächen zu stellen. Es ist einfacher, mit dem Strom zu schwimmen als dagegen. Also haben die meisten von uns die Illusion des Raum/Zeit-Kontinuums ständig aufrechterhalten – um nicht dort hingehen zu müssen, wo es weh tut. Doch was manche von Ihnen vielleicht aus dem Bereich des Sports kennen, ist das Motto: *No pain, no gain!* Wenn man seine Leistung steigern möchte, muss man an die Schmerzgrenze herangehen, und manchmal auch darüber hinaus.

Nun waren plötzlich viele von uns mit mehr freier Zeit ausgestattet, als ihnen lieb war. Wir wurden nicht durch einen Unfall aus dem Raum/Zeit-Kontinuum gerissen, sondern durch ein anderes traumatisches Erlebnis. Die einen nutzen diese Situation, um innezuhalten und darüber nachzudenken, was wirklich wichtig ist. Sie lasen viel, trieben Sport, bildeten sich, meditierten oder ließen die Seele baumeln. Sie ließen auch den Schmerz zu, der gelegentlich hochkommt, wenn man länger innehält und die Stille zulässt. Stille kann einem manchmal richtig Angst machen, wenn man sie nicht gewohnt ist.

Die anderen, ein großer Teil der Bevölkerung, taten aber alles, um dieser Selbstkonfrontation auszuweichen, weil sie nicht den Mut oder die Kraft dazu haben. Diese Vermeidungsstrategie stützt allerdings das alte System. All diejenigen, die selbst in solchen Extremsituationen das Reflektieren verweigern, sind die Säulen des Neoliberalismus und der Globalisierung. Sie sind die Eckpfeiler der Konsumgesellschaft und unbewusst die Unterstützer der Geheimen Weltregierung. Sie sind die Liebkinder des Systems.

Ich habe mir in den letzten Tagen die aktuellen Ausblicke mehrerer Trend- und Zukunftsforscher angesehen, doch ich konnte keinem besonders viel abgewinnen, denn die einen sind sehr düster und die anderen sehen alles durch eine rosarote Brille. Das Düstere habe ich selbst gut drauf und die Märchenvariante kann ich einfach nicht mehr ertragen. Daher möchte ich Ihnen lieber meine eigenen Gedanken dazu präsentieren. Ich gehe davon aus, dass wir in unserer Gesellschaft in naher Zukunft eine immer tiefer werdende Spaltung erleben werden. Das ist weder positiv noch negativ, es ist schlichtweg unausweichlich. Diese Spaltung der Gesellschaft hat sich bereits seit Jahren vollzogen, doch sie wird noch zunehmen. Wie genau das aussehen wird, ist schwer vorherzusagen, doch ich denke, dass es die einen mehr in die Natur ziehen wird, während die anderen wieder die laute Ablenkung suchen werden, sobald sie wieder zur Verfügung steht. Die einen werden nach kleinen Gemeinschaften suchen, die anderen die Masse. Ich denke, dass die einen bewusster und die anderen noch oberflächlicher werden. Diese beiden unterschiedlichen Realitäten oder Lebensmodelle werden rasch immer weiter auseinanderdriften.

Ich habe in den vergangenen Wochen mit großer Freude festgestellt, dass sehr viele Menschen im Hausarrest plötzlich (wieder) ihre Freude am Gärtnern entdeckten. Nicht nur in Gärten, auch auf noch so kleinen Balkonen konnte man beobachten, wie Menschen hingebungsvoll Salat, Tomaten oder Kräuter kultivierten. Sie verbrachten viel Zeit mit ihren Pflanzen und genossen es, in der Erde zu wühlen. Menschen, die kurz zuvor noch immer perfekt gestylt mit manikürten Fingernägeln zur Arbeit eilten, genossen nun den Dreck unter ihren Fingernägeln. Der Corona-Lockdown hat einen weltweiten Gartenboom ausgelöst.

Bereits wenige Tage nach Beginn des Arbeitsverbots waren vielerorts Gemüsejungpflanzen und Gemüsesamen ausverkauft. Dabei ging es nicht nur um den Anbau von Nahrungsmitteln für den Fall eines Engpasses. Vielmehr geht es in extremen Krisenzeiten immer auch darum, sich zu erden und Halt zu finden. Wenn Menschen aus ihrem gewohnten Rhythmus herausgerissen werden, wenn sie plötzlich keine Routine mehr haben, keine Anerkennung mehr mittels ihrer Leistung bekommen, dann brauchen sie etwas, das einen Sinn ergibt. Einer Pflanze zu Leben zu verhelfen, sie beim Wachsen zu unterstützen und zu begleiten, ist für viele Menschen beruhigend und heilsam.

Wo kann man besser über den Sinn des Lebens nachdenken als im Angesicht der Natur? Und genau das haben viele Menschen im März und April 2020 getan. Sie wussten nicht, wann sie wieder zur Arbeit gehen dürfen. Viele wussten noch nicht einmal, ob sie in einigen Wochen oder Monaten noch Arbeit haben oder finden würden. In Zeiten erzwungener Isolation helfen Pflanzen auch gegen das Gefühl der Einsamkeit und gegen die Leere, die entstehen kann. Man baut eine Beziehung zu anderen Lebewesen auf und beschafft sich auch wieder neue Arbeit. Tief drinnen verspüren wir nämlich alle das Bedürfnis, Sinnvolles zu tun – wenn wir es geschehen lassen. Der Lockdown hat manchen die Möglichkeit dafür gegeben, auszuloten, *was* eigentlich sinnvoll ist.

Für all jene, die den ganzen Tag allein zuhause an ihrem Laptop saßen und vor sich hinarbeiteten, waren ihre Gemüsepflanzen oder selbstgezogenen Blumen der sinnliche Ausgleich zum kalten und einsamen „Homeoffice". Wer den ganzen Tag auf eine Tastatur eindrischt und auf einen Bildschirm starrt, sehnt sich nach haptischen Erlebnissen, nach Berührung eines anderen Lebewesens. Und wenn uns der Kontakt zu anderen Menschen untersagt wird, dann ist der eigene Garten das Beste, was einem passieren kann, um nicht komplett abzustumpfen und zu vereinsamen.

Viele von uns haben in der Situation auch erstmals wieder Geräusche wahrgenommen, die wir lange nicht mehr gehört hatten. Zum einen, weil der immerwährende Verkehrslärm sie übertönte, zum anderen auch, weil wir in unserem Leben dafür keinen Platz mehr eingeräumt hatten. Auf einmal hörten wir wieder den Gesang der Vögel und konnten sie nach kurzer Zeit auch wieder unterscheiden. Wir hörten das Summen der Insekten und wir waren für einen kurzen Moment glücklich. Wir dachten darüber nach, was eigentlich Glück definiert. Was brauchen wir, um glücklich zu sein? Wir stellten mit einem Mal fest, dass wir vieles, was man uns genommen hatte, gar nicht vermissten. Anderes hingegen sehr. Wir erkannten, was wirklich wichtig ist und was nicht.

„*Unsere Zeit ist geprägt von tiefer Einsamkeit, und die Verbreitung digitaler Geräte ist nur eine der Ursachen. Diese Leere geht auch auf den atemberaubenden Rückzug der Natur zurück, ein Prozess, der lange vor der Bildschirmsucht begann. Die Menschen, die zur Zeit der COVID-19-Pandemie heranwuchsen, hatten bereits gesehen, wie Ozeane starben und Gletscher verschwanden, Australien und der Amazonas brannten und uns die Ausrottung von Wildtieren rund um den Globus traurig machte. Vielleicht erklärt dies, warum immer wieder Geschichten über das ‚Comeback' der Natur gerade so beliebt sind. Wir jubeln Bildern von Tieren zu, die verlassene Räume zurückerobern... Einige dieser Berichte sind glaubwürdig, andere zweifelhaft. Ich denke, was zählt, ist, dass sie einen Einblick in die Welt bieten, wie wir es uns wünschen: In einer Zeit immensen Leidens und des Klimawandels suchen wir verzweifelt nach Anzeichen für die Widerstandsfähigkeit des Lebens.* "[382]*

Jennifer Atkinson, Universitätsdozentin für Literatur und
Umwelttechnik an der University of Washington

Damit sind wir bei der anderen Seite der Medaille angekommen, nämlich der Tatsache, dass diese Situation des Lockdowns hoffentlich eines Tages wieder vorüber sein wird. Was wird dann sein? Vermutlich werden wir uns all die leeren und stillen Orte, die sich nun die Tierwelt angeeignet hat, im Handumdrehen wieder zurückholen. Und was ist dann?

Lassen Sie uns deshalb die andere Gruppe unserer Mitmenschen betrachten, diejenigen, die sich in Zeiten des Hausarrests nichts sehnlicher wünschen, als zu ihrer alten Routine zurückzukehren. Sie wollen unbedingt so weitermachen wie zuvor. Nun, ich denke, dass es ein Zurück zur alten Normalität nicht geben wird. Das Geschehene lässt sich nicht rückgängig machen und diejenigen, die diesen Lockdown angeordnet haben und von dieser Situation profitieren, werden ihre neugewonnene Macht über die Bürger freiwillig nicht aus den Händen geben. Sie werden vielleicht die Zügel etwas länger lassen, aber sie werden die Überwachung und Kontrolle von sich aus nicht zurückfahren.

Dieser andere Teil der Bevölkerung, der sich so sehnlich „Normalität" wünscht, wird vermutlich alles tun, um das Vertraute zumindest ansatzweise wiederzubekommen. Diese Menschen sind extrem leicht zu erpressen und zu manipulieren. Ich habe gestern ein wunderbares Beispiel aus Deutschland gehört: Es gibt tatsächlich Menschen, denen es im Moment das Wichtigste ist, dass die Fußball-Bundesliga fortgesetzt werden kann. Sie wollen den Ball rollen sehen. Doch da auch die gelockerten Corona-Beschränkungen Massenansammlungen verbieten, wird in Deutschland ernsthaft über die Austragung von sog. „Geisterspielen" diskutiert. Das sind Spiele vor leeren Rängen, mit täglich auf COVID-19 getesteten Fußballern, die gut desinfiziert und womöglich auch noch mit genügend Abstand um einen Ball kämpfen sollen. Die leeren Ränge sollen für die Fernsehkameras mit Pappkameraden gefüllt werden. Fans können dafür bezahlen, dass diese Aufsteller ihr Gesicht aufgedruckt bekommen und mittels einer Smartphone-App können sie von zuhause aus Klatschen oder Jubeln, was dann über die Lautsprecher des leeren Stadions übertragen wird.[383]

Ich möchte all dies jetzt nicht bewerten, aber es zeigt doch deutlich die Verzweiflung vieler Menschen auf. Es macht anschaulich, dass diese Menschen wirklich ALLES dafür tun würden, um wieder ihr altes Leben zurückzubekommen oder zumindest den Schatten davon. Sie würden alles mit sich machen lassen. Sie lassen sich gerne impfen und es ist ihnen egal, dass die Impfung sinnlos ist, weil sie bei Fertigstellung des Impfstoffes ein Virus spritzt, das in der Natur so überhaupt nicht mehr vorkommt. Sie sind Obrigkeiten gegenüber hörig, Hauptsache, sie dürfen weiter Teil einer Gruppe sein, die ihnen Halt gibt und Schutz bietet.

Eine Regierung, die in Bedrängnis kommt, könnte die Rückwärtsgewandten sogar dazu instrumentalisieren, die Fortschrittlichen zu behindern. Ich weiß nicht, wie groß die einzelnen Gruppen sein werden, das ist für mich schwer einzuschätzen. Ich möchte mein persönliches Umfeld nicht überschätzen. Ich weiß, dass viele Menschen, die sich einen Wandel in unserer Gesellschaft sehr wünschen, dazu neigen, die Dinge schön zu malen. Sie gehen davon aus, dass wir bereits einen Quantensprung im Bewusstsein der Menschheit erreicht haben und daher ohnehin alles gut wird. Ich bewundere diese Zuversicht von ganzem Herzen, aber ich hege die Befürchtung, dass sie vielleicht auch nur Zeichen mangelnden Kampfgeistes und innerer Resignation sein könnte. Ich möchte damit niemandem zu nahe treten. Ich weiß, der Glaube kann Berge versetzen, aber bislang habe ich nicht festgestellt, dass die Gläubigen auch nur einen Teilsieg gegen die dunklen Kräfte der Macht erzielen konnten. Ich hoffe, sie werden mich bald eines Besseren belehren. Auf jeden Fall befürworte ich sicherheitshalber Eigeninitiative.

Es hat bereits während des Lockdowns ein Umdenken in Teilen der Bevölkerungen stattgefunden. Es gibt mit einem Mal eine Diskussion darüber, was und wer wirklich wichtig für unsere Gesellschaft ist. Bislang galten diejenigen als die Stützen unserer Gesellschaft, die am meisten Steuern bezahlten. Doch das sind oft Menschen, die beruflich Dinge tun, die tatsächlich kein Mensch braucht. In der Krise ist uns klar geworden, dass wir weder PR-Berater, Kommunikationswissenschaftler, Werber, Compliance-Manager, Rationalisierer, Unternehmensberater noch Banker oder Spin-Doktoren zum Leben brauchen. Sie alle machen uns das Leben eigentlich nur schwer. Sie bezahlen die meisten Steuern, die aber für Dinge draufgehen, die wir sowieso nie haben wollten. Langsam dämmert es einigen, dass medizinisches Personal, Pflegekräfte, Supermarkt-Mitarbeiter, LKW-Fahrer, Bauern, Müllmänner oder Kanalräumer wichtiger für unser Überleben sind als die vermeintlich intellektuelle Elite. Nach zwei Monaten Abstinenz wird nun immer mehr Menschen beim morgendlichen Blick in den Spiegel klar, wie wichtig ein guter Friseur ist. Auch ist uns klar geworden, dass er mehr ist als jemand, der nur Haare schneidet. Die Bevölkerung ist gespalten und diese Spaltung wird von Seiten des Establishments weiter vorangetrieben. Es ist für die Profiteure des alten Systems von Vorteil, wenn die einzelnen Gruppen im Volk sich untereinander aufreiben, anstatt sich gegen „die da oben" zu verbünden.

Wir erleben gegenwärtig einen Systemcrash, der keinen Stein auf dem anderen lassen wird. Die Umgestaltung der Welt wird aber nicht nur von den bereits bekannten großen Gruppen wie Nationen und Konzernen bestimmt, sondern auch von den einzelnen Bevölkerungsgruppen – wenn sie das denn wollen und einfordern. Zudem gibt es noch weitere Gruppen, die unsere Gesellschaft nach ihren Vorstellungen umgestalten wollen, und das sind die „Transhumanisten", auf die wir später noch eingehen werden.

Ich weiß, es gibt einige Menschen, die an die Existenz der „White Hats" glauben, weil sie das glauben wollen. Es gibt ihnen Hoffnung, in der Illusion zu leben, dass andere es für sie richten werden. Aber Hoffnung kann trügerisch sein. Der Begriff „White Hats" steht für Personen in Machtpositionen, die das Wohl der Menschheit zum Ziel haben und ihre Position dazu einsetzen, die alten destruktiven Seilschaften auf Erden kaltzustellen. Die Idee dahinter ist, dass sie den *Deep State*, das Militär und die Politik unterwandert haben sollen, um im richtigen Moment das Kommando zu übernehmen und die negativen Kräfte ihrer Strafe zuzuführen. Aber der richtige Moment ist JETZT und ich kann sie nirgendwo wahrnehmen.

Ganz ehrlich, ich würde mir wünschen, dass es so wäre. Ich würde mir auch wünschen, dass wohlwollende Außerirdische landen und uns lehren, wie wir in Frieden und Freude zusammenleben können. Ich meine es ernst, ich würde mir das wünschen, denn ich habe oft Zweifel daran, dass wir das von selbst hinbekommen. Allein mir fehlt der Glaube. Sollte es passieren, bin ich positiv überrascht. Doch bis dahin, denke ich, sollten wir alles daran setzen, es selbst hinzubekommen. Wir sollten versuchen, das Steuer in die Hand zu bekommen, indem wir mehr Lärm machen als die Gegenseite – das kann vielleicht sogar still passieren. Wir müssen die Politik zu einem Umdenken bewegen oder wir werden eines Tages in Bills „Schöner Neuer Welt" aufwachen und uns fragen, warum wir die letzten Jahre so passiv waren.

Get up, stand up! Stand up for your right!
Get up, stand up! Don't give up the fight!

Bob Marley

Mit diesen berühmten Worten eines großen Philosophen, mit der Aufforderung, niemals den Kampf für die eigenen Rechte, für die Selbstbestimmung aufzugeben, möchte ich zum nächsten Kapitel überleiten. Ich habe das Gefühl, als befänden wir uns in einer schlechten Theateraufführung, in der das Publikum mitspielen muss. Es ist eine echte Schmierenkomödie, aber für manche der unfreiwilligen Statisten wirkt das Ganze so echt, dass sie es tatsächlich für ihr Leben halten. Für mich ist es aber einfach nicht mehr auszuhalten, deshalb stehe ich jetzt einfach auf und rufe: *„Aus! Es reicht! Ich will mein Geld zurück!"*

The Big One

Wirtschaft ist ein komplexes, schwer zu greifendes Zusammenspiel aus unzähligen Faktoren. Wir haben hier die Mechanismen der Betriebswirtschaft auf der einen Seite, also interne Prozesse innerhalb eines Unternehmens, die an sich schon sehr komplex sein können. Auf der anderen Seite haben wir die Volkswirtschaft, also das Zusammenspiel der einzelnen Betriebe untereinander. Dann haben wir die Makroökonomie, also die Interaktionen der einzelnen Volkswirtschaften. Dieses Zusammenspiel der einzelnen, unzähligen Kräfte basiert nicht nur auf Zahlen und Fakten, sondern in ganz großem Maße auch auf Vertrauen, auf dem Glauben daran, dass alles so gut und richtig ist und funktionieren wird. Wirtschaft ist neben dem Praktischen vor allem von Psychologie abhängig – und auch von einem Schuss Magie.

Unsere Weltwirtschaft hat bis vor kurzem viele Mängel gehabt, doch sie hat funktioniert. Das, was dann passierte, war im Grunde ein Vernichtungskrieg. Es wurde alles mit einem Schlag zerstört, das Vertrauen ebenso wie der Zauber, der vieles umgab und am Laufen hielt. Alle Transport- und Warenketten wurden unterbrochen und alle Geldflüsse kamen zum Erliegen. Verträge konnten nicht mehr eingehalten werden. Lieferengpässe führten zu Verunsicherung und Hamsterkäufen. Wenn das Vertrauen in ein System dahin ist, dann ist das System selbst dahin.

Mich erinnert all das an diese Situation in Libyen. Da gab es ein Land, das von einem Diktator regiert wurde. Das war nicht perfekt, doch die Menschen lebten in relativem Frieden und waren einigermaßen frei. Sie hatten Nahrung, durften sogar studieren, hatten ein kostenloses Gesundheitswesen. Dann wurde alles mit einem Schlag mutwillig zerstört. Die Folge ist, dass dieses Land seitdem im Bürgerkrieg versinkt und alles, was davor gut funktionierte, für immer zerstört ist. Heute funktioniert nichts mehr in Libyen, das Land befindet sich im Bürgerkrieg und es herrscht Chaos überall. So ähnlich sehe ich das gegenwärtig mit unserer Weltwirtschaft. Vielleicht kann man statt des Beispiels Libyen auch den Zweiten Weltkrieg als Vergleich hernehmen.

Alles lag in Schutt und Asche. Ein großer Teil der Bevölkerung war nicht mehr da. Es gab keine Ressourcen und kein Geld, und dennoch musste alles wieder neu aufgebaut werden. Und das wurde es. Aber es dauerte viele Jahre und bedurfte großer Anstrengungen und Entbehrungen. Wie George Soros bereits 2015 sagte, befindet Europa sich im Krieg, und nun verhält es sich „endlich" auch tatsächlich so. Aber das gilt nicht nur für Europa, sondern für die gesamte Welt. Aus meiner Sicht erleben wir gerade den Anfang des ultimativen Systemcrashs. Ein Zurück zu unserem alten Leben wird es nicht geben. Nun gilt es, alle Anstrengung und alle Energie nach vorne zu richten, um den Neuaufbau von allem, was ist, möglichst positiv zu gestalten.

Mir ist bewusst, dass viele Menschen zum gegenwärtigen Zeitpunkt die Dimension dieses Crashs, den ich THE BIG ONE nennen würde, noch nicht erfassen, weil sie glauben wollen, dass es nach dem Lockdown wieder so wie früher weitergeht – doch das ist ausgeschlossen. Wir erleben die größtmögliche gewollte Umgestaltung unserer Wirtschaft und unserer Gesellschaft. Wir sollten davor keine Angst haben, weil uns das nicht weiterhilft. Wir sollten aber den Tatsachen ins Auge sehen, die Ärmel hochkrempeln und aktiv werden.

Und lassen Sie mich, bevor wir fortfahren, nochmals daran erinnern, dass die immerwährenden Meldungen in der Presse diesbezüglich falsch sind: Nicht das Corona-Virus beschert uns den größten wirtschaftlichen Einbruch aller Zeiten, sondern diejenigen, die ihre Bürger zuhause eingesperrt und damit die Wirtschaft auf Null heruntergefahren haben! **Das Virus war nicht die Ursache für den Systemcrash,** es war nur die willkommene Ausrede für die Zerstörung der bisherigen Ordnung.

Ich habe in den vergangenen Wochen mit einigen Branchenvertretern aus den Bereichen Dienstleistung und Einzelhandel gesprochen. Ich werde weder ihre Namen noch ihre genaue Funktion nennen, weil sich im Moment niemand öffentlich zu Aussagen hinreißen lassen möchte, die ihm oder ihr später zum Nachteil gereichen könnten. Zusammenfassend kann ich sagen, dass sie je nach Branche und Grad ihres Optimismus' von einer Marktbereinigung zwischen 30 und 70 Prozent im Lauf des kommenden Jahres, also bis Mitte 2021, für ihre jeweilige Branche ausgehen. Würde man den Mittelwert dessen nehmen, dann hieße das, dass rund die Hälfte aller Einrichtungs- und Modeläden, Schuhgeschäfte, Friseure, Kosmetikstudios, Optiker, Souvenirläden, Sportfachgeschäfte, Restaurants, Bars, Hotels oder Tanz- und Fitnessstudios zusperren werden, um nur einige Branchen exemplarisch zu nennen.

Ich frage mich, wie ich am besten erklären kann, was meiner persönlichen Einschätzung nach als nächstes passieren wird? Ich werde einfach versuchen, mit möglichst wenig Zahlen auszukommen. Das ist natürlich nicht ganz einfach, wenn man über Wirtschaft spricht, aber ich denke, es ist mir im ersten Teil des Buches auch ganz gut gelungen, die Dynamiken und Mechanismen aufzuzeigen, ohne Sie mit zu vielen Zahlen und Charts zu bombardieren.

Einen Chart möchte ich Ihnen aber nicht vorenthalten. Er bildet die weitere Entwicklung des wichtigsten Börsenindex, des New Yorker *Dow Jones*, ab, und zwar unter der Annahme, dass sich dieser Crash so entwickeln wird wie der von 1929. Die vertikale Linie zeigt, wo wir im Frühjahr 2020 stehen. Man erkennt den tiefen Absturz des Dow Jones im März und die darauffolgende Erholung. (siehe Abb. 17) Diese Grafik macht deutlich, dass (nicht nur aus meiner Sicht) der massive Crash an den Aktienmärkten aber im März 2020 noch lange nicht das Ende der Bereinigung war. Er zeigt uns, wie es nach dem tiefen Fall wieder einen schönen Aufstieg geben wird, dem aber weitere Abstürze folgen werden. Es wird immer wieder Hoffnungsschimmer geben. Die Börsen leben vom Prinzip Hoffnung. Sie bilden schon lange nicht mehr die Realität oder den Ist-Zustand ab, sondern eine Zukunft, die sich die Anleger erwarten. Wie wir im ersten Teil des Buches sahen, waren die treibenden Kräfte seit den späten 1990er-Jahren vor allem Gier und Gedankenlosigkeit.

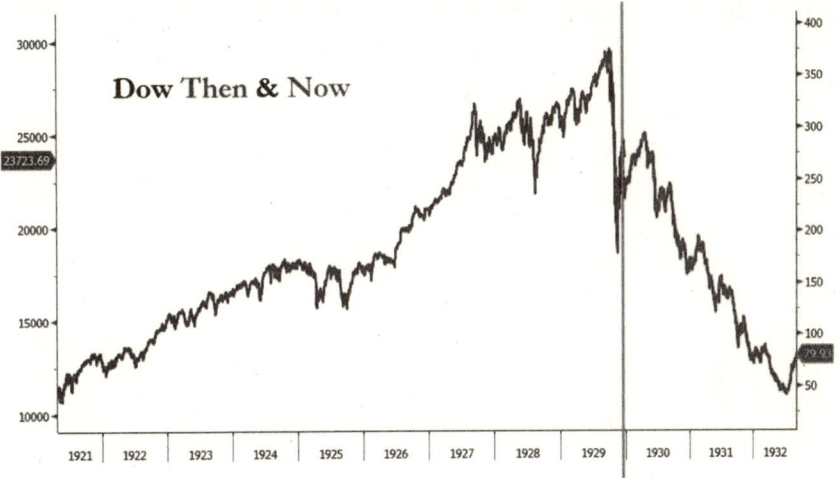

Abb. 17: Der Chart bildet den Absturz des Dow Jones während des Börsencrashs von 1929 ab. Wenn man annimmt, dass sich die Börsen im Jahr 2020 ähnlich wie 1929 verhalten werden, dann stünde uns ein 2,5-jähriger Abwärtstrend bevor. Die vertikale Trennlinie zeigt dabei, wo wir im März 2020 standen, als der Dow von 29.500 Punkten auf 18.200 Punkte abstürzte. Wenn es so läuft wie 1929, dann wird er etwa Ende 2022 seine Bodenbildung bei ungefähr 10.000 Punkten finden.

Mit jeder neuen Hiobsbotschaft im Lauf der Jahre 2020 und 2021 wird jedoch die Zuversicht der Anleger schwinden und werden sich mehr und mehr aus Aktien zurückziehen. Dann wird wahrscheinlich der Edelmetallmarkt eine Renaissance erleben, so wie es bereits nach dem Crash von 2008 der Fall war. Vermutlich werden wir auch ähnliche Marktmanipulationen wie damals erleben, aber je länger der Crash dauert, desto unübersichtlicher wird die Lage sein und desto schwieriger wird auch eine Manipulation werden. Dazu kann ich an der Stelle nicht mehr sagen, weil es den Rahmen sprengen würde. Wer mehr über Gold und Silber als Anlage wissen möchte, den kann ich nur auf mein Buch »Der Goldkrieg« verweisen.

Der Chart oben zeigt, wie sich die Börsen entwickeln dürften, wenn man den Crash von 1929 als Referenz hernimmt. Wenn sich alles ähnlich wie zu Zeiten der großen Depression entwickelt, dann wird es mit den Börsen für 2,5 Jahre, also bis Ende 2022, in Wellen bergab gehen. Die börsennotierten Unternehmen würden dann etwa 2/3 ihres Wertes verlieren. Da wir aber nicht nur einen Börsencrash und wirtschaftliche Verzerrungen erleben werden, sondern einen kompletten Systemcrash, wäre ich nicht überrascht, wenn die Abwärtsbewegung länger dauert, also vielleicht bis zum Jahr 2024. Wie gesagt, ich stochere wie alle anderen auch nur im Nebel und kann nur das aufmalen, was ich als wahrscheinlich erachte.

Anstatt Sie jetzt also mit unzähligen Zahlen, Statistiken und Charts zu langweilen, möchte ich Ihnen einfach darlegen, welche Szenarien aus meiner ganz persönlichen Sicht wahrscheinlich sind. Wenn wir alles zusammenfassen, was Experten an Szenarien für die nahe Zukunft entwerfen, dann ergeben sich daraus drei unterschiedliche Modelle:

1. Wir werden den schwersten wirtschaftlichen Einbruch seit dem Zweiten Weltkrieg erleben. Die Wirtschaft wird in der zweiten Jahreshälfte 2020 massiv schrumpfen, aber dank staatlicher Rettungs- und Hilfsprogramme wird alles im darauffolgenden Jahr wieder enorm anziehen und wir werden bombastische Zuwachsraten erleben. Ende 2021 wird alles wieder wunderbar sein. Die Börsen werden den Crash des März 2020 bereits Ende des Jahres wieder ausgeglichen haben und die Aktienindizes steigen weiter und weiter von einem Rekord zum nächsten. Die EU und der Euro werden gestärkt aus der Krise hervorgehen.

2. Wir werden den schwersten wirtschaftlichen Einbruch seit 1929 erleben. Es wird zu einer Welle an Firmenpleiten kommen und die Arbeitslosigkeit wird lange sehr hoch sein. Die Staaten werden die Märkte mit unvorstellbar viel Geld fluten, was die Inflation anheizt, aber nach einigen schweren und entbehrungsreichen Jahren, in denen viele Menschen auf der Strecke bleiben und sich viele das Leben nehmen, werden wir wieder einen Aufschwung erleben und die harten Jahre werden bald vergessen sein. Die Börsen

werden nach dem Crash des März 2020 noch für ein Jahr recht volatil sein, aber nach und nach werden die Kurse wieder steigen und ein neues Allzeithoch erreichen.

3. Wir werden den schwersten wirtschaftlichen Einbruch aller Zeiten erleben. Es wird zu einer Welle von Firmenpleiten kommen. Die Arbeitslosigkeit wird ausufern. Millionen Menschen werden ihr Zuhause verlieren und auf der Straße leben. Die Staaten werden die Märkte mit Geld fluten, um die Lage zu beruhigen, damit aber eine Hyperinflation auslösen. Die Schuldenblase wird platzen und nicht nur zahlreiche Banken, sondern auch ganze Staaten in den Abgrund stürzen. Es wird zu Währungsreformen kommen. Der Euro wird nicht überleben. Europa wird auseinanderbrechen.

Sie können jetzt raten, welche der Varianten ich für die Wahrscheinlichste halte? Um ganz ehrlich zu sein: Variante 4. Was meine ich damit? Ich meine, dass es vielleicht noch schlimmer oder zumindest umfassender wird, als wir uns bislang vorstellen können.

Es ist in der Weltwirtschaft bereits im April 2020 alles zum Erliegen gekommen. Wir waren es gewohnt, dass Knoblauch aus China kommt, Tomaten aus Spanien, Rindfleisch aus Argentinien, Mandeln aus Kalifornien, Weizen aus Russland, Autos aus Deutschland und so weiter. All dieser Warenaustausch hat in den Monaten von März bis Mai 2020 nicht mehr oder nur sehr eingeschränkt stattgefunden – und er wird in der Form nie wieder so stattfinden. Die Chinesen haben dem Westen Agrarprodukte und Elektronik geliefert. Doch die Frachtschiffe sind nicht leer zurück nach China gefahren. Sie waren voll beladen mit Autos, Maschinen, Altpapier oder Kunststoffabfällen. Nun fahren seit Wochen keine Frachtschiffe mehr. Das ist auch einer der Gründe, warum der Ölpreis so dramatisch eingebrochen ist.

Die Autoindustrie hatte bereits seit Jahren zu kämpfen, nicht nur mit Abgasskandalen, sondern auch mit Überproduktionen. Viele Autohersteller verkauften sich einen Großteil ihrer Produktion selbst, mittels Tageszulassungen. Weltweit standen Millionen Neuwagen herum, die offiziell verkauft waren, aber nie einen Kunden gefunden hatten. Die größten Absatzmärkte für westliche Autos waren China und die Mietwagenfirmen. Doch beide Märkte sind implodiert.

Die Autovermieter machen den Großteil ihres Geschäftes an den Flughäfen, die aber seit Monaten weitgehend geschlossen sind. Die meisten Car Rentals kämpften bereits Anfang Mai 2020 gegen die Insolvenz und haben zehntausende Mitarbeiter entlassen. Sie sitzen auf Millionen von Autos, die nicht gefahren und nicht gewartet werden, und täglich an Wert verlieren. Da Fernreisen auf absehbare Zeit kaum möglich sein werden, wird sich die Lage bei den Autovermietern so schnell auch nicht bessern.

Die gesamte Unterhaltungsbranche wird radikal umgekrempelt. Viele kleine Kinos werden schließen, die großen Ketten vermutlich von Streamingplattformen wie *Netflix* und *Amazon* für die Auswertung von deren Eigenproduktionen gekauft. Die Oscars werden bereits ab 2021 an *Netflix*- und *Amazon*-Filme vergeben.[404] Es wird zu einer Machtkonzentration auf dem Unterhaltungs- und Kunstsektor kommen, unabhängige Kleinbetriebe werden es noch schwerer haben.

Im April 2020 hat der animierte Hollywood-Film „Trolls" Geschichte geschrieben, weil er mit seinem Start im Internet innerhalb weniger Wochen mehr einspielte als seine Vorgänger in fünf Monaten im Kino. Damit ersparen sich die großen Studios künftig sehr viel Geld für Werbung.[405] Und damit scheint vorgezeichnet, wohin die Reise geht. Vorschriften über Abstandsregeln auf Filmsets, eigene Hygienebeauftragte und ein Berührungsverbot für Schauspieler werden ebenso wie Quarantäneregeln eine mehr als hundert Jahre alte, ruhmreiche Industrie in die Knie zwingen. Künftig könnten weniger Filme und Serien gedreht werden, und die mit kleinem Team und kleiner Besetzung. Sie werden dann zum größten Teil animiert sein, also mittels CGI (computer generated images) auf Rechnern entstehen. Das wird viele Betroffene den Job kosten. Es geht hier nicht nur um Kinobetreiber und Filmvorführer oder um die Studios, sondern auch um Schauspieler, Agenten, Masken- und Kostümbildner, Stuntleute, Caterer und viele zehntausende Menschen mehr, die allein in den USA von der Magie Hollywoods direkt oder indirekt abhängig waren. Solange die Menschheit in dem Glauben lebt, dass es zuhause sicherer ist als in der freien Wildbahn der Großstadt, wird es kein Wiederbeleben dieses Zaubers geben. Ähnliches gilt für Theater und Konzertbühnen.

Die Wirtschaft und die Produktions- und Lieferketten sind wie ein kompliziertes, feinjustiertes, altes Uhrwerk mit tausenden kleinen, feinabgestimmten Rädchen. Wenn man absichtlich einen Stein hineinwirft, dann ist alles kaputt. Es ist für immer zerstört. Ja, sicher, man kann versuchen, es auseinanderzunehmen, zu reinigen, die einzelnen Rädchen genau beschriften und die kaputten neu anfertigen, aber das wird sehr lange dauern, sehr teuer werden und am Ende immer nur ein Kompromiss sein. Und was bei einem Uhrwerk klappen könnte, wird bei der Wirtschaft kaum funktionieren, weil wir beim Auseinandernehmen des Uhrwerks feststellen müssen, dass ein Zahnrad nach dem nächsten in unseren Händen zerbröselt. Wir werden vermutlich bereits Ende des Jahres 2020 so viele Arbeitslose haben, dass kaum mehr jemand Geld zum Konsumieren hat. Es wurden sowohl die Geldflüsse unterbrochen als auch die Freude am Konsum an sich zerstört.

Es wird sich im Lauf der kommenden Monate nicht nur unser Verhältnis zu China ändern, es wird vermutlich zu einem umfassenden Umdenken bezüglich Produktionsstätten und Lieferketten generell kommen. Regionalität wird eine große Rolle spielen, auch weil es zu Engpässen in vielen Bereichen der Wirtschaft kommen wird. Auch bei Nahrungsmitteln. Es wird im Jahr 2020 und im Jahr 2021 vieles nicht mehr geben, zumindest nicht so, wie wir es gewohnt waren. Neben den Ernteausfällen auf Grund von Trockenheit und Bränden, musste zudem auch wegen des Lockdowns viel vernichtet werden oder konnte nicht geerntet werden, wie ich bereits zuvor berichtet habe. Wir werden lernen müssen, mit weniger auszukommen, was nicht unbedingt schlecht sein muss, viele von uns aber herausfordern dürfte.

Für diejenigen, die im Jahr 2021 noch Arbeit haben, wird sich die Art und Weise ihrer Berufsausübung vermutlich wandeln. Das Prinzip „Homeoffice" hat in vielen Bereichen während des Lockdowns gut funktioniert, zumindest für die Arbeitgeber. Warum also sollten Firmen oder auch Behörden ihren Mitarbeitern und Kunden künftig noch Gebäude zur Verfügung stellen, die man bauen oder mieten, die man heizen, ausstatten, beleuchten, versichern und beschützen muss? Wenn es doch ausreicht, jedem Mitarbeiter einen Laptop und ein Programm zur Kommunikation zur Verfügung zu stellen? Vieles wird zudem automatisiert werden, was einen bereits begonnen Prozess beschleunigen wird. In vielen Bereichen waren Mitarbeiter nur noch im Einsatz, weil manche Kunden darauf bestanden. Diese Mitarbeiter werden vermutlich wegrationalisiert werden.

Mit Arbeitslosigkeit und Homeoffice wird ein großer Teil des Individual- und Fernverkehrs wegfallen, der wird jedoch vermutlich durch vermehrte Onlinebestellungen, zumindest teilweise ausgeglichen werden. Der Umstand, dass die Regierungen ihre Bürger quasi über Nacht zum Onlinehandel gezwungen haben, weil physische Geschäfte geschlossen waren, wird den bereits begonnenen, schleichenden Tod des Einzelhandels noch beschleunigen. In Los Angeles stehen bereits seit mehreren Jahren einige große Shoppingmalls mitten in der Stadt komplett leer, weil sie den Konkurrenten Amazon & Co. unterlagen. Diese Ruinen einer Ära des unbeschwerten Bummelns und Konsumierens bieten einen Vorgeschmack auf unsere nahe Zukunft.

In der jüngsten Vergangenheit haben hunderttausende Menschen in der westlichen Welt Immobilien erworben, um sie via **Airbnb** (Buchung und Vermietung von Unterkünften) gewinnbringend zu vermieten. Die meisten dieser Wohnungen und Häuser sind auf Kredit gekauft worden und die meisten dieser Spekulanten werden ihre Kredite schon nach wenigen Monaten ohne Einnahmen nicht mehr bedienen können. Es wird zu einer Welle an Kreditausfällen und Zwangsversteigerungen kommen. Aber nicht nur bei Wohnimmobilien, denn leerstehende Restaurants und Läden werden auch bei Gewerbeimmobilien zu einer Marktbereinigung führen. Viele Büros werden überflüssig. Es wird vermutlich bald nicht mehr genug Anwälte und Bankmitarbeiter geben, um all die Insolvenzen zeitnah aufzuarbeiten.

Die Steuereinnahmen werden sinken und wenn Politiker planlos mit Geld um sich werfen, müssen sie irgendwoher Nachschub bekommen. Daher werden wir vermutlich „Bankholidays" erleben. Die Banken werden für einige Tage geschlossen und alle Konten eingefroren. Dann wird allen Guthaben (hoffentlich einmalig) ein bestimmter Prozentsatz abgezogen. Das könnten zwischen fünf und fünfzehn Prozent sein, vielleicht auch mehr, abhängig vom Grad der Verzweiflung der politischen Marionetten. Die Zyprioten kennen das noch aus dem Jahr 2013. Auch sehr beliebt sind in solchen Zeiten Zwangsabgaben auf Immobilien und natürlich Steuererhöhungen. Saudi-Arabien, bis 2019 noch eines der reichsten Länder auf Erden, hat den selbstausgelösten Erdöl-Krieg in Kombination mit einem weltweiten Lockdown bereits im Mai 2020 härter getroffen, als die meisten erwartet hätten. Mit Juni 2020 haben sie daher den Steuerfreibetrag gestrichen, und mit Juli die Mehrwertsteuer um 10 Prozent angehoben.[412]

All das sehe ich für den Fall einer schrittweisen Lockerung aus dem Lockdown im Lauf des Jahres 2020 auf uns zukommen. Was passieren würde, wenn es im Herbst erneut zu einem Lockdown käme, will ich mir gar nicht ausmalen – und ich bin wirklich hart im Nehmen. Natürlich können Sie jetzt einwenden, dass es nicht so weit kommen wird, weil die Regierung das sicher nicht zulässt. Und es ist bis jetzt ja noch jedes Mal gutgegangen. Ja, das ist ein interessanter Gedanke, aber hat Ihre Regierung den Crash des Jahres 2000 kommen sehen oder den Crash von 2008? Hat Ihre Regierung überhaupt jemals bei irgendetwas in Ihrem Sinne vorausgedacht? Wurde bislang jemals eine Krise zum Wohle des Volkes genutzt? Ist irgendjemand, der für den Lockdown im Jahr 2020 verantwortlich war, dazu in der Lage, einzuschätzen, was sein oder ihr Handeln im Detail für Folgen für andere Menschen hat? Nein, definitiv nicht! Glauben Sie ernsthaft, einer der Politiker oder Wissenschaftler, die sich über Ihre Freiheitsrechte hinweggesetzt haben, hat auch nur ansatzweise eine Vorstellung davon, was es bedeutet, selbstständig zu sein und Verantwortung zu übernehmen?

Die Antwort lautet: Nein! Diese Wesen haben üppige Gehälter und die erhalten sie oftmals zwischen vierzehn und sechzehn Mal pro Jahr. Sie alle sind mehrfach abgesichert, durch genau die Seilschaften, von denen sie in ihre Positionen gehievt wurden. Selbst wenn sie ihren Job verlieren, so gibt es für jeden von ihnen gleich mehrere Beraterjobs und Aufsichtsratsposten. Auch ihre opulente Rente ist sicher. Keiner von diesen Popanzen ist jemals ein unternehmerisches Risiko eingegangen. Sie haben nie erfahren, was es heißt, nicht zu wissen, wie man im nächsten Monat die Rechnungen bezahlen soll. Keiner von ihnen kann sich auch nur ansatzweise vorstellen, welche Abgaben kleine Unternehmer leisten und wie hart sie dafür arbeiten müssen. Sie haben keinerlei Empathie. Sie sind weitestgehend angstfrei, weil sie noch nie mit den Konsequenzen ihres Handelns konfrontiert wurden und sie tragen keinerlei Verantwortung. Politiker und Manager haften so gut wie nie für ihre eigenen Fehler. Sie sind es gewohnt, dass die Bevölkerung für ihre Fehler haftet. Deshalb nennt man sie auch „Bürger". Sie werden den Karren nicht aus dem Dreck ziehen können, weil sich die meisten von ihnen noch nicht einmal selbst die Schuhe zubinden können. Es ist wichtig, dass wir das endlich begreifen!

Ja, jene Politiker, die sich als „Krisen-Manager" darstellen konnten, hatten anfangs gute Umfragewerte, auch weil sie als Gönner auftraten und mit Geld nur so um sich werfen. Aber zum einen ist das unser Geld, das sie nun unkontrolliert zum Fenster hinaus werfen, zum anderen wird es nicht ausreichen, um die Lawine aufzuhalten. Es wird nur die bereits prall gefüllte Schuldenblase zum Platzen bringen, was die Dynamik noch beschleunigen und verstärken wird.

Ja, es wird die Ärmsten als erste treffen und vielleicht auch am Härtesten. Nur, die Armen sind ohnehin Kummer gewöhnt. Die wissen noch am ehesten, was auf sie zukommt. Die Reichen wissen es auch, sonst wären sie nicht reich. Wer bislang keinen blassen Schimmer hat, was auf ihn zukommt, ist der Rest dessen, was einmal die Mittelschicht war, also all jene, die glauben, am aufsteigenden Ast zu sitzen. Das Bürgertum wird erkennen müssen, dass es mit der Bildung nicht weit her war, weil man an den Schulen und an den Universitäten wichtige Teile der Bildung ausgespart hatte. Ihr aufstrebender Ast wurde schon vor langer Zeit lautlos angesägt. Solange sie sich nicht regten, hielt er noch. Doch je prekärer ihre Lage wird, desto unruhiger werden sie wohl werden – dann wird der Ast brechen und sie ohne Vorwarnung sehr tief fallen und sehr hart aufschlagen lassen.

„Am Wochenende tobten überall in den Vereinigten Staaten Proteste, als Millionen von Menschen die Regierung, die sie versklavt hatte, baten, sie zu befreien. So wird das zwar nicht funktionieren, aber die Tatsache, dass sie erkennen, dass kein anderer Mensch über sie verfügen sollte, ist zumindest ein Schritt in die richtige Richtung. Die Menschen haben es endlich satt, den Befehlen der herrschenden Klasse zu gehorchen. Sie wollen dem Befehl nicht mehr gehorchen, sich in ihren Häusern einzusperren, damit sie kein Virus verbreiten, das selbst nach den übertriebenen Zahlen der Regierung nicht schlimmer ist als die Grippe. Die Hauptbedrohung für Freiheit und Gerechtigkeit sind nicht Gier oder Hass oder eine der anderen Emotionen oder menschlichen Fehler, die oft für solche Dinge verantwortlich gemacht werden. Stattdessen ist es ein allgegenwärtiger Aberglaube, der den Geist von Menschen aller Rassen, Religionen und Nationalitäten infiziert und anständige, wohlwollende Menschen dazu verleitet, Gewalt und Unterdrückung zu unterstützen und zu befürworten…. die Beseitigung dieses einen Aberglaubens – der Glaube an Autorität, also dass Einzelne das Recht haben, zu befehlen und andere gehorchen müssen – würde den Großteil aller Ungerechtigkeit und allen Leidens der Welt beseitigen. "[378]

Mac Slavo, US-amerikanischer Autor und Journalist, 4. Mai 2020

Heute ist der 8. Mai 2020. Ich habe gestern auf Youtube den Dokumentarfilm *„Planet of the Humans"* von Jeff Gibbs gesehen. Dieses 100minütige Doku-Epos über die Schattenseiten der Energiewende wurde von Dokumentarfilm-Legende Michael Moore produziert und kostenlos bei Youtube zur Verfügung gestellt. Abgesehen davon, dass ich den Film jedem, der des Englischen mächtig ist, unbedingt empfehlen kann, so ist dies in gewisser Weise eine sehr interessante Entwicklung des Lockdowns: Es gibt mit einem Mal unglaublich viele kostenlose Angebote für daheim. Ob es ein nachhaltiges Konzept sein kann, einen Film, an dem mehrere Monate gearbeitet wurde und der Millionen gekostet hat, kostenlos im Internet zur freien Verfügung zu stellen, wage ich zu bezweifeln. Trotzdem: Bitte sehen Sie sich den Film an, vor allem, wenn sie daran glauben, dass Windräder und Elektroautos uns in eine bessere Welt führen werden.

Natürlich bietet jede Krise auch enorme Chancen. Wirtschaftlich werden vor allem Technologie-Konzerne und die Anbieter von Kommunikationslösungen profitieren, ebenso weiterhin der Versandhandel. Es wird viele Berufe bald nicht mehr geben, weil sie wegrationalisiert werden, aber es wird dennoch in den meisten Bereichen Nischen geben, die interessant und lukrativ sein können. Wer zuerst den Charakter der Lage erkennt und reagiert, könnte gute Chancen haben, sich ein neues Geschäftsfeld zu erschließen. Es wird immer eine kleine, aber sehr zahlungskräftige Klientel geben, die auch in Krisenzeiten das Gute und das Besondere schätzt und auch bezahlen kann. Seien Sie kreativ!

Ich möchte noch erwähnen, dass ich davon ausgehe, dass wir bestimmt den Versuch erleben werden, den Corona-Notstand mit dem Klima-Notstand zu verbinden. Es wird bestimmt Versuche geben, unsere Reisefreiheit länger als nötig zu beschränken. Die Gehilfen der Geheimen Weltregierung werden dafür pseudowissenschaftliche Begründungen finden, die völlig unhaltbar sind, aber von den einschlägigen Politikern, Wissenschaftlern und Journalisten als „Fakten" verkauft werden. NGOs und Doppeldenk-Fabriken werden uns mit falschen Zahlen füttern und ich bitte Sie, sehr aufmerksam und kritisch zu sein und sich nicht ein X für ein U vormachen zu lassen!
Zudem gehe ich davon aus, dass die Gedankenpolizei künftig noch rigoroser durchgreifen wird, wenn es um die Bekämpfung Andersdenkender geht. Je mehr sich die Lage wirtschaftlich und sozial zuspitzt,

desto drakonischer werden die Maßnahmen sein, die gegen das Volk ergriffen werden. Ich möchte hier sicherheitshalber nochmals betonen, dass ich das nicht wünsche. Ich lehne jede Form der Gewalt ab, aber die Geschichte lehrt uns leider, dass Zeiten großer Unsicherheit oft mit Gewalt einhergehen. Und um es deutlich zu wiederholen: **Bis Anfang Mai 2020 ist jegliche Gewalt von den Regierenden ausgegangen**, indem sie Menschen zu Dingen zwangen, die diese selbst nicht wollten!

Schöne Neue Welt

In den letzten Kapiteln haben wir zum einen die unterschiedlichen Entwicklungen innerhalb der Bevölkerungen beleuchtet, aber wir haben auch bereits die Fronten der Staaten gegen die eigenen Bürger betrachtet. Aus dem ersten Teil des Buches wissen wir zudem, dass es darüberliegend noch die diversen Fronten zwischen den einzelnen Nationen und Blöcken gibt, die um politische und wirtschaftliche Vormacht, aber auch um eine neue Weltleitwährung kämpfen. Was wir bislang jedoch noch nicht beleuchtet haben, ist eine weitere Gruppe, die bei der Umgestaltung unserer Welt bereits sehr aktiv ihre Finger im Spiel hat. Sie ist noch klein, aber extrem potent und aggressiv, und daher äußerst gefährlich. Das ist die Gruppe der **KI-Anhänger** und der **Transhumanisten**. Der **Transhumanismus** wird als „philosophische Denkrichtung" bezeichnet, was ich jedoch für zweifelhaft halte, da er eher darauf beruht, Neues um jeden Preis zu schaffen, **ohne zu denken**. Die Transhumanisten sitzen in den größten Firmen der Welt wie *Google*, *Microsoft*, *Apple* und *Nokia*. Sie leiten die Forschung an den größten Unis und sie machen Politik. Sie sind direkt mit der globalen Geldelite verflochten, die für ihre „Neue Weltordnung" leicht steuerbare, menschliche Sklaven erschaffen möchte.

Die Eugenik, die menschliche Auslese, war die Vorstufe, und der Transhumanismus ist ihre logische Weiterentwicklung. Diese Bewegung arbeitet fieberhaft daran, den Menschen mit der Maschine zu verschmelzen und Cyborgs zu erschaffen, künstliche Wesen, die dank

Mikrochip und Gentechnik unverwüstlich sind. Kranke, also „defekte" Teile, sollen wie Ersatzteile bei einem Auto einfach ausgetauscht werden oder sich selbst reparieren. Alles soll immer schneller gehen, immer perfekter werden und alle bisherigen Grenzen hinter sich lassen. Seine Visionen fasst Ray Kurzweil, der Entwicklungschef von *Google*, KI-Prophet und Guru der neuen transhumanistischen „Religion", wie folgt zusammen:

*„Die ‚Singularität' ist eine Zukunft, in der das Tempo des technologischen Wandels so schnell und weitreichend voranschreitet, dass die menschliche Existenz auf diesem Planeten irreversibel verändert wird. Wir werden die Macht unserer Gehirne, all die Kenntnisse, Fähigkeiten und persönlichen Macken, die uns zu Menschen machen, mit unserer Computer-Macht kombinieren, um auf eine Art zu denken, zu kommunizieren und zu erschaffen, die wir uns heute noch nicht vorstellen können. Diese Verschmelzung von Mensch und Maschine mit der plötzlichen Explosion der **Maschinen-Intelligenz**, wird, im Verbund mit rasend schneller Innovation in den Bereichen der **Gen-Forschung** sowie der **Nanotechnologie**, zu einer Welt führen, wo es **keine Unterscheidung mehr** zwischen dem biologischen und dem mechanischen Leben oder **zwischen physischer und virtueller Realität gibt**. Diese technologischen Revolutionen werden es uns ermöglichen, unsere gebrechlichen Körper mit all ihren Einschränkungen zu überwinden. Krankheit, wie wir sie kennen, wird ausgerottet. Die menschliche Existenz wird einen Quantensprung in der Evolution durchlaufen. Wir werden in der Lage sein, zu leben, solange wir wollen."*[406]

Ray Kurzweil, Autor, Erfinder, Futurist und
Leiter der technischen Entwicklung bei *Google*

Roboter und Künstliche Intelligenz sind längst in unserem Alltag angekommen. Im Jahr 2015 ging die *Bank of England* noch davon aus, dass sie in den USA bis spätestens 2035 rund 80 Millionen Jobs ersetzen werden, also rund die Hälfte aller US-Arbeitsplätze.[413] Das Corona-Experiment wird diesen Prozess extrem beschleunigen. Auch in Europa werden im Zuge des Lockdowns dutzende Millionen Arbeitsplätze wegfallen, die vermutlich nie wieder geschaffen werden, weil Maschinen viele Tätigkeiten wesentlich besser und vor allem preiswerter ausüben können als Menschen. **Die meisten von uns sind im alten System entbehrlich geworden!** Erkennen Sie den Zusammenhang zum zweiten Teil des Buches?

Der Begriff „**Künstliche Intelligenz**" (KI), auf englisch *Artificial Intelligence* (AI), beschreibt das maschinelle Lernen, also die Tatsache, dass Computerprogramme immer komplexer und „intelligenter" werden. Früher konnten Computer nur das wiedergeben, was ihnen jemand einprogrammiert hatte. Heute jedoch sind sie bereits in der Lage, sich selbstständig weiterzuentwickeln und zu lernen. Da sie sich schneller entwickeln als der Mensch, wird der Tag kommen, an dem sie uns an Wissen und an Geschwindigkeit überholt haben. Dieser Moment in der Geschichte der Menschheit, ab dem KI dem Menschen geistig überlegen ist und ab dem für uns nichts mehr vorhersehbar oder berechenbar ist, wird als „**Singularität**" bezeichnet. Diesen Punkt, an dem Maschinen über den Menschen regieren werden, halten viele ältere Semester für Spinnerei, doch er ist so viel näher als Sie sich das auch nur in Ihren kühnsten Träumen ausmalen können. Und es gibt eine kleine, aber sehr entschlossene Gruppe dieser KI-Propheten, die alles dafür tun, dass nicht die USA, China oder Russland die Weltherrschaft erreichen, sondern die „Künstliche Intelligenz". Sie wollen mit aller Macht alles Menschliche ausmerzen. Und mit dem Lockdown ist ihre Zeit gekommen.

In Singapur überwachen Roboter, dass die Menschen die Corona-Abstandsregeln einhalten, und trennen sie, wenn nötig.[414] Was bislang nur in Japan praktiziert wurde, ist im Zuge des Corona-Experiments auf andere Länder ausgedehnt worden: Alte Menschen werden nun von Robotern betreut! Sowohl der irische **Pflegeroboter** *Violet* als auch der dänische *UVD*-Roboter sind bereits tausendfach verkauft worden und lesen nun alten Menschen Geschichten vor, unterhalten sich mit ihnen oder betten sie um. Ist das die Zukunft, die Sie sich persönlich für Ihre alten Tage wünschen?[415]

In England und Australien werden seit April 2020 Drohnen in großem Stil dazu benutzt, um die Bevölkerung zu überwachen. Wenn Personen sich im Freien zu nahe kommen, werden sie mit Lautsprecherdurchsagen dazu aufgefordert, auseinanderzugehen.[(416)] Ähnliches passiert bereits in Deutschland und Frankreich.[(417)] In China und in Teilen der USA sind sogar schon Drohnen im Einsatz, die aus über 50 Metern Entfernung die Körpertemperatur, den Atemrhythmus und die Pulsfrequenz einer Zielperson feststellen können. Sie kontrollieren, ob Personen husten oder niesen, und melden dies an die Exekutive.[(418)] In vielen Ländern wurden Drohnen zuletzt benutzt, um großflächig Desinfektionsmittel „gegen das Virus" zu versprühen. Nanopartikel-Impfungen über die Haut existieren bereits, wie ich zuvor schon belegt habe. Was oder wer, wenn nicht wir, sollen also Regierungen noch davon abhalten, die gesamte Bevölkerung mittels Drohnen zu impfen, falls der Widerstand zu groß wird?

Meine Damen und Herren, das ist kein Zukunftsszenario! All dies geschieht bereits und angeblich zu unserem Wohle! Wollen wir das wirklich? Derzeit arbeitet die gesamte IT-Branche, das *Silicon Valley* und all seine Konkurrenten rund um den Planeten daran, *Social Distancing* zur neuen Norm zu machen. Computer-Nerds wie Bill Gates, die menschliche Nähe verabscheuen und keinerlei Mitgefühl mit normalen Menschen haben, wollen die Gelegenheit nutzen, um das, was wir anderen landläufig als „menschlich" bezeichnen würden, so weit als möglich auszumerzen. Zwar hat Mister Gates des Öfteren betont, dass KI ihm nicht geheuer sei, aber alles, was er tut, deutet in eine andere Richtung. Seine Firma *Microsoft* brachte im Jahr 2008 eine neue Software mit dem Namen „Singularity" (Singularität) auf den Markt und veröffentlichte 2017 das Computerspiel „Cyborg X", in dem es um ein tödliches Virus geht, das die Welt bedroht!

*„Wir schreiben das Jahr 2018. Ein Jahr nachdem **ein tödliches Cyber-Virus** die Kontrolle über X-Corp, einen strenggeheimen und hochentwickelten Waffenhersteller übernommen hat. Jetzt ist die Welt eine apokalyptische Einöde des Todes und der Zerstörung. **Was von der Menschheit übrig bleibt**, wird von den Bodeneinheiten von X-Corp*

(einer Armee von Cyborgs und Kampfdrohnen) gejagt und zerstört. Um sich selbst und alle Menschen vor dem Aussterben zu retten, schließt sich eine kleine Gruppe von Kämpfern zusammen, um sich zu wehren. Mit... großen Kanonen und vielen Kugeln bewaffnet, machten sie sich auf den Weg zu einer Selbstmordmission, um in die Hauptanlage von X-Corp einzudringen und die Maschinen von der Quelle aus abzuschalten. Sobald sie jedoch drinnen sind, stellen sie schnell fest, dass das Cyber-Virus möglicherweise mehr enthält als ursprünglich angenommen."[407]

Beschreibung des Microsoft-Computerspiels „Cyborg X"

Im Zuge des Corona-Experiments arbeiten alle IT-Firmen verbissen daran, den Menschen ihre Programme unterzuschieben, um sie lückenlos kontrollieren und steuern zu können. *Vodafone* verschickt an seine europäischen Kunden E-Mails mit der Bitte, sich eine „DreamLab-App" herunterzuladen, die dann „das Corona-Virus im Schlaf bekämpfen" soll! Selbst bei genauerer Recherche konnte ich nicht herausfinden, was *Vodafone* da mit seinen ahnungslosen Kunden vor hat, aber es sieht einfach nicht astrein aus.[408]

Doch es geht hier nicht nur um Apps, um Homeoffice oder um Homeschooling, die dazu genutzt werden, um soziale Distanz zu schaffen. Viele einflussreiche Persönlichkeiten unserer Zeit sind davon überzeugt, dass unsere Welt bald unbewohnbar sein wird, und sie tun gleichzeitig auch alles dafür, dass sich ihre Prophezeiungen erfüllen. Elon Musks *Space X* und Jeff Bezos *Blue Origin* arbeiten zusammen mit der NASA daran, zeitnah menschliche Außenposten auf dem Mond und dem Mars zu errichten. Sie wollen die Himmelskörper besiedeln, weil sie die Erde bald für unbewohnbar halten.[409][410] Bill Gates hat deshalb 2008 auf *Svalbard* im ewigen Eis zusammen mit dem norwegischen Staat eine Samenbank angelegt, um nach einem möglichen *kataklysmischen Ereignis*, das einen Großteil der Menschheit und der Natur auslöscht, die Erde wieder neu besiedeln zu können. Ich hoffe nicht, dass wir bald feststellen müssen, dass das Virus wie im Microsoft-Computerspiel „Cyborg X" *„mehr enthält, als ursprünglich angenommen"*.

Futuristen wollen *Social Distancing* zur neuen Norm machen und entwickeln dafür Technologien, die unseren Alltag umkrempeln sollen. Es gibt da draußen Millionen von Menschen, die ihr altes Leben wiederhaben wollen und sie werden sich alles einreden lassen, wenn es ihnen jemand verspricht. Sie würden alles dafür tun, um wieder Konzerte oder Clubs besuchen zu können – alles!

„Da sich alle in unserer Branche auf die Entwicklung virtueller Lösungen konzentrierten, entschieden wir uns, uns auf etwas Emotionaleres, Physischeres und Menschlicheres zu konzentrieren, damit die gesamte Branche eine größere Chance hat, sich schnell zu erholen."
Miguel Risueño, Head of Inventions von *Production Club*,
einer Event- und Designagentur in Los Angeles

Miguel Rusieno von der Designfirma *Production Club* in Los Angeles stellte Anfang Mai 2020 das neueste Produkt seiner Firma vor, einen Schutzanzug für die Corona-Zeit. (siehe Abb. 18) Er soll es den Menschen ermöglichen, künftig auch an Massenveranstaltungen teilzunehmen, ohne sich mit dem Virus anstecken oder es weitergeben zu können. Er sieht aus wie ein hypermoderner Astronautenhelm, der in einen Oberkörperanzug mit integrierten Handschuhen übergeht. Der Mensch ist damit unter der Hüfte aufwärts hermetisch von der Außenwelt abgeriegelt. Der Anzug erlaubt es ihm aber weiterhin, zur Toilette zu gehen oder Sex zu haben und an Massenveranstaltungen teilzunehmen, ohne Sicherheitsabstände zu anderen einhalten zu müssen.

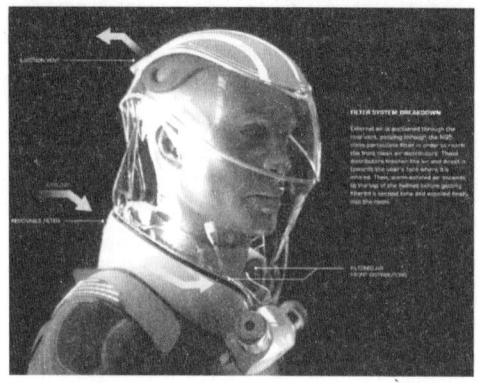

Abb. 18: Die in Los Angeles ansässige Designfirma *Production Club* sagt, dass ihr virussicherer Halbkörperanzug-Prototyp „Microshell" es großen Gruppen von Menschen ermöglichen würde, zu trinken, zu tanzen, auf die Toilette zu gehen und sogar Sex zu haben, und dabei die künftig notwendige *soziale Distanz* zu den Mitmenschen zu wahren.

Sex mit Raumanzügen, hermetisch abgeriegelt – das, meine Damen und Herren, nennt Miguel Rusieno „emotionaler, physischer und menschlicher" als das, woran die gesamte Konkurrenz arbeitet. Das ist kein Witz! So sehen angesagte Designerfirmen unsere nahe Zukunft! Hier haben sich bereits ganze Industrien auf ein Miteinander ohne menschliche Berührung und Hautkontakt eingestellt, weil diese jungen Menschen jahrelang mittels Videospielen auf diese dystopische Zukunft vorbereitet wurden. Für sie ist der Besuch eines Nachtclubs wichtiger als menschliche Nähe oder Freiheit. Wie gesagt, die Gräben zwischen den einzelnen Gruppen werden immer tiefer. Ich denke, dass im Jahr 2020 Dynamiken in Gang gesetzt wurden, die leicht außer Kontrolle geraten könnten. Wenn ein Crash, Weltuntergangsstimmung, Futurismus, künstlich geschaffene Bedrohungen und künstlich geschaffene Welten und Wesen aufeinandertreffen, dann ist alles möglich. Hier kommen Dynamiken in Gang, die jeden noch so abgebrühten Entscheidungsträger schwer überfordern könnten. Darauf zu vertrauen, dass Politiker oder ihre Berater diese Gemengelage auch nur ansatzweise verstehen, wäre bereits leichtsinnig. Und ihnen die Entscheidung über unser Leben und unsere Freiheit anzuvertrauen, ist Irrsinn.

Die Folgen dieser Dynamiken könnten die Erde tatsächlich unbewohnbar machen. Ich erinnere an das „Manhattan-Projekt in Corona-Zeiten" und daran, dass die neun Atommächte zusammen immer noch über 13.900 Atomwaffen verfügen. Das reicht aus, um die Erde mehrmals zu zerstören. Wenn wenig mittelmäßig intelligente Menschen mit unterdurchschnittlicher sozialer Kompetenz künstlich intelligentes Leben erschaffen wollen, dann ist das mehr als gefährlich.

„Ich denke, es ist keine Übertreibung, zu sagen, dass wir an der Schwelle zur Vollendung eines extremen Übels stehen, eines Übels, dessen Möglichkeiten weit über das hinausgehen, was Massenvernichtungswaffen für Nationalstaaten bedeuteten, das einigen extremen Individuen unglaubliche und furchtbare Macht verleihen wird."[411]
Bill Joy, Computerwissenschaftler und Gründer von *Sun Microsystems*

Google arbeitet eng mit *NASA Ames* zusammen, dem Forschungslabor der US-Raumfahrtbehörde. KI-Prophet Ray Kurzweil gründete auf dem NASA-Campus im Jahr 2009 seine *Singularity University*. Sie ist keine Universität im eigentlichen Sinne, sondern eher ein Ort, an dem sich KI-Propheten treffen, um zu forschen und junge, kreative Leute mit ihren Ideen anzustecken. **Das Ziel dieses Programms lautet** ganz bescheiden: Jede Idee muss darauf abzielen, **„das Leben von mindestens einer Milliarde Menschen zu verändern"** – dabei scheint es keine Rolle zu spielen, ob es zum Guten verändert wird und ob die Milliarde Menschen, die es erreichen soll, dadurch gesünder oder zufriedener wird. Wir haben es hier mit einem Tempo und einer Skrupellosigkeit zu tun, die zusammengenommen einen gefährlichen Sprengstoff ergeben. Diejenigen, die dieses Tempo vorgeben, haben uns dazu gezwungen, eine Vollbremsung zu machen und uns nicht mehr vom Fleck zu bewegen, während sie noch einen Gang höher geschaltet haben. Ich denke, es ist Zeit für Straßensperren. Shut them down and lock them up!

Am 9. Mai wurde in Deutschland ein Skandal aufgedeckt, der so gut wie alles bestätigte, was ich Ihnen in diesem Buch präsentiere. Das war die sprichwörtliche Bombe. Die Internetseite *Tichys Einblick* veröffentlichte den Bericht eines hochrangigen Mitarbeiters im Deutschen Bundesinnenministerium, Oberregierungsrat *Stephan Kohn*. Er ist Leiter des Referats 4, der Abteilung für *Krisenmanagement und Bevölkerungsschutz*. Die ist verantwortlich für die Bewältigung nationaler Katastrophen. Im zivilen Verteidigungsfall und zum Bevölkerungsschutz übt sie die Aufsicht über das Technische Hilfswerk und das Bundesamt für Bevölkerungsschutz und Katastrophenhilfe aus.[424] Dieser Referent hatte eine 86-seitige Analyse der Lage erstellt und kam zu dem Schluss, dass es sich bei der Corona-Pandemie um einen „Fehlalarm" handelte.

„Die beobachtbaren Wirkungen und Auswirkungen von COVID-19 lassen keine ausreichende Evidenz dafür erkennen, dass es sich... um mehr als um einen Fehlalarm handelt. Durch den neuen Virus bestand vermutlich zu keinem Zeitpunkt eine über das Normalmaß hinausgehende Gefahr für die Bevölkerung.... Es sterben an Corona im We-

*sentlichen die Menschen, die statistisch dieses Jahr sterben, weil sie am Ende ihres Lebens angekommen sind und ihr geschwächter Körper sich beliebiger, zufälliger Alltagsbelastungen nicht mehr erwehren kann (darunter der etwa 150 derzeit im Umlauf befindlichen Viren). Die Gefährlichkeit von Covid-19 wurde überschätzt... Die Gefahr ist offenkundig nicht größer als die vieler anderer Viren. Wir haben es aller Voraussicht nach mit einem über längere Zeit **unerkannt gebliebenen globalen Fehlalarm** zu tun. – Dieses Analyseergebnis ist von KM 4 auf wissenschaftliche Plausibilität überprüft worden und widerspricht im Wesentlichen nicht den vom RKI (Robert Koch-Institut, AdV) vorgelegten Daten und Risikobewertungen.*"[(420)]

Der Referent wollte diesen Bericht den obersten politischen Gremien vorlegen, was aber seine Vorgesetzten angeblich verhinderten. Er beschreibt in dem Bericht, dass der Lockdown eine völlig sinnlose Maßnahme war, die vermutlich mehr Menschenleben gekostet hat als das Virus selbst.[(421)]

„Angesichts des sachlichen Befunds der vorliegenden Analyse und der dazu im Kontrast stehenden Entscheidungen der Politik kann bei geschädigten Außenstehenden möglicherweise die Befürchtung aufkommen, dass das bestimmende Schutzziel des nationalen Krisenmanagements nicht mehr die Sicherheit und Gesundheit der Bevölkerung ist, sondern die Glaubwürdigkeit und Akzeptanz von Regierungsparteien und Regierungsmitgliedern. Aus derartigen Wahrnehmungen, die nicht per se irrational sind, kann in einem auf Zusammenhalt angelegten Gemeinwesen eine ungünstige Dynamik erwachsen..."[(422)]

Damit bestätigt er meine Annahme, dass die Regierungen in eine Sackgasse hineinmanövriert wurden, aus der sie ohne Gesichtsverlust nicht mehr herauskommen, was sie zu ihrem irrationalen und sinnlosen Handeln veranlasste. Und dann spricht er in dem Bericht auch das deutlich an, was ich bereits gesagt habe, nämlich, dass die psychischen, gesundheitlichen und sozialen Folgen dieses grausamen Experiments erst nach und nach sichtbar werden dürften.

„Der (völlig zweckfreie) Kollateralschaden der Coronakrise ist zwischenzeitlich gigantisch. Ein großer Teil dieses Schadens wird sich sogar erst in der näheren und ferneren Zukunft manifestieren. Dies kann nicht mehr verhindert, sondern nur noch begrenzt werden. "[(423)]

Der Referatsleiter in der Abteilung für Krisenmanagement und Bevölkerungsschutz, der diesen Bericht verfasste, wurde nach dem Bekanntwerden beurlaubt. Die Existenz des Berichts konnte nicht mehr bestritten werden. Stattdessen wurde sie als Privatmeinung abgetan, die nicht der Meinung des Ministeriums entspricht.

„Um eine Weltregierung zu erreichen, ist es notwendig, Eigenständigkeit, Loyalität gegenüber der Familientradition, nationalen Patriotismus und die religiösen Dogmen aus den Köpfen der Menschen zu entfernen. "[(432)]

Dr. George Brock Chisholm, erster Generaldirektor der WHO von 1948 bis 1953 bei einer Rede am 11. September 1954

Eigentlich war dieses Kapitel an dieser Stelle abgeschlossen, doch dann stolperte ich nach Fertigstellung des Buches noch über etwas, dem ich bislang wenig Bedeutung beigemessen hatte. Auf Grund der aktuellen Ereignisse erschien es mir nun aber in einem anderen Licht. Zudem bestätigt es vieles, was ich zuletzt befürchtet hatte. Es geht um *Allianz ID2020*. Dies ist eine staatlich-private Initiative mit dem Ziel, alle Menschen auf Erden mit einer *digitalen Identität (ID)* auszustatten, sprich, jedem Erdenbürger künftig direkt nach der Geburt einen Chip einzupflanzen, der als digitaler Ausweis künftig Reisepass oder Führerschein ersetzen soll. Diese Initiative wurde 2016 gegründet und ihre Unterstützer treffen sich jedes Jahr im September in New York City. Dazu gehören unter anderem das UNO-Flüchtlingshilfswerk *UNHCR* und Bill Gates' *GAVI* und *Microsoft*. Bislang war diese Initiative nur für einige „Verschwörungstheoretiker" von Interesse, weil sie klang, als nutzten einige Spinner die Gelegenheit, um einmal im Jahr mit ihren Kumpels in NYC abzuhängen und ihre SciFi-Träume auszuleben. Aber die Jahreszahl im Namen ihrer Initiative war offenbar nicht zufällig gewählt. Denn durch das Corona-Experiment hat dieses Projekt auf einmal Fahrt aufgenommen. *Bangladesch* hat 2020 bereits als erstes Land damit begonnen, alle Neugeborenen **zwangsweise zu impfen und gleichzeitig zu chippen**, ganz genau so, wie ich es vorhergesagt hatte. Mehrere Länder wollen nun diesem Beispiel folgen. Und wie wir gesehen haben, tun die meisten Regierungen genau das, was ihnen Bill Gates und die UNO-Organisationen vorschreiben.[433]

> *Die WHO hat 2020 zum Internationalen Jahr der Krankenschwester und der Hebamme erklärt. Warum? Aufgrund der „entscheidenden Rolle dieser Berufe als Verfechter der frühen Impfung für neue Eltern und werdende Eltern sowie der Impfung im Lebensverlauf, um sicherzustellen, dass ältere Erwachsene ihren routinemäßigen Schutz erhalten". Was für eine clevere Möglichkeit, das wirklich engagierte Pflegepersonal zu nutzen, um Impfstoffe in einem riesigen Marktsektor zu bewerben.* [434]
>
> Vanessa Beeley, britische Journalistin

Tatsächlich hatte die WHO mit unglaublichem Weitblick im Mai 2019 das Jahr 2020 zum „weltweiten Jahr der professionell Pflegenden und Hebammen" ausgerufen. Tatsächlich erhalten gerade sie in Corona-Zeiten besonders viel Aufmerksamkeit. Ich hoffe, dass diese Berufsgruppen hellwach und sich ihrer Verantwortung bewusst sind. Ich hoffe inständig, dass sie sich nicht wie die WHO und zahlreiche andere Organisationen von Bill Gates werden kaufen lassen. Denn sein Wirken treibt dank seiner üppigen philanthropischen Geldgeschenke im Jahr 2020 erschreckende Früchte. Es reicht ihm und seinesgleichen nicht, nur die kommenden Generationen zu chippen und zu impfen. Gates hat deutliche Verbindungen zu vielen „Experten", die im Corona-Experiment den Ton angeben, wie etwa zum Epidemiologen und Bio-Mathematiker *Neil Ferguson*, einer der führenden Figuren im *Imperial College COVID-19 Response Team*, das Boris Johnson, gegen seinen anfänglichen Willen, zum drastischen Lockdown in Großbritannien überredet hatte.[435]

Das Imperial College wird seit Jahren großzügig von der Gates-Foundation unterstützt. Und nun forderten die britischen Experten im Mai 2020 „Immunitätspässe" als Voraussetzung, um den Menschen wieder ihre Bewegungsfreiheit zurückzugeben. Die Experten schlagen vor, dass sich jeder, um sich frei bewegen zu können, impfen lassen sollte. Bis zur Verfügbarkeit eines Impfstoffs müsste man demnach eine App herunterladen, seine biometrischen Daten und sein Corona-Testergeb-nis hochladen. Je nachdem, ob man immun ist oder nicht, erhält man dann einen bestimmten erlaubten Bewegungsradius. Erinnert manche vielleicht an das chinesische Social-Ranking-System. Die App generiert einen QR-Code, mit dem etwa der Arbeitgeber die ID und die Immunität überprüfen kann, bevor der Mitarbeiter wieder zur Arbeit kommen darf.[436]

Sollte die Politik dieser Idee nachgeben, würde es also künftig für „Impfgegner" vermutlich keine Arbeitserlaubnis mehr geben. Sollte es tatsächlich Menschen geben, die das nicht bedenklich finden, dann frage ich Sie: Was, glauben Sie, wird mit denen passieren, die keine Freigabe bekommen, die nicht immun sind? Ich überlasse die Antwort Ihrer Fantasie.

Die Metaebene – Zeitlinien und parallele Realitäten

Gegenwärtig sind verschiedene Mächte am Werk, die extrem unterschiedliche Vorstellungen davon haben, wohin die Reise gehen soll. Im schlechtesten Fall werden sie einander bis zum bitteren Ende bekämpfen, bis nur ein Gewinner vom Platz geht und alle anderen sich unterordnen oder vernichtet sind.

Von einer Meta-Ebene, einer höheren Warte aus betrachtet, geht es bei all dem nicht nur um die Frage, wo wir künftig unser Toilettenpapier herbekommen oder ob es im Dezember noch Erdbeeren geben wird. Es geht darum, wie wir uns diese Welt vorstellen. Und es geht darum, sie zu dem zu machen, was *wir* gerne hätten. Es gibt in der modernen Physik die Theorie, dass unsere Welt nur ein Hologramm oder eine Computersimulation sei. Wenn dem so wäre, dann müsste es möglich sein, dass wir mehrere Welten erschaffen, eine für jede Gruppe. Dann könnten künftig alle so leben, wie sie sich das erträumen. Manchmal wird in dem Zusammenhang auch von parallelen Realitäten, also parallelen Welten, gesprochen. Andere bezeichnen diese Vorstellung als unterschiedliche „Zeitlinien". Diese Zeitlinien laufen immer weiter auseinander.

Ich habe schon lange den Eindruck, dass wir in unterschiedlichen Welten leben und die sich immer weiter voneinander entfernen. Ich kann nicht genau sagen, wie das im Detail aussehen wird, doch wenn es nicht zu einem Quantensprung im unserem Bewusstsein kommt, wie mehrere unterschiedliche Gruppen auf unterschiedliche Weise hoffen, dann werden wir eine andere Lösung finden müssen. So wie bisher können wir offensichtlich nicht mehr weitermachen.

Sollten wir keine friedliche Co-Existenz hinbekommen, dann bleiben nur Krieg und Unterwerfung oder getrennte Wege. Vielleicht wird der „**Plan 50/50**" anders aussehen als Ricken Patel, Leonardo DiCaprio und Bill Gates sich das vorgestellt haben. Vielleicht werden wir uns die Erde tatsächlich in zwei Bereiche aufteilen oder in drei oder vier und sie können ihren Teil von einer Künstlichen Intelligenz regieren und alle Pappkameraden impfen lassen.

Vielleicht werden wir tatsächlich bald auf anderen Himmelskörpern oder auf unterschiedlichen Zeitlinien, also in unterschiedlichen Welten, leben. Es steht für mich jedenfalls außer Zweifel, dass es hier um wesentlich mehr geht als um einen Crash und als die Neugestaltung unserer Gesellschaft. Es geht um die Frage „Mensch oder Cyborg"? Es geht um die grundlegende Frage, was einen Menschen ausmacht. Es geht jedoch vor allem um die Frage, ob diejenigen, die als „Menschen" leben wollen, die Berührung, Nähe und Sinnlichkeit, Freiheit und Eigenständigkeit als Teil ihrer Identität ansehen und sich gegen die anderen Bestrebungen durchsetzen werden.

Seit Jahren wurden wir von Hollywood darauf vorbereitet: Auf den Endkampf, auf die ganz große, alles entscheidende Schlacht zwischen GUT und BÖSE. Und auf der Metaebene geht es um genau das. Und auf allen anderen Ebenen letztlich auch. Was wir gegenwärtig erleben, hat nur auf den ersten Blick mit einem Virus zu tun. Das Virus war jedoch nicht der Grund für die Ereignisse des Jahres 2020. Es war nur der Katalysator für einen lange anstehenden Prozess des Wandels auf Erden. Die staatlichen Reaktionen auf die „Corona-Krise" sind dieser Situation nicht angemessen. Ich kann nicht sagen, ob die offiziellen Entscheidungsträger sich der Tragweite dieses Events bewusst sind, doch ich gehe davon aus, dass sie zumindest ansatzweise spüren, dass dies größer ist als sie und größer als wir alle. Ich hoffe daher inständig, dass sie sich künftig dementsprechend verantwortungsvoll verhalten werden und das Wohl ihres jeweiligen Volkes über die eigenen Interessen stellen. Sollten sie das nicht tun, werden sie mit den Konsequenzen leben müssen. Sie sollten nicht die Wucht unterschätzen, die von mehreren hundert Millionen zorniger Menschen ausgehen kann.

Dieser Umbruch des alten Systems bietet uns allen die Möglichkeit, unsere Vorstellung dessen umzusetzen, wie *wir* uns das Zusammenleben auf Erden vorstellen, ohne in ein Korsett von Konventionen gezwängt zu sein. Die alten Regeln gelten nicht mehr und wir müssen gemeinsam neue etablieren. Dafür müssen wir unsere alten Denkstrukturen verlassen. Zwar werden die alten Seilschaften versuchen, ihre

Macht möglichst lange mit allen Mitteln durchzusetzen, doch sie werden vermutlich rasch an ihre Grenzen stoßen. Dann wird Umsicht gefragt sein.

Der Wandel bietet uns die einmalige Chance, neue Regeln aufzustellen. Diese sollten zum Wohle aller gestaltet werden und bei größtmöglicher Freiheit für jeden von uns. Wer jedoch diese Freiheit über Gebühr ausnützt und anderen schadet, muss von den anderen in die Schranken gewiesen werden. Es geht hier um so etwas wie „Erziehung". Es geht darum, dass wir uns als Menschheit aus dem Teenageralter herausbewegen und zu verantwortungsvollen Erwachsenen heranwachsen. Dafür braucht es Mut und Zuversicht, Liebe und Respekt, aber wenn nötig auch Strenge, Nachdruck und Konsequenz. Das mag in manchen Momenten schwierig sein, aber es ist der einzige Weg, gemeinsam zu wachsen.

Die Monate und Jahre, die vor uns liegen, werden für manche von uns traumatisch sein und sie können auch über das Aktuelle hinaus alte Traumata und Verletzungen wachrufen, was zu einem schmerzlichen Prozess führen könnte. Einige von uns haben aber diesen Prozess der Aufarbeitung längst begonnen. Wir werden daher hoffentlich leichter mit der Situation fertig werden – andere werden stärker darunter leiden. Manche werden damit vielleicht auch nicht fertig werden.

Der Umbruch passiert bereits, er ist nicht mehr zu stoppen und jeder Einzelne von uns muss sich entscheiden, ob er oder sie diesen Prozess aktiv mitgestalten will oder darauf warten möchte, was andere daraus machen. Wer eine Vision von einer besseren, gerechteren Welt hat, sollte sich nun einbringen. Dafür werden manche über ihren Schatten springen und allen Mut zusammennehmen müssen. Doch sie werden mit ihren Erfahrungen wachsen und reifen. Zahlreiche Menschen haben sich bereits im Frühjahr 2020 zu neuen Initiativen zusammengeschlossen, um gegen Ungerechtigkeiten und Gesetzesbrüche vorzugehen. Wer handeln will, kann sich ihnen anschließen oder eigene Initiativen gründen. Gleichgesinnte gibt es überall mehr, als Sie vielleicht denken.

Nur eine große Krise bietet die Chance für tiefgreifende Veränderung und dies dürfte – vielleicht außer einem Meteoriteneinschlag – die größtmögliche Krise sein, die wir uns vorstellen können. Sie wurde zwar von einigen wenigen Personen ausgelöst, da sie aber gravierende Auswirkungen auf uns alle hat, dürfen wir das Heft des Handelns nicht diesen Wenigen überlassen. Also, mischen Sie sich ein, stehen Sie für ihre Rechte und Freiheiten ein! Tun Sie, was nötig ist, um Ihre eigene Vorstellung von dieser Welt in die Realität umzusetzen.

Die äußere Gestalt dieses Großereignisses kam für die meisten von uns überraschend, doch tief drin wussten wir alle, dass der Zeitpunkt der Veränderung kommen wird. Nun ist er gekommen und es gibt kein Zurück mehr! Wenn wir es richtig machen, dann wird dies nicht die Zeit der Abrechnung und Vergeltung sein, sondern eine Zeit, in der wir einander die Hände reichen. Wer aber diesen Handschlag ausschlägt, wird ebenfalls mit den Konsequenzen leben müssen. Es gibt ganz klare Bestrebungen dahingehend, dass es künftig keine Handschläge mehr geben soll. Denn es gibt Bestrebungen, diese Welt zu entmenschlichen. Wir haben es jedoch – eben noch – in der Hand, diesen Kräften klarzumachen, dass sie in der Minderheit sind und sich dementsprechend fügen müssen. Oder sie sollen sich auf den Mars zurückziehen und dort weitermachen.

Ich fürchte, dass dieser ausstehende Prozess nicht so freundlich und sauber ablaufen wird, wie viele von uns sich das wünschen. Aber das Leben ist kein Wunschkonzert. Wer glaubt, dass er jetzt nur zufällig hier auf dieser Erde ist, der wird vielleicht bald eines Besseren belehrt werden. Es gibt im Universum keine Zufälle. Wir alle haben eine Aufgabe und wir sollten sie erfüllen. Es gibt nichts, was Menschen am Ende ihres Lebens mehr bedauern, als im entscheidenden Moment versagt oder gekniffen zu haben.

Wer in den letzten Jahren über „Prepper" gelacht hat, über Menschen, die für schwierige Zeiten vorgesorgt haben, der wird jetzt vielleicht ihre Hilfe benötigen. Wir alle werden Hilfe brauchen – auf die eine oder andere Weise. Das ist eine Chance, wieder zueinanderzufinden und Gemeinschaft neu zu erleben und zu definieren. Die meisten Menschen sehnen sich nach Frieden und Harmonie, ob sie es zugeben oder nicht. Wer das Bedürfnis danach wirklich nicht verspürt, dürfte kein Mensch sein.

Es geht also darum, uns zu entscheiden. Wollen wir Menschen sein oder Maschinen? Wollen wir frei sein oder wollen wir anderen gehorchen? Wollen wir endlich das „Haben" und das „Wollen" hinter uns lassen und zum „Sein" gelangen, zur freien Entfaltung?

Wie ein System aussieht, das dies ermöglicht, ist noch unklar, weil wir es noch nie zuvor hatten. Es liegt also an uns, ein solches System zu erschaffen. Gehen wir's an!

Nachwort

Mein Ziel war es, Ihnen mit diesem Buch so viele Informationen wie möglich zur Verfügung zu stellen. Diese sollen Ihnen helfen, sich ein Bild zur aktuellen Lage abseits der Propaganda von Regierungen, Wissenschaftlern und den Mainstreammedien zu machen. Ich habe noch nie zuvor ein Buch in solch kurzer Zeit geschrieben, aber es war mir wichtig, dass es rasch erscheint, weil aus meiner Sicht Gefahr im Verzug ist und wir dringend handeln müssen, um den Irrsinn zu stoppen, der unsere „neue Normalität" sein soll.

Dieses Buch ist ein Kompromiss, weil ich gerne noch mehr untergebracht und gerne noch feiner gearbeitet hätte. Aber das Papier des Buches ist bereits bestellt und der Termin in der Druckerei steht. Manchmal muss es einfach schnell gehen. Ich habe dieses Buch in nur sechs Wochen geschrieben. Üblicherweise hätte ich mir dafür sechs Monate Zeit gelassen. Doch diese Zeit hatte ich nicht und die haben wir alle nicht. Da Zeit nur eine Illusion ist, habe ich sie soweit gedehnt, wie ich es vermochte. Dennoch war ich die letzten eineinhalb Monate beinahe rund um die Uhr im Einsatz. Ich habe alles hineingepackt, was möglich war. Es gibt Zeiten, in denen man sich zurücklehnen kann und dann gibt es Zeiten, in denen man nicht zögern darf. Jetzt ist so eine Zeit.

Ich danke all den Ärzten, die in den vergangenen Wochen den Mut hatten, ihre klare Meinung zu sagen. Sie haben sich exponiert und dafür Prügel bezogen. Ihr Mut hat aber vielen Menschen die Augen geöffnet und sie inspiriert – auch mich. Ich danke all den Anwälten, die den Schneid hatten, juristisch gegen Gesetzesverstöße von Seiten des Staates vorzugehen. Ich danke auch allen anderen Mitmenschen und Mitstreitern, die recherchiert und geschrieben haben, die Videos veröffentlichten und so ihr Wissen der Allgemeinheit zur Verfügung gestellt haben. Ihre Arbeit ist wichtig. Sie leistet einen bedeutenden Beitrag für unser aller Entwicklung und ist Vorbild für viele von uns.

Ich danke meinem Verleger, dass er sofort dabei war und sofort agiert hat, obwohl ich ursprünglich angekündigt hatte, kein Buch mehr zu schreiben. Ich danke meinen Autorenkollegen, die damit einverstanden waren, dass ihre Buchveröffentlichungen verschoben wurden. Ich danke Ihnen, liebe Leserin, lieber Leser dafür, dass Sie mir Ihre Zeit und Ihre Aufmerksamkeit geschenkt haben. Sollten Sie nicht mit allem einverstanden sein, was ich geschrieben habe, dann ist das in Ordnung. Ich hoffe jedoch, dass ich Ihnen dennoch Denkanstöße geben und Ihren Meinungskorridor und Ihr persönliches Overtone-Fenster weiten konnte. Ich hoffe zudem, dass ich Sie motivieren konnte, selbst aktiv zu werden.

Am meisten aber danke ich meiner Frau für ihre Geduld und Unterstützung!

Ich habe in diesem Buch mehr Quellennachweise geliefert als jemals zuvor. Damit möchte ich Ihnen die Möglichkeit geben, selbst weiter zu recherchieren. Es kann sein, dass manche dieser Quellenverweise nicht mehr existieren, wenn Sie das Buch in Händen halten. Wie ich im Buch beschrieben habe, sehen wir uns derzeit ganzen Armeen gegenüber, die im Internet Spuren verwischen oder falsche Fährten legen. Ich versichere Ihnen, dass ich so gewissenhaft recherchiert habe, wie ich konnte. All die Quellen, die ich nenne, existierten Anfang Mai 2020 noch. All jenen, die mit dem Löschen von Einträgen befasst sind, sei gesagt, dass ich die wichtigsten Beweise für die Echtheit meiner Behauptungen gespeichert und sicher verwahrt habe.

Bilden Sie sich weiter und handeln Sie entsprechend. Bitte seien Sie vorsichtig und umsichtig und geben Sie auf sich Acht!

Herzliche Grüße

Michael Morris

Anhang

Am Tag nach der endgültigen Fertigstellung dieses Buches erreichten mich noch zwei Nachrichten, die ich Ihnen hiermit nachreichen möchte, weil ich sie für sehr bedeutsam halte. Vor wenigen Tagen war es im nigerianischen Parlament zu einem Eklat gekommen, als herauskam, **dass Bill Gates die nigerianische Regierung mit zehn Millionen Dollar bestechen wollte.** Dafür sollten sie ein Gesetz erlassen, das alle Nigerianer zwingen würde, sich gegen COVID-19 impfen zu lassen. Die Opposition sorgte jedoch dafür, dass dieses Gesetz nicht erlassen wurde.

Aber es kommt noch besser: Am 14. Mai 2020 hielt die italienische Abgeordnete *Sara Cunial* der Partei *Fünf-Sterne-Bewegung* im italienischen Parlament eine flammende Rede gegen *Bill Gates* und seine Impfprogramme, gegen den italienischen *Deep State*, korrupte Mainstreammedien und die zerstörerischen Corona-Zwangs-Maßnahmen. Wütende Zwischenrufe anderer Parlamentarier wies der Sprecher des Parlaments rigoros und entschlossen zurück. Ihre emotionale Rede beendete die mutige Abgeordnete mit der Aufforderung, Bill Gates vor dem internationalen Strafgerichtshof zur Rechenschaft zu ziehen. Ich habe in allerletzter Minute ihre, auf italienisch gehaltenen Rede aus der englischsprachigen Abschrift ins Deutsche übersetzt. Das Faszinierende daran ist nicht nur, dass sie von einer gewählten Parlamentarierin und an den italienischen Staatspräsidenten gerichtet ist. Vielmehr ist es, als hätte Frau Cunial mein Buch gelesen, das noch gar nicht erscheinen ist. Hier sind Auszüge aus der Rede:

„...Sie entreißen uns unsere Freiheit und sagen, dass wir es so wollten. Teile und herrsche! Es sind unsere Kinder, jene vergewaltigten Seelen, die mehr verlieren werden... (Ihnen) soll das Recht auf Schule nur mit einem Armband gestattet werden – um sie an das Funktionieren zu gewöhnen. Und an Sklaverei, unfreiwillige Behandlung und ein virtuelles Konzentrationslager. All dies im Austausch für ... ein Tablet. Alles, um den Appetit eines Finanzkapitalismus zu stillen ... der von der

WHO gut vertreten wird, deren Hauptfinanzier der bekannte ‚Philanthrop und Retter der Welt' Bill Gates ist.

Wir alle wissen es jetzt. Bill Gates sagte bereits 2018 eine Pandemie voraus, die im Oktober 2019 beim ‚Event 201' zusammen mit dem Weltwirtschaftsforum simuliert wurde. Seit Jahrzehnten arbeitet Gates an einer Entvölkerungspolitik und diktatorischen Kontrollplänen für die Weltpolitik, um die Vormachtstellung über Landwirtschaft, Technologie und Energie zu erlangen.

Gates sagte, ich zitiere genau aus seiner Rede: ‚Wenn wir bei Impfstoffen, Gesundheit und Fortpflanzung gute Arbeit leisten, können wir die Weltbevölkerung um 10-15% reduzieren.' Nur ein Völkermord kann demnach also die Welt retten.

Mit seinen Impfstoffen gelang es Gates, Millionen von Frauen in Afrika zu sterilisieren. Gates verursachte eine Polio-Epidemie, die 500.000 Kinder in Indien lähmte. Noch heute verursacht Gates mit DTP (Impfstoff gegen Diphterie, Tetanus und Keuchhusten, AdV) mehr Todesfälle als die Krankheit selbst. Und er tut dasselbe mit GVOs, die von Monsanto entworfen und dann ‚großzügig' an bedürftige Bevölkerungsgruppen gespendet werden. Währenddessen denkt er bereits darüber nach, das Quanten-Tattoo für die Impferkennung und mRNA-Impfstoffe (Impfstoff der über die DNA wirkt, AdV) als Werkzeuge zur Neuprogrammierung unseres Immunsystems zu verteilen. Darüber hinaus unterhält Gates Geschäftsbeziehungen mit mehreren multinationalen Unternehmen, die 5G-Einrichtungen in den USA besitzen...

Sanofi und GlaxoSmithKline unterzeichnen Vereinbarungen mit medizinischen Gesellschaften, um zukünftige Ärzte zu indoktrinieren und sich über ihr eigenständiges Urteilsvermögen und ihren Eid lustig zu machen.

Multinationale Hi-Tech-Unternehmen... (wollen) in Übereinstimmung mit der europäischen ‚Agenda ID2020' die elektronische Identifizierung aller, die verwendet werden soll zur Massenimpfung, und um eine digitale Plattform für digitale IDs zu erhalten....

Der italienische Beitrag zur Internationalen Allianz gegen das Coronavirus beträgt 140 Millionen Euro, von denen 120 Millionen Euro *an Gates' GAVI Alliance gehen. Sie sind nur ein Teil des 7,4-Milliarden-Euro-Fonds der EU, um einen Impfstoff gegen das Coronavirus zu finden – Impfstoffe, die, wie zuvor beschrieben, verwendet werden sollen. Natürlich gibt es kein Geld für ... Prävention, eine echte Prävention, die unseren Lebensstil, unser Essen und unsere Beziehung zur Umwelt umfasst.*

Das wahrhafte Ziel von alledem ist totale Kontrolle. Die absolute Dominanz über menschliche Wesen, die in Versuchskaninchen und Sklaven verwandelt werden, und die gegen Souveränität und den freien Willen verstößt. All dies geschieht dank Ihres Schwindels, getarnt als politische Notwendigkeit – während Sie mit unfreiwilliger Behandlung, Geldstrafen und Deportationen, Gesichterkennung und Einschüchterung gegen den Nürnberger Kodex (ethische Richtlinie über Experimente am Menschen, AdV) verstoßen, unterstützt von einer dogmatischen Wissenschaft und dem ‚Multi-Präsidenten' dieser Republik. Dies ist die wirkliche kulturelle Epidemie in diesem Land.

Gemeinsam mit dem Volk werden wir die Feuer des Widerstands vervielfachen. Und zwar so, dass Sie nicht mehr in der Lage sein werden, uns alle zu unterdrücken... Sehr geehrter Herr Präsident (Giuseppe) Conte, wenn Sie das nächste Mal einen Anruf vom Philanthropen Bill Gates erhalten, leiten Sie ihn direkt an den Internationalen Strafgerichtshof für Verbrechen gegen die Menschlichkeit weiter. Wenn Sie dies nicht tun, teilen Sie uns mit, wie wir Sie künftig bezeichnen sollen? Als einen ‚befreundeten Anwalt', der Befehle von einem Kriminellen entgegennimmt? Danke!"[437]

Literatur- und Quellenverzeichnis

(1) www.reviewjournal.com/life/health/nevadas-death-rate-from-meth-other-stimulants-highest-in-nation/
(2) www.nbcnews.com/health/health-news/live-blog/coronavirus-updates-stimulus-bill-fails-senate-canada-australia-pull-out-n1166286/ncrd1167296#liveBlogHeader
(3) www.zerohedge.com/personal-finance/what-economic-collapse-looks
(4) https://kopp-report.de/peter-schiff-hyperinflation-das-wahrscheinlichste-zukunftsszenario/
(5) http://de.wikipedia.org/wiki/Jahr-2000-Problem
(6) www.capital.de/wirtschaft-politik/wie-die-dotcom-blase-platzte
(7) www.ae911truth.org/languages/german
(8) Spiegel 37/2010; 13.9.2010, „Es war ein Erdbeben"
(9) www.welt.de/wirtschaft/article197577169/Blackrock-State-Street-Vanguard-Die-neue-Macht-der-drei-Finanzgiganten.html
(10) Das Komitee der 300 - Die Führungsspitze der Verschwörer, broschiert, ASIN: B072BPPNRC
(11) Thomas A. Anderson, Weltverschwörung- Wer sind die wahren Herrscher der Erde?, Amadeus-Verlag 2016, https://en.wikipedia.org/wiki/James_Warburg
(12) https://en.wikipedia.org/wiki/James_Warburg#cite_note-1
(13) Der unbekannte Putin / Doku 2010 – von Andrej Karaulow – Vollversion
(14) Der unbekannte Putin / Doku 2010 – von Andrej Karaulow – Vollversion
(15) https://orientalreview.org/2020/03/31/putin-and-trump-vs-the-new-world-order-the-final-battle/
(16) Der unbekannte Putin / Doku 2010 – von Andrej Karaulow – Vollversion
(17) http://de.wikipedia.org/wiki/Michail_Borissowitsch_Chodorkowski
(18) Der unbekannte Putin / Doku 2010 – von Andrej Karaulow – Vollversion
(19) John Perkins, „Bekenntnisse eines Economic Hit Man"
(20) www.tagesspiegel.de/politik/kriegsprofiteure-halliburtons-glaenzende-geschaefte-im-irak/987330.html
(21) Die Revolutionsprofis, ORF 2011
(22) Die Revolutionsprofis, ORF 2011
(23) www.globalresearch.ca/the-arab-spring-made-in-the-usa/5484950
(24) https://freebeacon.com/national-security/clinton-backed-egypts-muslim-brotherhood-regime/
(25) https://transinformation.net/die-verwendung-von-frequenzen-als-waffe-die-kommende-5g-gezeitenwelle-und-eine-petition-diesbezueglich/
(26) https://defensesystems.com/articles/2017/11/02/samsung-5g-halvorsen.aspx
(27) www.mobile-zeitgeist.com/5g-china-und-der-wettlauf-um-die-vorherrschaft/
(28) https://de.wikipedia.org/wiki/Euromaidan
(29) www.politifact.com/factchecks/2014/mar/19/facebook-posts/united-states-spent-5-billion-ukraine-anti-governm/
(30) Zbigniew Brzezinski, „Die einzige Weltmacht - Amerikas Strategie der Vorherrschaft", Taschenbuchausgabe 1999, S. 74f
(31) www.diepresse.com/5149651/russland-sanktionen-vernichteten-7000-jobs-in-osterreich

(32) www.faz.net/aktuell/politik/inland/us-wahlsieg-von-donald-trump-reaktionen-aus-deutschland-14520543-p2.html

(33) https://docs.google.com/document/d/10eA5-mCZLSS4MQY5QGb5ewC3VAL6pLkT53V_81ZyitM/preview)

(34) https://inews.co.uk/news/technology/melissa-zimdars-removes-fake-news-list-claiming-harassed-doxed-532372

(35) www.zeit.de/politik/ausland/2019-07/ursula-von-der-leyen-eu-kommissionspraesidentin-wahlsieg

(36) https://kunstler.com/clusterfuck-nation/forced-liquidation/#more-'

(37) DieGold-Verschwörung", KoppVerlag, Rottenburg

(38) G. Edward Griffin „Die Kreatur von Jekyll Island",Kopp-Verlag

(39) G. Edward Griffin „Die Kreatur von Jekyll Island",Kopp-Verlag

(40) G. Edward Griffin „Die Kreatur von Jekyll Island",Kopp-Verlag

(41) www.quotationspage.com/quote/37700.html

(42) https://aufgewachter.wordpress.com/2018/05/11/zitat-woodrow-wilson/

(43) „Die Finanzkrise" WOLFGANG DAHM, http://www.absolute-return-invest.de

(44) „Die Finanzkrise" WOLFGANG DAHM, http://www.absolute-return-invest.de

(45) www.npr.org/sections/money/2019/07/30/746337868/75-years-ago-the-u-s-dollar-became-the-worlds-currency-will-that-last

(46) WELT MACHT GELD, Gebundenes Buch, Georg Zoche (2009)

(47) www.telegraph.co.uk/news/worldnews/europe/1356047/Euro-federalists-financed-by-US-spy-chiefs.html

(48) www.dw.com/de/wenn-die-eurozone-zerbricht/a-15566211

(49) www.cnbc.com/2019/10/31/de-dollarization-russia-china-eu-are-motivated-to-shift-from-using-usd.html

(50) www.goldseiten.de/artikel/199533--Ukrainische-Goldreserven~-Heimlicher-Transport-in-die-USA.html

(51) www.goldseiten.de/artikel/204436--USA-exportierten-im-Januar-Rekordmenge-Gold-nach-Hongkong.html

(52) Michael Morris Der Goldkrieg (Seite 180f)

(53) www.gold-eagle.com/article/popular-manifesto-demand-solutions

(54) www.spiegel.de/politik/ausland/us-diplomatin-victoria-nuland-entschuldigt-sich-fuer-fuck-the-eu-a-952016.html

(55) www.manager-magazin.de/finanzen/artikel/schreckgespenst-waehrungskrieg-was-der-welt-wirklich-droht-a-1280687.html

(56) Ferdinand Lips, Die Goldverschwörung, Kopp Verlag (2003)

(57) www.spiegel.de/wirtschaft/unternehmen/biden-und-ukraine-sohn-des-us-vizepraesidenten-arbeitet-fuer-gaskonzern-a-969348.html

(58) www.foxnews.com/politics/hunter-bidens-controversies-explained

(59) www.strategic-culture.org/news/2020/04/03/standing-on-the-precipice-of-marshall-law/

(60) www.goodreads.com/quotes/288636-we-are-grateful-to-the-washington-post-the-new-york

(61) www.armstrongeconomics.com/international-news/north_america/2016-u-s-presidential-election/the-real-clinton-conspiracy-that-backfired-the-worst-candidate-in-american-history/

(62) www.alternet.org/media/what-will-washington-post-be-under-jeff-bezos
(63) www.cnet.com/news/donald-trump-threatens-jeff-bezos-amazon/
(64) www.goldseiten.de/artikel/315123--Zerstoerung-des-Euro-und-Zerfall-der-Eurozone.html?seite=2
(65) https://de.wikipedia.org/wiki/Handelskonflikt_zwischen_den_Vereinigten_Staaten_und_der_Volksrepublik_China
(66) www.theatlantic.com/ideas/archive/2020/04/consider-possibility-trump-right-china/609493/
(67) www.danielpipes.org/blog/2003/12/the-saudi-connection-how-billions-in-oil
(68) www.thebalance.com/us-shale-oil-boom-and-bust-3305553
(69) https://linkezeitung.de/2018/06/06/wer-das-narrativ-kontrolliert-der-kontrolliert-die-welt/ 1. Teil
(70) www.forbes.com/sites/curtissilyer/2020/03/13/coronavirus-searches-spike-on-pornhub-as-we-self-isolate-with-porn-and-toilet-paper/#2671a27060fe
(71) https://orf.at/stories/3161362/
(72) https://orf.at/stories/3161386/
(73) www.zerohedge.com/geopolitical/we-cant-give-our-product-away-farmers-toss-thousands-acres-fruits-veggies-sales
(74) www.epochtimes.de/politik/deutschland/rki-veraendert-schaetzung-drastisch-viel-mehr-corona-genesenen-a3209023.html
(75) www.pressreader.com/germany/hamburger-morgenpost/20200403/281487868456736
(76) https://swprs.org/covid-19-hinweis-ii/#latest
(77) www.youtube.com/watch?time_continue=51&v=AoLw-Q8X174&feature=emb_logo
(78) wie (77)
(79) wie (77)
(80) www.centerforhealthsecurity.org/event201/recommendations.html
(81) www.centerforhealthsecurity.org/event201/191017-press-release.html
(82) www.scmp.com/news/china/society/article/3074991/coronavirus-chinas-first-confirmed-covid-19-case-traced-back
(83) https://de.wikipedia.org/wiki/COVID-19-Pandemie
(84) www.centerforhealthsecurity.org/event201/players/index.html
(85) https://t3-web.meduniwien.ac.at/ueber-uns/news/detailseite/2018/news-jaenner-2018/weltweit-bis-zu-650000-influenza-todesopfer-pro-jahr/
(86) https://jvi.asm.org/content/jvi/90/6/3253.full.pdf
(87) www.cashkurs.com/beitrag/chinas-militaer-uebernimmt-kontrolle-ueber-wuhan-bio-forschungslabor-der-hochsicherheitsstufe-4/
(88) www.t-online.de/nachrichten/panorama/id_87347722/coronavirus-forscher-verdaechtigt-fledermaus-labor-neben-wuhan-fischmarkt.html
(89) www.t-online.de/nachrichten/panorama/id_87347722/coronavirus-forscher-verdaechtigt-fledermaus-labor-neben-wuhan-fischmarkt.html
(90) www.mdpi.com/1999-4915/11/3/210
(91) https://kingworldnews.com/comex-and-lbma-falling-apart-plus-its-impossible-to-reflate-these-bubbles/
(92) https://grrrgraphics.com/the-plannedemic
(93) www.computerworld.com/article/2534420/bill-gates--in-other-people-s-words.html

(94) www.washingtonpost.com/archive/politics/2000/12/31/alter-egos/91b267b0-858c-4d4e-a4bd-48f22e015f70/

(95) https://de.wikipedia.org/wiki/Asperger-Syndrom#Erscheinungsbild

(96) www.achgut.com/artikel/greta_die_selbe_masche_ein_neues_kind

(97) www.despatch.cth.com.au/Despatch/vol83_cut_popul.html

(98) www.theforbiddenknowledge.com/hardtruth/illuminati_reduce_population.htm

(99) https://unfoundation.org/blog/post/ted-turner-a-lifetime-of-bold-achievements/

(100) Source: You Don't Say, by Fred Gielow, 1999, page 189

(101) www.ted.com/talks/bill_gates_innovating_to_zero/transcript

(102) https://childrenshealthdefense.org/news/government-corruption/gates-globalist-vaccine-agenda-a-win-win-for-pharma-and-mandatory-vaccination/

(103) www.computerworld.com/article/2534420/bill-gates--in-other-people-s-words.html

(104) https://healthland.time.com/2010/05/14/male-birth-control-stopping-sperm-with-ultrasound/

(105) www.zeit.de/2014/44/bill-gates-stiftung-gesundheit-spenden/seite-2

(106) https://netzfrauen.org/2015/08/13/indien-gates/

(107) www.zeit.de/2014/44/bill-gates-stiftung-gesundheit-spenden/seite-2

(108) www.zeit.de/2014/44/bill-gates-stiftung-gesundheit-spenden/seite-2

(109) www.teebrasil.com/index.php?id_cms=317&controller=cms&id_lang=3

(110) http://ijme.in/articles/infanrix-hexa-and-sudden-death-a-review-of-the-periodic-safety-update-reports-submitted-to-the-european-medicines-agency/?galley=html

(111) https://childrenshealthdefense.org/news/government-corruption/gates-globalist-vaccine-agenda-a-win-win-for-pharma-and-mandatory-vaccination/

(112) https://de.wikipedia.org/wiki/Coalition_for_Epidemic_Preparedness_Innovations

(113) www.stern.de/gesundheit/gesundheitsnews/bill-gates-ruft-allianz-zur-bekaempfung-von-epidemien-ins-leben-7291370.html

(114) www.rubikon.news/artikel/der-milliardar-und-das-virus

(115) https://childrenshealthdefense.org/news/government-corruption/gates-globalist-vaccine-agenda-a-win-win-for-pharma-and-mandatory-vaccination/

(116) www.telegraph.co.uk/news/2019/09/17/bill-gates-says-regrets-meeting-epstein-conviction-agreeing/

(117) www.newyorker.com/news/news-desk/how-an-elite-university-research-center-concealed-its-relationship-with-jeffrey-epstein

(118) www.strategic-culture.org/news/2020/04/08/bill-gates-crosses-digital-rubicon-says-mass-gatherings-may-not-return-without-global-vaccine/

(119) www.strategic-culture.org/news/2020/04/08/bill-gates-crosses-digital-rubicon-says-mass-gatherings-may-not-return-without-global-vaccine/

(120) www.strategic-culture.org/news/2020/04/08/bill-gates-crosses-digital-rubicon-says-mass-gatherings-may-not-return-without-global-vaccine/

(121) https://de.sputniknews.com/wissen/20200408326827249-usa-corona-impfstoff-studie/

(122) www.econexus.info/publication/release-gm-mosquito-aedes-aegypti-ox513a

(123) http://libcloud.s3.amazonaws.com/93/de/e/986/MosquitoDocOriginal.pdf

(124) www.ncbi.nlm.nih.gov/pubmed/27050856

(125) www.econexus.info/publication/release-gm-mosquito-aedes-aegypti-ox513a

(126) http://libcloud.s3.amazonaws.com/93/de/e/986/MosquitoDocOriginal.pdf

(127) www.deutschlandfunk.de/dengue-fieber-tropenmediziner-wir-koennen-nur-zu.709.de.html?dram:article_id=464359

(128) https://tropeninstitut.de/aktuelle-krankheitsmeldungen/23.03.2020-suedamerika-dengue

(129) www.the-sun.com/news/597859/bill-gates-warns-10-week-lockdown/

(130) https://gloria.tv/post/Y3nQfLDQhBHN6aHvwJy7JMUnE

(131) https://blog.wiwo.de/management/2020/04/04/corona-virus-cnn-interview-mit-bill-gates-der-schon-2015-vor-der-pandemie-warnte-aber-nichts-geschah-auszuege/

(132) www.cnn.com/videos/health/2020/03/27/entire-march-26-coronavirus-town-hall-part-4-sot-vpx.cnn/video/playlists/entire-cnn-facebook-march-26-coronavirus-town-hall/

(133) www.businessinsider.com/bill-gates-coronavirus-social-distancing-reddit-ama-2020-3?r=US&IR=T

(134) Gabor Mate, im Film „Zeitgeist 3 – Moving Forward", Peter Joseph, USA 2011

(135) Gabor Mate, im Film „Zeitgeist 3 – Moving Forward", Peter Joseph, USA 2011

(136) Michael Morris, Was Sie nicht wissen sollen, Seite 228

(137) www.businessobserverfl.com/article/hstpete-johns-hopkins-hospital-executives-resign

(138) https://www.ncbi.nlm.nih.gov/pmc/articles/PMC1121125/

(139) https://petrieflom.law.harvard.edu/resources/article/johns-hopkins-sued-for-1-billion-over-unethical-std-study

(140) https://amerika21.de/2020/03/220101/guatemala-usa-syphilis-experiment

(141) https://hub.jhu.edu/gazette/2013/november/for-the-record-cheers-kerry-ates-appointed-chief-of-staff/

(142) https://president.jhu.edu/university-leadership/kerry-a-ates/

(143) https://historynewsnetwork.org/article/1796

(144) https://de.wikipedia.org/wiki/Eugenik

(145) http://de.wikipedia.org/wiki/Edward_Bernays

(146) https://de.wikipedia.org/wiki/Julian_Huxley

(147) www.unesco.org/new/en/media-services/single-view/news/bill_melinda_gates_foundation_grant_awarded_to_unesco_ihe/

(148) https://bradleycountynews.wordpress.com/2014/04/29/common-core-unesco-and-bill-gates-timeline-to-federalized-education-reform-in-us/

(149) www.microsoft.com/de-de/education/products/office

(150) www.heraldonline.com/news/local/community/fort-mill-times/article11553188.html

(151) www.nachrichtenspiegel.de/2020/04/16/wenn-uns-nicht-bald-ein-licht-aufgeht-koennte-es-sehr-dunkel-werden-kommentar-von-prof-sucharit-bhakdi/

(152) www.rki.de/SharedDocs/PrintMedia/Bundesgesundheitsblatt_2004_47_XXX-XXX.pdf?__blob=publicationFile

(153) https://de.wikipedia.org/wiki/Robert_Koch-Institut#Aufgaben

(154) www.rki.de/DE/Content/Kommissionen/STIKO/Mitgliedschaft/Mitglieder/Profile/Zepp_Profil.html

(155) www.weforum.org/agenda/global

(156) www.forbes.com/sites/davos/2008/01/24/bill-gates-creative-capitalism/#11620c037e3d

(157) www.sueddeutsche.de/wirtschaft/bill-gates-im-interview-den-taeglichen-tod-nehmen-wir-nicht-wahr-1.2324164

(158) https://de.wikipedia.org/wiki/Weltgesundheitsorganisation

(159) https://de.wikipedia.org/wiki/Vogelgrippe_H5N1

(160) https://de.wikipedia.org/wiki/Weltgesundheitsorganisation#Mission)

(161) www.profil.at/home/schwindel-schweinegrippe-ist-aufregung-coup-pharmaindustrie-254615

(162) www.heise.de/tp/features/Mindestens-330-Millionen-Euro-fuer-ein-weitgehend-nutzloses-Medikament-3370146.html

(163) www.tagesanzeiger.ch/wissen/medizin-und-psychologie/Zweifel-an-Tamiflu--Der-Druck-auf-Roche-nimmt-zu/story/27195002

(164) https://childrenshealthdefense.org/news/government-corruption/gates-globalist-vaccine-agenda-a-win-win-for-pharma-and-mandatory-vaccination/)

(165) https://twitter.com/realdonaldtrump/status/1247540701291638787

(166) https://kopp-report.de/gates-globale-impfagenda-win-win-situation-fuer-die-pharmabranche-und-die-pflichtimpfung/

(167) https://apps.who.int/gb/ebwha/pdf_files/WHA72/A72_4-en.pdf

(168) https://de.wikipedia.org/wiki/Weltgesundheitsorganisation

(169) https://de.wikipedia.org/wiki/Weltgesundheitsorganisation#Mission

(170) https://de.wikipedia.org/wiki/Weltgesundheitsorganisation#Mission

(171) https://de.wikipedia.org/wiki/Weltgesundheitsorganisation#Mission

(172) www.heise.de/tp/features/Bill-Gates-zwischen-Schein-und-Sein-3378037.html

(173) www.dw.com/de/who-in-der-kritik/a-15964294

(174) https://kenfm.de/die-klima-religion/

(175) https://de.statista.com/statistik/daten/studie/4052/umfrage/kirchenaustritte-in-deutschland-nach-konfessionen/

(176) www.achgut.com/artikel/greta_die_selbe_masche_ein_neues_kind

(177) https://hub.jhu.edu/2016/08/19/population-control-global-warming-npr/

(178) www.telegraph.co.uk/comment/11441697/Dr-Rajendra-Pachauri-the-clown-of-climate-change-has-gone.html

(179) http://lv-twk.oekosys.tu-berlin.de/project/lv-twk/002-klimageschichte-kleiner%20ueberblick.htm

(180) https://de.wikipedia.org/wiki/Warmzeit

(181) www.nasa.gov/topics/earth/features/coolingthermosphere.html

(182) www.eike-klima-energie.eu/news-cache/waermstes-jahr-jemals-riesenmuschel-enthuellt-im-mittelalter-war-es-waermer-als-heute/

(183) https://de.wikipedia.org/wiki/Friesland-Phase

(184) https://de.wikipedia.org/wiki/Holoz%C3%A4n

(185) https://wiki.bildungsserver.de/klimawandel/index.php/Meeresspiegel%C3%A4nderungen

(186) https://wiki.bildungsserver.de/klimawandel/index.php/Meeresspiegelanstieg_in_Europa

(187) www.zamg.ac.at/cms/de/klima/informationsportal-klimawandel/klimafolgen/meeresspiegel/vergangenheit

(188) www.express.co.uk/news/nature/526191/Climate-change-is-a-lie-global-warming-not-real-claims-weather-channel-founder

(189) www.t-online.de/wetter/id_43911574/wetterrueckblick-2010-vom-mega-sommer-ins-schneechaos.html

(190) www.wetter24.de/wetter-news/news/ch/4a4a19ea5cca4476a1a 2747d5f77b82b/article/kaeltewelle_in_peru.html

(191) www.t-online.de/wetter/id_44105084/norden-der-usa-friert-bei-minus-43-grad.html

(192) http://derstandard.at/1328507706228/Nachlese-Laengste-Kaeltewelle-seit-27-Jahren-zu-Ende

(193) www.t-online.de/wetter/id_53805934/kaelterekord-in-deutschland-schlimmste-kaelte-seit-jahrzehnten-legt-binnenschifffahrt-lahm.html

(194) www.t-online.de/wetter/id_61445982/mega-kaelte-laehmt-russland-bis-zu-minus-57-grad.html   www.pravda-tv.com/2013/02/dunkelster-winter-seit-43-jahren-neuer-kalterekord-mit-712-grad-in-sibirien-video/

(195) www.wissenschaft.de/astronomie-physik/ein-schrumpfendes-meer-schuf-die-sahara/

(196) www.welt.de/welt_print/vermischtes/article6839771/Zum-Abschuss-frei.html

(197) www.canadiangeographic.ca/magazine/dec12/polar_bears.asp

(198) www.kaltesonne.de/?p=3102

(199) www.theguardian.com/world/2018/nov/13/polar-bear-numbers-canadian-arctic-inuit-controversial-report

(200) www.cbc.ca/news/canada/north/too-many-polar-bears-1.4901910

(201) http://de.wikipedia.org/wiki/Intergovernmental_Panel_on_Climate_Change

(202) http://lv-twk.oekosys.tu-berlin.de/project/lv-twk/02-intro-3-twk.htm

(203) www.klima-schwindel.com/Text_Klima_Schwindel.pdf

(204) https://weathermodificationhistory.com/weather-as-force-multiplier-owning-the-weather-in-2025/

(205) www.deutsche-alzheimer.de/unser-service/archiv-alzheimer-info/leichtes-metall-mit-schweren-folgen-aluminium-und-die-alzheimer-krankheit.html

(206) www.chemtrails-info.de/chemtrails/aluminium-folgen.htm

(207) www.govinfo.gov/content/pkg/CHRG-111hhrg53007/pdf/CHRG-111hhrg53007.pdf

(208) www.epochtimes.de/politik/welt/chemtrails-verschwoerungstheorie-nun-fakt-us-kongress-haelt- anhoerung-zu-wettermanipulation-a2286326.html

(209) www.epochtimes.de/politik/welt/chemtrails-verschwoerungstheorie-nun-fakt-us-kongress-haelt- anhoerung-zu-wettermanipulation-a2286326.html

(210) https://ballotpedia.org/Washington_Initiative_1631,_Carbon_Emissions_Fee_Measure_(2018)

(211) www.news.de/panorama/855835396/wetter-im-maerz-2020-aktuell-mit-wettervorhersage-fuer-deutschland-temperatur-polarluft-frost-schnee-im-flachland-fruehlingsprognose/1/

(212) https://denver.cbslocal.com/2020/04/14/denver-weather-multiple-cold-weather-records-broken-in-just-24-hours/

(213) www.politico.eu/article/emmanuel-macron-on-coronavirus-were-at-war/

(214) www.historyisaweapon.com/defcon1/zinnproblemobedience.html

(215) https://orf.at/stories/3161868/

(216) https://greatgameindia.com/who-list-of-errors/#Taiwan_demands_apology_from_WHO_Chief

(217) www.reuters.com/article/us-health-coronavirus-finland-who/finnish-health-boss-questions-who-coronavirus-testing-advice-idUSKBN2170ZB

(218) www.butenunbinnen.de/nachrichten/gesellschaft/coronavirus-grippevirus-influenza-vergleich-100.html

(219) www.tagesspiegel.de/meinung/was-wissen-schafft-mehr-nachteile-als-nutzen/7384824.html

(220) www.welt.de/print-welt/article93018/Neue-Belege-Grippe-Impfung-wirkungslos.html

(221) www.focus.de/gesundheit/ratgeber/erkaeltung/vorbeugung/tid-23996/influenza-grippeimpfung-muss-das-sein-zweifel-am-jaehrlichen-pieks_aid_677931.html

(222) https://deutsch.rt.com/international/100945-us-geheimdienst-warnte-bereits-im/

(223) www.dw.com/de/corona-und-die-geheimdienste/a-52793638

(224) https://de.wikipedia.org/wiki/Christian_Drosten

(225) www.deutschlandfunk.de/neues-coronavirus-diagnostischer-test-aus-berlin-weltweit.676.de.html?dram:article_id=468640

(226) www.euro.who.int/de/health-topics/health-emergencies/novel-coronavirus-2019-ncov_old

(227) www.dw.com/de/mysteri%C3%B6se-krankheit-in-china-entdeckt/a-51844491

(228) www.youtube.com/watch?v=p_AyuhbnPOI

(229) www.ecdc.europa.eu/en/novel-coronavirus/event-background-2019

(230) www.youtube.com/watch?time_continue=51&v=AoLw-Q8X174&feature=emb_logo

(231) www.deutschlandfunk.de/neues-coronavirus-diagnostischer-test-aus-berlin-weltweit.676.de.html?dram:article_id=468640

(232) https://kopp-report.de/warum-wir-der-who-nicht-trauen-sollten/

(233) https://taz.de/Coronavirus-in-China/!5658990/

(234) www.tagesspiegel.de/politik/moderne-konzentrationslager-in-xinjiang-us-kongress-fordert-china-sanktionen-wegen-verfolgter-uiguren/25297884.html

(235) www.theepochtimes.com/who-created-the-ccp-virus-documentary-exposes-pandemic-origins_3305798.html

(236) www.theepochtimes.com/who-created-the-ccp-virus-documentary-exposes-pandemic-origins_3305798.html

(237) Bat Coronaviruses in China, Yi Fan , Kai Zhao, Zheng-Li Shi and Peng Zhou, Received: 29 January 2019; Accepted: 26 February 2019; Published: 2 March 2019

(238) https://taz.de/Coronavirus-in-China/!5658990/

(239) www.zeit.de/wissen/gesundheit/2016-09/bill-gates-globaler-fonds-malaria-tuberkulose-hiv-aids

(240) www.sueddeutsche.de/politik/coronavirus-china-who-1.4844104

(241) www.wienerzeitung.at/nachrichten/chronik/welt/2054383-Schon-ueber-150.000-bestaetigte-Corona-Faelle-weltweit.html

(242) www.ibtimes.sg/will-coronavirus-wipe-out-humanity-earth-psychic-claims-it-will-41142

(243) www.haaretz.com/middle-east-news/coronavirus-iran-death-toll-latest-1.8682156

(244) www.ft.com/content/0ce83954-6851-11ea-a6ac-9122541af204

(245) https://nymag.com/intelligencer/2020/04/the-coronavirus-is-a-preview-of-our-climate-change-future.html

(246) https://fragdenstaat.de/anfrage/bundesweite-kommunikation-bzgl-corona/#nachricht-477486
(247) www.dailyrecord.co.uk/entertainment/celebrity/idris-elba-claims-coronavirus-created-21745369
(248) www.solothurnerzeitung.ch/ausland/corona-virus-patientin-aus-italien-erzaehlt-ich-habe-das-vorzimmer-der-hoelle-erlebt-137175193
(249) www.rnd.de/gesundheit/dramatischer-appell-italienischer-arzte-die-seuche-in-bergamo-ist-ausser-kontrolle-ABOZIKAATNCM5KP46SPDB6527I.html
(250) https://factcheck.afp.com/these-photos-show-coffins-victims-boat-disaster-2013
(251) https://timesofindia.indiatimes.com/times-fact-check/news/fake-alert-these-photos-have-nothing-to-do-with-coronavirus-in-italy/articleshow/74793151.cms
(252) www.youtube.com/watch?v=FpIkY24xmKQ&app=desktop
(253) www.youtube.com/watch?v=fLSwvZd17Qw
(254) http://crisiscast.com/solutions/
(255) www.spiegel.de/netzwelt/web/facebook-steuert-ueber-manipulierte-timeline-emotionen-seiner-nutzer-a-973132.html
(256) www.bbc.com/news/52039642
(257) www.deutschlandfunk.de/gesundheitsschutz-corona-wie-facebook-und-youtube-mit-fakes.2907.de.html?dram:article_id=472068
(258) www.spiegel.de/politik/deutschland/coronavirus-boris-pistorius-fordert-strafen-gegen-fake-news-a-ed5050b5-c194-4890-a4c3-c713290134f3
(259) www.nbcnewyork.com/news/national-international/map-watch-the-coronavirus-cases-spread-across-the-world/2303276/
(260) www.nbcnewyork.com/news/national-international/map-watch-the-coronavirus-cases-spread-across-the-world/2303276/
(261) wie 208
(262) www.aerotelegraph.com/ticker-luftfahrt-coronavirus-epidemie
(263) www.nbcnewyork.com/news/national-international/map-watch-the-coronavirus-cases-spread-across-the-world/2303276/
(264) https://finance.yahoo.com/news/bill-gates-coronavirus-vaccine-152251369.html
(265) www.faz.net/aktuell/gesellschaft/gesundheit/coronavirus/corona-pandemie-forscher-fordern-harte-massnahmen-16688530.html
(266) www.zeit.de/wissen/gesundheit/2020-03/coronavirus-deutschland-massnahmen-modelle-wolfgang-bock
(267) www.nbcnewyork.com/news/national-international/map-watch-the-coronavirus-cases-spread-across-the-world/2303276/
(268) www.fr.de/meinung/stunde-experten-13596208.html
(269) www.nbcnewyork.com/news/national-international/map-watch-the-coronavirus-cases-spread-across-the-world/2303276/
(270) https://zackzack.at/2020/02/26/was-wir-ueber-das-corona-virus-nicht-wissen/
(271) www.faz.net/aktuell/gesellschaft/gesundheit/coronavirus/mediziner-ueber-die-coronavirus-epidemie-und-krisenkommunikation-16683776.html
(272) www.merkur.de/leben/gesundheit/bester-krise-oberarzt-fordert-kontrollierte-durchseuchung-zr-13714468.html
(273) https://abcnews.go.com/Health/1300-people-died-flu-year/story?id=67754182

(274) https://news.google.com/covid19/map?hl=de&gl=DE&ceid=DE:de

(275) www.aier.org/article/open-up-society-now-say-dr-dan-erickson-and-dr-artin-massihi/

(276) www.pharmazeutische-zeitung.de/2017-12/weltweite-studie-zahl-der-grippetoten-hoeher-als-gedacht/

(277) https://deutsch.rt.com/gesellschaft/101140-danische-studie-corona-virus-angeblich/

(278) https://swprs.org/covid-19-hinweis-ii/#latest

(279) www.rnd.de/gesundheit/corona-aktuelle-zahlen-von-heute-19042020-lander-infizierte-tote-genesungen-ZF7G5L2KOREUFDX5XF4HGGXDFI.html

(280) www.niid.go.jp/niid/en/2019-ncov-e/9407-covid-dp-fe-01.html

(281) www.bmj.com/content/369/bmj.m1375

(282) https://jyllands-posten.dk/debat/breve/ECE12074246/vi-skulle-aldrig-have-trykket-paa-stopknappen/

(283) https://fragdenstaat.de/anfrage/todesfalle-je-tag-in-italien/

(284) www.statista.com/statistics/568024/death-rate-in-italy/

(285) www.statista.com/statistics/525353/sweden-number-of-deaths/

(286) www.rnd.de/gesundheit/corona-aktuelle-zahlen-von-heute-18042020-lander-infizierte-tote-genesungen-ZF7G5L2KOREUFDX5XF4HGGXDFI.html

(287) www.mdr.de/wissen/corona-berechnung-todesrate-unterschiede-italien-100.html#sprung4

(288) www.naturstoff-medizin.de/artikel/das-coronavirus-besiegen-dann-muss-man-sich-um-diabetes-und-bluthochdruck-kuemmern/

(289) www.naturstoff-medizin.de/artikel/studie-der-italienischen-regierung-nur-ein-geschwaechtes-immunsystem-wird-krank/

(290) www.faz.net/aktuell/gesellschaft/gesundheit/coronavirus/beatmung-beim-coronavirus-lungenfacharzt-im-gespraech-16714565.html

(291) www.youtube.com/watch?v=gSn_YaOYYcY, Dr. Bodo Schiffmann, Video: Corona 16

(292) www.nbcnewyork.com/news/national-international/map-watch-the-coronavirus-cases-spread-across-the-world/2303276/

(293) www.focus.de/gesundheit/news/hat-von-hirnforschung-keine-ahnung-hirnschaeden-durch-coronavirus-neurobiologe-zerlegt-lauterbach-aussage_id_11842650.html

(294) www.focus.de/gesundheit/news/hat-von-hirnforschung-keine-ahnung-hirnschaeden-durch-coronavirus-neurobiologe-zerlegt-lauterbach-aussage_id_11842650.html

(295) www.swr.de/swraktuell/baden-wuerttemberg/suedbaden/meldung-46516.html

(296) www.armytimes.com/news/your-army/2020/04/09/army-field-hospital-to-leave-seattle-days-after-standing-up/

(297) www.hessenschau.de/panorama/corona-angst-herzinfarkt-patienten-trauen-sich-nicht-zum-arzt,weniger-notfaelle-corona-krise-100.html

(298) www.spiegel.de/panorama/gesellschaft/coronavirus-warum-deutschland-italienische-patienten-aufnimmt-a-95d09775-2cc7-4f8f-a8a8-ce74cd031baa

(299) https://kopp-report.de/us-krankenhaeuser-gewinnmaximierung-durch-todesursache-coronavirus/

(300) www.linkedin.com/pulse/new-normal-according-bill-gates-when-arrives-daniel-roth

(301) https://utopia.de/es-gibt-dinge-wie-geschaeftsreisen-die-nie-wiederkommen-bill-gates-ueber-corona-183362/

(302) www.zdf.de/nachrichten/panorama/coronavirus-bill-gates-stiftung-impfen-100.html

(303) www.spiegel.de/wirtschaft/bill-gates-fordert-von-g-20-staaten-mehr-geld-fuer-impfstoffe-a-35dffbbb-a21a-4c37-b301-df2385f6670d
(304) www.spiegel.de/politik/corona-und-wege-aus-dem-lockdown-wir-brauchen-noch-viel-haertere-massnahmen-a-ca0022b7-04b2-4468-8a7c-36051a7ee9ba
(305) www.aier.org/article/open-up-society-now-say-dr-dan-erickson-and-dr-artin-massihi/
(306) www.mdr.de/wissen/corona-epidemiologie-ausbreitung-virus-handy-app-100.html
(307) www.ccc.de/de/updates/2020/abofalle-datenspende
(308) www.aier.org/article/open-up-society-now-say-dr-dan-erickson-and-dr-artin-massihi/
(309) www.nasponline.org/resources-and-publications/resources-and-podcasts/school-climate-safety-and-crisis/systems-level-prevention/mitigating-psychological-effects-of-lockdowns
(310) www.weforum.org/agenda/2020/04/this-is-the-psychological-side-of-the-covid-19-pandemic-that-were-ignoring/
(311) www.weforum.org/agenda/2020/04/this-is-the-psychological-side-of-the-covid-19-pandemic-that-were-ignoring/
(312) www.welt.de/vermischtes/article207443999/Das-Update-zur-Corona-Krise-Wir-werden-viel-verzeihen-muessen-sagt-Jens-Spahn.html
(313) www.zeitpunkt.ch/die-ruhe-vor-dem-perfekten-sturm
(314) https://de.wikipedia.org/wiki/Louis_Pasteur
(315) https://de.wikipedia.org/wiki/Psychoneuroimmunologie#cite_ref-3
(316) www.faz.net/2.1652/bundeskanzlerin-angela-merkel-richtet-durchhalteappell-an-die-deutschen-16733716.html
(317) Jetzt geht's los!: Wir erschaffen eine neue Welt! Micheal Morris (2013)
(318) https://de.sputniknews.com/politik/20200402326768795-corona-zahlen-unsinn-montgomery/
(319) https://de.wikipedia.org/wiki/Klaustrophobie
(320) www.berzinarchives.com/web/de/archives/sutra/level2_lamrim/advanced_scope/bodhichitta/compassion_source_happiness.html
(321) https://jamanetwork.com/journals/jamainternalmedicine/fullarticle/2764404?guestAccessKey=7ea89dc3-1fd6-4d97-9fc1-0acb9ff320e7&utm_source=silverchair&utm_medium=email&utm_campaign=article_alert-jamainternalmedicine&utm_content=olf&utm_term=041020
(322) www.theguardian.com/world/2020/apr/18/silent-trauma-of-children-facing-the-strictest-lockdown-in-europe
(323) http://de.wikipedia.org/wiki/Psychopathie
(324) www.pm-magazin.de/t/gehirn-intelligenz/gehirnforschung/woran-erkennt-man-psychopathen
(325) www.news4teachers.de/2020/04/psychologe-sieht-junge-generation-durch-corona-krise-besonders-belastet/
(326) www.merkur.de/leben/gesundheit/china-wuhan-syndrom-auch-deutschland-diese-folge-coronakrise-trifft-allem-juengere-menschen-zr-13655728.html
(327) Casebook „Einführung in die Rechtswissenschaft" Christian M. Piska, Stephan Lenzhofer, 3. überarbeitete Auflage 2009/2010
(328) wie 214

(329) www.welt.de/politik/ausland/video206598281/Emmanuel-Macron-Wir-sind-im-Krieg.html

(330) https://en.wikipedia.org/wiki/May_you_live_in_interesting_times

(331) https://themindunleashed.com/2020/04/50-million-americans-have-lost-their-job-in-past-6-weeks-survey-finds.html

(332) https://de.statista.com/statistik/daten/studie/165742/umfrage/erwerbstaetige-in-den-usa/

(333) www.manager-magazin.de/politik/europa/mckinsey-59-millionen-arbeitsplaetze-in-europa-bedroht-a-1306379.html

(334) www.history.com/topics/19th-century/haymarket-riot

(335) www.theguardian.com/environment/2019/aug/17/plastic-recycling-myth-what-really-happens-your-rubbish

(336) www.dw.com/de/danke-f%C3%BCr-die-spende-herr-bezos/a-52436700

(337) Billionaire Bonanza 2020, published by the Institute for Policy Studies on April 23, 2020

(338) https://finance.yahoo.com/news/us-billionaires-add-406b-collective-132838966.html

(339) https://de.wikipedia.org/wiki/August_Spies_(Journalist)

(340) www.feiertage-oesterreich.at/staatsfeiertag-1-mai/

(341) https://de.wikipedia.org/wiki/Walburga

(342) www.vice.com/en_us/article/n7j8zw/amazon-whole-foods-instacart-workers-organize-a-historic-mass-strike

(343) www.nytimes.com/2020/05/01/nyregion/rent-strike-coronavirus.html

(344) https://theintercept.com/2020/04/25/coronavirus-rent-strike-may/

(345) www.futuristgerd.com/2020/04/12-bullets-futurist-gerd-leonhards-post-corona-foresights/

(346) www.bostonglobe.com/2020/03/17/opinion/we-need-manhattan-project-fight-coronavirus-pandemic/

(347) www.cnn.com/2020/04/29/politics/operation-warp-speed-coronavirus-vaccine/index.html

(348) www.wired.com/2000/04/joy-2#3

(349) https://de.wikipedia.org/wiki/Atombombenabw%C3%BCrfe_auf_Hiroshima_und_Nagasaki#Politische_Folgen

(350) www.ippnw.de/commonFiles/pdfs/Atomwaffen/Medizinische_Spaetfolgen_von_Hiroshima_und_Nagasaki.pdf

(351) www.bloomberg.com/news/articles/2020-04-22/gulf-widens-between-states-over-when-to-end-coronavirus-lockdown

(352) www.theatlantic.com/magazine/archive/2020/03/the-2020-disinformation-war/605530/

(353) www.forbes.com/sites/johnkoetsier/2020/03/17/facebook-deleting-coronavirus-posts-leading-to-charges-of-censorship/#300058645962

(354) www.anti-spiegel.ru/2019/recherche-welche-pr-agenturen-das-rezo-video-als-lange-geplante-aktion-zur-eu-wahl-platziert-haben/

(355) https://comprop.oii.ox.ac.uk/wp-content/uploads/sites/93/2019/09/CyberTroop-Report19.pdf

(356) www.livemint.com/Opinion/vMhn5F3UZO8miWQ86TnXmK/George-Soros--Europe-at-war.html

(357) https://21stcenturywire.com/2020/04/29/77-brigade-is-british-military-waging-an-information-war-on-its-own-population/

(358) https://de.wikipedia.org/wiki/Str%C3%B6er_Media

(359) www.anti-spiegel.ru/2019/recherche-welche-pr-agenturen-das-rezo-video-als-lange-geplante-aktion-zur-eu-wahl-platziert-haben/

(360) www.wuv.de/marketing/stroeer_und_bmg_informieren_bevoelkerung_ueber_corona

(361) www.infosperber.ch/Politik/EU-Task-Force-Corona-Krise-Schuldzuweisung-Kreml

(362) www.dw.com/de/eu-warnt-vor-russischen-manipulationen-bei-europawahl/a-48712552

(363) Remo Hess , Brüssel-Korrespondent des St. Galler Tagblatts

(364) www.zeit.de/politik/deutschland/2018-07/overtone-fenster-diskussionen-debatten-diskurse-radikal

(365) https://consortiumnews.com/2020/04/30/covid-19-thinking-beyond-planet-lockdown/

(366) https://netzfrauen.org/2020/04/30/animals-9/

(367) https://themindunleashed.com/2020/04/tyson-foods-warns-food-supply-chain-is-breaking-united-states.html

(368) https://themindunleashed.com/2020/04/spanish-beach-sprayed-with-bleach-causing-brutal-damage-to-local-animals.html

(369) https://themindunleashed.com/2020/04/largest-ozone-hole-ever-recorded-over-north-pole-healed-itself-closed.html

(370) https://themindunleashed.com/2020/04/with-thailands-beaches-free-of-tourists-numbers-of-rare-sea-turtle-nests-jump-to-20-year-high.html

(371) https://themindunleashed.com/2020/05/record-number-of-flamingos-take-over-indias-largest-city-and-paint-it-pink-during-lockdown.html

(372) https://themindunleashed.com/2020/05/sicily-will-pay-for-half-of-your-flight-and-a-third-of-your-hotel-costs-if-you-visit-this-fall.htmlWebergebnisse

(373) https://de.sputniknews.com/interviews/20200505327032070-corona-krise-massnahmen-verfassungswidrig/

(374) www.unsertirol24.com/2020/04/29/oeffentliches-kuessen-wird-unter-strafe-gestellt/

(375) www.rtl.de/cms/corona-panne-angela-merkel-jens-spahn-sprachen-von-40-000-statt-29-000-infizierten-4534787.html

(376) https://m.news24.com/Columnists/Mandy_Wiener/mandy-wiener-the-stockholm-syndrome-of-coronavirus-lockdown-20200428-2

(377) https://zackzack.at/2020/05/04/kurz-beraterin-schockt-in-financial-times-mei-pochtler-in-neuer-normalitaet-will-man-ueberwachung/

(378) www.shtfplan.com/headline-news/protests-across-california-show-you-can-only-push-people-so-far_05042020

(379) wie (214)

(380) https://themindunleashed.com/2020/04/restaurants-across-turn-parking-lots-into-drive-in-movie-theaters.html

(381) Radu Cinamar und Peter Moon, „Transylvanian Sunrise", skybooks NY, Seite 65, deutsche Übersetzung von Michael Morris

(382) https://themindunleashed.com/2020/05/the-impulse-to-garden-in-hard-times-has-deep-roots.html

(383) www.abendblatt.de/sport/article228939297/Geisterspiele-Stimmung-in-leeren-Stadion-ueber-eine-Fan-App.html

(384) https://electroverse.net/arctic-april-grips-in-north-america/

(385) www.esrl.noaa.gov/gmd/ccgg/trends/mlo.html

(386) www.epochtimes.de/politik/deutschland/fdp-fuer-erforschung-von-wolkenimpfung-zur-gezielten-beregnung-a3230868.html

(387) www.insider.com/can-you-still-get-the-flu-after-a-flu-shot

(388) www.sciencedaily.com/releases/2009/05/090519172045.htm

(389) Interim 2018/19 influenza vaccine effectiveness: six European studies, October 2018 to January 2019, www.impf-info.de/die-impfungen/grippe/273-grippe-impfstoff-2018-2019-not-effective.html

(390) www.impf-info.de/die-impfungen/grippe/263-grippeimpfung-allzuviel-ist-ungesund.html

(391) www.youtube.com/watch?v=JtP-m1GREuQ

(392) www.zentrum-der-gesundheit.de/grippeimpfung-nebenwirkungen-ia.html

(393) www.youtube.com/watch?v=JtP-m1GREuQ)

(394) https://aerzte-fuer-das-leben.de/fachinformationen/schwangerschaftsabbruch-abtreibung/impfstoffe-und-abtreibung/

(395) https://bildung-und-mensch.de/medizin/impfstoffe-aus-foeten.html

(396) www.worldometers.info/coronavirus/

(397) www.technologyreview.com/2020/03/17/905264/coronavirus-pandemic-social-distancing-18-months/

(398) www.zerohedge.com/health/coronavirus-mutates-now-dominant-more-contagious-form-doctors-ponder-east-coast-vs-west

(399) www.bachelor-studium.net/master-of-arts

(400) https://de.wikipedia.org/wiki/Jens_Spahn

(401) wie 12

(402) https://en.wikipedia.org/wiki/Daniel_Funke

(403) www.flickr.com/people/hubertburdamedia/

(404) www.theguardian.com/film/2020/apr/28/academy-awards-oscars-streaming-films-coronavirus

(405) www.wsj.com/articles/trolls-world-tour-breaks-digital-records-and-charts-a-new-path-for-hollywood-11588066202

(406) https://dirtyworld1.wordpress.com/2019/11/28/transhumanismus-die-groesste-gefahr-fuer-die-menschheit/

(407) www.microsoft.com/en-gb/p/cyborg-x/8d6kgx0h505f?activetab=pivot%3aoverviewtab

(408) https://play.google.com/store/apps/details?id=au.com.vodafone.dreamlabapp&hl=de

(409) https://de.wikipedia.org/wiki/Blue_Origin

(410) www.nasa.gov/spacex

(411) www.wired.com/2000/04/joy-2#3

(412) www.zerohedge.com/markets/saudi-arabia-running-out-money-riyadh-slash-spending-27-billion-suspend-cost-living

(413) www.cashkurs.com/kategorie/wirtschaftsfacts/beitrag/technik-arbeitswelt-heer-von-robotern-wird-jobs-ersetzen/
(414) www.zerohedge.com/technology/watch-skynet-robot-dog-patrols-singapores-parks-ensure-humans-are-social-distancing
(415) https://time.com/5825860/coronavirus-robot/, https://ifr.org/ifr-press-releases/news/robots-help-to-fight-corona-virus-sars-cov-2-worldwide
(416) www.youtube.com/watch?v=fbrUkiHNW74
(417) www.tagesspiegel.de/wirtschaft/ueberwachung-wegen-covid-19-auch-in-deutschland-ueberwachen-drohnen-die-corona-massnahmen/25714280.html
(418) https://thenextweb.com/neural/2020/04/21/pandemic-drones-are-flying-over-the-us-to-detect-coronavirus-symptoms/
(419) www.epochtimes.de/wissen/forschung/198-mutationen-des-neuartigen-coronavirus-anpassung-an-menschliche-wirte-und-hinweis-auf-moegliche-therapieansaetze-a3236515.html
(420) www.tichyseinblick.de/daili-es-sentials/exklusiv-auf-te-ein-vorwurf-koennte-lauten-der-staat-hat-sich-in-der-coronakrise-als-einer-der-groessten-fake-news-produzenten-erwiesen/
(421) www.epochtimes.de/politik/deutschland/bmi-mitarbeiter-enthuellt-in-86-seitiger-analyse-corona-fehlalarm-schaeden-durch-lockdown-gravierender-als-durch-das-virus-selbst-a3236295.html
(422) wie 420
(423) wie 420
(424) www.bmi.bund.de/DE/ministerium/das-bmi/abteilungen-und-aufgaben/abteilungen-und-aufgaben-node.html
(425) www.spiegel.de/netzwelt/web/facebook-steuert-ueber-manipulierte-timeline-emotionen-seiner-nutzer-a-973132.html
(426) www.ft.com/content/f28e26a0-bf64-4fac-acfb-b3a618ca659d
(427) www.vienna.at/teilweise-corona-kurzarbeit-in-heimischen-privatkliniken-beantragt/6575106
(428) www.n-tv.de/panorama/Viele-Kliniken-beantragen-Kurzarbeit-article21731485.html
(429) www.zeit.de/hamburg/2020-04/pflegepersonal-kurzarbeit-intensivstationen-krankenschwester-deutschland-coronavirus-krise
(430) „Rückatmung von Kohlendioxid bei Verwendung von Operationsmasken als hygienischer Mundschutz an medizinischem Fachpersonal", Dissertation, Technische Universität München, Ulrike Butz, 2005
(431) www.berliner-zeitung.de/mensch-metropole/charite-labor-bestaetigt-qualitaetsmaengel-bei-manchen-schutzmasken-li.77734
(432) www.ukcolumn.org/george-brock-chisholm-former-director-general-who-delivers-speech-conference-education-asilomar
(433) www.unhcr.org/blogs/announcing-the-2018-id2020-summit-towards-good-digital-identity/ www.pymnts.com/news/biometrics/2019/id2020-alliance-unveils-digital-id-program/
(434) www.zerohedge.com/health/who-controls-british-government-response-covid-19-part-2

(435) www.ukcolumn.org/article/covid–19-big-pharma-players-behind-uk-government-lockdown
(436) www.pymnts.com/news/biometrics/2019/id2020-alliance-unveils-digital-id-program/
(437) https://greatgameindia.com/italian-politician-demand-bill-gates-arrest-for-crimes-against-humanity/
www.premiumtimesng.com/news/more-news/391573-reps-investigate-10-million-bribery-allegation.html

Bildquellenverzeichnis

(1) www.finanzen.net/index/dow_jones/seit1928
(2) www.aktuelle-bauzinsen.info/entwicklung-bauzinsen.html
(3) https://yvfzka.buukpidet.info/7197-article.php
(4) www.pristineauction.com/a913419-1907-10-Ten-Dollar-Teehee-Burke-US-Gold-Certificate-Currency-Large-Size-Bank-Note-Bill
(5) www.ma-shops.com/antikksm/item.php?id=193&lang=zh
(6) www.comite-valmy.org/spip.php?article351
(7) www.onvista.de/devisen/chart/Euro-Schweizer-Franken-EUR-CHF
(8) www.finanzen.net/rohstoffe/oelpreis
(9) https://wiki.bildungsserver.de/klimawandel/index.php/Meeresspiegel%C3%A4nderungen
(10) www.zamg.ac.at/cms/de/images/klima/bild_ip-klimawandel/klimafolgen/meeresspiegel/5-3-1_1_rekonstruktion_lang
(11) www.esrl.noaa.gov/gmd/ccgg/trends/gr.html
(12) www.klassewasser.de/content/language1/html/6328.php
(13) www.bbc.com/news/uk-scotland-51717702
(14) www.its.ac.id/news/2020/03/27/sumber-masalah-sesungguhnya-corona-atau-media/
(15) https://de.wikipedia.org/wiki/Maslowsche_Bed%C3%BCrfnishierarchie
(16) wie 15
(17) www.zerohedge.com/markets/investing-legend-sees-second-great-depression-stocks-2023
(18) https://themindunleashed.com/2020/05/new-futuristic-coronavirus-proof-raving-vaping-sex-suit-dazzling-terrifying.html

Namenregister

Sachregister

Jason Mason

Die Illuminati sind in Panik – neueste Informationen der Raumflotte

In „MiB – Band 3" dreht sich alles um die große Meta-Verschwörung und die Pläne der Lichtkräfte und Dunkelmächte und viele bis jetzt offen gebliebenen Fragen werden nun endlich aufgelöst. Antike Mysterien verbinden sich mit Quantenphysik und rätselhaften religiösen Prophezeiungen. Setzt man alle Bausteine dieses kosmischen Rätsels zusammen, ergibt sich ein erstaunliches und völlig neues Bild unserer Realität, die wie eine subtile Kontroll-Matrix aufgebaut ist.

- Neues über die Themen Antarktis, Hohlwelt, Mitternachtsberg, Atlantis, Operation Highjump und dem Geheimnis der verschollenen deutschen U-Boote
- Erlebnisse von UFO-Kontaktleuten mit deutsch sprechenden Ufo-Piloten und Nordics
- Die Verbindung von fliegenden Untertassen zu Atomwaffen und Roswell, freigegebene Dokumente über Majestic-12 und die Top-Secret-Verträge mit Greys und Reptiloiden

ISBN 978-3-938656-84-6 • 33,00 Euro

Martina Heise

Haben Sie nicht auch schon einmal Geschichten über eine verborgene Welt gehört – eine unsichtbare Welt, in der sich Verstorbene aufhalten, aber auch Geister und Dämonen? Oder haben Sie möglicherweise sogar selbst etwas sehr Außergewöhnliches erlebt, das sie nicht mit dem Verstand alleine erklären konnten?

Es gibt Menschen, die haben die Gabe – oft seit Geburt –, diese Welt wahrzunehmen und mit den dort lebenden Wesen und Verstorbenen zu kommunizieren. Martina Heise ist eine von ihnen. Nach dem Erfolg ihres Buches „Schutzengel & Co." lässt Martina uns teilhaben an zahlreichen Phänomenen, die sie mit Engeln, Verstorbenen und der geistigen Welt erlebt hat und greift dabei Phänomene auf, die viele von uns bereits erlebt haben, jedoch bislang nicht zuordnen konnten.

Spannend erzählt Martina nicht nur ihre Erlebnisse mit dem Übersinnlichen, sondern bietet gleichzeitig eine wunderbare Hilfe zur Lösung vieler Probleme an, unter anderem zum Thema Gesundheit, Partnerschaft, Indigokinder und unheimliche Phänomene in unserem Zuhause. Wie wichtig ist beispielsweise ein energetisch harmonisches Umfeld, speziell in Häusern und Wohnungen? Sieht unser Kind Geister oder Verstorbene oder hat es Visionen?

ISBN 978-3-938656-51-8 • 26,00 Euro

DIE KENNEDY-VERSCHWÖRUNG

Dan Davis

War es eine Freimaurer-Hinrichtung?

Etwa 2.800 bislang geheime Dokumente zum Mord an John F. Kennedy wurden von Präsident Donald Trump zur Veröffentlichung freigegeben. In diesem Buch werden die neusten Erkenntnisse über den Mord an JFK am 22. November 1963 in Dallas, Texas, thematisiert und aufgelistet. Neben den brandaktuellen Fakten werden weitere offene Fragen erstmals beantwortet: Warum waren alle Entscheidungsträger, die mit der „Aufklärung" des Mordes zu tun hatten, Freimaurer? Welche von JFK geplanten Gesetzesänderungen verschwanden nach dem Attentat umgehend wieder? Warum kam es zu einem Massensterben von Augenzeugen? War es reiner „Zufall", dass Kennedys Sohn 1999 mit seinem Flugzeug abstürzte, wenige Tage vor einer geplanten Kandidatur zum US-Präsidenten? Und was weiß Donald Trump darüber? Wussten Sie, dass John F. Kennedys Grabstätte die Form eines Q aufweist? Wer ist der Whistleblower QAnon? Gibt es einen großen Rachefeldzug?

ISBN 978-3-938656-52-5 • 21,00 Euro

SKLAVENPLANET ERDE

Gabriele Schuster-Haslinger

Es ist Zeit, aufzuwachen!

Die Völker der Erde werden ganz bewusst belogen, und das in allen Bereichen: Seien es unterdrückte Verfahren zur Stromerzeugung, Krebs-Therapien, die nur bestimmten Kreisen zugänglich sind, die wahre Abstammung des Menschen oder die geheime Besiedelung unserer Nachbarplaneten – aber auch Themen wie Massenmigration, Gender-Ideologie oder Klimaschwindel. Wir werden durch ein Konstrukt aus Konsumgesellschaft, Zinssystem und bewusster Irreführung durch die Massenmedien derart beschäftigt, dass wir gar nicht mitbekommen, in welchem Stadium der Kontrolle und Überwachung wir uns bereits befinden. Doch nicht nur von staatlichen und Geheimdienstorganen, sondern mehr und mehr durch Künstliche Intelligenz. Und diese ist nicht nur dabei, unsere Gehirnleistung zu übernehmen, sondern sie auch zu steuern – uns allen droht ein vollkommen manipuliertes Sklavendasein. Doch neben diesen gibt es auch noch andere besorgniserregende Entwicklungen auf der Erde, von denen der Bürger nichts mitbekommt – aus gutem Grund!

ISBN 978-3-938656-51-8 • 26,00 Euro

ILLUMINATENBLUT

Nikolas Pravda

Die Täuschung und Menschenverachtung der Eliten enttarnt!

Angeblich leben wir in einer aufgeklärten, humanistischen und christlichen Gesellschaft, der sog. westlichen Wertegemeinschaft. Doch unsere Werte werden allzu oft mit Füßen getreten und zwar nicht nur von Kriminellen, Hochstaplern und Terroristen, sondern auf besonders drastische Weise gerade auch von der Oberschicht, den Eliten und den sog. Illuminaten. Die Eliten werden in den Medien häufig als selbstlos, humanistisch und religiös dargestellt, als Menschenfreunde, Helden oder Heilige. Doch hinter der freundlichen Maske des Gutmenschen verbirgt sich nicht selten die hässliche Fratze des rücksichtslosen Ausbeuters. Nikolas Pravda widmet sich diesen dunkelsten Schattenseiten unserer Gesellschaft und ihren mächtigsten Akteuren, wobei er schonungslos aufdeckt, wie sehr die scheinbar transparenten Strukturen unserer Gesellschaft von okkulten Ritualen durchdrungen sind, der Rechtsstaat von elitären Geheimgesellschaften im Würgegriff gehalten wird und das Machtgefüge von immergleichen Blutlinien durchzogen ist, die für eine kontinuierliche Verdummung des Rests der Bevölkerung sorgen.

ISBN 978-3-938656-49-5 • 19,00 Euro

GIFTDEPONIE MENSCH

Katja Kutza

Der ungewöhnliche Heilungsweg einer Amalgamvergiftung, die Hintergründe moderner Volkskrankheiten und die wundervolle Hilfe aus der geistigen Welt!

„Sie sind austherapiert. Wir können keine körperlichen Erkrankungen bei Ihnen feststellen und vermuten eine psychische Störung." Das waren die Worte, mit denen Katja Kutza aus den meisten schulmedizinischen Praxen entlassen wurde. Am Ende eines langen Leidensweges stand die Autorin mit einem nicht mehr funktionieren wollenden Körper und allein gelassen von Ärzten vor den Trümmern ihres einst glücklichen Lebens. Völlig verzweifelt an diesem Punkt angekommen, bekam ihr Leben endlich eine glückliche Wende. Durch innige Gebete gab es für Katja Kutza plötzlich außergewöhnliche Fügungen des Schicksals – meist in Form von alternativen und spirituellen Heilmethoden. Nicht nur ihre Grunderkrankung – eine Amalgamvergiftung – wurde aufgedeckt, auch spirituelle, geistige und energetische Heilsysteme ebneten ihr den Heilungsweg.

ISBN 978-3-938656-47-1 • 21,00 Euro

GEFÄHRLICH!

Stefan Müller

Du bist viel mächtiger, als Du denkst!

Es gibt Strukturen in unserer Gesellschaft – sei es in Politik, Wirtschaft oder Religion –, die haben ein starkes Interesse, dass Du Dich für einen unbedeutenden und hilflosen Menschen hältst. Dieses Buch ist für diese Kreise äußerst gefährlich, denn es enthält Geheimnisse, die Du nicht kennen sollst. Diese Informationen können Dich befreien! Vor allem machen sie Dich stark und selbstbewusst. Das Leben ist einfach zu kurz, um es unbewusst und vor dem Karren einer anderen Autorität zu verbringen. Es ist Dein Leben! Lebe dieses Leben „Like a Boss", nicht wie ein Bittsteller. Gehe erhobenen Hauptes durch die Welt, denn dazu hast Du jede Berechtigung: Du bist ein unglaublich machtvoller Schöpfer! Willst Du Deine körperlichen und geistigen Fesseln sprengen und endlich das Leben führen, das Dir zusteht? Dann triff eine Entscheidung. Und ich helfe Dir dabei.

ISBN 978-3-938656-08-2 • 17,80 Euro

GEFÄHRLICH! – Band 2

Stefan Müller

Nutze die geniale Macht des Sog-Prinzips –
befreie Dich aus diesem Sklavensystem

Wir werden bewusst verblödet und von wirklich wichtigen Themen abgelenkt, damit man uns auch in Zukunft leicht steuern kann! Es wird Zeit, dass sich das ändert! Die Unfreiheit der Menschen wurde durch einen teuflischen Trick eingeführt: der Reduktion des Einzelnen zu einem machtlosen und ängstlichen Wesen. Die Menschheit hat sich durch eine diabolische Konditionierung in eine Schafherde verwandelt und lässt sich nun von ihren Schäfern in jede beliebige Richtung treiben. Gibt es aus dieser Lage denn kein Entrinnen mehr? Selbst ein schwer erkrankter Organismus hat eine Chance auf Heilung! Der Heilungsprozess beginnt zuerst bei einigen wenigen Zellen und breitet sich dann allmählich aus. In einer Zeit der Smartphones und der globalen Vernetzung sind uns in dieser Informationsflut ganz einfache, aber durchaus machtvolle Wirkmechanismen in Vergessenheit geraten. Doch die Mächtigen der Welt nutzen sie für sich. Und wieso tun wir das nicht? Weil man uns bewusst mit geistigem Müll überflutet, damit wir bloß nicht auf die Idee kommen, Prinzipien wie das Sog-Prinzip für unseren eigenen Vorteil zu nutzen.

ISBN 978-3-938656-62-4 • 17,80 Euro

WELTVERSCHWÖRUNG

Thomas A. Anderson

Wer sind die wahren Herrscher der Erde?

Immer mehr Menschen stellen fest, dass sie von den Regierenden belogen und betrogen werden und dass die Volksvertreter nicht das Volk vertreten, sondern die Interessen von Großkonzernen, von Militär und Wirtschaft. Große, weltumspannende Firmen und Organisationen leiten unsere Welt. Diese Familienclans nennen die Rohstoffe auf Erden ihr Eigen, bestimmen den Goldpreis und verleihen astronomische Summen an kriegführende Länder. Aber geht es diesen wirklich nur um wirtschaftliche Interessen, oder steckt etwas ganz anderes dahinter?

ISBN 978-3-938656-35-8 • 23,30 Euro

WHISTLEBLOWER

Jan van Helsing

Insider aus Politik, Wirtschaft, Medizin und Geheimdienst packen aus!

Der Whistleblower Edward Snowden und der Sprecher der Whistleblower-Plattform *Wikileaks*, Julian Assange, haben im Ausland Asyl beantragt, weil sie geheime Regierungsdokumente veröffentlicht hatte. Man will sie jedoch nicht bestrafen, weil sie Unwahrheiten oder Lügen verbreitet haben – nein: Man will sie bestrafen, weil sie den Menschen die Wahrheit gesagt haben, die Wahrheit darüber, dass wir alle von unseren Regierungen und deren Geheimdiensten überwacht und ausspioniert werden. Ist es das, wofür wir unsere Volksvertreter gewählt haben? Ist es nicht viel eher so, dass sie inzwischen ganz anderen Interessen dienen? Für dieses Buch haben *Jan van Helsing* und *Stefan Erdmann* 16 Whistleblower interviewt, die u.a. zu folgenden Themen auspacken:

- Wie geht es in deutschen Asylantenheimen wirklich zu?
- Ist Deutschland souverän? Ist die BRD ein Staat oder eine Firma?
- Was ist *Geomantische Kriegsführung*?
- Es werden viele alternative sowie schulmedizinische Therapieformen unterdrückt!
- Gibt es das „Geheime Bankentrading" wirklich? Wie sparen Großunternehmen und soziale Einrichtungen über Stiftungen Steuern?
- Der Ruanda-Kongo-Krieg war wegen Rohstoffen angezettelt worden!
- Warum es bei Film und Radio nur „Linke" geben darf...
- Ein Schottenritus-Hochgradfreimaurer spricht über UFOs und Zeitreisen.

ISBN: 978-3-938656-90-7 • 23,30 Euro

DER NAZIWAHN

Andreas Falk

Deutschland im Würgegriff linker Zerstörungswut

Wir leben aktuell in einer Zeit des Wahns, einer Zeit, in der jeder zum „Nazi", „Rechtsradikalen" und „Unmenschen" erklärt wird, der das abgedrehte, weltfremde Weltbild der linksaffinen Meinungsdiktatoren nicht mitheuchelt. Deren Denkschema ist klar: Alles neben der SPD oder den GRÜNEN ist brauner Sumpf. Es nervt den normalen Bürger einfach nur noch, wenn Journalisten und Moderatoren immer wieder verzweifelt versuchen, die Menschen zu erziehen und sie auf ihre, natürlich einzig richtige Meinung einzuschwören – sei es die „korrekte" Sichtweise zur Flüchtlingssituation, zum Gender-Irrsinn oder der Standpunkt zum EURO!

Der Autor erklärt, wer daran interessiert ist, dass der Deutsche auf ewig den Kopf in den Sand steckt und geduckt durch die Gegend läuft, dabei aber nicht vergisst, fleißig Steuern zu zahlen.

ISBN 978-3-938656-34-1 • 19,00 Euro

BANKSTER

Hanno Vollenweider

Ein junger Mann, Anfang 20, frisch von der Uni und voller Energie und Willen, geht nach Zürich mit nur einem Ziel: Banker zu werden und das große Geld zu verdienen. Was er jedoch nicht ahnt: Schon von Beginn an haben ihn seine Chefs und Mentoren für etwas Höheres vorgesehen und so führen sie ihn Stück für Stück in die internationalen Kreise der Bankster ein. Dies ist das Buch eines heute Anfang 30-jährigen Mannes, der, getrieben von der Gier nach Geld und Macht, Dinge sah, die andere in seinem Alter höchstens aus Hollywood-Filmen kennen. Mit seiner jungen und frechen Art berichtet er aus den Hinterzimmern der Hochfinanz, wie er zusammen mit einem Freund eine Vermögensverwaltung in Zürich gründete und mit Hilfe dieser Firma eine knappe Milliarde Euro deutsche und andere Schwarzgelder gewinnbringend anlegte, und berichtet dabei auch von seinen Meetings mit bekannten öffentlichkeitsscheuen Privatbanken. Er schildert seine Treffen mit Mitgliedern des *Clubs zum Rennweg, Entrepreneurs' Round Table*, der Brüsseler Finanzlobbyorganisationen *Swiss Finance Council* und *European Financial Service Round Table* und wie er im Auftrag seiner Mentoren den Rest der bis heute verschwunden geglaubten D-Mark-Millionen aus den West-Geschäften der DDR flüssig machte. Ferner deckt er die Tricks der Steuervermeidungsindustrie auf, berichtet über ihre Kunden und nennt ihre Namen und die ihrer Helfer aus den höchsten Kreisen der Politik.

ISBN 978-3938656-37-2 • 19,00 Euro

Jan van Helsing

Halten Sie es für möglich, dass ein paar mächtige Organisationen die Geschicke der Menschheit steuern? Jan van Helsing ist es nun gelungen, einen aktiven Hochgradfreimaurer zu einem Interview zu bewegen, in dem dieser detailliert über das verborgene Wirken der weltgrößten Geheimverbindung spricht – aus erster Hand! Dieser Insider informiert uns darüber: was die Neue Weltordnung darstellt, wie sie aufgebaut wurde und seit wann sie etabliert ist – weshalb die Menschen einen Mikrochip implantiert bekommen – dass die Menschheit massiv dezimiert wird – welche Rolle Luzifer in der Freimaurerei spielt – dass der Mensch niemals vom Affen abstammen kann – welche Rolle die Blutlinie Jesu spielt – dass es eine Art Meuterei in der Freimaurerei gibt, und was aus Sicht der Freimaurer auf die Menschheit zukommt.

ISBN 978-3-938656-80-8 • 26,00 Euro

Michael Morris

Fünf Banken steuern den Goldmarkt seit 100 Jahren – jetzt bekommen sie Gegenwind!

Seit dem Goldrausch Mitte des 19. Jahrhunderts wird der Goldhandel von einigen wenigen Londoner Banken kontrolliert. Seit einhundert Jahren bestimmen fünf Banken im „Goldfixing" ganz im Geheimen den Goldpreis für die gesamte Welt! Zwischen diesem westlichen Bankenkartell und den sogenannten BRICS-Staaten – unter der Führung von Russland und China – tobt heute ein Währungskrieg, der gleichzeitig ein „Goldkrieg" ist. IWF-Direktor Dominique Strauss-Kahn wollte 2011 das in New York gelagerte IWF-Gold zurück in die Schweiz holen. Noch am selben Tag wurde er Opfer eines absurden Sexskandals. Muammar al-Gaddafi, der eine neue Goldwährung einführen wollte, erging es noch schlechter. Warum wollen die USA das Regime in Teheran wirklich stürzen? Warum hat die neue Führung in der Ukraine im März 2014 als erste Amtshandlung das Gold ihres Volkes heimlich in die USA geschafft? Warum haben sich mehrere US-amerikanische Spitzenbanker Anfang des Jahres 2014 nahezu gleichzeitig das Leben genommen? Wo ist das Gold der Deutschen Bundesbank? Wie viel Gold existiert überhaupt auf Erden, und wer hat es? Und was haben Zentralbanken wie die FED und die Bank of England damit zu tun? Diese und viele weitere Fragen beantwortet Michael Morris in seinem neuen Buch.

ISBN 978-3-938656-12-9 • 21,00 Euro

HÄNDE WEG VON DIESEM BUCH!

Jan van Helsing

Sie werden sich sicherlich fragen, wieso Sie dieses Buch nicht in die Hand nehmen sollen. Handelt es sich hierbei nur um eine clevere Werbestrategie? Nein, der Rat: **„Hände weg von diesem Buch!"** ist ernst gemeint. Denn nach diesem Buch wird es nicht leicht für Sie sein, so weiterzuleben wie bisher. Heute könnten Sie möglicherweise noch denken: *„Das hatte mir ja keiner gesagt, woher hätte ich denn das auch wissen sollen?"* Heute können Sie vielleicht auch noch meinen, dass Sie als Einzelperson sowieso nichts zu melden haben und nichts verändern können. Nach diesem Buch ist es mit dieser Sichtweise jedoch vorbei! Sollten Sie ein Mensch sein, den Geheimnisse nicht interessieren, der nie den Wunsch nach innerem und äußerem Reichtum verspürt hat, der sich um Erfolg und Gesundheit keine Gedanken macht, dann ist es besser, wenn Sie den gut gemeinten Rat befolgen und Ihre Finger von diesem Buch lassen.

ISBN 978-3-9807106-8-8 • 21,00 Euro

DIE KINDER DES NEUEN JAHRTAUSENDS

Jan van Helsing

Mediale Kinder verändern die Welt!

Der dreizehnjährige Lorenz sieht seinen verstorbenen Großvater, spricht mit ihm und gibt dessen Hinweise aus dem Jenseits an andere weiter. Kevin kommt ins Bett der Eltern gekrochen und erzählt, dass „der große Engel wieder am Bett stand". Peter ist neun und kann nicht nur die Aura um Lebewesen sehen, sondern auch die Gedanken anderer Menschen lesen. Vladimir liest aus verschlossenen Büchern und sein Bruder Sergej verbiegt Löffel durch Gedankenkraft.

Ausnahmen, meinen Sie, ein Kind unter tausend, das solche Begabungen hat? Nein, keinesfalls! Wie der Autor in diesem, durch viele Fallbeispiele belebten Buch aufzeigt, schlummern in allen Kindern solche und viele andere Talente, die jedoch überwiegend durch falsche Religions- und Erziehungssysteme, aber auch durch Unachtsamkeit oder fehlende Kenntnis der Eltern übersehen oder gar verdrängt werden. Und das spannendste an dieser Tatsache ist, dass nicht nur die Anzahl der medial geborenen Kinder enorm steigt, sondern sich auch ihre Fähigkeiten verstärken. Was hat es damit auf sich?

Lauschen wir den spannenden und faszinierenden Berichten medialer Kinder aus aller Welt.

ISBN 978-3-9807106-4-0 • 23,30 Euro

FAKE NEWS

Michael Morris

Wer einmal lügt, dem glaubt man nicht...

Das politische, wirtschaftliche und gesellschaftliche System des 20. Jahrhunderts ist gescheitert, doch die alten Eliten in Politik und Medien versuchen alles, um weiter daran festzuhalten und ein neues Konzept zu verhindern. Sie versuchen, jegliche Kritik an ihrem eigenen Fehlverhalten als „Fake News" oder als „rechte Propaganda" zu diskreditieren. Obwohl die Geheime Weltregierung und ihre Handlanger immer brutaler gegen ihre Kritiker vorgehen, schwindet ihre Macht, weil immer mehr Menschen erwachen und ihr schmutziges Spiel durchschauen, was die alten Eliten schier in den Wahnsinn treibt. Erfahren Sie die Wahrheit über die Entstehung der „Fake News"-Hysterie, und lesen Sie alles über jene Enthüllungen der NASA und des Vatikans, die Ihnen die Massenmedien verschweigen!

ISBN 978-3-938656-21-9 • 21,00 Euro

VERRATEN – VERKAUFT – VERLOREN?

Gabriele Schuster-Haslinger

Der Krieg gegen die eigene Bevölkerung

Wir Menschen werden – speziell in der westlichen Welt – gezielt manipuliert. Wir wissen, dass die Politiker unfrei sind und selten zum Wohle des Volkes entscheiden. Medien werden für Propaganda genutzt. Es ist mittlerweile auch bekannt, dass Konzerne politische Entscheidungen diktieren. Dass wir jedoch in sämtlichen Alltagsbereichen absichtlich verraten, belogen und betrogen werden, ist der Bevölkerung meist nicht bekannt. Wussten Sie beispielsweise, dass Ex-Papst Benedikt vom *Internationalen Tribunal für die Aufklärung der Verbrechen von Kirche und Staat* (ITCCS) wegen angeblichem rituellen Kindesmord angezeigt wurde? Oder dass Fluorid bereits vor 75 Jahren eingesetzt wurde, damit die Menschen stumpfsinnig wurden und nicht auf die Idee kamen, zu rebellieren? Es ist ein unvorstellbar großes Netzwerk, das alle Lebensbereiche durchdringt und beeinflusst. Wer sind die Drahtzieher?

ISBN 978-3-938656-32-7 • 26,00 Euro

Alle hier aufgeführten Bücher erhalten Sie im Buchhandel oder bei:

ALDEBARAN-VERSAND

Tel: 0221 – 737 000   •   Fax: 0221 – 737 001

Email: bestellung@buchversand-aldebaran.de

www.amadeus-verlag.de